PONSON DU TERRAIL

L'AUBERGE
DE LA RUE DES ENFANTS-ROUGES

ÉDITION ILLUSTRÉE DE VIGNETTES SUR BOIS

Prix : 2 francs

PARIS
VICTOR BENOIST ET Cie, ÉDITEURS, RUE GIT-LE-CŒUR, 10, A PARIS
ANCIENNE MAISON CHARLIEU ET HUILLERY

VICTOR BENOIST ET Cie — ÉDITION ILLUSTRÉE — 10, RUE GIT-LE-CŒUR, 10.

L'AUBERGE

DE LA

RUE DES ENFANTS-ROUGES

PAR

PONSON DU TERRAIL

— On trouve des hommes assassinés dans les fliets du pont de Saint-Cloud. (Page 7.)

I

PROLOGUE. — **Le Vampire.**

Par une soirée d'octobre de l'année 175., vers cinq heures et demie du soir, un jeune homme d'environ vingt-cinq ans et un autre de quinze à peine, montés tous deux sur de vigoureux bidets rouans, chevauchaient sur la route de Melun à Paris, en pleine forêt de Sénart.

Il suffisait d'un coup d'œil pour voir que c'étaient les deux frères.

L'enfant ressemblait à l'homme; comme lui, il était vêtu d'un bon pourpoint de gros drap bleu à parements lamés d'un galon d'argent, chaussé de bottes à l'écuyère, coiffé d'un petit feutre triangulaire et ganté de buffle, comme un gentilhomme de province qui s'en va à Paris ou à Versailles pour la première fois, et ignore encore les dernières modes et les manières du *bel air*.

Ils trottaient botte à botte, un petit portemanteau à l'arçon de la selle, et tout en cheminant ils causaient.

— André, disait le plus âgé, nous serons bientôt à Paris : si le renseignement donné par le bûcheron que nous avons trouvé sur la route il y a un quart d'heure est exact, nous n'avons plus que cinq lieues à faire.

— Et nous serons à Paris? dit l'enfant avec un accent joyeux.

— Oui, mon cher André. Nous irons descendre dans la rue des Enfants-Rouges, chez un ancien serviteur de notre famille, que vous n'avez pas connu, car il avait quitté notre service avant votre naissance.

— Et il tient auberge?

— Oui, à l'enseigne du *Dragon-Bleu*.

Le plus âgé des deux cavaliers donna un coup de cravache à sa monture et continua :

— Nous aurons fait une quinzaine de lieues aujourd'hui, mon cher André. C'est une étape un peu forte pour votre âge. Aussi nous nous coucherons de bonne heure, afin que demain vous soyez en état de vous remettre en route pour Versailles, où je dois vous présenter au roi, qui, pour peu qu'il se souvienne des services de notre vénéré père, vous admettra dans ses pages.

L'enfant était radieux tandis que son grand frère parlait ainsi.

— Il paraît, dit-il, que les pages du roi ont un bel habit tout brodé?

— Oui, répondit le grand frère en souriant.

— Et vous, Hector, quel sera votre uniforme dans les mousquetaires gris?

— Il sera rouge.

— Tiens! dit naïvement le jeune André, pourquoi dit-on alors les *mousquetaires gris?*

— A cause de la couleur de leurs chevaux.

— Ah! c'est différent.

Puis, devenant un peu mélancolique, l'enfant dit encore :

— Ainsi vous ne garderez pas votre cheval, Hector?

— Non, mon ami.

— Qu'en ferez-vous?

— Ce que je ferai du vôtre. Nous les vendrons tous les deux en arrivant à Paris.

— Pauvre Coco! dit l'enfant en passant une main caressante sur la courte encolure du bidet.

— Mon cher André, dit le grand frère, nous ne sommes pas riches, vous le savez. Notre père, en mourant, nous a laissé un pauvre manoir, où le vent pleure sous les portes, entouré de quelques terres pierreuses dans lesquelles l'avoine et le seigle poussent mieux que le froment. Nos grand'tantes et notre mère se sont saignées jusqu'au blanc pour notre modeste équipement, et vous pensez bien qu'avec la meilleure volonté du monde, nous ne pourrons pas garder nos vieux compagnons de chasse.

L'enfant soupira une seconde fois.

— Pauvre Coco, répéta-t-il, pourvu qu'il tombe en bonnes mains! C'est un vaillant cheval. Hector, et vous savez si dix heures de laisser-courre l'ont jamais lassé...

Comme la meute parlait de laisser-courre, les deux chevaux s'arrêtèrent brusquement, pointant les oreilles, aspirant l'air à grand bruit, et l'un d'eux se mit à hennir joyeusement.

C'est que dans les profondeurs lointaines de la forêt un bruit qui lui était familier venait de retentir, une joyeuse fanfare gaillardement sonnée.

André s'écria :

— Ah! mon cher frère, quelle belle musique! Arrêtons-nous un moment.

— Et quelle meute bien gorgée! dit Hector, qui se pencha sur l'encolure de son cheval pour mieux écouter les aboiements d'une trentaine de chiens, appuyés vigoureusement par le son du cor.

— Sans nul doute, c'est un dix-cors! s'écria l'enfant.

— Je le crois, répondit le grand frère.

Et comme il disait cela, le cerf passa, rapide comme l'éclair, franchissant en deux bonds la grande route, à deux ou trois cents pas en avant des deux jeunes gens.

Puis, après le cerf, la meute, et après la meute, des piqueurs en habit rouge, et derrière les piqueurs, trois cavaliers, deux hommes et une femme.

Tout cela rapide et presque fantastique; les deux jeunes gens en eurent comme un éblouissement.

André soupira. Hector pressa du genou l'épaule de son cheval tout frémissant, et ils se remirent en route aux bruits du cor et de la meute, qui allaient se perdant sous la futaie.

La route faisait un coude à droite, un peu au-dessus de l'endroit où avait passé le cerf, et aboutissait à un carrefour au milieu duquel s'élevait un poteau qui portait cette indication :

Carrefour du Roi.

Huit lignes forestières rayonnaient autour de ce poteau. Quand ils furent arrivés là, les deux jeunes gens s'arrêtèrent de nouveau, dans l'espoir qu'ils reverraient la chasse traversant une de ces huit lignes.

Et tandis qu'ils attendaient, ils entendirent un bruit de grelots, des claquements de fouet, des piétinements de chevaux sur le sol dur et sonore, et, en même temps, ils virent apparaître une de ces grandes voitures que la fin du dernier règne avait mises à la mode, — le roi Louis XIV aimant sur la fin de sa vie à suivre les chasses en carrosse.

Elle était attelée de quatre vigoureux chevaux tout couverts de grelots retentissants, et montés par des postillons en veste rouge.

Ce carrosse venait en droite ligne sur le poteau. Quand bien même ils eussent voulu continuer leur chemin, les deux jeunes gens eussent été forcés de le croiser.

Mais ils n'y songeaient pas, dominés qu'ils étaient par une curiosité un peu provinciale.

En effet, le carrosse, outre son attelage opulent et bizarre, était flanqué à chaque portière de deux cavaliers dont le costume était plus bizarre encore.

Ils étaient vêtus de fourrures, chaussés de bottes à entonnoir, ce qui, en France, n'était plus de mode depuis longtemps, et coiffés de petits bonnets pointus également recouverts de peaux de bêtes.

Tandis que le carrosse arrivait sur eux, un homme à cheval sortit d'un fourré et les aborda.

Il portait l'uniforme bleu, galonné d'argent, des chasses du roi, car Sénart était forêt domaniale, — et regardant Hector, il lui dit :

— Votre Seigneurie, je le vois, est étonnée de voir ces espèces de sauvages?

— En effet, répondit Hector. Qu'est-ce que ces hommes?

— Des Cosaques.

— Plaît-il?

— Et dans ce carrosse, il y a une sorte d'original qui a joliment fait parler de lui depuis une couple d'années.

— Ah! firent les deux frères avec une curiosité croissante. Qui donc est ce personnage?

— Un grand seigneur tartare.

— Vraiment.

— Il a près de six pieds de haut, continua le piqueur, et il est riche à proportion.

— Comment cela?

— On dit qu'il a plus de six mille livres à manger par jour.

— Peste! murmura Hector, le roi n'en a certainement pas autant.

— C'est bien possible, reprit le piqueur.

— Et où va-t-il ainsi, avec ces hommes couverts de peaux d'ours et ses chevaux surchargés de grelots?

— Il suit la chasse.

— Comment! cette meute...

— C'est la sienne.

— Et il la suit en voiture?...

— Ce n'est pas ce qui l'amuse le plus; mais le moyen de faire autrement?... il ne peut plus marcher...

— C'est donc un vieillard?

— Maintenant, oui, mais il y a six mois, c'était un jeune homme. On ne lui eût pas donné trente ans. Il venait chasser toutes les semaines en compagnie de M. de Clermont, qui est, comme vous savez, le premier du roi, et ils s'en allaient souper chez le jeune marquis de Brunoy, qu'ils ont rendu fou à force de le faire boire. C'était alors, continua complaisamment le piqueur, un solide gaillard, le Tartare, et il paraît que toutes les femmes de la cour s'en disputaient, et qu'il les quittait toutes d'accord. Ce n'est pas malin, du reste, avec tant d'argent, et quand on donne des diamants par poignées comme on donnerait des haricots, acheva-t-il en souriant.

— Que lui est-il donc arrivé? demanda sérieusement Hector.

— Personne ne le sait au juste.

— En vérité!

— Mais, un matin, il s'est éveillé le corps couvert d'une croûte noirâtre, les lèvres tuméfiées, l'œil injecté de sang, horrible à voir.

— Et depuis lors?...

— Depuis lors, il ne marche plus. Mais il dit qu'il se guérira, et les dames continuent à s'aller inscrire à sa porte.

Tandis que le valet parlait ainsi, le carrosse arrivait au poteau.

Les deux Cosaques mirent pied à terre; deux valets dégringolèrent du haut du siège et se mirent à déballer une immense corbeille d'osier.

— C'est la collation de monseigneur, dit le piqueur, et il s'éloigna.

Hector et son frère, surpris autant de ce qu'ils voyaient que de ce qu'ils venaient d'entendre, ne songeaient pas à se remettre en route.

Tous deux avaient les yeux fixés sur le carrosse, dont ils n'étaient guère qu'à dix pas, et ils auraient voulu voir le singulier personnage dont on venait de leur parler ; mais les rideaux du carrosse étaient hermétiquement clos sur le devant, et pour apercevoir le Tartare, il leur eût fallu s'approcher des portières, ce qui eût été de la dernière inconvenance.

Tandis qu'ils hésitaient, les Cosaques et les valets tiraient successivement de la corbeille une nappe qu'ils étendaient sur l'herbe auprès du poteau, et posaient sur cette nappe de vénérables bouteilles couvertes de toiles d'araignée centenaires, un énorme pâté de venaison, des viandes fumées, un jambon de sanglier et mille friandises qui fascinaient les regards de nos deux voyageurs. Ils étaient jeunes, bien montés, avaient fait une longue route, leur dernier repas à Fontainebleau cinq ou six heures auparavant, et ils songeaient qu'ils ne souperaient qu'à Paris, encore distant de cinq bonnes lieues.

Le jeune André dit naïvement à son frère :

— Puisqu'il est si riche, ce Tartare, il devrait bien nous inviter à dîner.

Hector se prit à sourire.

— Nous dînerons tout aussi bien rue des Enfants-Rouges, dit-il. Allons, petit frère, en route !

Mais avant qu'il eût pressé du genou l'épaule de son bidet, Hector fut forcé de concentrer son regard sur le carrosse, dont une des portières venait de s'ouvrir.

Un homme en descendit.

Si le plaisant eût dit vrai, ce n'était pas le Tartare, car outre que celui qui apparaissait aux yeux des deux jeunes gens était plutôt petit que grand, il n'avait pas la moindre plaie noirâtre sur le visage.

C'était un homme d'un certain âge, chétif d'apparence, un peu chauve, avec des favoris roux, vêtu d'une longue robe brune également bordée de fourrures et coiffé pareillement d'un bonnet d'astrakan de forme conique.

Cet homme s'avança vers Hector, et le salua avec courtoisie.

Hector rendit le salut, de plus en plus étonné.

L'inconnu lui adressa la parole en français, mais avec un accent tout germanique.

— Mon gentilhomme, je me nomme Hermann Schutzberg, et je suis médecin de la Faculté de Heidelberg.

Hector salua de nouveau.

Le petit homme poursuivit :

— Je suis attaché à la personne du prince russe Trespatky, à qui appartiennent ce carrosse et la meute que vous avez pu voir passer tout à l'heure.

Le jeune gentilhomme s'inclina et attendit.

— Tenez, on entend l'hallali là-bas, dans ce fond-là, et la chasse est terminée, poursuivit M. Hermann Schutzberg. M. le comte de Clermont, prince du sang, et la belle princesse Woïna, la sœur du prince, vont venir prendre part à cette collation.

A ces derniers mots, le petit André, qui mourait de faim, tressaillit d'une joie secrète.

— Le prince Trespatky, acheva M. Hermann Schutzberg, me charge de vous inviter à dîner tous les deux.

Hector n'eut pas le temps de répondre.

Un homme mit la tête à la portière du carrosse, et les deux jeunes gens poussèrent un cri d'effroi.

Ils venaient d'apercevoir une espèce de monstre couvert de lèpre, qui criait :

— Eh bien ! Hermann, ces messieurs acceptent-ils mon invitation ?

En même temps, le Tartare mit pied à terre et s'avança péniblement, sur des béquilles, à la rencontre d'Hector.

Celui-ci et son frère étaient muets d'épouvante et d'horreur.

Le monstre s'en aperçut, et ses lèvres, couvertes d'ulcères, grimacèrent un odieux sourire.

— Je vous fais peur, dit-il, mais rassurez-vous. Hermann me guérira, et, dans six mois, je vous apparaîtrai beau comme le jour.

En même temps il jeta sur le petit André un regard de singulière et sauvage convoitise.

Néanmoins, malgré l'assurance qu'il donnait aux jeunes gens de sa guérison prochaine, ils allaient sans doute s'éloigner, lorsqu'un nouveau personnage arriva au poteau.

C'était une femme...

L'amazone qu'ils avaient aperçue de loin suivant la chasse.

Et, à sa vue, Hector n'eut plus la force de fuir ; et il demeura comme pétrifié d'admiration. La princesse Woïna était aussi belle, aussi radieuse, que son frère était horrible et repoussant.

— Oh ! qu'elle est belle ! murmura Hector ébloui.

II. — L'AUBERGE.

Hector de Pierrefeu, c'était le nom du jeune gentilhomme, était fasciné par la femme, et son frère, trop jeune encore pour

éprouver des émotions de ce genre, subissait une autre attraction.

Il avait détourné les yeux du monstre pour les reporter sur les préparatifs de la collation.

Son estomac de quinze ans parlait tout aussi haut que le cœur inflammable de son grand frère.

La belle Woïna mit pied à terre et jeta la bride à un des Cosaques.

Puis elle s'approcha de son frère, à qui elle tendit la main.

Il y eut une conversation de dix secondes entre l'horrible Tartare et cette femme, qui avait la beauté d'un ange.

Une conversation dont Hector n'entendit pas un mot, car elle avait lieu en langue russe, mais qu'il devina, s'engagea alors entre les deux personnages.

Puis, la belle Woïna, tournant la tête, regarda Hector et son frère, après quoi elle s'avança vers eux et leur dit d'une voix harmonieuse comme une caresse :

— Vous ne nous refuserez point, n'est-ce pas, messieurs ?

Hector, ébloui, balbutia quelques mots à peine intelligibles, et mit pied à terre.

Son frère l'imita.

En ce moment un nouveau cavalier arrivait au poteau.

C'était M. le comte de Clermont, cousin du roi, comme avait dit le piqueur.

La curiosité qu'excita chez eux ce seigneur, qui était jeune encore et de belle mine, acheva de familiariser les deux jeunes gens avec la figure repoussante du Tartare.

Ce dernier, du reste, avait eu soin de placer sa sœur auprès d'Hector.

Le jeune André était émerveillé de ces vins d'un jaune d'ambre que les Cosaques versaient dans des coupes d'or ciselé.

Hector ne voyait plus que la belle Woïna : il n'entendait plus que la musique céleste de sa voix. Le comte de Clermont et le Tartare étaient de fort belle humeur.

La chasse fit les premiers frais de la conversation ; puis les détails intimes arrivèrent.

Le jeune André babillait comme une fauvette dans un buisson, le vin jaune aidant.

C'est ainsi que, tandis que son frère admirait la belle Tartare, il avoua se nommer André de Pierrefeu, être le fils d'un gentilhomme bourguignon mort au service du roi. Il allait à Paris, en compagnie de son frère, lui pour entrer dans les pages, et son frère dans les mousquetaires gris.

Il ajouta que tous deux descendraient à l'auberge du Dragon-Bleu, rue des Enfants-Rouges.

Le Tartare et M. de Clermont l'écoutaient en souriant.

Une heure s'écoula.

Ce fut une heure délicieuse pour Hector, qui ne se lassait pas d'admirer Woïna, une heure charmante pour l'enfant, à qui M. de Clermont promit monts et merveilles.

Mais enfin il fallut se séparer, et ce ne fut pas sans regret de la part des deux jeunes gens.

La belle Woïna avait jeté à Hector un tendre regard.

Le comte de Clermont, passant sa main sur la joue rosée du jeune André, lui dit :

— J'irai à Versailles la semaine prochaine, je verrai le roi, et vous serez bien traité, recommandé par moi.

Quelques minutes après, les deux frères étaient en selle et s'éloignaient des hôtes du carrefour du Roi.

Hector soupirait.

Quand on a vingt-cinq ans et un peu d'imagination, le cœur bat vite, et il est aisé de rêver des aventures.

En l'an de grâce 173... tout gentilhomme quittant sa province pour venir chercher fortune à Paris rêvait sur-le-champ de quelque belle dame qui le prendrait en haute estime et lui ferait faire rapidement son chemin.

Hector avait sollicité humblement, d'une voix tremblante, à mots couverts, il est vrai, la permission de se présenter à l'hôtel du Tartare, sur le quai des Tournelles.

Woïna lui avait répondu par un sourire, et ce sourire était un acquiescement.

Aussi, durant le reste de la route, Hector parla peu, répondit avec distraction aux questions multipliées de son petit frère, et ils entrèrent dans Paris vers huit heures du soir, André un peu dégrisé, Hector à demi fou d'amour pour la belle Woïna.

Ils entrèrent par le faubourg Saint-Antoine, suivirent la rue de ce nom jusqu'à celle du Temple.

Là, ils étaient à deux pas de la rue des Enfants-Rouges.

Cependant, ils furent obligés de demander leur chemin.

— La seconde rue à gauche, leur dit un honnête bourgeois assis sur le pas de sa porte.

— Merci bien, dit Hector.

— Est-ce que vous allez au Dragon-Bleu ? demanda le bourgeois.

— Oui.

Le bourgeois secoua la tête.

— Il y a pourtant de bien meilleures auberges dans le quartier, dit-il.

— Mais nous connaissons l'hôtelier, répondit Hector.

Et il continua son chemin.

Le bourgeois les regarda s'éloigner.

— Voilà de beaux damoiseaux, murmura-t-il en se penchant à l'oreille de sa femme, qui l'avait rejoint sur le pas de la porte, qui me paraissent se soucier fort peu de la sinistre réputation du *Dragon-Bleu*.

— Tais-toi donc, malheureux! répondit la femme. Pourquoi te mêler de choses qui ne te regardent pas?

Et comme si elle eût craint que les paroles de son mari n'eussent été entendues de quelqu'un, elle l'entraîna vivement dans la maison et ferma la porte.

Durant ce temps, Hector et André de Pierrefeu entraient dans la cour du *Dragon-Bleu*.

C'était une véritable auberge, comme il y en avait alors et comme il n'y en a plus aujourd'hui à Paris, si ce n'est une peut-être à l'extrémité de quelque faubourg.

Écurie pour les chevaux, large table pour les cavaliers, cave bien garnie, cuisine vaste comme une salle d'armes, dont le feu flambait joyeusement devant une broche homérique posée sur de grands chenets de fer ouvragé.

Qui donc avait dit que ce n'était pas une bonne auberge?

Ce bourgeois, à qui sa femme, du reste, avait fait une verte semonce, était un pur calomniateur.

Le *Dragon-Bleu* était certainement la meilleure hôtellerie de tout le carré Saint-Martin.

Et quel empressement pour les voyageurs?

À peine le sabot des bidets eut-il frappé le pavé inégal et pointu de la cour, que servantes, marmitons, valets d'écurie, tout le monde accourut.

Et au milieu d'eux, l'hôtelier lui-même.

C'était un petit homme ventru, aux cheveux grisonnants, à l'air majestueux, qui répondait au nom de maître Boniface et qui était narguillier de l'église Saint-Martin-des-Champs.

Il avait une mine joviale quand il lui arrivait des voyageurs d'un certain âge.

Mais son visage se rembrunissait si, d'aventure, au lieu d'hommes mûrs, les nouveaux venus étaient des jeunes gens.

Il fronça donc le sourcil en voyant Hector et son frère mettre pied à terre et jeter la bride aux valets.

Hector courut à lui et lui tendit la main.

— Bonjour, mon bon ami Boniface, lui dit-il; est-ce que tu ne me reconnais pas?

Maître Boniface tressaillit et fit même un pas en arrière.

— Il me semble... balbutia-t-il, oui... en effet... non... ce n'est pas possible...

— Comment! dit joyeusement le jeune homme, tu ne reconnais pas ton petit Hector?

— Seigneur Dieu! est-ce bien vrai?

— Mais oui... c'est bien moi, Hector de Pierrefeu!

— Ah! fit l'hôte, qui devint tout pâle.

— Comme te voilà défait!...

— Excusez-moi, répondit le comte, vous n'aviez pas dix ans quand j'ai quitté le château... L'émotion de vous revoir... la joie... vous comprenez...

— Oui, oui, mon bon ami.

Boniface essuyait de grosses gouttes de sueur qui perlaient à son front.

— Voici mon frère, dit encore Hector en prenant André par la main.

Boniface devint de plus en plus pâle.

— Est-ce que vous venez descendre chez moi? demanda-t-il d'une voix étranglée.

— Sans doute; voulais-tu pas que nous allassions ailleurs?...

— C'est vrai... vous avez raison... C'est beaucoup d'honneur pour moi.

Et l'émotion de maître Boniface allait croissant au lieu de se calmer.

— Nous venons te demander à souper et à coucher, dit Hector; puis demain...

— Demain?... fit Boniface avec anxiété.

— Nous irons à Versailles.

L'hôtelier parut respirer et son angoisse se calmer un peu.

Il conduisit les deux jeunes gens dans la grande salle de l'auberge, laquelle était en même temps la cuisine.

Une femme était assise au coin du feu devant la broche, qui tournait, garnie d'un énorme quartier de bœuf.

Cette femme, qui était grande, sèche, d'aspect sinistre, en dépit d'une certaine beauté vulgaire, jeta un étrange regard sur les jeunes gens.

— Tiens, femme, dit Boniface, dont la voix se remit à trembler un peu, je te présente les fils de mon ancien maître, le comte de Pierrefeu.

— De beaux jeunes gens! dit-elle avec un sourire qui arracha un frisson à l'hôtelier.

Hector et son frère s'étaient installés auprès du feu.

Boniface se pencha vers sa femme :

— Tu me réponds de ceux-là sur ta tête! dit-il tout bas.

La femme haussa les épaules.

Puis, avec un sourire de pitié :

— Est-ce que nous sommes les maîtres? dit-elle.

— Nous le serons pour cette fois...

— Imbécile!

Boniface consultait du regard la grande horloge à cage de noyer placée dans un coin de la salle.

— Huit heures, dit-il, l'homme ne viendra pas.

— Je l'espère pour toi, répondit sa femme d'une voix ironique et sourde.

Boniface courba la tête et ne prononça plus un seul mot.

Seulement, il mit son auberge un peu sens dessus dessous, pour faire aux fils de son ancien maître une réception convenable.

Puis il ne voulut pas qu'on dressât la table dans la cuisine.

— Et où veux-tu donc nous faire souper? dit Hector.

— Dans votre chambre, monsieur le comte.

— Pourquoi?

— Mais parce que vous serez plus tranquilles.

— Comme tu voudras, dit le jeune homme, qui pensait toujours à la belle Woïna.

Tandis que Boniface conduisait ses jeunes hôtes à leur logis, le valet d'écurie dit tout haut :

— Ces gentilshommes partiront sans doute de grand matin. A quelle heure faut-il tenir les chevaux prêts?

L'hôtelier lui jeta un regard de travers.

— Ces messieurs partiront en plein jour, après déjeuner, répondit-il. Tu peux aller te coucher.

Hector et son frère soupèrent du bout des dents.

André n'avait pas faim mais il était las.

Hector rêvait de la belle Tartare.

Pour leur faire honneur sans doute, maître Boniface avait voulu les servir lui-même.

Quand ils eurent terminé leur repas, il dit à Hector :

— Vous ferez bien de fermer soigneusement votre porte, monsieur le comte.

— Bah! il y a donc des voleurs à Paris? demanda Hector en riant.

— C'est-à-dire, répondit Boniface, que, depuis sept ou huit mois, on ne parle que d'assassinats et de vols dans le quartier. La semaine dernière encore, on a tenté de forcer la porte de la basse-cour pour voler les chevaux d'un gentilhomme normand qui logeait ici.

— Eh bien! je fermerai ma porte soigneusement, répondit Hector.

— Vous passeriez votre épée sous votre traversin, que cela ne ferait pas de mal.

— Bah!

— Et une bonne paire de pistolets sur votre table de nuit.

— Mais tu m'effrayes.

L'hôtelier n'eut pas le temps de justifier ses craintes, car la porte s'ouvrit et sa femme entra.

— N'écoutez donc pas mon mari, monsieur le comte, dit-elle en pulvérisant d'un regard le malheureux Boniface; il est un peu fou... depuis un soir où il a été battu en traversant le pont Neuf... il ne voit que voleurs, assassins et tire-laine partout. C'était bon au temps jadis; mais aujourd'hui, Dieu merci! M. le lieutenant de police fait bonne garde.

En même temps, elle congédia Boniface d'un geste impérieux.

Cet homme devait craindre sa femme au moins autant que les voleurs, car il sortit en poussant de gros soupirs et sans même tourner la tête.

Alors madame Boniface dit à Hector :

— Voici une lettre pour vous.

— Une lettre! fit le jeune homme étonné.

L'hôtelière avait tiré de dessous son tablier un petit pli cacheté à la cire bleue et d'où s'exhalait un mystérieux parfum.

— C'est une femme qui vient de l'apporter, ajouta madame Boniface.

Hector prit la lettre en tremblant et jeta les yeux sur l'enveloppe.

La suscription était ainsi rédigée :

« A Monsieur le comte Hector de Pierrefeu, au *Dragon-Bleu*. »

La lettre était bien pour lui.

Qui donc pouvait écrire à Hector?

L'écriture trahissait une main de femme... Et quelle autre femme que la belle Woïna pouvait savoir que le jeune Hector de Pierrefeu était descendu au *Dragon-Bleu*, rue des Enfants-Rouges?

Et le jeune homme, pris d'un violent battement de cœur, brisa d'une main tremblante le cachet de cette lettre.

III

La lettre mystérieuse était ainsi conçue :

« Si le comte Hector de Pierrefeu est aussi brave que beau, aussi tendre que spirituel et qu'il ne dédaigne point une aventure d'amour, il quittera l'hôtellerie du *Dragon-Bleu* à dix heures du soir et s'en ira par la rue du Temple jusqu'au bord de la rivière.

« Là, il trouvera une personne qui le conduira auprès de celle qui se meurt d'amour pour lui. »

Pas de signature.

Mais chaque ligne, chaque mot, flamboyaient aux yeux d'Hector en lettres de feu et semblaient tracer le nom de Woïna.

Cependant, il eut la force de cacher ses émotions et de garder un front à peu près impassible.

— C'est bien, dit-il à madame Boniface, je vous remercie.

Et il mit la lettre dans sa poche.

Le jeune André dormait tout debout, et il ne fit point attention à la lettre que son frère venait de recevoir.

L'hôtelière sortit un peu inquiète, après avoir attendu que, par un mot, le jeune homme fit part de sa résolution.

Un sablier placé sur la cheminée de la chambre était pourtant l'unique mobile de son calme apparent.

Le sablier marquait neuf heures.

Pour se conformer aux indications de la lettre, Hector avait toute une heure à attendre.

Ensuite, en vrai chevalier, il trouvait parfaitement inutile de mettre qui que ce fût dans le secret de sa bonne fortune, et encore moins l'hôtelier et sa femme.

Il fit donc mine de se glisser dans son lit, et, suivant la recommandation de maître Boniface, il plaça ses pistolets sur un guéridon et son épée sous le traversin.

Puis il attendit d'abord que le petit frère fût endormi, ce qui ne tarda pas, et ensuite que l'heure du rendez-vous eût sonné.

Pendant ce temps, la femme de l'hôtelier était redescendue dans la grande salle de l'auberge.

L'aubergiste, assis auprès du feu, la tête dans ses mains et ses coudes sur les genoux, avait une expression de douleur sinistre et presque de désespoir en ce moment.

Sa femme, qui s'appelait Catherine, lui frappa sur l'épaule :

— Qu'est-ce que tu fais donc là? dit-elle.

— Rien, répondit-il d'un ton bourru.

Les marmitons, les filles de cuisine, tout le monde était couché.

Il ne restait plus debout dans l'auberge que maître Boniface et sa femme.

— Vas-tu pas te désoler encore? reprit Catherine d'un ton moqueur.

Boniface leva les yeux au ciel.

— Que fais-tu donc là, au lieu de t'occuper de nos affaires?

— Nous n'avons pas d'affaires ce soir.

— Tu te trompes...

Il tressaillit des pieds à la tête et murmura d'une voix sourde :

— Du moins, je l'espère bien.

Puis, regardant l'horloge qui marquait plus de neuf heures :

— Non! non! dit-il avec véhémence, nous n'en aurons pas...

— Ah! tu crois?

— L'*homme* vient toujours à l'entrée de la nuit. Puisqu'il n'est pas venu, c'est qu'il ne viendra pas...

— Je l'espère pour toi, dit madame Boniface avec une sourde ironie. Tu as toujours si grand'peur quand la besogne nous arrive, que c'est grand'pitié, en vérité, de te voir en cet état.

— Femme! murmura maître Boniface avec un accent sombre et désespéré, tu verras... le châtiment sera terrible...

Catherine haussa les épaules et répondit :

— Il faut bien gagner sa pauvre vie... et puis...

— Et puis quoi?

— Tu sais bien que nous leur appartenons corps et âme et que nous sommes forcés d'obéir.

— Oh! malheur, malheur! murmura maître Boniface en prenant son front à deux mains.

— Imbécile! dit sa femme.

— Mais ne sais-tu donc pas, poursuivit-il avec une sorte de véhémence subite, que ces deux jeunes gens sont les fils de mon ancien maître!

— Certainement, je le sais. Eh bien?

— Eh bien! non, cela ne sera pas... cela ne peut être... dussé-je aller dénoncer la vérité au lieutenant de police.

— Tu n'en aurais pas le temps, dit froidement sa femme.

Il se leva brusquement.

— Et pourquoi donc? fit-il.

— Parce que tu serais mort avant d'avoir touché le seuil de son hôtel.

— Malheur! répéta maître Boniface avec un accent désespéré.

— Mais, reprit Catherine, je crois que tu te mets la cervelle à l'envers bien inutilement.

Il la regarda avec anxiété.

— Sans doute, poursuivit-elle; l'homme n'est pas venu, il ne viendra pas.

— Oh! Dieu puisse-t-il t'entendre!

— Est-ce que ces beaux messieurs ne partent point demain matin pour Versailles?

— Oui, ils me l'ont dit.

— Eh bien! va dormir tranquille..... ou plutôt...

Catherine parut réfléchir.

— Pardienne! fit-elle après un moment de silence, je ne me trompais pas tout à l'heure, quand je te disais qu'au lieu de te lamenter, tu ferais mieux de t'occuper de nos affaires.

— Que veux-tu dire?

— Est-ce que le drapier de la rue du Chantre, maître Loyseau, n'est pas venu ici aujourd'hui?

— Sans doute.

— Et ne t'a-t-il pas dit qu'il était prêt à payer, ce soir même, la rente annuelle qu'il nous fait pour la boutique que nous lui avons louée?

— C'est vrai.

— Alors va chercher ton argent.

— Mais j'irai tout aussi bien demain.

— Non; il vaut mieux tenir que courir. L'argent est toujours mieux chez celui à qui il appartient que chez celui qui le doit.

— Mais si l'homme vient...?

— Il ne viendra pas, te dis-je.

— Mon Dieu! fit Boniface en joignant les mains, si cette femme pouvait dire vrai!

— Mais va-t'en donc chercher ton argent! s'écria Catherine impatientée.

Boniface se leva en trébuchant.

Catherine, qui était une mégère devant qui le malheureux Boniface tremblait comme un enfant, le prit par les épaules et le poussa vers la porte, répétant :

— Mais va-t'en donc!

Il laissa échapper un soupir à attendrir un tigre ; puis, prenant son chapeau et son manteau, il ouvrit la porte de la grand'salle, qui s'ouvrait sur la rue, et sortit sans vouloir traverser la cour.

Catherine s'approcha alors de cette porte qu'il avait laissée entr'ouverte.

Il faisait un beau clair de lune, qui rendait distinct le moindre objet.

L'hôtelière suivit des yeux son mari, jusqu'au moment où il tourna l'angle de la rue du Temple.

Elle prêta l'oreille jusqu'à ce que le bruit de ses pas se fût éteint dans l'éloignement.

Puis, refermant la porte :

— Si on écoutait cet imbécile avec ses sentiments, dit-elle d'un ton railleur, on se ruinerait. A cent écus par tête, voilà six cents livres qui vont nous tomber du ciel; c'est toujours ça.

Comme elle se disait cela, Catherine prêta de nouveau l'oreille.

Un pas d'homme se faisait entendre dans la rue.

— C'est *lui*! dit-elle.

Et elle courut ouvrir.

En effet, un homme, enveloppé dans un grand manteau, se glissa plutôt qu'il n'entra dans l'auberge.

Catherine referma la porte.

— Bonjour, madame Boniface, dit-il en se débarrassant de son manteau, qu'il jeta sur un siège, mais sans ôter le petit masque de velours qu'il portait sur le visage.

— Bonjour, monseigneur, répondit Catherine avec un accent de respect.

C'était un petit homme aux cheveux roux et grisonnant sur les tempes, tout vêtu de noir, et dont les yeux brillaient au travers du masque comme des charbons ardents.

Il s'assit.

— Hé! hé! dit-il, nous avons du gibier frais, ce soir?

— Ça, c'est vrai, répondit Catherine.

— Est-ce qu'on n'a pas apporté une lettre?

— Oui, un jeune homme que j'ai reconnu vous appartenir, monseigneur.

— Et cette lettre est-elle parvenue à sa destination?

— Certainement. Je l'ai remise moi-même.

— Alors il ira au rendez-vous?

— Je ne sais pas.

— Comment?

— Dame, il est toujours là-haut... dans sa chambre...

— Ah!

— Et je n'entends aucun bruit, riposta Catherine. J'ai peur qu'il ne soit couché et endormi.

Le petit homme eut un geste de mauvaise humeur.

— Voilà qui dérangerait tous nos plans, dit-il.

Heureusement qu'en cet instant, il se fit un certain remue-ménage au-dessus de sa tête.

— Qu'est-ce que cela? dit-il.

— Je crois bien que c'est lui, répondit Catherine.

— Vraiment!

— Leur chambre est là-haut.

Et l'hôtelière levait au doigt verticalement vers le plafond.

On marchait au-dessus de sa tête.

Catherine éteignit la lampe qui brûlait sur la table.

Elle avait déjà couvert le feu.

Puis elle prit par la main celui qu'elle avait appelé monseigneur.

— Venez, dit-elle.

Le petit homme se laissa entraîner dans l'office, qui était attenante à la grand'salle, et qu'une porte vitrée garnie de rideaux en séparait.

Elle poussa cette porte sur eux, et tous deux attendirent.

Des pas se faisaient maintenant entendre dans l'escalier. Cependant, celui qui venait marchait avec précaution.

Il ouvrit sans bruit la porte qui séparait l'escalier de la salle basse.

Puis il traversa cette salle sur la pointe du pied, se dirigea à travers les ténèbres vers la porte qui donnait sur la rue, l'ouvrit et s'arrêta un moment sur le seuil.

La nuit était claire et la lune brillait.

Cachés derrière la porte vitrée de la petite salle, Catherine et le visiteur mystérieux qu'elle appelait monseigneur virent Hector de Pierrefeu, éclairé par les rayons de la lune, jeter un regard furtif dans la rue.

— C'est bien lui, dit l'homme au masque.

Hector tira la porte, et bientôt le bruit de ses pas se perdit dans l'éloignement.

Alors Catherine et l'homme sortirent de leur cachette.

L'hôtelière ralluma sa lampe.

— Où est ton mari? demanda l'inconnu.

— Il est sorti.

— Pourquoi?

— Je l'ai renvoyé, de peur qu'il n'empêchât le jeune homme d'aller au rendez-vous.

— Mais nous avons besoin de lui.

— Aussi va-t-il revenir.

Comme elle disait cela, la porte s'ouvrit et Boniface parut sur le seuil.

A la vue de l'homme au masque, il jeta un cri et recula pâle et frémissant.

— On ne m'attendait pas aussi tard, n'est-ce pas? dit le petit homme d'un ton moqueur.

Boniface ne répondit pas. Il était comme pétrifié. Mais, soudain, il fit un pas vers l'homme au masque et se mit à genoux.

— Grâce! monseigneur, grâce! balbutia-t-il.

— Plaît-il? dit le petit homme d'un ton hautain.

— Grâce! répéta Boniface, dont les dents claquaient de terreur.

— Grâce pour qui?

— Pour ces deux enfants.

Un rire sec et moqueur retentit sous le masque de l'inconnu.

Boniface joignit les mains et poursuivit :

— Ce sont les fils de mon ancien maître... je les ai vus tout petits.

— Eh bien! dit en ricanant l'inconnu, partageons.

Un frisson parcourut tout le corps de Boniface.

— Le plus grand est parti, dit Catherine.

— Parti!

— Oui, il est allé à un rendez-vous d'amour.

En même temps, elle ouvrit un bahut et y prit un masque de poix.

— Allons, allons! dit le petit homme, si le prince savait que tu te fais tant prier, tu pourrais bien t'en repentir demain... A l'œuvre!

Boniface courba la tête, et deux larmes brûlantes coulèrent le long de ses joues.

IV

Cependant Hector de Pierrefeu avait tourné l'angle de la rue des Enfants-Rouges et descendait maintenant la rue du Temple.

Il faisait un beau clair de lune, et, malgré l'heure avancée, les édits et le couvre-feu, qui était encore en vigueur, et il y avait pas mal de bourgeois et de menu peuple dans les rues.

On ne voyait pas de lumière aux croisées. mais ces mêmes croisées étaient ouvertes çà et là, et les Parisiens estimaient que, ne pouvant éteindre la lune comme ils avaient soufflé leurs chandelles, ils avaient bien le droit de profiter de sa clarté.

Hector ne connaissait point Paris; aussi, quand il eut fait une centaine de pas dans la rue du Temple, éprouva-t-il le besoin de se renseigner.

Le même bourgeois à qui il s'était adressé quelques heures plus tôt pour lui demander l'auberge des Enfants-Rouges était encore sur le seuil de sa porte.

Hector, grâce au clair de lune. le reconnut et alla vers lui.

Le bourgeois le reconnut pareillement et le salua.

— Mon cher monsieur, dit Hector, je suis bien dans la rue du Temple?

— Oui, mon gentilhomme.

— Et cette rue descend jusqu'à la rivière, n'est-ce pas?

— C'est-à-dire, répondit le bourgeois, qu'elle aboutit à la place de Grève, laquelle touche à la rivière.

— Ce qui est absolument la même chose, dit Hector. Merci bien, et au revoir!

Mais le bourgeois le retint d'un geste :

— Pardon, dit-il, n'est-ce pas vous, mon gentilhomme, qui m'avez demandé déjà votre chemin dans la journée?

— Oui, c'est moi, répondit Hector.

— Je vois avec plaisir, dit le bourgeois, que vous avez suivi mon conseil.

— Quel conseil? demanda Hector.

— Vous n'êtes pas descendu au Dragon-Bleu?

— Mais si...

— Ah bah! fit le bourgeois, et vous voilà...?

— Sans doute. Qu'y a-t-il donc d'extraordinaire à cela?

— C'est que... c'est que... balbutia le bourgeois, aussi vrai que je m'appelle Onésime Morel, et que je suis pelletier-fourreur de mon état, quand un jeune et joli seigneur comme vous descend à l'hôtel du Dragon-Bleu...

— Eh bien? dit Hector.

— Il n'en sort plus.

— Vous voyez pourtant bien que j'en suis sorti, moi.

Le bourgeois allait répliquer, mais un nouveau personnage s'élança du fond de la boutique sur le seuil.

C'était la femme du pelletier.

— Mais te tairas-tu donc. misérable! dit-elle d'une voix aigre et criarde. Tu te mêleras donc toujours de ce qui ne te regarde pas?

Et, prenant son mari par le bras. la mégère le fit rentrer violemment dans la maison, laissant Hector abasourdi.

Que signifiaient les paroles du bourgeois?

Un moment, il fut sur le point de rebrousser chemin et de retourner auprès de son frère. qu'il avait laissé tout seul.

Si le pelletier disait vrai, on courait donc des dangers au Dragon-Bleu?

Mais tout à coup une idée traversa son esprit.

— Est-ce que Boniface, se dit-il, n'est pas un ancien serviteur de ma famille? Que puis-je avoir à craindre de lui?

La lettre mystérieuse qu'il avait glissée dans son pourpoint lui brûlait la poitrine.

Donc, après avoir hésité quelques secondes, Hector se remit en route.

Cependant, comme il allait atteindre la place de Grève, ses hésitations le reprirent.

Une femme était assise sur la marche unique qui servait de perron à une porte bâtarde.

— Ma bonne femme, lui dit Hector en l'abordant, est-ce que vous connaissez l'auberge du Dragon-Bleu?

A ce nom, la vieille tressaillit, se leva vivement et fit un pas en arrière.

— Pourquoi me demandez-vous cela? dit-elle. Vous êtes peut-être un des sergents de M. le lieutenant de police?

— Mais pas le moins du monde! dit Hector en riant.

— Passez votre chemin, continua la vieille; je suis une pauvre femme qui ne se mêle que de ses affaires et n'a point de celles des autres. Passez, passez... Je ne sais pas ce que vous voulez me dire.

Elle rentra précipitamment chez elle sur ces derniers mots, et ferma sa porte.

— Ma foi, tant pis! murmura Hector, il ne sera pas dit qu'un Pierrefeu aura fait attendre une jolie femme.

Et il continua son chemin.

La place de Grève, ordinairement déserte, était animée cette nuit-là.

On voyait au beau milieu une lueur rouge, et tout alentour des hommes qui allaient et venaient.

La curiosité s'empara d'Hector; il s'approcha.

La lumière provenait d'un feu allumé; les hommes qui l'entouraient, et qui étaient au nombre de sept ou huit, avaient des mines sinistres et patibulaires.

Quand il fut tout près, notre héros aperçut un madrier qui s'élevait auprès du brasier.

C'était une potence.

Les hommes qui se chauffaient n'étaient autres que les aides de Monsieur de Paris, comme on appelait alors le bourreau.

Ces hommes causaient à mi-voix.

Hector prêta l'oreille, et voici la conversation qu'il entendit :

— A quelle heure allons-nous pendre ces deux hommes ? disait l'un.

— Au point du jour.

— Ce sont des voleurs, n'est-ce pas ?

— Je n'en sais rien, mais je le crois.

— Peut-être de la bande à Cartouche ?

— Je ne sais pas.

L'homme qui interrogeait se mit à rire :

— Eh ! Canuche, dit-il, on croirait, à te voir triste et de mauvaise humeur ainsi, que ces deux hommes, que nous n'avons jamais vus, — car nous ne faisons jamais connaissance avec notre clientèle qu'au moment de l'expédier dans l'autre monde, — que ces deux hommes t'intéressent ?

— Non, dit Canuche.

— Pourtant tu nous as aidés de bien mauvaise grâce à dresser la potence, Canuche !

Canuche répondit :

— C'est que j'ai mon idée.

— Hein ?

— Je trouve qu'on pend trop le pauvre monde.

Ces paroles furent accueillies par un éclat de rire bruyant.

— Et pas assez les gentilshommes ! ajouta Canuche d'un ton bourru.

Hector était à dix pas du brasier, et les visages des valets du bourreau lui apparaissaient livides des reflets du feu.

Celui qu'on nommait Canuche, et qui paraissait commander aux autres, était un homme jeune encore, au front couvert de cheveux jaunes, à la figure pâle et triste.

— Vous riez, vous autres, reprit cet homme, il n'y a pourtant pas de quoi rire !

— Bon ! répondit le premier interlocuteur, voilà maintenant Canuche qui boude à l'ouvrage.

— Est-ce que notre métier te dégoûte ?

— Non, mais j'aimerais mieux pendre d'autres personnes.

— Lesquelles ?

— Je vous l'ai dit, des gentilshommes.

— Pourquoi donc ?

— Mais parce que c'est eux qui commettent tous les crimes qui ont mis Paris en émoi depuis quelque temps.

— Quels crimes ?

— Vous ne savez donc pas qu'on vole des enfants ?

— On le dit, mais ce n'est pas vrai.

— Je sais ce que je dis, moi, murmura Canuche ; mais ce je sais ne regarde personne.

— On vole des enfants ! pensait Hector de Pierrefeu ; qu'est-ce que cela peut signifier ?

Un autre des valets reprit :

— Et on trouve des hommes assassinés dans les filets du pont de Saint-Cloud.

— Bah !

Canuche reprit d'un ton bourru :

— Mais ce ne sont pas nos affaires, après tout ! Ne parlons pas de tout ça.

— Pourquoi ?

— Ça porte malheur.

Hector n'avait été aperçu par aucun des valets. Il s'approcha plus encore. Cette conversation piquait au plus haut degré sa curiosité.

— Eh ! Canuche, poursuivit un de ces hommes, tu crois donc que ces jolis corps-là sont œuvres de gentilshommes ?

— Je le crois.

— Mais...

— Je ne vous dirai pas pourquoi je le crois... ça ne me regarde pas... ni vous non plus... Et prenons bien garde, après avoir pendu tant de gens, de ne pas être pendus à notre tour.

Sur ces mots, Canuche se coucha au brasier, arrondit un de ses bras, posa sa tête dessus et prit l'attitude d'un homme qui n'est pas fâché de dormir un peu.

Hector s'éloigna.

Une fois encore, il fut sur le point de rebrousser chemin et de s'en aller au Dragon-Bleu, veiller sur son frère.

Canuche n'avait-il pas dit qu'on volait des enfants ?

Mais quels enfants ?

Sans doute, des bambins de trois ou quatre ans, que des saltimbanques enlevaient pour les dresser à leur métier d'enfer.

Le frère d'Hector n'était pas encore un homme, mais ce n'était plus un enfant ; et puis Boniface n'était-il pas là pour veiller sur lui ?

Hector, en faisant toutes ces réflexions, caressait de la main le cher billet.

Ce billet sans signature pouvait-il venir d'une autre femme que de la belle Woïna ?

Notre héros poussa jusqu'à la rivière.

Il n'y avait alors ni quai, ni parapet, et la place de Grève descendait par une pente inclinée jusqu'au bord de l'eau.

La grève était déserte ; on ne voyait au delà que les silhouettes noires des édifices qui s'élevaient sur la rive gauche ; on n'entendait d'autre bruit que le clapotement sourd de l'eau.

Où donc était la personne qui devait servir de guide à Hector de Pierrefeu ?

Un soupçon traversa son esprit, soupçon terrible qui fit perler à son front quelques gouttes de sueur.

N'était-il pas la victime d'une mystification, et ce rendez-vous qu'on lui donnait n'était-il pas un moyen de lui faire abandonner un moment son frère André ?

Les paroles de Canuche, à propos des enfants volés, lui revinrent en mémoire.

Mais il n'eut pas le temps de prendre une résolution.

Tout à coup il aperçut un point noir au milieu du fleuve ; il entendit distinctement le bruit sec et cadencé de deux avirons qui frappaient l'eau. Une barque semblait se diriger vers lui.

Hector attendit.

Bientôt la barque fut si près de la berge, les rayons de la lune aidant, Hector put voir les personnes qui la montaient.

Il vit un homme et une femme.

L'homme manœuvrait l'embarcation.

La femme était debout à l'avant.

La barque, adroitement lancée hors du courant, vint enfoncer dans le sable l'extrémité de sa quille, à dix pas de l'endroit où se tenait Hector, immobile et muet.

La femme sauta lestement à terre, puis elle marcha droit à Hector, qui l'attendit de pied ferme.

Elle était enveloppée dans un grand manteau, et son visage était couvert d'un petit loup de velours noir.

A cette époque, l'usage du masque était fréquent, et, en plein jour, une femme de qualité parcourait les rues de Paris, un loup sur le visage, sans attirer l'attention ni exciter la curiosité.

Mais Hector arrivait de province, et ce fut avec un certain étonnement ému qu'il vit la femme masquée venir à lui.

Était-ce donc Woïna ?

Non, si l'on en croyait la teneur du billet qu'il avait reçu.

Oui, s'il faisait attention au masque.

La femme vint à lui et lui posa une main sur l'épaule.

— N'êtes-vous pas celui qui attend ? dit-elle.

— Oui, répondit le jeune homme.

— Comment vous nommez-vous ?

— Hector de Pierrefeu.

— C'est bien vous.

Dès les premières paroles de l'inconnue, Hector avait compris que ce n'était pas la belle Tartare.

La sœur du prince Trespatki avait une voix harmonieuse et fraîche.

Cette femme-là, au contraire, avait l'accent un peu aigre et chevrotant d'une duègne.

— Je suis chargée de vous conduire auprès de celle qui vous attend, dit-elle.

— Je suis prêt à vous suivre, répondit Hector. Mais un mot, je vous prie.

— Parlez.

— N'est-ce pas la princesse Woïna qui vous envoie ?

La voix d'Hector tremblait, tandis qu'il parlait ainsi.

— Je ne puis rien vous dire.

— Ah !

— Et, reprit l'inconnue, si vous ne savez pas vous conformer à toutes les conditions que je suis chargée de vous imposer, vous pouvez vous en retourner par où vous êtes venu.

— Que dois-je faire ?

— Monter d'abord dans cette barque.

— Bien.

— Quand vous y serez, je vous banderai les yeux avec un foulard.

— Je ne dois donc pas savoir où l'on me conduit ?

— Non.

— Vous me banderez les yeux, dit Hector. Est-ce tout ?

— Non. La personne qui vous attend est masquée comme moi.

— Oui, mais elle ôtera son masque ?

— Je ne crois pas.

— Ce n'est donc pas la princesse ?

— Je ne puis rien vous dire.

— Après tout, pensa Hector, je comprends cela. La princesse ne veut pas se compromettre. C'est elle, c'est bien elle.

— Acceptez-vous ? demanda la duègne.

— Tous les gentilshommes qui passaient par le Palais-Royal me regardaient en souriant. (Page 12.)

— Oui.

— J'ai encore une condition à vous poser.

— Voyons ?

— Quoi que vous puissiez voir et entendre cette nuit, et si étrange que vous paraisse ce que vous verrez ou entendrez, vous allez me donner votre parole de gentilhomme de ne jamais rien révéler.

— Je vous la donne.

— Ainsi vous êtes décidé à me suivre ?

— Oui.

— Alors, venez.

Elle le prit par la main et le fit monter dans la barque.

Hector s'aperçut alors que l'homme qui tenait les avirons était pareillement masqué.

La femme inconnue fit asseoir Hector auprès d'elle, à l'arrière de la barque.

Puis elle tira de son sein un large morceau de soie, en fit un bandeau, le posa sur les yeux du jeune homme et le noua solidement derrière sa tête.

Alors, plongé dans d'épaisses ténèbres, Hector sentit, au mouvement imprimé à la barque, qu'il gagnait le large.

Où le conduisait-on ? voilà ce qu'il n'aurait pu dire.

Mais, à la fraîcheur du courant d'air, à la rapidité que la barque paraissait avoir acquise, au temps qui s'écoulait entre chaque coup d'aviron, il comprit qu'au lieu de remonter le fleuve, il descendait au contraire le fil de l'eau.

Et alors il se souvint encore de ces autres paroles de Canuche, le valet du bourreau :

— Vous ne savez donc pas qu'on trouve des hommes assassinés dans les filets de Saint-Cloud ?

Mais Hector était brave, et il était trop tard d'ailleurs pour renoncer à l'aventure.

Le trajet dura une demi-heure.

Au bout de ce temps, la barque éprouva une violente secousse, puis demeura immobile.

— Nous sommes arrivés dit la duègne.

— Alors, répondit Hector, ôtez-moi mon bandeau.

— Non, pas encore. — Puis, lui prenant la main : — Levez-vous, enjambez le bordage... Là... bien.

Le pied d'Hector foulait le sable de la berge.

— Maintenant, venez, acheva la duègne.

Mais à peine avait-il fait deux pas, qu'Hector de Pierrefeu s'arrêta.

— Qu'est-ce donc ? lui dit son guide mystérieux.

Hector venait de s'apercevoir qu'il n'avait plus son épée à son côté.

— Mon épée ! dit-il, où est mon épée ?

— Je vous l'ai ôtée.

— Pourquoi ?

— Parce qu'on n'entre pas avec des armes dans la maison où je vous conduis.

— Mais... cependant...

La duègne avait un accent moqueur.

— Auriez-vous peur ? dit-elle.

— Non certes.

— Alors, venez...

Et elle ajouta d'un ton plus sec :

— Il en est temps encore... Si vous voulez vous en retourner, je vais vous reconduire à l'endroit où je vous ai pris.

— Non, dit Hector, blessé dans son orgueil ; dussiez-vous me conduire chez le diable, je vous suivrai !

La duègne ne répondit pas, mais elle continua à entraîner Hector.

Hector songeait à Woïna et se disait :

— Payer une heure d'amour de cette femme de tout son sang et de sa vie ne serait vraiment pas cher. Allons !...

Et, comme il venait de quitter la berge, il sentit le pavé d'une rue résonner sous ses pieds.

V

Hector, toujours plongé dans l'obscurité la plus profonde, marcha, guidé par la duègne, pendant un quart d'heure environ.

Le valet, qui était Français, possédait une paire de pistolets. (Page 13.)

Puis la duègne s'arrêta.

En même temps, le jeune homme entendit un bruit sourd.

C'était le marteau d'une porte qu'on soulevait et qui retombait sur le chêne ferré.

La porte s'ouvrit. La duègne poussa Hector devant lui, et un autre bruit apprit à celui-ci que la porte venait de se refermer.

Au pavé un peu pointu qu'il avait tout à l'heure sous les pieds succéda un sol uni et retentissant, formé sans doute par des dalles de pierre, et ses bottes éperonnées retentirent, éveillant de lointains échos.

—Vous ne m'ôtez pas mon bandeau? dit-il.

—Non, pas encore, répondit la duègne.

Le bruit de ses pas apprenait à Hector qu'il traversait un vestibule sonore comme les corridors d'un cloître.

Un air frais, presque humide, lui fouettait le visage.

Enfin, la duègne s'arrêta de nouveau, poussa une porte, en fit franchir le seuil à Hector, et celui-ci éprouva tout à coup une triple sensation.

Une atmosphère plus chaude l'enveloppait; son odorat était charmé par un parfum mystérieux et pénétrant, et il devait être certainement dans un lieu éclairé, car une imperceptible lumière avait traversé son bandeau.

—Nous sommes arrivés, dit la duègne.

En même temps, elle dénoua le bandeau, et Hector ne put retenir un cri, tant la lumière qui frappa ses yeux lui parut éblouissante.

Pendant un moment même, cet éblouissement l'empêcha de voir où il était.

Mais enfin il se fit à cette clarté qui succédait tout à coup, pour lui, à une obscurité profonde, et il regarda les objets qui l'environnaient.

La duègne était debout devant lui.

Il se trouvait dans une petite pièce dont les murs étaient tendus d'une étoffe orientale aux vives couleurs.

Le sol était couvert d'un moelleux tapis.

De hauts lampadaires placés sur la cheminée, aux deux côtés d'une pendule rococo, supportaient dix bougies dont l'éclat avait frappé Hector.

Auprès du feu, une bergère à coussins attendait le visiteur.

La duègne l'y fit asseoir et se plaça auprès de lui.

—Mais où suis-je donc ici? demanda le pauvre gentilhomme de province, qui n'avait jamais vu meubles si coquets, tentures si chatoyantes, luxe si étourdissant. Quel est donc ce palais?

—Ce palais est à vous, si vous le voulez, répondit la duègne en souriant.

—Mais... où est-elle?

Et il promenait son regard autour de lui et ne voyait que la duègne, sous le masque et le béguin de laquelle passaient quelques cheveux blancs.

—Attendez... elle va venir...

Hector respira.

Un moment, il avait eu peur que la vieille femme ne l'eût amené en ce lieu pour son propre compte.

—Vous serez fidèle à votre parole? dit-elle.

—Sans doute.

—Vous ne demanderez point à celle qui va venir d'ôter son masque?

—Non certes.

—Et, si vous sortez d'ici, quoi que vous ayez vu et entendu...

—Madame, dit fièrement Hector, aussi vrai que je m'appelle Pierrefeu, seigneur de Charmeuse, je vous jure...

—Charmeuse! s'écria la duègne.

—Oui, c'est un nom de terre de ma famille.

—Charmeuse! répéta-t-elle avec un accent singulier.

Et elle se leva de la bergère où elle était assise auprès d'Hector.

—Oui, madame, reprit Hector un peu étonné, nous nous appelons de notre nom Pierrefeu de Charmeuse.

—Êtes-vous donc Bourguignons?

—Oui.

—Et n'avez-vous pas un parent, un oncle peut-être, qui était capitaine dans Royal-Cravate... et qui se nommait... Raoul?..

La voix de la duègne s'était prise à trembler tandis qu'elle faisait ces questions, et une singulière émotion l'agitait.

— Raoul de Charmeuse, dit Hector, c'était mon père. Comme il avait un frère aîné, mort sans enfants depuis, il ne portait alors que ce nom de Charmeuse.

— Et vous êtes son fils?

— Oui.

— Oh! dit la vieille femme en se tordant les mains, mon Dieu!

Elle prononça ces derniers mots avec un véritable accent de désespoir.

Hector, stupéfait, la regardait.

— Mon Dieu!... répéta-t-elle comme affolée.

Et elle le prit par la main, disant :

— Venez, venez, suivez-moi!

Mais, comme elle disait cela, la pendule sonna minuit.

La duègne jeta un cri sourd.

En même temps, la tenture se souleva et une porte s'ouvrit.

— Trop tard! murmura la duègne éperdue.

Mais Hector n'entendit pas ces paroles, tant l'émotion qu'il éprouva subitement fut violente.

La porte qui s'ouvrait venait de livrer passage à une femme.

Et cette femme, qui marchait droit à Hector, c'était, ce devait être elle!

Elle était masquée, mais son cou, ses bras, ses épaules étaient nus et d'une blancheur éblouissante, et elle avait dénoué une luxuriante chevelure blonde, qui ne pouvait appartenir qu'à la belle Woïna.

Son regard, humide de volupté, brillait à travers le loup de velours noir, comme une étoile sous la voûte céleste, après une pluie d'orage.

Hector tomba à genoux, palpitant, sans voix, les mains jointes.

Et cependant la duègne ne bougeait pas.

Elle était là, muette, frissonnante, regardant avec un sombre désespoir ce jeune homme qui ne la voyait plus.

La femme aux cheveux blonds eut un geste impérieux.

— Eh bien! dit-elle, que faites-vous là?

La duègne balbutia quelques mots.

— Mais sortez donc! répéta la nouvelle venue.

— Oh! pensait Hector en extase, c'est bien elle... je reconnais sa voix!

La duègne se dirigea lentement vers la porte. Au moment où elle allait en franchir le seuil, elle se retourna et jeta un dernier regard sur Hector.

Un regard désespéré!

Puis elle disparut.

La femme aux cheveux blonds avait relevé Hector.

— Venez vous asseoir là, près de moi, disait-elle.

Elle se pelotonnait gracieusement dans sa bergère en parlant ainsi, et Hector ne pouvait plus s'y tromper : c'était bien la voix de Woïna qu'il entendait. Aussi, comme elle lui abandonnait sa main, porta-t-il cette main à ses lèvres pour la couvrir de baisers, et s'écria-t-il :

— Ah! chère Woïna!...

Elle tressaillit à ce nom.

— Taisez-vous! dit-elle; ce nom n'est pas le mien.

— Oh!

— Je ne l'ai jamais porté, reprit-elle d'une voix qui paraissait trembler.

— Mais c'est bien vous pourtant! dit Hector.

— Qui, moi? fit-elle.

— La sœur du prince...

— Quel prince? dit-elle.

Mais sa voix, de plus en plus tremblante, disait assez qu'elle mentait.

Alors Hector se souvint du serment qu'il avait fait à la duègne de ne pas exiger que celle qui l'attendait se démasquât, et il se dit : — Que m'importe, puisque c'est bien Woïna!

Puis il se remit à genoux devant elle :

— Pardonnez-moi! lui dit-il.

Elle se reprit à sourire à travers son masque :

— Enfant, dit-elle, voulez-vous m'écouter?

— Oui, dit-il, parlez...

Et il se suspendit pour ainsi dire à ses lèvres.

— Un abîme nous séparait, reprit-elle; cet abîme, je l'ai comblé. Savez-vous que je ne suis pas libre?... savez-vous que j'ai un mari?...

Hector eut un geste qui traduisait un mouvement de jalousie.

— Un mari que je hais! poursuivit-elle.

— Ah! dit-il, tandis qu'un soupir de soulagement gonflait sa poitrine.

— Mais un mari qui me tuerait s'il me surprenait, ici, ma main dans la vôtre.

— Oh! je vous défendrai! dit Hector avec un enthousiasme chevaleresque.

— Cher enfant!

— Il ne parviendrait jusqu'à vous qu'en foulant aux pieds mon cadavre! ajouta le jeune homme avec un fier sourire.

— Mais, reprit la femme aux cheveux blonds, il ne nous surprendra pas... nous sommes ici dans une maison perdue en un lointain quartier de Paris... les gens qui nous entourent me sont dévoués...

Elle parlait, et Hector écoutait cette voix harmonieuse et douce; elle le regardait, et il s'enivrait de ce regard; elle lui souriait, et ce sourire tombait sur son âme et l'électrisait.

— Dites, continua-t-elle, voulez-vous que nous nous fassions un bonheur mystérieux et sans fin, le voulez-vous?

— Je vous le veux!... balbutia-t-il.

— Vous viendrez ici chaque nuit... mais vous serez discret, n'est-ce pas?

— Oh! fit-il, pouvez-vous donc me le demander?

— Et si jamais vous me rencontriez sans ce masque, que j'ai fait le serment de ne jamais quitter en votre présence, si vous veniez à me reconnaître dans le monde, me jurez-vous que pas un geste ne vous trahira, que pas un muscle de votre visage ne tressaillera?

— Je vous le jure.

— C'est bien, dit-elle. Moi aussi, je vous aime!...

Et elle lui mit un baiser sur le front.

Puis, étendant la main vers un guéridon sur lequel il y avait une baguette d'ébène, elle la prit et s'en servit pour frapper sur un timbre.

A ce bruit, la porte par laquelle la duègne était sortie s'ouvrit de nouveau.

Hector vit alors deux valets qui roulaient devant eux une petite table toute servie.

— Je vous invite à souper, disait la femme aux cheveux blonds.

Comme leur maîtresse, comme la duègne, les deux laquais étaient masqués.

Ils apportèrent la table auprès du feu, devant la bergère, sans dire un mot, et ils se retirèrent.

La table était chargée d'un délicat souper froid; des vins jaunes comme l'ambre miroitaient dans des flacons de cristal de Bohême.

Les parfums âcres et pénétrants de la truffe du Périgord embaumaient l'air, déjà chargé de chaudes et mystérieuses émanations.

Après l'éblouissement des yeux, après la fascination voluptueuse, Hector se trouvait pris par les séductions gastronomiques.

La femme au masque le servit de ses belles mains; elle lui versa à longs traits de ce vin couleur de topaze, et ils soupèrent unissant mille fois leurs lèvres en mille baisers.

Ils avaient touché à tous les mets, ils avaient bu de tous les vins, hormis un.

Celui-ci était d'un vert pâle et le flacon qui le contenait était de forme bizarre : on eût dit le vase sacré de quelque religion de l'extrême Orient.

— Qu'est-ce que cela? dit enfin Hector, qui s'étourdissait de plus en plus, échauffé par ces vins généreux qu'elle lui versait sans cesse.

Il avait passé un de ses bras autour de sa taille flexible et mince, et il la baisait sur le cou en lui faisant cette question.

— Ça, dit-elle, c'est du vin de Chypre.

— Pourquoi ne m'en versez-vous pas?

— C'est le vin défendu.

— Plaît-il?

— Le vin de science, ajouta-t-elle, faisant allusion à cet arbre fameux du paradis terrestre qui fut, dit-on, la cause première de tous les maux de l'humanité

— Et si j'en buvais, que m'arriverait-il?

— Peut-être un grand malheur.

— Lequel?

— Vous m'aimeriez toute votre vie.

— Oh! versez alors, dit-il, versez vite!

Et il tendit avidement son verre.

— Vous le voulez absolument?

— Oui.

— Vous boirez tout d'un trait?

— Oui, versez!

Elle étendit la main, prit le flacon, en versa deux doigts dans le gobelet d'Hector, et lui dit en souriant :

— C'est vous qui l'aurez voulu.

Hector porta le verre à ses lèvres et but.

Soudain, une chaleur inusitée parcourut tout son corps; une gerbe d'étincelles parut sortir de ses yeux; son front se baigna d'une sueur abondante; son cœur gonflé cessa tout à coup de battre.

— Oh! mon Dieu!... balbutia-t-il.

Et il se renversa brusquement en arrière, ferma les yeux et s'allongea inerte sur la bergère.

On eût dit qu'il était mort.

Alors Woïna frappa de nouveau sur le timbre.

Les valets entrèrent.

Ils ne témoignèrent aucune surprise de voir Hector en cet étrange état.

Sans doute qu'une scène semblable se renouvelait tous les soirs pour eux, et qu'ils y étaient habitués.

Puis ils emportèrent la table et se retirèrent.

Alors la femme blonde allongea Hector sur la bergère, le coucha sur le dos et dégrafa son pourpoint.

Puis encore elle ouvrit sa chemise et lui mit la poitrine à nu.

Et cependant Hector n'était ni mort ni même évanoui.

Il avait été frappé d'une attaque de catalepsie foudroyante.

Ses membres raidis ne pouvaient faire aucun mouvement, son cœur battait à peine; il eût fait de vains efforts pour ouvrir les yeux.

Cependant il entendait, et il n'avait perdu ni son intelligence, ni la conscience de ce qui lui advenait.

Le sens de l'ouïe paraissait même se développer chez lui au détriment de tous les autres.

Il entendait donc!

Il entendit la porte qui s'ouvrait de nouveau, un pas d'homme qui frappait le parquet; puis le dialogue suivant qui s'établit entre le nouveau venu et la femme blonde : «

— C'est dommage!

— Vous le trouvez donc beau?

— Il est gentil à croquer!

— Je le croquerai! dit l'homme avec un sourire féroce; il faut bien que je me guérisse!

— Oui, mais je veux ma part, moi! reprit la femme blonde; je veux ma part de ce sang rose et frais qui coule dans ces veines pleines.

— Coquette!

— Je veux être belle, moi aussi!

Hector faisait d'inutiles efforts pour vaincre la léthargie qui l'étreignait.

Il ne voyait pas l'homme qui venait d'entrer, mais il le devinait.

Il devinait qu'il avait affaire à ce monstre couvert de lèpre qu'il avait rencontré dans la forêt de Sénart. Il comprenait maintenant qu'il était tombé dans un piége et qu'on en voulait à sa vie.

Mais, si son cœur bondissait dans sa poitrine, si sa pensée se révoltait orageuse et pleine de vie, son corps refusait tout service.

On eût dit que son âme était désormais enfermée dans une enveloppe de pierre ou de marbre.

Il essaya de crier; sa gorge ne laissa passer aucun son.

En même temps, il éprouva une légère douleur.

C'était sans doute le vampire femelle qui lui enfonçait sous le sein une épingle d'or détachée de sa chevelure.

Puis il se fit un silence.

Hector éprouva alors une autre sensation.

A la place même où il avait senti une piqûre, il lui sembla que les lèvres de la femme blonde s'appuyaient avec une âcre volupté.

Le vampire buvait tranquillement son sang.

Cela dura cinq minutes en réalité, mais pour Hector ce fut un siècle d'agonie.

Puis le contact brûlant des lèvres cessa tout à coup.

— A mon tour, dit la voix d'homme.

— Est-ce qu'on le dépêchera cette nuit? demanda la femme blonde.

— Non.

— Pourquoi?

— Mais parce que j'ai pris un bain il y a une heure.

— Ah! c'est juste; je n'y pensais plus.

— Alors, ce sera pour demain?

— Oui.

Hector eût consenti de bon cœur à mourir tout de suite, s'il lui avait été donné de triompher de sa léthargie, de se lever et de se ruer sur les deux misérables qui s'abreuvaient de sang humain.

— A mon tour! répéta l'homme.

Et Hector sentit d'autres lèvres qui s'appuyaient sur sa piqûre, et tout son être se révolta.

C'était bien certainement le hideux Tartare, couvert de lèpre, qui buvait son sang maintenant!...

Mais cette révolte ne fut qu'intérieure. La perfide liqueur avait fait de son corps une masse inerte, livrée sans défense à ses ennemis.

— Je suis perdu! pensa le malheureux jeune homme. Qui donc veillera sur mon frère?

VI

Hector de Pierrefeu sentait que sa vie s'en allait par cette imperceptible blessure qu'on venait de lui faire au-dessous du sein.

Son esprit, jusque-là vivace et dans toute sa force, s'affaiblit peu à peu.

Peut-être même que cette pensée, qui seule vivait dans ce corps inerte, se fût éteinte tout à fait, si tout à coup le vampire n'eût interrompu son horrible succion.

— Frère, disait la femme blonde, en voilà assez. Si vous prenez tout aujourd'hui, il ne vous restera rien pour demain.

— C'est juste, dit le vampire.

— Et puis, continua la femme blonde, il ne faut pas oublier que messire Hermann, notre honoré docteur, tient absolument à ce que le sang soit chaud quand vous prenez votre bain. Or, si vous le tuez ce soir, demain...

— Vous avez raison, ma sœur, interrompit le vampire.

Hector entendait tout cela, et son corps se refusait même à un frémissement!

On eût dit même montre dont toutes les pièces demeurent intactes, mais dont on a brisé le grand ressort.

Chose bizarre! de même qu'il entendait, Hector était sensible au toucher.

Les lèvres de la femme blonde, puis celles du vampire lui avaient occasionné une impression d'horreur.

Il avait senti la piqûre; il sentit parfaitement que la sœur du vampire posait sur sa blessure un petit appareil destiné à la fermer.

— Allons-nous le laisser ici jusqu'à demain? demanda l'homme.

— Sans doute.

— Pensez-vous que la dose du narcotique soit assez forte pour qu'il ne revienne pas de sa léthargie?

— Il n'en reviendra jamais, dit froidement la femme blonde.

— Ah! vous croyez?

— Il passera de vie à trépas sans avoir rouvert les yeux.

— Ma sœur, reprit le vampire, savez-vous l'opinion d'Hermann sur le narcotique dont vous êtes servi?

— Oui; il prétend que le corps seul est à peu près mort, mais que l'esprit veille et que les oreilles entendent.

— Ainsi ce jeune homme nous entendrait!

— C'est Hermann qui le dit. Mais comme les gens que nous avons endormis ne se sont jamais réveillés, nous ne saurons jamais si Hermann s'est trompé ou a deviné la vérité.

— Combien celui-ci fait-il?

— C'est le quarante-septième.

— En deux mois?

— Oui.

Il y eut un silence, puis la femme blonde reprit :

— Malgré l'amitié et la protection du comte, malgré votre fortune, malgré toutes les précautions que nous avons prises, je crois, mon frère, que nous jouons un jeu terrible.

— Bah! il faut bien que je me guérisse, et Hermann prétend que je n'ai plus qu'une dizaine de bains à prendre pour que ma lèpre tombe et que je redevienne beau comme le jour.

— Savez-vous que toutes ces disparitions mystérieuses font grand bruit dans Paris?

— Peuh! qu'est-ce que cela nous fait?

— Mon frère, continua la jeune femme, si vous m'en croyez, nous partirons...

— Allons donc!

— Nous retournerons dans nos terres de la Russie méridionale; là, les hommes nous appartiennent et nous en pouvons faire ce que nous voulons.

— Mais, ma chère, dit le vampire, vous êtes folle. Est-ce que nous pouvons quitter Paris, vous et moi?

— Plaît-il?

— D'abord, le comte raffole de vous.

— Ce qui fait qu'il est homme à nous suivre.

— Soit. Mais la duchesse de Villepinte qui m'adore.., et qui ne sait pas comme le comte nos petits secrets, me suivra pas.

— C'est juste. Mais êtes-vous bien sûr que la duchesse vous adore?

— Oh! fit le vampire avec fatuité.

— Malgré votre lèpre?

— Je mets un masque quand je vais la voir.

— Et, ajouta la jeune femme d'un ton railleur, vous prenez bien soin de laisser tomber quelque gros diamant sur le tapis de son boudoir.

— Méchante! fit le vampire en riant.

Hector ne perdait pas un mot de cette cynique conversation.

— Oh! pensait-il, si je pouvais seulement revivre une heure, m'échapper d'ici et courir à Versailles; j'en sais assez maintenant pour donner de la besogne à Monsieur de Paris; et Canuche avait raison, le bourreau commence à avoir soif de gentilshommes.

— Ainsi nous restons à Paris? reprit la femme blonde.

— Oui certainement.

— Et si on nous découvre?...

— Ma chère, dit froidement le vampire, quand on a pour complice un prince du sang, on ne craint pas la colère du roi.

— Au fait, vous avez raison... et puisqu'il en est ainsi, songeons que la nuit s'avance, et qu'il serait bon de dormir quelques heures. Notre bateau nous attend...

— Et le comte devant assister demain à votre petit lever, ricana le vampire, vous ne voulez pas avoir les yeux battus.

— Je veux être belle.

A ces mots, elle frappa sur un timbre.

La duègne reparut.

— Veille sur ce garçon, lui dit-elle ; monseigneur reviendra ici demain soir avec le docteur Hermann.

La duègne s'inclina, mais un rayon d'espoir brilla dans ses yeux.

Hector entendit alors les pas du vampire et de sa sœur s'éloigner et le bruit de la porte qui se refermait.

Il avait une vingtaine d'heures à vivre.

La duègne s'approcha de la croisée et l'ouvrit. Puis elle se pencha en dehors.

La croisée donnait sur la rue.

Un bruit sourd qui monta jusqu'à la duègne lui apprit que la grand'porte de la maison venait de se refermer.

Le vampire et sa sœur, marchant côte à côte, s'éloignèrent et descendirent la rue, à l'extrémité de laquelle on apercevait la rivière.

La duègne les suivit des yeux ; elle les vit monter dans le bateau qui l'avait amenée elle et Hector, et quand l'embarcation se fut mise en mouvement, elle referma la fenêtre.

Alors Hector entendit distinctement ces paroles :

— O mon Dieu ! si je pouvais le sauver !

En effet, la duègne s'approcha de lui et se mit à le contempler.

— Oh ! malheureuse que je suis, murmura-t-elle, misérable femme vénale que l'amour de l'or a conduite au crime !... Je sais bien qu'ils me tueront... mais que m'importe, je le sauverai !...

Hector, toujours inerte, toujours paralysé, se demandait maintenant pourquoi cette femme s'intéressait à lui après l'avoir attiré dans le piège où il devait trouver la plus horrible des morts.

Elle s'était agenouillée près de lui et de ses lèvres elle effleurait son front.

— Oh ! disait-elle encore, comme il ressemble à son père ! et je ne l'ai pas reconnu... et quelque chose ne m'a pas dit que c'était le fils de mon bien-aimé Raoul ! Ah ! malheureuse !... malheureuse que je suis !

A son tour elle frappa sur le timbre.

Presque aussitôt un homme entra.

— Que voulez-vous, Lénore ? dit-elle.

Celui qui entrait était un des valets qui avaient emporté la table.

Seulement, il n'avait plus son masque.

C'était un homme d'environ quarante ans, aux cheveux presque blancs, au visage ravagé par les passions.

A son regard louche, hésitant, presque sauvage, on devinait que ce malheureux avait dû souffrir longtemps avant de se faire le serviteur de grands coupables.

La duègne, elle aussi, avait jeté son masque.

C'était une femme qui avait plus de cinquante ans, mais dont le visage conservait les traces d'une beauté qui avait dû être merveilleuse.

Elle regarda le valet et lui dit :

— Robert, tous les sentiments humains sont-ils donc éteints en toi ?

— Pourquoi me demandez-vous cela ? répondit-il avec étonnement.

— Robert, poursuivit-elle, est-ce que tu n'as pas horreur de l'abominable métier que nous faisons ?

Il tressaillit, courba la tête et murmura d'une voix étranglée :

— Il faut bien vivre !

— Vivre ! tout tuer les autres, n'est-ce pas ?

Le valet ne répondit pas.

— Dis plutôt, continua la duègne, que c'est la peur de la mort qui t'enchaîne ici.

— C'est possible, répliqua-t-il ; vous savez bien, Lénore, que le jour où nous refuserons d'obéir sera le dernier de notre vie.

— Eh bien ! que m'importe ? s'écria-t-elle à coup.

Le valet recula et leva sur elle un œil plein de stupeur.

— Comment, dit-il, c'est vous qui parlez ainsi ?

— C'est moi.

— Vous ! dit-il avec une ironie sauvage, qui depuis si longtemps attirez une infernale habileté les malheureuses victimes dans cette maison maudite ?

— Eh bien, je renonce à mon affreux métier.

— Vous !

— Je veux sauver ce jeune homme.

Et elle montrait Hector, toujours inerte et qu'on eût cru mort.

— Ce jeune homme ?... fit le valet avec un redoublement de curiosité et d'étonnement.

— Oui.

Et la duègne, saisissant tout à coup la main du valet Robert :

— Ecoute, dit-elle, écoute-moi. Lénore est mon nom de guerre. C'est sous ce nom que, tombée au dernier échelon de la débauche, je l'ai franchi pour tomber plus bas encore et devenir la complice du crime. Mais avant d'être une courtisane avilie, j'ai

été une femme, une femme belle, jeune, aimante... et j'ai été aimée... Je me souviens de ma jeunesse... Je vendais alors des fleurs sur les places publiques... J'étais belle... Les louis pleuvaient dans mon tablier... Tous les gentilshommes qui passaient par le Palais-Royal me regardaient en souriant et m'offraient leur fortune et leur cœur. Mais un seul avait le don de me faire tressaillir ; un seul me plut, un seul fut aimé. C'était le père de ce jeune homme. Comprends-tu, maintenant ?

— Oui, dit Robert.

— Comprends-tu que je veuille le sauver ?

— Oui, mais...

— Mais quoi ? fit la duègne avec emportement.

— Vous savez bien, Lénore, que ce n'est point possible.

— Pourquoi ?

— Mais, dit Robert, parce que le sauver, c'est nous exposer à la mort.

— Qu'importe ?

— Et puis... dans l'état où il est...

Et Robert montrait Hector toujours en léthargie.

— Où le transporter ? où le cacher ?... continua-t-il.

— Je ne sais pas... mais il faut le sauver !

Robert secoua la tête et répéta :

— C'est impossible !

— Oh ! fit Lénore avec désespoir, il le faut cependant.

— Tu sais bien qu'en bas, au rez-de-chaussée de cette maison, veillent deux hommes qui sont dévoués corps et âme au misérable à qui nous obéissons nous-mêmes. Comment veux-tu que nous sortions ? comment veux-tu que nous passions ?

— C'est vrai, dit Lénore. Mais cette maison a une terrasse ?

— Oui.

— Cette terrasse donne sur les toits de la maison voisine.

Robert secoua la tête :

— Non, dit-il ; Lénore, renonce à sauver ce jeune homme.

— Et si je ne veux pas, moi !

— Mais, malheureuse ! c'est la mort pour toi...

— Je mourrai !

— Mais moi ?

Et la voix de cet homme devint suppliante.

— Moi, reprit-il, je tiens à vivre.

— Lâche !

— Oh ! ne m'accuse pas, Lénore, ne m'accuse pas de lâcheté ! continua le valet. Si tu savais... mais non, tu ne le sais... tu ne peux pas savoir... Eh bien ! je vais tout te dire... j'ai une fille !... une fille belle et pure, moi, infâme et souillé ! une fille qui ne sait rien de notre horrible vie... une fille qui me contemple avec amour et respect.... moi, le valet complaisant de ces buveurs de sang humain. Si je meurs, que deviendra-t-elle ?

Et il avait des larmes dans la voix en parlant ainsi.

Mais Lénore s'écria :

— Tu as une fille ! et tu hésites à sauver cet enfant ! Tu es père... et tu ne comprends pas ? Et tandis que ta fille, heureuse, ignorante, se fie en toi, tu te fais bourreau... Ah ! misérable !

Et Lénore regardait le valet Robert avec une indignation mêlée de mépris.

— Mais que veux-tu donc que nous fassions ? s'écria le valet.

— Je veux que nous le sauvions.

— Comment ?

— Je ne sais pas.

Mais tout à coup elle se frappa le front.

— Ah ! dit-elle.

— Quoi donc ? fit Robert.

— Te souviens-tu qu'un soir le prince a soupé ici ?

— Oui.

— Qu'il s'est grisé ?

— Parfaitement. Il y a de cela deux mois environ.

— C'est bien cela !

— Quand il a été gris, il a touché au flacon vert.

— Oui, je me souviens.

— Et il est tombé à la renverse, et il est resté pendant plus d'une heure dans la position de ce jeune homme.

— Eh bien ?

— Eh bien ! madame est venue et a ouvert ce bahut que tu vois là.

— Bien.

— Elle a pris dedans un flacon.

— Après ?

— Elle a versé deux gouttes de son contenu sur un mouchoir, et avec ce mouchoir elle a frictionné les tempes du prince.

— Et il est revenu à lui ?

— Sur-le-champ.

— Eh bien ! que veux-tu faire ?

— Combien sont-ils là-bas ?

— Deux.

— Eh bien ! deux contre deux.

— Que veux-tu dire ?

— Si je retrouve le flacon dont s'est servie la sœur du prince, je vais rendre la vie à ce jeune homme.

— Et puis?

— Et puis, acheva la duègne, toi et lui, vous vous ouvrirez un passage l'épée à la main.

Et elle s'approcha du bahut qui devait contenir le précieux flacon.

VII

La duègne ouvrit le bahut, fouilla un instant différents objets, et dit tout à coup avec un accent de joie :

— Je le tiens!

En effet, elle venait de mettre la main sur un petit pot d'un pouce de long et qui contenait une liqueur rougeâtre.

Alors elle se pencha sur le jeune homme, et, débouchant la fiole, elle versa quelques gouttes de son contenu dans le creux de sa main.

Puis elle se mit à en frotter les lèvres, les paupières et les tempes d'Hector.

Le valet Robert, plein d'anxiété, la regardait faire.

— Il ne reviendra pas, disait-il en hochant la tête.

— Si, si, répondait Lénore, tu vas voir.

— Mais, quand il sera revenu à lui, s'il revient, dit encore Robert, comment lui expliquerons-nous :

— Nous ne lui expliquerons rien... nous lui mettrons une épée dans la main et nous lui dirons :

« Il faut sortir d'ici ou mourir! »

— Mais où prendras-tu des épées? Tu sais bien que tu lui as ôté la sienne?

— Oui, mais il y en a ici.

— Vraiment?

— Il y en a au moins trois, peut-être quatre, dans la pièce voisine. C'est monseigneur qui les laisse l'une après l'autre. Il arrive à jeun, il s'en va ivre mort...

— Ivre de sang humain! murmura Robert.

— Et il laisse son épée, que j'ai bien soin d'enfermer. Tiens! ajouta la duègne, ouvre cette porte... bien... tu verras un placard.

— Je le vois; la clef est sur la porte.

— Ouvre, elles sont là.

En parlant ainsi, Lénore continuait à frictionner les tempes et les lèvres d'Hector.

Puis elle appuyait son oreille contre sa poitrine.

Tout à coup elle tressaillit de joie; les battements du cœur, qui paraissaient éteints, venaient de se faire entendre distinctement.

En même temps, les lèvres s'entr'ouvrirent et livrèrent passage à un soupir.

Puis, peu à peu, les membres perdirent leur rigidité marmoréenne, et les deux bras, qui pendaient au long du corps, s'agitèrent.

— Il revient! il revient! murmurait Lénore avec une joie fiévreuse.

Puis les yeux s'ouvrirent.

Le regard, indécis et vague d'abord, devint peu à peu intelligent, et se fixa sur Lénore avec une indicible expression de reconnaissance.

Enfin, tout à coup le corps fut pris de tremblements convulsifs, agité de soubresauts, et soudain Hector, qui parvenait peu à peu à rompre les attaches de la léthargie, se trouva sur ses pieds.

Il fit deux pas en avant, agita ses bras et regarda de nouveau Lénore.

Seule, la langue lui faisait défaut encore.

Robert, le valet, revint, apportant des épées.

Hector étendit la main et en saisit une.

Alors, sans doute, la satisfaction qu'il éprouvait fut le coup de grâce de la paralysie, et sa langue se délia.

— Donnez! dit-il; nous allons bien nous battre...

Et, comme Lénore voulait lui expliquer sa situation, il lui dit :

— C'est inutile... j'étais comme mort, mais j'entendais tout... donc je sais tout!... Marchons!

Et il avait jeté loin de lui un geste de chagrin de l'épée dont la lame étincelait maintenant au feu des bougies.

Mais Lénore posa un doigt sur sa bouche.

— Chut! dit-elle ; il faut les surprendre et ne leur point donner le temps de se mettre en défense.

Le valet Robert était un de ces hommes à l'humeur sombre, au caractère concentré, qui passent tout à coup, sans transition aucune, de l'extrême faiblesse à une résolution inébranlable.

Lénore lui avait parlé de sa fille; elle avait invoqué cette affection demeurée pure au fond de cette âme avilie, et une corde muette jusque-là avait tout à coup vibré. Maintenant, il était résolu à sauver Hector, dût-il périr lui-même.

Il avait saisi une épée et la brandissait.

— Marchons! répéta-t-il après Hector.

Lénore s'arma d'un flambeau et ouvrit la porte.

La porte donnait sur un long et vaste corridor, qui aboutissait à l'escalier.

Robert se pencha à son oreille et lui dit :

— S'il n'y avait qu'eux là-bas, nous sortirions tout doucement, sur la pointe du pied, et peut-être ne s'éveilleraient-ils pas, car ils ont bu ce soir plus que de coutume, et je les crois ivres. Mais il y a Minos.

— Ah! si je pouvais l'empoisonner! murmura Lénore.

Minos était un chien, un chien énorme, au poil hérissé, à l'œil sanglant, à la gueule toujours béante, armée d'une mâchoire terrible.

Le Tartare l'avait amené du Caucase, et cet animal ne connaissait que deux hommes, n'obéissait qu'à eux, le Tartare et un moujick, qui était l'un des deux hommes dont avait parlé Lénore.

Ce moujick, quand la maison renfermait une victime destinée aux barbares plaisirs de son maître, avait coutume de coucher en travers de la porte.

Minos dormait à ses pieds.

Au moindre bruit, le chien bondissait.

Ce n'était pas un de ces roquets qui font plus de bruit que de besogne, qui hurlent à satiété et dont un coup de bâton fait justice. Minos grondait l'espace d'une seconde, juste le temps nécessaire pour réveiller le moujick; puis il bondissait en avant et sautait à la gorge de quiconque lui paraissait être un ennemi.

Le moujick était toujours armé d'une longue lance à fer triangulaire.

Le valet qui couchait auprès de lui, et qui était Français, possédait une paire de pistolets.

Tous deux, au reste, étaient dévoués corps et âme au vampire, et ils avaient pour mission de surveiller non pas la duègne, qui le servait depuis longtemps, mais le valet Robert, qui était plus nouveau qu'eux.

Lénore voulut éteindre son flambeau.

— Non, dit Robert.

— Pourquoi?

— Il vaut pour tenir tête au chien.

En effet, à peine arrivaient-ils sur la première marche de l'escalier, que Minos, qui était couché au bas, gronda sourdement.

— Paix! Minos, dit le moujick, s'éveillant en sursaut.

Le chien continua à gronder.

Alors le moujick se leva, et, s'approchant de l'escalier, il vit de la lumière.

— Est-ce toi, Lénore? dit-il.

Lénore ne répondit pas.

— Que veux-tu, Robert? répéta-t-il.

Lénore avait fait un signe à Robert, qui ne répondit pas.

— Sus, Minos! sus! cria le moujick, qui, ne recevant pas de réponse, flaira le danger.

Le chien s'élança dans l'escalier, fit entendre un dernier rugissement et se rua sur Robert qui descendait le premier.

Le moujick, la lance à la main, suivait le chien.

Tout à coup le chien poussa un hurlement de douleur, s'agita un moment au milieu de l'escalier comme un arbre déraciné au flanc d'une colline, et vint rouler lourdement dans les jambes du moujick, qu'il couvrit de son sang.

Au moment où il sautait à la gorge de Robert, Hector de Pierrefeu, qui avait retrouvé toute son énergie et toute sa force, lui avait enfoncé son épée dans la gueule.

L'arme avait traversé la langue et ensuite la gorge, et le féroce animal était blessé à mort.

— A moi! à moi ! s'écria le moujick, qui, en même temps que le chien se tordait expirant à ses pieds, avait aperçu en haut de l'escalier les silhouettes de Lénore, de Robert et d'Hector.

La duègne éteignit alors son flambeau.

— Place! cria Robert.

— Place ! répéta Hector.

Mais l'autre valet, déjà réveillé par les hurlements du chien, accourut, et au hasard fit feu de l'un de ses pistolets.

La lampe éteinte, l'escalier s'était trouvé plongé dans les ténèbres.

La lueur du coup de feu l'éclaira un instant.

A cette lueur, le valet aperçut Hector et comprit tout.

— Il a gagné Lénore et Robert, pensa-t-il.

Et, prenant le second pistolet à sa ceinture, il fit feu de nouveau, cette fois dans la direction où il avait aperçu le jeune homme.

On entendit un cri de douleur, puis des cris de rage.

Puis, dans les ténèbres, commença une affreuse mêlée.

La lance du moujick, l'épée de Robert et celle d'Hector se heurtaient et s'arrachaient mutuellement des étincelles.

L'autre valet, armé d'une épée, défendait pied à pied l'escalier.

Lénore, immobile et muette, se tenait à distance.

Le combat fut long, acharné, terrible.

Les adversaires ne se voyaient pas, mais ils se devinaient et se rencontraient.

Enfin, le moujick laissa échapper sa lance.

L'épée d'Hector lui avait traversé la poitrine, et il tomba lourdement en travers de l'escalier.

L'autre valet avait lâché pied et pris la fuite.

Au moment où le moujick tombait, on l'entendit ouvrir la porte de la rue et s'élancer au dehors.

— Nous sommes sauvés ! s'écria Lénore, qui avait rallumé la lampe et voyait maintenant le moujick expirant, couché sur son chien mort.

— Nous sommes perdus ! dit Robert.

— Perdus !

— Oui, écoute plutôt.

On entendait en effet dans la rue le pas lourd et mesuré d'une ronde de police.

Les assassinats, les disparitions mystérieuses, les enlèvements s'étaient tellement multipliés depuis quelque temps, que le lieutenant de police, M. de Sartine, avait donné les ordres les plus sévères.

Tout tapage nocturne était sévèrement réprimé; on arrêtait impitoyablement quiconque était trouvé les armes à la main, et le valet Robert comprit que l'autre laquais, en sortant, avait rencontré une ronde et qu'il l'amenait en toute hâte.

En effet, presque aussitôt on frappa à la porte.

— N'ouvre pas ! dit Robert, voyant que Lénore descendait l'escalier.

— Mais la police sera pour nous !

— Non, malheureuse ! N'ouvre pas !

— Pourquoi ?

— Parce que cette maison appartient au comte de Clermont, et que, quoi que nous puissions dire, nous aurons toujours tort.

— Tu as peut-être raison, dit Lénore ; mais que faire alors ? que devenir ?

Les crosses des fusils battaient la porte, et une voix impérieuse, celle d'un officier sans doute, criait :

— Au nom de monseigneur le lieutenant de police, ouvrez!

— La terrasse! murmura Robert.

— C'est juste, dit Lénore.

Et elle prit Hector de Pierrefeu par la main.

— Venez, fit-elle, venez ! il n'y a pas une minute à perdre.

Ils remontèrent tous trois l'escalier.

Cette maison, dont la construction remontait à deux siècles, avait trois étages, et elle avait été bâtie à l'italienne, c'est-à-dire que son toit était en forme de terrasse.

On y parvenait par une manière de *ciel ouvert*, pratiqué en haut de l'escalier.

Lénore, qui semblait avoir retrouvé les jambes de sa jeunesse, monta la première, poussa la porte du ciel ouvert et continua à entraîner Hector.

Robert, au contraire, avait fermé de son mieux la porte d'entrée de la maison, en poussant tous les verrous et en amoncelant derrière tout ce qui lui était tombé sous la main.

Comme cette porte était épaisse et solidement ferrée, elle pouvait résister plus d'une heure aux coups de crosses des agents de police ; car n'obtenant point de réponse, l'officier avait ordonné de l'enfoncer.

Lénore entraîna Hector sur la terrasse.

Les premières clartés de l'aube glissaient dans le ciel et la lune allait disparaître à l'horizon ; mais ses rayons obliques permettaient encore de voir distinctement.

— Tenez, là , dit Lénore.

Et elle lui montrait le toit d'une maison voisine.

Entre ce toit et la terrasse, il y avait à peine l'espace de quatre ou cinq pieds, car la rue qui les séparait était excessivement étroite.

Lénore n'aurait pu le franchir, mais Hector devait avoir l'agilité de la jeunesse.

Et puis, sa vie en dépendait...

— Allez, dit Lénore, et que Dieu vous garde !

Hector prit son élan et sauta.

Il atteignit le bord du toit ; il parvint, malgré son extrême déclivité, à s'y tenir en équilibre en s'accrochant à des tuyaux de cheminée, et il alla droit devant lui.

Lénore lui criait :

— Marchez toujours ! marchez! vous trouverez bien une croisée ouverte quelque part.

Alors commença pour le jeune homme un voyage étrange de toit en toit.

Il allait toujours en avant; mais à mesure qu'il marchait, il sentait ses forces l'abandonner.

Pendant ce combat de quelques minutes qui avait eu lieu dans les ténèbres, le valet qui s'était ensuite précipité dehors avait tiré deux coups de pistolet.

Une balle s'était perdue, mais l'autre avait atteint Hector, qui, d'abord, avait cru recevoir un violent coup de poing.

Ce ne fut donc que sur les toits qu'il s'aperçut que son sang coulait en abondance.

Mais déjà les soldats de police arrivaient sur la terrasse et s'apprêtaient, en voyant un homme fuir, à le poursuivre.

Hector fit quelques pas encore, la main sur sa blessure, comme s'il eût voulu arrêter le sang qui coulait.

Il fit quelques pas et le vertige s'empara de lui; un nuage passa sur ses yeux.

— Mon frère ! murmura-t-il.

Mais, comme il allait s'affaisser sur lui-même, il aperçut une fenêtre ouverte et au travers de cette fenêtre une lampe, et il retrouva des forces. Cette fenêtre, qui était ce qu'on appelle une tabatière, était celle d'une mansarde.

Dans cette mansarde, il y avait une table, sur cette table une lampe, auprès de cette lampe une jeune fille qui se livrait à un travail d'aiguille.

Et, faisant un effort désespéré, Hector vint tomber sanglant et à demi mort aux pieds de cette jeune fille épouvantée . . . .

. . . .

FIN DU PROLOGUE.

PREMIÈRE PARTIE

—

Le roi s'ennuie.

I

Un matin, entre neuf et dix heures, le carrosse de M. Gabriel de Sartine, lieutenant général de la police du royaume, entra dans la cour du château de Versailles.

Au même instant, un homme qui attendait depuis longtemps en haut du perron, et paraissait en proie à une vive impatience, descendit avec empressement et ouvrit lui-même la portière du carrosse.

Le lieutenant de police mit pied à terre et salua l'homme qui venait de lui rendre ce petit service tout à fait obséquieux avec une déférence qui excluait sur-le-champ toute idée d'infériorité chez ce dernier.

— Bonjour, mon cher monsieur Lebel, dit M. de Sartine en prenant familièrement le bras de celui qui accourait ainsi à sa rencontre.

— Bonjour, monsieur le lieutenant, répondit Lebel, qui n'était autre que le valet de chambre de Sa Majesté Louis XV; nous vous attendions.

— Vraiment?

— Et avec impatience, je vous jure!

— Oh! oh! dit M. de Sartine, que se passe-t-il donc de nouveau ici?

— Le roi s'ennuie.

Un sourire glissa sur les lèvres du jeune lieutenant de police, — car M. de Sartine, tout nouvellement nommé à ce poste important, grâce à la protection de madame de Pompadour, avait à peine trente ans.

— Mais, dit-il, ce que vous m'apprenez là, mon cher monsieur Lebel, n'est pas nouveau du tout.

— Hélas ! non.

— Le roi s'ennuie tous les jours, ou à peu près.

— Ce qui nous désole, monsieur le lieutenant, reprit Lebel.

— Cependant la marquise...

— La marquise de Pompadour, avec tout son esprit, ne parvient plus à distraire le roi.

— Le maréchal...

— M. de Richelieu vient bien tous les jours conter une historiette, mettre le roi au courant des intrigues de la cour et de la ville; mais, quand il est parti, le roi bâille et dit : « Ce pauvre Richelieu, il commence à rabâcher un peu... Il me narre toujours les mêmes histoires. »

M. de Sartine cligna de l'œil :

— Et... le Parc-aux-Cerfs? dit-il.

— Il y a plus d'un mois que le roi n'y a mis les pieds.

— Hum! murmura le lieutenant général de la police, tout cela serait fort grave, mon cher monsieur Lebel, si...

— Eh bien? dit anxieusement Lebel.

— Si je n'apportais à Sa Majesté un grand sujet de distraction.

— Vraiment!

— Vous verrez... Jamais mes humbles rapports ne l'auront intéressé à ce point.

— Dieu vous entende! murmura Lebel consterné.

— Où est le roi?

— Dans son cabinet.

— Seul?

— Avec la marquise.

Ce que le roi Louis XV appelait, en été, son cabinet, était un vaste salon attenant à l'orangerie, dans lequel il y avait un billard, un jeu de siam, un bilboquet et une escarpolette.

Toutes ces choses avaient amusé le roi huit jours durant, le billard surtout.

Puis le roi s'était remis à bâiller de plus belle.

Quand M. de Sartine, annoncé par Lebel, entra, le roi, qui essayait de se distraire en jouant au bilboquet et ne parvenait qu'à se tendre la mâchoire, le roi, disons-nous, se dérida tout à coup.

— Bonjour, Sartine, dit-il.

— Vous arrivez bien, monsieur le lieutenant, dit la marquise.

M. de Sartine avait sous son bras un volumineux portefeuille.

— Que se passe-t-il à Paris? demanda le roi.

— Des horreurs, sire.

A ce mot, la figure blasée du roi s'anima et un sourire glissa sur les belles lèvres de madame de Pompadour.

— Contez-nous donc cela, monsieur de Sartine, dit-elle.

Le lieutenant hésita.

— Qu'est-ce donc? répéta le roi avec un peu de curiosité.

— C'est que, balbutia M. de Sartine, Votre Majesté seule...

Et il lançait à madame de Pompadour un rapide regard qui pouvait se traduire ainsi : « C'est une manière de piquer encore plus la curiosité du roi. »

La redoutable favorite le comprit ainsi sans doute, car elle dit à M. de Sartine :

— Serait-ce un secret d'Etat?

— Oui, madame.

Le roi eut un petit sourire dédaigneux.

— Qu'est-ce que cela fait? dit-il.

— Non, non, dit la marquise, je me retire.

— Mais restez donc, ma toute belle.

— Non, sire, non.

Et elle se leva.

Lebel était resté sur le seuil.

— Va-t'en, Lebel, dit le roi.

Puis regardant M. de Sartine :

— Ce que vous avez à me raconter est donc bien extraordinaire?

— Horrible, fit M. de Sartine, qui prit une expression de visage presque lugubre.

En même temps, la marquise et Lebel sortirent.

Alors M. de Sartine posa sur une table son immense portefeuille et en tira force paperasses.

— Oh! pas de tout cela, Sartine, fit le roi. Narrez-moi simplement les choses et asseyez-vous. Vous narrez si bien!

Le lieutenant général de police salua.

Puis, repoussant son portefeuille :

— Sire, dit-il, Votre Majesté a-t-elle jamais entendu parler des vampires?

— Qu'est-ce que cela? fit le roi.

— Les vampires sont des êtres qui se nourrissent de sang humain.

— Bah! et où y en a-t-il?

— Un moine, mort récemment, poursuivit M. de Sartine, dom Calmet, a écrit là-dessus des choses très-intéressantes.

— Ah! vraiment?

— Il prétend qu'en Hongrie des morts sortent de leur tombe pour s'en aller, la nuit, piquer au cou les vivants endormis, et se repaître de leur sang.

— Quelle niaiserie! fit le roi, dont la curiosité se calma subitement, et c'est pour me raconter ces sornettes-là que vous venez de Paris, Sartine?

— Non, sire.

— Alors, venons au fait.

— Pour cela, il fallait bien que je parlasse à Votre Majesté des vampires de Hongrie.

— Mais pourquoi?

— Parce qu'il y en a à Paris.

— Plaît-il? dit le roi.

— Je dis, sire, qu'il y a des vampires à Paris.

Le roi haussa les épaules.

— Sartine, dit-il, si M. de Voltaire, qui est un philosophe et ne croit à rien, vous entendait...

— Eh bien, sire?

— Il se mettrait joliment à rire.

— Votre Majesté le croit ainsi?

— Dame! fit naïvement le roi. Comment voulez-vous qu'un homme qui a toutes les peines du monde à croire à l'existence de Dieu puisse croire que les morts ressuscitent?

— Ah! sire, dit M. de Sartine, c'est que voilà justement où la différence commence.

— Entre qui?

— Entre les vampires de Hongrie et ceux de Paris.

— Comment cela?

— Ceux dont parle dom Calmet sortent d'un cimetière...

— Et ceux de Paris?

— Sortent d'un hôtel, voire même d'un palais, et sont parfaitement vivants.

— Mais que me chantez-vous donc là, Sartine?

Le lieutenant général de la police avait maintenant l'air froid et sévère.

— Sire, dit-il, on égorge des enfants dans Paris, et il y a des hommes qui prennent des bains de sang.

— Allons donc! fit le roi.

— Et, ajouta froidement M. de Sartine, je viens prendre les ordres de Votre Majesté.

Cette fois, le roi cessa de bâiller; il laissa tomber son bilboquet et attendit que M. de Sartine s'expliquât.

M. de Sartine reprit :

— Depuis quelque temps, sire, un quartier de Paris qu'on appelle le carré Saint-Martin, et qui comprend la rue de ce nom, la rue du Temple et toutes celles qui leur sont perpendiculaires, était en proie à une vive rumeur ; le petit peuple s'agitait beaucoup, et de sinistres histoires circulaient mystérieusement de rue en rue et de maison en maison.

— Voyons? fit le roi, intéressé malgré lui.

— Des enfants disparaissaient à la tombée de la nuit, et on ne les revoyait jamais.

— Oh! oh!

— On a trouvé dans les filets de Saint-Cloud plusieurs jeunes gens assassinés.

— Vous m'avez déjà dit cela, Sartine.

— Oui, sire, mais ce que je n'ai pu dire à Votre Majesté, parce que cela ne m'avait point frappé alors, c'est que les traces de mort que portaient ces hommes étaient toutes identiques.

— Comment cela?

— Ils avaient la carotide à moitié tranchée.

— Bah!

— Et en même temps, au-dessous du sein, une petite blessure qui paraissait avoir été faite avec une épingle.

— Bizarre! dit le roi, qui baissa de nouveau la tête.

— La rumeur publique accusait un certain hôtelier du nom de Boniface de la disparition des enfants. J'ai fait faire des perquisitions qui n'ont rien amené. On a constaté l'identité des deux derniers cadavres trouvés dans les filets de Saint-Cloud : il a été reconnu que c'étaient deux jeunes commis de boutique de la rue du Temple, qu'on avait vus s'éloigner un soir en compagnie de femmes équivoques.

— Après? fit le roi.

— Cette dernière circonstance, poursuivit M. de Sartine, m'avait amené malgré moi à penser que la même main faisait disparaître les enfants et frappait les hommes. Mais dans quel but? mes plus habiles agents, mis en campagne, ne pouvaient rien découvrir. Cependant on accusait de plus en plus l'hôtelier du *Dragon-Bleu*, maître Boniface, et il y a un mois un nouvel événement est venu donner un poids de plus à ces accusations. Deux jeunes gentilshommes, les deux frères, arrivant de province, les sires de Pierrefeu...

— Pierrefeu! fit le roi.

— Oui, sire.

— Il me semble que je connais ce nom-là, Sartine. Attendez donc...

Et le roi parut rassembler de lointains souvenirs, épars et confus.

Puis, tout à coup, se frappant le front :

— Pardieue! dit-il, il y avait un Pierrefeu dans ma maison, à Fontenoy, et je crois même qu'il a été blessé tout près de moi.

— C'est possible, répondit le lieutenant de police.

— Eh bien! Sartine, que leur est-il arrivé?

— Disparus, sire.

— Tous les deux?

— Tous les deux. Ils sont entrés dans Paris, un soir, entre *chien et loup*, comme on dit, et sont descendus au *Dragon-Bleu*. Un bourgeois de la rue du Temple, nommé Onésime Morel, qui est pelletier-fourreur, a voulu les dissuader d'aller dans cette auberge.

— Et ils y sont descendus néanmoins?

— Oui, sire.

— Et puis?

— Et puis, l'aîné en est ressorti ; le même bourgeois l'a vu se diriger vers la place de Grève.

— Singulière promenade! fit le roi.

— L'autre est demeuré couché à l'auberge.

— Bon! Et l'aîné?...

— On ne l'a point revu.

— Et le jeune?

— Disparu également. L'hôtelier, que j'avais fait arrêter, soutient que le jeune homme a demandé son cheval et est parti pour Versailles avant le jour.

— Tout cela est bien extraordinaire, Sartine, dit le roi, qui avait repris son bilboquet; mais, dites-moi, cela ne me paraît avoir aucun rapport avec les vampires dont vous parlez.

— Bonjour, monsieur Mardochée. (Page 20.)

— Votre Majesté va voir tout le contraire.

— Voyons.

— Hier matin, j'ai reçu le billet que voici.

Et le lieutenant de police prit au milieu des paperasses qu'il avait apportées une lettre pliée en quatre qu'il mit sous les yeux du roi.

Cette lettre était ainsi conçue :

« Si, comme on se plaît à le croire, M. le lieutenant de police est un homme d'honneur, s'il a intérêt à savoir ce que deviennent les enfants qui disparaissent fréquemment depuis quelque temps, il acceptera les conditions suivantes :

« Un homme se présentera ce soir à l'hôtel de M. le lieutenant de police.

« Cet homme sera masqué.

« M. le lieutenant n'exigera point qu'il ôte son masque.

« Cet homme fera alors à M. le lieutenant de police des révélations de la plus haute importance, et il lui sera facultatif de se retirer ensuite librement et sans qu'on ait vu son visage.

« Si M. le lieutenant de police accepte ces conditions, il lui sera facile de le faire savoir à la personne qui lui écrit.

« Chaque jour, vers deux heures, Sa Seigneurie se rend en carrosse au Châtelet.

« Il n'a qu'à baisser, en passant sur le pont, une des glaces du carrosse et à mettre la tête à la portière.

« Ce sera une preuve qu'il accepte. »

— Et vous avez fait cela, Sartine? demanda le roi en lui rendant le billet.

— Oui, sire.

— Et l'homme masqué est venu?

— A huit heures précises; on l'a introduit dans mon cabinet.

— Eh bien, que vous a-t-il dit?

— Il y a à Paris, continua M. de Sartine, un étranger qui a mis en émoi, l'an dernier, la cour et la ville. C'est un grand seigneur russe du nom de Trespatky.

— La marquise m'en a parlé, observa Louis XV.

— Cet homme, qui est d'une taille élevée, d'une force colossale, avait une beauté âpre et sauvage qui a tourné la tête à bien des femmes.

— Ah! vraiment?

— Ensuite il est immensément riche, et sème les perles et les diamants comme on sèmerait des noyaux de pêche.

— Voilà qui vaut mieux encore qu'une jolie figure, dit le roi en souriant.

— Mais c'est qu'il ne l'a plus, sire.

— La jolie figure?

— Elle est devenue un objet d'horreur.

— Tiens! mais la marquise m'a également parlé de cela! une lèpre...

— Précisément. Or, le Tartare veut la guérir.

— Qu'il voie Fagon, mon médecin, c'est un homme habile.

— Oh! fit M. de Sartine, il a un médecin excellent, sire, comme vous allez voir.

— Je vous écoute, Sartine.

— Le médecin lui a dit : « D'où vient votre lèpre? D'un vice que vous avez dans le sang. Comment la guérir? C'est bien simple. Il faut remplacer votre sang corrompu par un sang plus pur. »

— Il me semble que ce médecin en parle bien à son aise, dit le roi.

— Vous allez voir que non, sire. Chaque jour il saigne son malade.

— Bon!

— Le sang corrompu s'en va goutte à goutte, et on le remplace par un autre.

— Mais où le prend-on?

— C'est le sang de ces enfants et de ces hommes qui disparaissent.

— Quelle horreur! fit le roi; mais comment cette substitution peut-elle s'opérer?

— De trois manières.

— Ah!

— Au moyen d'une succion discrète. On endort, à l'aide d'un narcotique, le malheureux dont le sang est destiné aux veines du Tartare, et celui-ci suce ce sang, à même, comme on dit, après avoir piqué d'un coup d'épingle le dessous du sein.

— Ensuite?

— Quelquefois, à l'aide d'un appareil qui ressemble à un soufflet, le médecin insuffle à son maître du sang nouveau par la veine qu'il a ouverte et qui a laissé couler le sang vicié.

— Voyons la troisième manière.

— Oh! c'est la plus hideuse, sire : le misérable prend un bain de sang encore fumant.

— Et c'est là ce que vous a raconté l'homme masqué, Sartine?

— Oui, sire.

— Et y croyez-vous?

Cécile venait de lire cette lettre (page 27.)

— Oui, sire.

— Eh bien! il y a une chose fort simple à faire...

— J'attends les ordres de Votre Majesté.

— Faites arrêter le Tartare, le parlement le jugera, et on le rouera vif en Grève.

— Mais, sire... c'est que le Tartare a des complices.

— On les pendra.

— Il a une sœur jeune et belle.

Le roi tressaillit, mais ce ne fut qu'un éclair.

— Peuh! fit-il, si j'en croyais tout ce qu'on dit, mon royaume serait pavé de belles femmes; mais, hélas! on exagère beaucoup.

Et le roi, paraissant oublier tout ce que M. de Sartine venait de lui raconter, soupira et continua, après un silence :

— Il y a bien longtemps que je n'ai vu une jolie femme!

Puis, tout à coup :

— Mais, au fait, vous êtes lieutenant de police, Sartine?

— Par le bon plaisir de Votre Majesté, oui, sire.

— Alors, la police doit me servir à quelque chose? continua le roi.

M. de Sartine attendit.

— Figurez-vous, Sartine, reprit Louis XV, que je suis amoureux... amoureux d'une femme qu'il faut que vous me retrouviez.

Et Louis XV ajouta, tout en jouant au bilboquet :

— C'est bien ennuyeux d'être roi!

M. de Sartine attendait les confidences de son auguste interlocuteur, et le roi dit :

— Vous allez voir, comme je suis malheureux!

Et il jeta son bilboquet, croisa les jambes et fit à son lieutenant général de police le récit suivant :

II

— Mon pauvre Sartine, ce n'est vraiment pas amusant d'être roi.

— Cependant, sire, observa M. le lieutenant de police, Votre Majesté trouvera à troquer sa condition quand elle voudra.

Cette saillie amena un sourire sur les lèvres de Louis XV.

— Peuh! dit-il, je crois bien que ceux qui troqueraient avec moi finiraient par s'en repentir. Mais vous allez voir...

— J'écoute, sire.

— Un matin que je m'ennuyais plus que de coutume, Richelieu me dit :

— Votre Majesté devrait venir tirer des cailles dans le parc de Marly.

Le divertissement me plut, et je dis à Richelieu :

— Partons! mais nous deux seulement, n'est-ce pas?

C'était un dimanche.

La marquise était à la messe, mes filles étaient à confesse; le dauphin s'occupait à je ne sais quoi, et tous les gens de ma maison étaient disséminés un peu partout.

Le palais de Versailles ressemblait, ce jour-là, à la maison d'un bourgeois de Paris.

Richelieu demanda un carrosse sans armoiries et nous partîmes pour Marly sans escorte, sans gardes, n'ayant avec nous que deux valets chargés de porter les pièces abattues et deux très-beaux chiens d'arrêt que M. l'ambassadeur d'Angleterre m'avait offerts.

Nous arrivons à Marly, nous chassons, je m'amuse fort, et nous atteignons l'extrémité du parc, qui, comme vous le savez, descend des hauteurs jusqu'au bord de l'eau.

Un soleil ardent tombait d'à-plomb sur nos têtes. J'avais tué trois douzaines de cailles et j'étais las. De plus, je mourais de soif, et j'aurais donné une province pour une orange.

Nous nous assîmes, Richelieu et moi, tout auprès de la clôture du parc, sous un arbre, pour nous mettre à l'abri des rayons du soleil.

— Je meurs de soif, répétais-je.

Richelieu me dit :

— Sire, c'est à la chasse comme à la guerre. Que votre Majesté regarde au travers de la haie.

— Eh bien?

— Ne voit-elle pas une maisonnette blanche sur le bord de la rivière?

— Oui, certes.

— Eh bien! c'est un cabaret.

— Un cabaret!

— Oui, sire. Et Votre Majesté, puisqu'elle a soif, et que nous sommes à plus d'une lieue du château, ferait bien d'y venir boire.

L'aventure me plut.

La haie de clôture avait une brèche; en nous baissant un peu nous passâmes.

De l'autre côté de la haie, il y a un saut-de-loup.

Richelieu me donna l'exemple, je retrouvai mon agilité de vingt ans et nous le franchîmes.

Cinq minutes après, nous entrions dans le cabaret.

Il était désert, et un brave homme à la figure rougeaude, qui se tenait mélancoliquement derrière un comptoir d'étain, nous prit pour des gentilshommes des environs.

Il s'empressa de nous servir un petit vin blanc très-clair, dont j'ai gardé souvenir, Sartine, et je suis bien certain qu'on ne saurait en trouver de meilleur dans les caves de Versailles.

— Oh! sire.

— Tandis que nous nous désaltérions, Richelieu et moi, assis sous la tonnelle plantée à la porte du cabaret, nous entendîmes des éclats de rire, des chansons et des cris joyeux au bord de l'eau.

Puis tout à coup une bande de courtauds de boutique et de fillettes firent irruption dans le cabaret.

Ah! que ces jeunes gens s'amusaient, mon pauvre Sartine, et que j'eus grand'pitié alors de mon métier de roi!

Les hommes avaient des roses à la boutonnière de leurs vestes de gros drap brun; les fillettes en avaient mis dans leurs cheveux.

Et tout cela riait, chantait, se lutinait, que c'était plaisir à voir.

Les fillettes étaient jolies... mais il y en avait une... une surtout...

Et le roi s'arrêta pour soupirer à son aise.

Puis il reprit:

— Je poussai du coude à Richelieu, et je lui dis : Je donnerais bien la marquise, ses paniers et ses mouches, et tout mon Parc-aux-Cerfs pour ce joli brin de fille.

— Votre Majesté n'a qu'à souhaiter, me répondit le maréchal.

— Eh bien, je souhaite! répondis-je.

Mais ce brave Richelieu, à qui on a fait une grande réputation d'esprit, est un peu niais, comme vous allez voir, Sartine.

— Que fit-il donc, sire?

— Rien de ce que je voulais. Il y avait une chose fort simple, selon moi, c'était de nous mêler à la bande joyeuse, *incognito*, et de faire un doigt de cour à ces fillettes.

Mais le maréchal me parla de l'étiquette, des convenances, du scandale qui se produirait si je venais à être reconnu, et il m'engagea sa parole, que le soir même, la petite serait à Versailles.

— Et, fit M. de Sartine en souriant, le maréchal a manqué à sa parole, sans doute.

— C'est-à-dire qu'il a chargé un des deux valets qui nous suivaient de surveiller les courtauds et les fillettes, de les suivre à Paris, où ils ne manqueraient pas de retourner par le coche, et... vous comprenez le reste, n'est-ce pas?

— Oui, sire...

— Le valet que nous avait donné mission de suivre ces jeunes gens, d'aborder la fillette et de lui apprendre que sa beauté avait l'admiration de son souverain, revint deux heures après avec un œil poché, un bras cassé et deux ou trois dents de moins.

— Oh! oh!

— Les courtauds l'avaient rossé d'importance et l'avaient laissé à demi mort sur le chemin.

— Et que dit le maréchal, sire? demanda M. de Sartine.

— Le maréchal, furieux, partit pour Paris, en jurant qu'il retrouverait la fillette et me la ramènerait.

— Et il n'est pas revenu?

— Si, mais de fillette point!

Et le roi poussa un soupir à soulever une montagne.

— Votre Majesté prendrait donc quelque plaisir à retrouver cette jeune fille?

— C'est-à-dire, répondit naïvement le roi, que depuis ce jour-là je m'ennuie deux fois plus. Et si vous ne me la retrouvez pas...

— Je vous la retrouverai, sire.

La figure du roi s'anima.

— Vrai? fit-il.

— Ne suis-je pas le lieutenant de police de Votre Majesté?

— C'est juste. Eh bien, reprit Louis XV, allez, Sartine... et mettez tout en œuvre.

— Oui, sire. Mais...

— Mais quoi?

— Votre Majesté ne m'ordonne rien?

— Je vous ordonne de retrouver cette jeune fille.

— J'entends bien... Mais... le Tartare?...

— Ah! c'est vrai, dit le roi, je l'avais complétement oublié.

— J'attends les ordres de Votre Majesté.

— Eh bien! faites ce que vous voudrez...

— Votre Majesté me donne plein pouvoir?

— Sans doute.

— Non-seulement en ce qui concerne le Tartare, mais encore sa sœur?

— Oui.

M. de Sartine avait remis son portefeuille sous son bras. Cependant il ne bougeait.

— Mais allez donc, Sartine, fit le roi avec impatience.

— C'est que je n'ai pas tout dit à Votre Majesté.

— Qu'est-ce encore? fit Louis XV en fronçant le sourcil.

— Le Tartare a un complice.

— Sa sœur... vous me l'avez dit.

— Non, un autre.

— Ah! quelqu'un de la cour?

— Oui, sire.

— Diable! fit le roi.

— Un très-grand seigneur, sire.

— Eh bien! dit le roi, nous en reparlerons demain. Cherchez-moi la fillette, Sartine.

Et le roi congédia d'un geste son lieutenant général de police.

. . . .

II

M. de Sartine quitta le cabinet du roi.

Lebel l'attendait dans les antichambres.

— Eh bien? demanda-t-il avec anxiété... le roi...

— Le roi vient de me fournir les moyens de le distraire.

— Ah! vraiment?

— Je le crois, dit M. de Sartine, et je retourne à Paris sans perdre une minute.

— Mais, monsieur, dit Lebel, c'est que madame la marquise a bien recommandé qu'on ne vous laissât point partir ainsi.

— La marquise veut me voir?

— Oui.

M. de Sartine n'était pas homme à traiter légèrement un pareil désir.

Il s'en alla donc chez madame de Pompadour.

— Maintenant, lui dit la favorite, contez-moi donc l'histoire que vous avez dite au roi.

M. de Sartine ne se fit pas prier.

Il recommença son récit et n'oublia aucun détail.

— Mais c'est abominable! s'écria enfin la marquise.

— D'autant plus abominable, répondit M. de Sartine, qu'un très-grand personnage est mêlé à tous ces crimes.

— Bah!

— Le roi n'a pas voulu m'entendre jusqu'au bout; mais vous, madame...

— Moi, je vous écoute.

— Et ce grand personnage est un prince du sang!

— Et ce prince, dit madame de Pompadour, ne peut être que le comte de Clermont?

M. de Sartine fit un signe de tête affirmatif.

Madame de Pompadour ne souriait plus et était devenue toute pensive.

— Enfin, dit-elle, que vous a ordonné le roi?

— Rien.

— Que comptez-vous faire?

— Attendre des ordres.

— Vous avez raison, monsieur de Sartine; nous avons déjà une foule de vilaines affaires sur les bras.

— Mais, madame, observa M. de Sartine, tout Paris murmure.

— Laissez-le murmurer.

Et comme si madame de Pompadour eût voulu imiter la réserve du roi, elle ajouta:

— En attendant, qu'allez-vous faire pour amuser le roi?

— Je vais essayer de retrouver la fillette.

— Quelle fillette?

— Celle dont le roi est amoureux.

Et M. de Sartine raconta à madame de Pompadour la confidence que le roi lui avait faite.

La favorite haussa les épaules.

— Quand vous l'aurez retrouvée, dit-elle, le roi n'y pensera plus. N'importe, cherchez-la.

— C'est ce que je vais faire.

— Mais, dit madame de Pompadour comme M. de Sartine prenait congé, tout lieutenant de police que vous êtes, il me paraît difficile que vous mettiez la main sur une petite fille avec cette seule indication que le roi l'a trouvée jolie.

— M. de Richelieu me donnera, je l'espère, quelques renseignements.

— Soit.

— Ensuite, le valet qui a été rossé doit se rappeler son visage.

— Bien. Est-ce tout ?

— Enfin, dit M. de Sartine, j'ai sous la main un homme précieux.

— Ah ! vraiment ?

— Une perle, un bijou, pour ces sortes d'affaires.

— Comment appelez-vous ce phénix ?

— Il se nomme Porion, madame.

— C'est un de vos agents ?

— Oui.

— Et vous allez le mettre en campagne ?

— Aujourd'hui même.

Sur ce dernier mot, M. de Sartine fit les trois saluts d'usage et se dirigea vers la porte; mais la marquise le rappela.

— Mon cher lieutenant, dit-elle, il est bien convenu, n'est-ce pas, que nous laissons le peuple de Paris murmurer jusqu'à nouvel ordre ?

— Oui, madame.

— Il ne me déplairait pas, ajouta la marquise avec un cruel sourire, de voir tomber en grève la tête de M. de Clermont. Mais il en est des têtes comme de certains fruits, il faut attendre qu'elles soient mûres. Attendons.

M. de Sartine remonta dans son carrosse, se fit ramener à Paris ventre à terre, et, quand il fut dans son hôtel, il donna l'ordre qu'on lui amenât l'agent de police Porion.

Un quart d'heure après, Porion arrivait.

C'était un homme entre deux âges, les cheveux gris, le visage long pourvu d'un long nez, soigneusement rasé et portant sur l'épaule une queue à deux marteaux.

Quand les bourgeois de la rue Saint-Denis le voyaient passer, avec son habit couleur cannelle, sa veste ventre de biche, sa culotte de bouracan gris et ses bas de filoselle orange, une canne sous le bras, son tricorne à la main et les yeux abrités derrière ses lunettes d'or, ils disaient en riant :

— Voilà le père Cannelle.

Au Châtelet, dans le cabinet de M. le lieutenant de police, cet homme s'appelait Porion.

Partout ailleurs, on ne le connaissait que sous la dénomination du père Cannelle.

Quelle était sa profession ?

Personne ne le savait au juste.

Selon les uns, c'était un ancien pelletier-fourreur; selon d'autres, il avait été commis dans les subsistances de l'armée.

Pour quelques-uns, c'était un intendant de bonne maison, qui s'était retiré avec de jolies économies.

— Un bien brave homme, au demeurant ! disait tout le monde.

Il souriait aux jeunes filles, tirait de sa poche des friandises pour les enfants, complimentait les parents et passait pour excessivement serviable.

Il logeait dans la rue aux Ours, au-dessus de la boutique d'un droguiste qui s'appelait Janodet et avait pour enseigne :

Au Pilon-d'Or.

Chaque soir, il allait faire sa partie de trictrac dans un cabaret célèbre parmi les bourgeois du quartier, au *Pied-de-Mouton*, rue des Lombards.

Cet établissement, qui datait de plus d'un siècle, avait eu longtemps une destinée paisible. Les habitués étaient des gens sobres, économes, rangés, craignant Dieu, aimant le roi et se conformant scrupuleusement aux édits.

Cependant il était arrivé qu'une année que le pain était cher et que le peuple mourait de faim et de froid, quelques bourgeois notables avaient exprimé un peu trop haut leur opinion sur la mauvaise administration des affaires publiques.

Deux d'entre eux, même, avaient proféré des paroles outrageantes pour le roi, ce qui constituait bel et bien le crime de lèse-majesté.

Le père Cannelle, qui se trouvait alors dans le cabaret, avait manifesté un violent effroi, réprimandé les deux bourgeois et exprimé le vœu que ces paroles impies n'eussent pas de graves conséquences.

Il avait même donné aux deux imprudents des conseils affectueux, qu'on l'avait chaudement remercié.

Ce qui n'empêcha pas que, huit jours après, tous les perturbateurs furent arrêtés et que les deux malheureux qui avaient parlé si haut furent pendus quinze jours après.

Mais personne ne soupçonna le père Cannelle de les avoir dénoncés.

Une autre fois, il y eut une émeute dans la rue des Lombards. Le guet arriva et dispersa la foule, arrêtant par-ci, par-là, les plus turbulents.

Mais il ne put mettre la main sur celui qui avait fomenté l'émeute, et qui n'était autre que le droguiste Janodet.

Le lendemain, Janodet fut arrêté, traduit devant le parlement et condamné à être pendu.

Quand le pauvre diable fut conduit au supplice, il aperçut le père Cannelle, qui, son mouchoir sur les yeux, faisait la haie sur son passage.

Il se jeta dans ses bras, l'arrosa de ses larmes et lui recommanda ses enfants.

Le père Cannelle promit d'en prendre soin. Aussi jamais la veuve du droguiste, qui, tout en demeurant inconsolable, continua son commerce, n'eut-elle d'ami plus dévoué.

Si on était venu dire aux bonnes gens de la rue Saint-Denis et des rues avoisinantes que le père Cannelle était un homme de police, ils eussent ri à se tenir les côtes et attesté le ciel qu'on calomniait horriblement le bonhomme.

Tel était l'homme que M. de Sartine mandait auprès de lui et en qui il avait une confiance sans bornes, car il savait bien que c'était son agent le plus énergique et le plus habile.

IV

— Porion, dit M. de Sartine, il faut vous mettre en campagne aujourd'hui même.

— Oui, monseigneur, répondit le père Cannelle; seulement il est nécessaire, ajouta-t-il avec un sourire, que je sache de quoi il s'agit.

— Je vais vous le dire. Il faut retrouver une jeune fille qui a eu l'honneur de plaire au roi.

— Ah ! fit Porion.

Et il parut attendre de nouveaux détails.

— Quel est son nom, reprit M. de Sartine, je l'ignore. Comment est-elle, je l'ignore encore.

Porion ne sourcilla pas.

— Enfin, acheva le lieutenant général, j'ignore absolument à quelle époque le roi l'a vue, par la raison toute simple que j'ai oublié de le lui demander.

Porion demeura impassible.

— Cependant, observa-t-il avec respect, Votre Seigneurie me donnera certainement un léger détail ?

— Lequel ?

— Cette jeune fille est-elle de la cour ?

— Non.

— De la ville ?

— Non.

— De la bourgeoisie ?

— Je ne sais pas. Il paraît que le roi l'a rencontrée en compagnie de plusieurs autres fillettes.

— Ah ! fort bien.

— Avec des courtauds de boutique.

— A merveille, et... où cela ?

— Dans un cabaret au bord de la Seine, sous les murs du parc de Marly.

— Et le roi l'a trouvée belle ?

— Si belle qu'il en perd le boire et le manger. Ah ! s'interrompit M. de Sartine, j'oubliais un détail important.

Porion attendit.

— M. de Richelieu a vu cette jeune fille.

— Bon !

— Et un laquais du roi, qui l'avait suivie par ordre de M. de Richelieu, a été rossé par les courtauds.

— S'il en est ainsi, dit Porion, Votre Seigneurie peut être certaine que je retrouverai la jeune fille.

Et il fit un pas vers la porte.

M. de Sartine ajouta :

— Passez chez mon trésorier, et prenez l'argent dont vous pourrez avoir besoin.

Porion s'inclina; mais, au moment de franchir le seuil du cabinet, il se retourna.

— Qu'est-ce ? fit M. de Sartine.

— Votre Seigneurie m'avait chargé...

— Ah ! oui, interrompit le lieutenant de police, je vous avais chargé de suivre cette affaire de disparition mystérieuse.

— Oui, monseigneur, et même j'étais déjà sur la trace...

— De quoi ?

— De l'un des deux jeunes gens qui étaient descendus au *Dragon-Bleu*.

— Le cadet ?

— Non, l'aîné.

— Qu'est-il devenu?

— Je le crois vivant. Mais...

M. de Sartine interrompit son agent :

— Porion, dit-il, pour des raisons que je n'ai pas à vous déduire, ne vous mêlez plus de cette affaire. Je vous en reparlerai quand il en sera temps.

— Comme vous voudrez, monseigneur.

— Cherchez-moi la jeune fille.

Et le lieutenant congédia Porion.

Celui-ci sortit.

Comme bien on pense, il n'eut garde d'oublier la recommandation que lui avait faite M. de Sartine, de passer chez son trésorier, et il y prit cinquante pistoles, dont il donna un reçu.

Puis il quitta le Châtelet et descendit jusqu'au pont au Change.

Là il s'arrêta, se pencha sur le parapet et se mit à regarder l'eau, de l'air naïf d'un bourgeois qui suit les stupides évolutions d'un pêcheur à la ligne qui a élu domicile sous un pont.

Le père Cannelle,— car Porion avait repris l'allure et la physionomie débonnaire de celui-ci, — le père Cannelle, disons-nous, avait besoin de réfléchir un peu.

— M. le lieutenant de police, se disait-il, me donne toujours des missions pareilles. Allez donc retrouver une jeune fille qui plaît au roi, mais dont on ne sait absolument rien, ni le nom, ni la couleur, ni l'âge.

Il est vrai que M. de Richelieu l'a vue; mais il a vu tant de femmes, M. de Richelieu! Et puis M. de Sartine en parle bien à son aise... Allez donc vous présenter chez M. de Richelieu... il me recevra bien !

Tandis que le père Cannelle faisait ces réflexions, une main s'appuya sur son épaule.

Il se retourna et se trouva face à face avec un grand garçon à l'air un peu niais, qui se mit à rire démesurément, fendit sa bouche jusqu'aux oreilles et lui dit :

— Bonjour, papa Cannelle.

Ce nouveau personnage était un homme de vingt-cinq à vingt-six ans, grand, dégingandé, la tête ornée de cheveux jaunes et le visage agrémenté d'un nez en trompette.

Il portait une veste jaune comme ses cheveux, un habit de bouracan ponceau, et il avait un gros galon de laine blanche à son tricorne, ce qui était la marque distinctive de l'honorable corporation des épiciers.

Porion réprima un geste et un mouvement d'humeur qui eussent pu se traduire par « Au diable le fâcheux! » et le père Cannelle rendit à son interlocuteur sourire pour sourire.

— Bonjour, Merluchet, répondit-il, bonjour, mon garçon ; d'où viens-tu donc comme ça ?

— Je suis allé faire une livraison de sucre, de café et de chandelle rue Saint-André-des-Arts, répondit le garçon épicier.

— Ah! fort bien !

— Et vous, père Cannelle, que faites-vous là ? On ne vous voit plus au Pied-de-Mouton depuis quelque temps.

— J'ai été malade, mon garçon. Les soirées sont humides. A mon âge, il faut se ménager et se mettre au lit de bonne heure, répondit le père Cannelle tout d'une haleine. Tu me demandes ce que je fais là? Tu le vois, je regarde l'eau couler.

— C'est une distraction malsaine, père Cannelle, répondit le garçon épicier.

— Pourquoi donc ça, mon garçon ?

— Parce que ça donne envie de se noyer.

— Tu crois?

— A preuve ce pauvre Agénor Chapuzot, un de mes camarades.

— Il s'est noyé?

— Pas plus tard qu'hier.

— Et pourquoi donc ça, mon garçon ?

— Voilà ce que personne ne sait au juste, reprit Merluchet.

— Vraiment ?

— Il s'est noyé hier matin ; on l'a repêché en aval du Louvre, deux heures après.

— Mais il s'est peut-être noyé par accident ? dit Porion.

— Oh! non, à preuve qu'il avait une pierre suspendue au cou.

— Était-il amoureux?

— C'est bien possible....

Et le garçon épicier, montrant de plus belle sa large mâchoire en un rire homérique, s'écria :

— Après ça, papa Cannelle, vous m'y faites penser, je crois bien qu'Agénor était amoureux.

— De qui?

— De sa cousine.

— Une jolie fille?

— Oh! très-jolie.

— Bon! pensa Porion, voici toujours qu'il est question d'une jeune fille.

Et il reprit tout haut :

— Sa cousine le rendait donc malheureux ?

— Elle se moquait un peu de lui; à telles enseignes qu'un dimanche, que nous étions allés tous ensemble manger une friture à Marly...

Porion tressaillit.

— Elle lui a dit que jamais elle n'avait vu un homme si laid que lui, acheva le garçon épicier, riant toujours.

— Ah ! vous êtes allés à Marly ?

— Nous y allons tous les dimanches.

— A plusieurs ?

— Nous sommes quelquefois quinze ou vingt, chacun avec sa fiancée ou sa promise.

— Et vous amusez-vous beaucoup, là-bas ?

— Nous allons en bateau sur l'eau pour nous donner de l'appétit.

— Vraiment?

— Et puis, quelquefois, nous allons danser le soir au village de Bougival.

— Ce pauvre Agénor! dit le père Cannelle.

— Vous le connaissiez ?

— Un peu...

Porion mentait, car c'était la première fois qu'il entendait prononcer son nom.

Et pour donner du poids à son assertion :

— Est-ce qu'il n'était pas dans la draperie?

— Non, dit l'épicier, il était droguiste.

— Ah! oui... c'est juste.

— Au Mortier-d'Argent, rue des Vinaigriers.

— Tu as raison.

Porion grava cette indication dans sa mémoire.

Puis, il fit cette autre question :

— Et sa cousine n'était donc pas sa fiancée ?

— C'est-à-dire qu'il voulait bien d'elle, mais qu'elle ne voulait pas de lui.

— Il est de fait qu'il n'était pas beau.

— Affreux ! murmura l'épicier, qui se croyait un Adonis.

— Es-tu sûr que sa cousine est jolie?

— Oh! étourdissante de beauté.

— Comment l'appelles-tu donc?

— Cécile.

— Elle n'a pas d'autre nom?

— Je ne sais que celui-là.

— Et où demeure-t-elle?

— Je ne sais pas. Agénor était très-jaloux.

— Pauvre garçon !

Et, prenant un air indifférent, le père Cannelle s'appuya de nouveau sur le parapet du pont, disant à l'épicier : Ne t'attarde pas, mon petit, tu te ferais gronder par ton patron.

— Vous avez raison. Bonsoir, papa Cannelle.

— Bonsoir, mon garçon.

Porion regarda le jeune homme s'éloigner et murmura :

— Il y a pourtant des imbéciles qui prétendent que la police sait tout! C'est une grave erreur ; la police ne sait que ce qu'on vient lui raconter !

V

Après cette réflexion toute philosophique, le père Cannelle s'accouda de nouveau sur le parapet du pont et se mit à compter sur ses doigts, tout en crachant dans l'eau.

Porion s'occupait volontiers de statistique à ses heures.

Or voici ce qu'il comptait : il avait recueilli en un quart d'heure trois renseignements précieux.

Le premier était celui-ci, que le garçon épicier avait fait partie des bandes joyeuses qui s'en allaient passer le dimanche au bord de la Seine, à Marly ou dans les environs.

Le second, qu'il y avait une jeune fille fort belle dont le cousin s'était noyé de désespoir.

Enfin, que ledit cousin, qui se nommait Agénor Chapuzot, était de son vivant commis droguiste, rue des Vinaigriers, au Mortier-d'Argent.

Trois renseignements en moins d'un quart d'heure!

— La chasse commence bien, murmura Porion. J'ai comme une vague idée que, si je reste ici un quart d'heure de plus, je vais voir passer la jeune fille elle-même : une manière de chasser comme une autre.

Au lieu de courir après le gibier, on attend que le gibier coure après vous.

Et, tout en regardant couler l'eau, Porion disposait un petit plan de campagne.

— Rien n'est plus simple, se disait-il. Il y a dans la rue des Vinaigriers un cabaret où je suis connu. Je vais y aller tout à l'heure : on me fêtera. Où donc, du reste, le père Cannelle n'est-il pas bien reçu? Un si brave homme !

Et Porion eut un sourire à faire frémir.

— Je verserai quelques larmes, poursuivit-il en lui-même, sur le sort de ce pauvre Agénor Chapuzot. On jasera de nouveau sur lui. Chacun dira son mot. Au bout de dix minutes, je saurai comment il vivait, ses habitudes, ses fréquentations, le nom de sa cousine et son adresse.

Alors, en partant toujours de cette supposition que c'est bien la jeune fille qu'aime le roi, la jeune fille découverte, je m'en vais chez M. de Richelieu. Le maréchal consent à me suivre... ou bien il me fait accompagner par le valet qui a été rossé... et le reste va tout seul.

Sur cette dernière pensée, Porion quitta son immobilité et se mit à arpenter le pont de long en large.

Il voulait s'en aller, et quelque chose le retenait. Quoi? il lui eût été impossible de s'en rendre compte.

Cette mystérieuse attache qui le retenait sur le pont fut même à forte qu'il y demeura plus d'une heure, plongeant à chaque minute dans les deux courants de foule qui se croisaient autour de lui, ce regard investigateur de l'agent de police *habillé en bourgeois*, comme on dit aujourd'hui.

Tout à coup, Porion tressaillit :

— Bon! murmura-t-il, c'est un jour de mes connaissances sur ce pont.

En effet, un jeune homme, qui décrivait de légers zigzags en marchant et s'en revenait du pays latin, vint à lui en disant :

— Hé! bonjour, papa Cannelle, comment ça va-t-il?

— Bonjour, monsieur Mardochée, répondit Porion.

Celui à qui il donnait ce nom était un jeune homme de vingt-cinq à vingt-huit ans, grand, bien découplé, avec une bonne figure un peu ronde, mais pétillante de malice et d'intelligence.

Ses cheveux, longs et mal peignés, sans poudre et bouclant naturellement, pendaient sur ses épaules et achevaient de graisser un vieil habit gris à boutons de nacre.

Son tricorne était bossué, veuf de sa plume et moucheté de quelques éclaboussures de boue, ce qui prouvait qu'il avait roulé dans la rue et que son propriétaire l'avait, remis sur sa tête, ensuite, sans même le brosser d'un coup de coude.

Il portait sous le bras un carton et à la main une petite boîte carrée.

Enfin, une vieille épée à coquille, colichemarde d'un autre âge, lui battait galamment les mollets.

Car il était gentilhomme ou du moins gentillâtre, ce jeune homme que Porion venait d'appeler Mardochée tout court, et il tenait énormément au privilège de porter l'épée.

— Où donc allez-vous comme cela, monsieur Mardochée? dit Porion

— Mardochée de Mardoche, papa Cannelle, rectifia le pointilleux gentilhomme.

— C'est juste, fit Porion en souriant.

— La terre de Mardoche, poursuivit le jeune homme avec un léger accent gascon, est située en Angoumois.

— Ah! vraiment?

— On y récolte d'excellent vin...

Sur ce mot, messire Mardochée de Mardoche poussa un soupir :

— Malheureusement, ajouta-t-il, mon grand-père l'a vendue et il en a mangé le prix. Ce qui fait que, tel que vous me voyez, papa Cannelle, j'en suis réduit pour vivre à utiliser les talents que m'a donnés la nature et à peindre pour trois écus d'affreux bourgeois, comme vous.

Et il frappa joyeusement sur le ventre de Porion.

— Ah çà! reprit-il, quand donc ferai-je votre portrait, vieux papa?

— Quand vous voudrez, répondit Porion, pourvu que ce ne soit pas aujourd'hui.

— Vous n'avez pas le temps de poser?

— Ce n'est pas cela.

— Qu'est-ce donc?

— Je crains que vous n'y voyiez double.

— Bah! est-ce que je suis un peu gris?

— Je le crois. Et alors, poursuivit Porion, si vous veniez à me voir double et à me peindre de même, vous me feriez deux têtes, ce qui me ferait ressembler à ce veau phénomène qu'on nous montrait l'an dernier à la foire Saint-Germain.

— Toujours pour rire, ce père Cannelle, murmura le peintre avec mélancolie.

Puis, posant la main qui lui restait libre sur l'épaule de Porion :

— C'est égal, dit-il, vous devriez bien me laisser faire votre portrait aujourd'hui; deux écus de six livres, ce n'est pas la mort d'un homme après tout...

— Non certes, dit Porion.

— Cela m'épargnera d'aller jusqu'à la rue des Vinaigriers.

— Ah! c'est là que vous allez?

— Oui, au cabaret de la *Pomme-Verte*. Il y a toujours là un bourgeois quelconque qui se laisse portraicturer.

— Mais, dit Porion, croyez-vous que, dans l'état où vous êtes...?

Un sourire mélancolique vint aux lèvres de Mardochée.

— Père Cannelle, dit-il, je vais vous faire une confidence.

— Voyons?

— Les temps sont durs...

— A qui le dites-vous, monsieur Mardochée?

— Voici près de deux mois que deux sous ne se sont jamais rencontrés dans ma poche.

Porion attendait la suite de cette confidence.

— J'ai épuisé mon crédit, poursuivit l'artiste ; le rôtisseur de la rue de Buci, chez qui je prenais mes repas, m'a éconduit hier matin, ce qui fait...

— Ce qui fait, dit Porion, que vous êtes peut-être à jeun?

— Depuis hier matin.

— Cependant tout à l'heure vous aviez une singulière façon de marcher.

Le pauvre artiste eut un sourire mélancolique.

— C'est que, dit-il, j'ai encore crédit chez la mère Lazare, la cabaretière du pont Saint-Michel; mais elle ne sert qu'à boire. Alors, comme mon estomac sentait le creux, je l'ai rempli en buvant. Voyons, papa Cannelle, acheva le peintre, venez donc avec moi jusqu'à mon atelier; c'est à deux pas, rue Saint-André-des-Arts. Je vous croque en un quart d'heure... vous me donnez deux écus... et nous allons dîner joyeusement. C'est moi qui régale.

Tout cela il le débitait d'un ton de bonne humeur, sans obséquiosité, sans bassesse.

— Ecoutez, dit Porion, je vais vous faire, moi, une autre proposition.

— Ah !

— Allons dîner d'abord.

— Mais... votre portrait...

— Vous le ferez demain. C'est moi qui vous invite aujourd'hui...

— Mais vous viendrez demain?

— Je vous le promets.

— C'est que, dit simplement Mardochée, j'ai la double fierté du gentilhomme et de l'artiste, et je n'accepte pas d'aumône. Je veux mon salaire, rien de plus.

— Eh bien! vous aurez votre salaire d'avance, dit Porion.

— Soit. Où allons-nous?

— A la *Pomme-Verte*, rue des Vinaigriers.

Et Porion emmena messire Mardochée de Mardoche, peintre et gentilhomme, en se disant :

— J'ai une bien belle idée et, si je puis la mettre à exécution, je me passerai joliment de M. de Richelieu pour retrouver la fillette qui plaît au roi.

VI

Messire Mardochée de Mardoche, peintre et gentilhomme, avait installé ses innocentes batteries au cabaret de la *Pomme-Verte*.

C'est-à-dire que c'était là qu'il allait endoctriner, par-ci par-là, une maigre clientèle, et faisait des portraits à deux, trois et quatre écus de six livres.

Du reste, Mardochée était plein de talent, et s'il eût vécu à une époque moins ingrate, ses toiles eussent été couvertes d'or.

Le père Cannelle lui donnait le bras et semblait avoir retrouvé ses jambes de vingt ans. Tout en descendant la rue Saint-Martin, qui était à peu de chose près alors ce qu'elle est aujourd'hui, il développait dans son esprit le fameuse idée qu'il venait d'avoir.

— Supposons un moment, se disait-il, que je retrouve la jeune fille que je crois être celle qui a eu l'honneur de plaire au roi, au lieu de m'en aller chez M. de Richelieu, je fais faire son portrait par Mardochée, et je le porte au roi moi-même.

Le roi s'écrie : « C'est elle! » et, le soir même, j'enlève la petite et je la conduis à Versailles.

Mardochée avait des tiraillements d'estomac que l'appât d'un bon repas augmentait de plus en plus à mesure qu'il marchait.

Aussi, lui qui d'ordinaire cheminait lentement, en vrai badaud de Paris, s'arrêtant de ci de là, tantôt pour lorgner une jeune fille, tantôt pour regarder un maçon sur un toit, ne daigna-t-il pas accorder la moindre attention à une baraque de saltimbanques établie auprès de la porte Saint-Martin, et devant laquelle un paillasse vêtu d'oripeaux débitait sans rire une désopilante parade.

Le père Cannelle, lui non plus, ne manifesta aucun désir d'écouter les lazzis du saltimbanque, et ils continuèrent leur chemin.

Moins d'un quart d'heure après, ils arrivaient à la rue des Vinaigriers.

Le cabaret de la *Pomme-Verte* était le digne émule de celui de Ramponneau, aux *Porcherons*.

Les gens de cour allaient en partie fine chez Ramponneau; les gens huppés parmi les bourgeois affectionnaient l'établissement de la rue des Vinaigriers.

Il y avait là un grand jardin avec des treilles en tonnelle, et au milieu un pommier dont les fruits ne mûrissaient jamais, et qui servait d'enseigne au cabaret.

La société était nombreuse lorsque le père Cannelle et Mardoche arrivèrent.

Une douzaine de buveurs étaient établis sous une des tonnelles et faisaient cercle autour d'un homme d'environ quarante-cinq ans, qui passait pour un beau parleur et un franc mauvais sujet.

Ce personnage se nommait maître Pépin, et il était le plus riche bijoutier du quartier Saint-Martin.

Veuf, sans enfants, à la tête d'une maison importante, maître Pépin aurait donné la moitié de son avoir pour être gentilhomme.

Les mœurs bourgeoises n'étaient pas son fait. Il se moquait de ses voisins qui avaient une vie régulière, et passait dans son quartier pour un vrai don Juan.

Les maris qu'il avait trompés, les femmes qu'il avait séduites se comptaient par centaines.

Mais, comme il était riche, il était bien plutôt un objet d'admiration que de réprobation.

— Oui, mes amis, disait-il au moment où Mardochée et le père Cannelle entrèrent, je n'ai jamais vu plus jolie fille.

— Plaît-il ? fit le père Cannelle, qui dressa l'oreille à ce mot de jolie fille.

Et il vint s'asseoir familièrement à la table du bijoutier, où l'on s'empressa de lui faire place.

— Oui, papa Cannelle, reprit maître Pépin, je disais que j'avais découvert une perle de beauté.

— Ah ! vraiment ? dit Porion.

— Il n'y a pas à Versailles une femme de la cour qui la vaille.

— Peste, maître Pépin ! et que comptez-vous en faire? demanda le père Cannelle.

Le bijoutier cligna de l'œil.

— Belle question ! dit-il.

— Mais, reprit Porion, la petite a peut-être un amoureux?

— Je ne crois pas.

— Un père?

— Je ne crois pas non plus. Elle est toujours seule.

— Eh bien?

— Pas plus tard que ce soir, quand elle ira reporter son ouvrage rue Saint-Denis, je l'accosterai.

— Mauvais sujet ! dit le père Cannelle.

Mardochée s'était mis à table et mangeait avec voracité.

Cependant, entre deux bouchées, il posa cette question :

— Est-elle vraiment jolie?

— Un ange! dit l'amoureux bijoutier.

— Et sage ?

— J'en suis sûr.

— Brune ou blonde?

— Blonde.

— Hum ! dit Mardoche en se versant un verre de vin qu'il avala d'un trait, j'aimerais mieux qu'elle fût brune.

— Pourquoi?

— Parce que je suis amoureux d'une blonde.

— Ah bah !

— Mais, dit le père Cannelle, il y a tant de femmes blondes que...

— Où demeure-t-elle donc? demanda encore Mardochée, dont l'œil s'animait.

— Voilà ce que je ne sais pas au juste.

— Ah !

— Mais elle habite le pays latin, c'est bien certain.

— Comme la mienne, dit Mardochée ; de la fenêtre de mon atelier j'aperçois celle de sa mansarde.

— Tout ce que je puis vous dire, continua avec complaisance le bijoutier conquérant, c'est qu'elle passe tous les soirs à six heures sur le pont au Change.

— Bon! pensa Porion, il faudra que je voie ça. Qui sait!

Mardoche, nous l'avons dit, portait une petite boîte à la main et un carton sous le bras, quand il avait rencontré le père Cannelle. La boîte, on le devine, était sa boîte à couleurs.

Quant au carton, il renfermait des esquisses, des dessins au fusain et deux portraits au pastel commencés.

Comme le bijoutier disait que la petite passait tous les jours à six heures sur le pont au Change, Mardochée se leva, la bouche encore pleine, et dit à maître Pépin :

— Pour ma tranquillité personnelle, laissez-moi faire une expérience.

— Laquelle ?

— J'ai commencé le portrait de la femme que j'aime.

— Ah! ah !

— Je vais vous le montrer.

Et il ouvrit son carton et mit sous les yeux du bijoutier un des deux pastels.

Maître Pépin jeta un cri :

— C'est elle!

A ce cri, Mardochée, qui avait le vin mauvais, poussa un rugissement.

— Ah ! c'est elle, dit-il.

— Oui, balbutia le bijoutier.

Mardochée sauta par-dessus la table et le saisit à la gorge :

— Misérable ! s'écria-t-il.

— A moi ! au secours ! s'écria le bijoutier à demi étranglé.

Mardochée, qui était fort comme un Turc, renversa le don Juan sous lui, dédaigna de dégainer sa colichemarde, mais s'empara d'un couteau et s'écria :

— Si tu ne me jures pas, sur ta part de paradis, que tu respecteras cette jeune fille, s'écria-t-il, je te tue!

Le bijoutier était couard : il fit tous les serments que Mardochée exigea.

— C'est bien, dit celui-ci. Mais j'aurai l'œil sur toi, drôle !

Et il laissa le bijoutier se relever.

Pendant cette lutte, le père Cannelle avait examiné le pastel et s'avouait que la femme qu'il représentait était véritablement fort belle.

Tout à coup un des buveurs s'approcha à son tour, regarda le pastel et dit :

— Mais je la connais, moi!

— Ah! tu la connais, rugit Mardochée, qui brandissait toujours son couteau.

— C'est Cécile, dit le buveur, qui était un commis marchand.

— Cécile?

— Oui, la cousine de ce pauvre Agénor Chapuzot qui s'est noyé.

A ces mots, le père Cannelle avala coup sur coup deux verres de vin pour maîtriser son émotion.

Puis il se mit en devoir de calmer Mardochée, ce qui fut d'autant plus facile que le courtaud de boutique protestait de son respect pour mademoiselle Cécile Robert.

Après quoi, il se remit à table, et Mardochée lui tint tête.

A dix heures du soir, tout le monde était parti de la Pomme-Verte, sauf le père Cannelle et Mardochée.

Le peintre, ivre mort, dormait sous la table.

L'agent de police appela l'hôte et lui recommanda de mettre son convive au lit et de le laisser en paix cuver son vin.

Tandis que l'hôte obéissait, grâce à deux beaux écus que le père Cannelle lui mit dans la main, celui-ci s'empara du carton qui renfermait le pastel et sortit en murmurant :

— Maintenant, allons faire un tour à Versailles. J'ai le temps de revenir avant que Mardochée soit réveillé.

VII

Aller en 175., de la rue des Vinaigriers à Versailles, à dix heures du soir, et faire diligence, n'était pas chose facile.

La route était longue de quatre bonnes lieues, et les carrosses étaient rares.

Ensuite, on ne pénétrait pas dans le palais comme dans la maison du premier venu.

Au seuil du cabaret, Porion se dit tout cela et bien d'autres choses encore.

Il consulta la distance à parcourir, compta le nombre des Suisses qu'il trouverait en sentinelle sous les murs du palais, des gardes du corps rangés dans les cours, des mousquetaires échelonnés dans les escaliers et des gentilshommes de service espacés dans les antichambres.

— Pour arriver jusqu'à Sa Majesté, se dit-il, il me faudra dire à tout ce monde : «J'apporte au roi le portrait de la femme dont il est épris. »

Or, le roi, d'abord, peut trouver cela mauvais et me faire donner les étrivières en guise de récompense; ensuite, avant que je parvienne jusqu'à lui, il est fort possible aussi que madame de Pompadour soit avertie de la chose.

Dans ce cas-là, on m'enverra à la Bastille avec une bonne lettre de cachet.

Hum! hum! hum!

Porion, dit père Cannelle, fit toutes ces réflexions en moins de dix minutes.

Ce qui ne l'empêcha point de continuer son chemin dans la direction de la porte Saint-Martin.

Les carrosses étaient rares alors; on en trouvait un par-ci, par-là, au coin d'une rue.

Quelque vingt années plus tard, un Parisien avait eu l'heureuse idée des omnibus, et le roi l'avait autorisé à les établir.

Mais la cour et la ville s'étaient récriées à l'envi, déclarant l'invention absurde, et le pauvre inventeur s'était ruiné.

A première vue, Porion avait pourtant une chose bien simple à faire : c'était d'aller au Châtelet, où il entrait de nuit et de jour, grâce à une petite carte jaune que M. de Sartine avait fait délivrer à quelques-uns des hauts employés de police, de faire réveiller le lieutenant général, de lui confier le résultat de ses investigations et d'attendre ses ordres.

Mais Porion n'y songea même pas.

Cet homme, à qui on avait donné le surnom de père Cannelle à cause de son habit et de son air débonnaire, qui abritait une âme de fer sous un sourire avenant et un peu niais, était ambitieux.

Il avait depuis longtemps fait un rêve, — un rêve qui eût paru insensé au premier abord, — celui de remplacer quelque jour M. de Sartine lui-même.

Cela eût semblé absurde à tout le monde.

Cela paraissait tout naturel à Porion.

Et Porion pouvait bien, après tout, avoir raison.

Selon lui, il fallait faire un civet avec un lièvre et un lieutenant de police avec un homme de police.

Or, M. de Sartine était un grand seigneur.

Or donc aussi, Porion se disait :

— Si je retrouve la fillette, le roi me prendra en considération, et si je puis simplement causer avec lui une demi-heure, je saurai bien lui prouver que M. de Sartine est un pitoyable lieutenant de police, tandis que moi j'en serais un meilleur.

Le papa Cannelle se dit tout cela pendant le trajet de la rue des Vinaigriers à la porte Saint-Martin. Là il s'arrêta.

L'Opéra, qui se trouvait alors où est aujourd'hui le théâtre de la Porte Saint-Martin, donnait ce soir-là une représentation de gala.

Très-certainement il s'y trouvait bon nombre de gentilshommes venus de Versailles, et qui ne manqueraient pas d'y retourner après le spectacle.

Deux douzaines de carrosses armoriés, attelés d'excellents chevaux, stationnaient aux environs du théâtre.

Porion les lorgnait du coin de l'œil et se disait :

— Il y aura bien une place pour moi dans l'un d'eux.

Le bonhomme, nous l'avons dit, habitait rue aux Ours, dans une maison paisible, au-dessus d'une boutique de droguiste.

Mais on ne fait pas un pareil métier sans avoir besoin de déguisements et même modifier de temps à autre son costume.

Or, Porion avait tout à côté de la porte Saint-Martin, dans la rue du Vertbois, un sien ami qui exerçait la profession de fripier.

Cet homme, qui se nommait Concelot, avait vu son vieil ami Porion venir chez lui, au milieu de la nuit, lui demander tel ou tel vêtement et se livrer à une métamorphose complète.

Comme il était dans le secret de la profession mystérieuse de Porion, il lui avait donné une clef de sa boutique.

Porion entra donc sans faire de bruit et sans même éveiller le fripier, qui couchait au-dessus, dans une soupente.

Il alluma une chandelle, se débarrassa de ses habits, en chercha d'autres à l'étalage du fripier, et, moins d'une demi-heure après, il eût été méconnaissable, même pour ceux qui le voyaient tous les jours au cabaret de la Pomme-Verte, même pour M. de Sartine, qui cependant avait assisté à plus d'une transformation de ce genre.

Un quart d'heure plus tard, un élégant gentilhomme, tendant le mollet, portant perruque poudrée, entrait à l'Opéra, s'installait dans une loge d'avant-scène, et devenait le point de mire de toutes les lorgnettes.

Porion s'était d'un seul coup rajeuni de vingt ans, et les faux diamants dont il était couvert lui valaient l'espèce d'ovation qui lui était faite.

La représentation tirait pourtant à sa fin, et si Porion voulait se trouver un compagnon de voyage pour Versailles, il devait ne pas perdre de temps.

Parmi les lorgnettes braquées sur lui, il en était une qui se fixait avec obstination sur les énormes boutons de brillants qu'il portait à sa chemise. Elle était dans les mains d'une femme assise dans la loge vis-à-vis.

Porion la reconnut sur-le-champ.

D'ailleurs, Porion, que personne ne connaissait, connaissait tout le monde.

— Bon ! dit-il, c'est la maréchale d'H... Le soir, le strass brille du même éclat que les diamants, et la maréchale, qui est couverte de dettes, se demande quel opulent étranger je puis bien être.

Elle me ramènera dans son carrosse.

La maréchale était une femme de quarante-cinq ans, fort belle encore, surtout sous les bougies, un peu extravagante, et qui avait fait parler d'elle comme personne.

Elle avait beaucoup d'esprit, et le roi daignait quelquefois s'amuser de ses saillies.

Les jours où l'ennui de Louis XV prenait de telles proportions que madame de Pompadour y perdait patience, on envoyait, en désespoir de cause, chercher la maréchale.

Au château de Versailles, on l'appelait la Toquée.

Le roi riait quelquefois de ses excentricités, jamais il ne s'en fâchait.

Porion savait tout cela.

Le difficile pour lui était de se mettre en rapport avec la maréchale.

Heureusement, le strass dont il était couvert avait entamé les ouvertures.

— Je gage, pensa-t-il, que la maréchale est tourmentée par quelques créanciers discourtois; elle doit être d'un abord facile.

Et Porion prit fort ostensiblement de belles tablettes à fermoir d'argent, un crayon, et écrivit sur un feuillet, qu'il déchira, le billet suivant :

« Le banquier hollandais Van-Roëk serait heureux de mettre ses hommages aux pieds de madame la maréchale d'H... et de se placer sous sa protection, ayant avec le gouvernement de Sa Majesté un différend relatif à une somme considérable qui lui est due par le ministre de la guerre.

« Si madame la maréchale d'H... daignait accorder ce soir même un quart d'heure d'entretien à M. Van-Roëk, ce dernier serait trop heureux de se montrer reconnaissant. »

Ce billet écrit, le prétendu financier quitta sa loge, gagna le foyer, où mademoiselle Louison, qui avait succédé à Nanette Lollier, étalait les plus belles fleurs, paya un bouquet deux louis, glissa son poulet dedans et chargea la jolie bouquetière de porter le tout à la maréchale.

Puis il attendit.

Cinq minutes après, la bouquetière revint :

— Madame la maréchale, dit-elle, attend monsieur à la sortie de l'Opéra.

— Où cela?

— Dans son carrosse.

— Fort bien.

— Madame la maréchale, poursuivit mademoiselle Louison, retourne à Versailles ce soir même, et elle prie monsieur de l'accompagner.

La réponse plus si fort à Porion, qu'il donna un troisième louis à Louison et la chargea d'aller dire à la maréchale qu'il n'aurait garde de manquer au rendez-vous.

Puis il regagna sa loge en se disant :

— Je vais promettre cent mille livres à cette pauvre maréchale, et j'aurai bien du malheur si demain je n'entre pas chez le roi avant même les gentilshommes de la chambre.

VIII

— Madame, disait le prétendu financier à la maréchale, tandis que tous deux roulaient bon train sur la route de Versailles, mon cas est fort simple. J'ai fait, la dernière armée entrée en campagne contre les Impériaux, pour trois millions de fournitures sur lesquelles je gagnerais un peu plus d'un million, si j'étais payé.

— Vraiment! dit la maréchale, à qui ce mot de million paraissait plus harmonieux que toute la musique qu'elle venait d'entendre.

— Le ministre de la guerre, poursuivit Porion, a porté ce chiffre de trois millions à quatre, et il ne m'en veut donner que deux.

— Comment entendez-vous cela, monsieur? demanda la maréchale, qui ne comprit pas ou feignit de ne pas comprendre.

— C'est fort simple, continua naïvement Porion. Supposez que les choses tournent comme le veut M. le ministre de la guerre...

— Bon.

— On me règle à quatre millions.

— Parfait !

— Mais on ne m'en donne que deux.

— Eh bien?

— L'État paye néanmoins quatre millions.

— Où passent donc les deux autres?

— Voilà ce que je vous conseille, madame, de demander à ceux qui ne veulent point me laisser parvenir jusqu'au roi.

— Si grande, dit Porion, que je donnerais volontiers cent mille écus pour parler au roi, tête à tête, durant une heure.

Ce chiffre de cent mille écus vibra dans le cerveau de la pauvre maréchale endettée comme un véritable coup de tam-tam.

Cent mille écus!

Elle ne devait guère que la moitié de cette somme.

Ses dettes payées, elle était riche, si pareille aubaine lui arrivait! Porion jouait son rôle de banquier hollandais à ravir.

Il avait su poser l'affaire des trois millions en homme qui voit les choses de haut; il avait parlé de donner cent mille écus comme s'il se fût agi de dix pistoles.

Comment la maréchale aurait-elle douté de lui?

Aussi lui dit-elle vivement :

— Vous avez bien fait, monsieur, de vous adresser à moi.

— C'est ce qu'on m'a conseillé, madame.

Le carrosse attendra au coin de la rue Saint-André-des-Arts. (Page 30.)

— A Paris?

— Non, en Hollande.

Et Porion, l'homme le mieux instruit de France et de Navarre, se pencha à l'oreille de la maréchale, et prononça un nom qui la fit tressaillir.

— Ruisdalher.

C'était le nom d'un autre financier qui avait aimé, durant son séjour à Paris, la maréchale à beaux deniers comptant.

— Eh bien! monsieur Van-Roëk, dit-elle, je vous jure que dès demain matin le roi vous recevra.

— Demain il sera trop tard, madame.

— Trop tard!

— Sans doute. A cette heure même. la police doit savoir que je suis en France, et M. le ministre de la guerre, qui a intérêt à ce que je ne voie pas le roi, a déjà dû prendre ses précautions. Il faudrait que je pusse demain, avant le lever de Sa Majesté, être introduit auprès d'elle.

— Je m'en charge, dit la maréchale.

— Mais pour cela, continua Porion, il faudrait que je pusse pénétrer cette nuit même au château de Versailles.

— Rien de plus facile, dit la maréchale, qui tenait à ses cent mille écus.

— En vérité! exclama le faux financier d'un air naïf.

— Je loge au château.

— Ah!

— Et je vous offre l'hospitalité dans mon appartement.

— Peste! pensa Porion, la maréchale fait bien les choses. Elle s'offre par-dessus le marché.

— Mais, madame, dit-il, que va-t-on dire, si on me voit entrer chez vous? Car enfin, les gardes de service ouvrent la portière de chaque carrosse, au moment où il franchit la grille de la cour d'honneur.

La maréchale partit d'un éclat de rire.

— Il me vient une idée saugrenue, dit-elle, mais je gage qu'elle va vous plaire.

— Voyons? fit Porion.

— J'ai deux laquais pendus à mes étrivières.

— Bon.

— Vous allez prendre, un peu avant Versailles, la livrée et la place de l'un d'eux.

— Parfait! dit Porion. Mais vos gens... que diront-ils?

— Ah! fit la maréchale, riant de plus belle, ils en ont bien vu d'autres!

À un quart de lieue de Versailles, la maréchale fit arrêter. Un des laquais donna son ample pelisse fourrée et son chapeau à plumes galonné à M. Van-Roëk, qui garda par-dessous son habit à boutons de strass qui avait si fort ébloui la maréchale.

Puis le laquais eut licence de s'en aller courir le guilledou à Versailles jusqu'au lendemain.

Le carrosse entra dans la cour du palais sans encombre.

La maréchale, en mettant pied à terre au bas du perron, donna au faux laquais sa lorgnette, son éventail et un délicieux petit bichon de la Havane dont elle ne se séparait jamais, et le faux laquais la suivit.

Les gardes-du-corps et les sentinelles n'y virent point malice; mais les deux chambrières qui attendaient leur maîtresse pour la déshabiller ouvrirent d'abord de grands yeux.

La maréchale les renvoya et s'enferma avec le prétendu financier dans un boudoir où régnait un demi-jour voluptueux, procuré par des lampes à globe d'albâtre.

En ôtant la pelisse du laquais, Porion détacha un des boutons de son habit, qui tomba sur le parquet. Ce bouton, qui était du strass pur, fit à la maréchale l'effet du fils aîné du fameux *régent*.

— Ah! mon Dieu! dit-elle en le voyant tomber, que faites-vous donc là, monsieur? vous semez vos boutons!...

— Il faut semer pour récolter, répondit l'impudent, qui se mit à son aise et ne ramassa point le faux diamant. Mais il était écrit que Porion n'aurait point tous les avantages qu'il avait rêvés; car, tandis qu'il se mettait à son aise et portait à ses lèvres la petite main de la maréchale, on gratta doucement à la porte, et une voix douce et fraîche, quoique masculine, se fit entendre, disant:

— Madame la maréchale, dormez vous? vos femmes ne me veulent point laisser entrer.

— Ah! mon Dieu! murmura la maréchale, c'est le petit chevalier d'O..., un page du roi.

Et elle prit Porion par la main et le fourra derrière un paravent.

Puis elle ouvrit et le page entra.

— Madame, dit-il, le roi ne peut dormir. Il a fait demander la marquise pour faire la conversation avec lui; mais la marquise a une violente migraine et des compresses sur la tête.

Alors le roi a dit: Qu'on m'aille chercher madame la maréchale d'H...

— C'est bien, mon mignon, dites au roi que je vous suis.

Et elle congédia le page, et tandis qu'elle se rajustait à la hâte, Porion sortit de derrière son paravent.

— Eh! dit-il, le roi ne peut dormir?

— Il paraît. Et j'en vais profiter pour lui parler de vous.

Porion cligna de l'œil.

— Madame la maréchale, dit-il, il me vient une bien belle idée.

— Ah! vraiment!

M. PORION.

— Le roi a sa police, M. le ministre de la guerre a la sienne.

— Eh bien !

— J'ai la mienne aussi.

— En vérité !

— Et ma police m'a appris que le roi avait un chagrin secret.

— Bah !

— Il est amoureux.

— De qui ?

— D'une petite fille que ni M. de Richelieu, ni M. de Sartine, ni personne ni lui ne peuvent retrouver.

— Que me dites-vous donc là ?

— Or, poursuivit Porion, je gage que si vous disiez au roi que M. Van-Roëk, un de vos amis de Hollande, est venu tout exprès à Versailles pour lui donner des nouvelles de cette petite fille...

— Comment ! s'écria la maréchale, vous sauriez où elle est ?

— Peut-être.

Et Porion ajouta :

— Songez, ma belle amie, qu'il s'agit de cent mille écus.

Ces derniers mots électrisèrent la maréchale.

— J'y vais, dit-elle. Attendez-moi ici... Dans un quart d'heure je reviens vous chercher.

— Pauvre maréchale ! murmura Porion quand elle fut partie, elle aura un joli pied de nez demain quand elle portera chez M. Bossange mon diamant pour le faire estimer.

Et le drôle attendit que la maréchale le vînt quérir pour le conduire auprès du roi.

IX

Le roi, en effet, ne pouvait dormir.

Il était en caleçon, en veste de chambre, ses pieds dans des pantoufles, auprès du feu, et d'une humeur à faire frémir le courtisan à l'échine la plus flexible.

Un page était dans un coin, muet, immobile et se disant tout bas que l'honneur d'approcher Sa Majesté et de la servir ne va-lait pas le bonheur de dormir tout de son long sur un bon oreiller de plume d'oie et de canard.

Le roi s'était mis au lit tout d'abord et même il avait fermé les yeux.

Puis il s'était réveillé brusquement, se plaignant d'une fausse digestion.

On était allé quérir en hâte un médecin, M. Fagon, le fils de celui-là même qui avait soigné le roi Louis XIV durant vingt ans et plus.

M. Fagon avait tâté le pouls de son auguste client, lui avait fait tirer la langue, l'avait ausculté avec soin et avait fini par répondre que la digestion était excellente, et que si le roi ne dormait pas, il devait s'en prendre à toute autre chose qu'à un état de maladie quelconque.

Là-dessus, le roi s'était pris à bâiller, disant :

— Oh ! que je m'ennuie !

Il avait envoyé chercher la marquise.

La marquise avait la migraine.

Il avait demandé M. de Richelieu.

M. de Richelieu était à Paris, au pavillon de Hanovre, dans un doux tête-à-tête.

Alors le roi avait réclamé la maréchale. On lui avait dit qu'elle était à l'Opéra, mais qu'elle devait revenir le soir à Versailles.

Et le roi avait attendu, bâillant à se tordre la mâchoire.

Enfin la maréchale arriva.

— Ah ! ma toute belle, s'écria Louis XV, prenez donc pitié de moi, je me meurs d'ennui.

La maréchale avait fait son profit de la confidence du prétendu financier Van Roëk.

— Sire, dit-elle, Votre Majesté se croit beaucoup plus malade qu'elle ne l'est en réalité.

— Oh ! ma mie, je suis très-souffrant...

— C'est que Votre Majesté a une grande préoccupation, d maréchale.

Le roi tressaillit.

— Une vive préoccupation d'esprit, poursuivit-elle.

— Comment l'entendez-vous ? fit le roi.

— Oh! sire, dit madame d'H..., je n'entends pas dire par là
que Votre Majesté ait des soucis politiques. Dieu merci ! les affaires de l'État vont fort bien.

— Ce n'est pas ce que disent mes ministres, ma toute belle.

— Les ministres de Votre Majesté font du zèle.

— C'est peut-être vrai. Mais ils prétendent que tout va fort
mal.

Et le roi soupira de nouveau.

— Votre Majesté, poursuivit la maréchale, a dans l'esprit ce
qu'on appelle une *toquade*.

— A propos de quoi, ma mie?

— D'une certaine jeune fille.

Le roi fit un brusque mouvement dans son fauteuil.

— Vous savez cela?

— Oui, sire.

— Ce bavard de Sartine !

— M. de Sartine ne m'a rien dit, sire.

— Alors, c'est la marquise...

— Pas davantage.

— Comment donc pouvez-vous savoir?...

La maréchale était une femme d'imagination, comme on va le
voir.

— Sire, dit-elle, j'ai un ami fort extraordinaire, un Hollandais,
un banquier richissime, M. Van Roëk, qui est à Versailles depuis quelques heures.

— Bon !

— Ce banquier se livre quelque peu à la pratique de sorcellerie. Il sait qu'on ne brûle plus les sorciers, et cette tolérance l'en-
courage. Or, c'est lui qui m'a dit que Votre Majesté soupirait fort
après une jeune fille, introuvable, paraît-il, puisque M. de Sartine
a la prétention d'être infaillible...

— Mais comment votre Hollandais sait-il cela, maréchale?

— Puisqu'il est un peu sorcier...

— C'est juste. Eh bien ! il devrait me la retrouver...

— C'est ce qu'il propose à Votre Majesté, à la condition que
Votre Majesté le recevra cette nuit même...

— Où donc?

— Ici.

— Mais où est-il?

— Dans mon appartement, sire.

Le roi allait étendre la main vers un cordon de sonnette.

La maréchale l'arrêta.

— Inutile, dit-elle, si Votre Majesté le veut, je le vais aller
chercher.

— Comment! si je le veux ! s'écria le roi presque joyeux.

La maréchale se leva, légère comme une sylphide, en dépit de
ses quarante-huit printemps.

Et elle se dirigea vers la porte toute joyeuse, murmurant à part
elle :

— Voilà mes cent mille écus tout gagnés.

Dix minutes après elle revenait avec le prétendu financier Van
Roëk.

Porion fit la révérence au roi, en homme qui n'est point étranger aux belles manières.

— Vrai, monsieur, lui dit le roi, vous êtes sorcier ?

— Un peu, sire, répondit Porion, que la maréchale avait mis
au courant en quelques mots.

— Comment procédez-vous? fit le roi avec curiosité.

— Sire, répondit Porion, si Votre Majesté se voulait seulement
enfermer avec moi dix minutes, je lui démontrerais mes pro-
cédés.

Et il fit du coin de l'œil un petit signe à la maréchale.

— Fort bien, dit celle-ci, je me retire.

Le roi la salua de la main et la laissa partir.

Alors Porion, demeuré seul avec le roi, déboutonna son habit,
retira de dessous sa veste le carton du pauvre peintre Mardochée
de Mardoche.

— Qu'est-ce que cela? exclama Louis XV.

Porion ouvrit le carton, prit un des deux pastels et le mit sous
les yeux du roi.

Le roi jeta un cri.

— C'est elle !

— Vrai ? dit Porion.

— Elle ! c'est bien elle ! répétait le roi en extase devant le
portrait.

Alors Porion se prit à sourire.

— Pauvre maréchale ! dit-il.

— Hein ? fit le roi.

— Sire, reprit l'agent de police, la maréchale est une femme
d'esprit, mais elle a un faible, elle croit aux sorciers.

— Et elle a raison, dit le roi souriant.

— Elle a tort, reprit Porion, attendu qu'il n'y a pas la moindre
sorcellerie dans tout cela.

— Comment?

— Votre Majesté daignera-t-elle m'écouter pendant dix minutes?

— Oui, si vous répondez d'abord à mes questions.

Porion attendit.

— Où est cette jeune fille ?

— A Paris. Votre Majesté n'a qu'à ordonner, elle sera à Versailles dans quelques heures.

— C'est bien. Parlez maintenant.

Alors Porion raconta fort naïvement et fort spirituellement au
roi comment M. de Sartine l'avait fait venir, et comment il avait,
lui, en quelques heures, débrouillé tous les fils de l'écheveau,
volé le carton du peintre, qu'il avait grisé, fait un bout de toilette,
et, ainsi vêtu, comment il avait tourné la tête à la maréchale.

Le roi riait aux larmes ; et certes, il y avait longtemps que cela
ne lui était arrivé.

— Ainsi, dit le roi, quand Porion eut terminé son récit, vous
n'êtes pas Hollandais?

— Non, sire.

— Ni financier?

— Hélas!

— Et vous êtes un homme de police ?

— Au service de Votre Majesté, et qui, certes, dit fièrement
Porion, ferait un meilleur lieutenant général que M. de Sartine.

— Ouais ! fit le roi.

— Si Votre Majesté daignait m'essayer... dit le drôle avec impudence.

— Eh bien ! répondit Louis XV, amenez-moi la petite, et nous
verrons !

Puis il se mit à rire de nouveau.

— Mais cette pauvre maréchale, dit-il, où prendra-t-elle les
cent mille écus sur lesquels elle a compté?

— Votre Majesté sera si contente demain, qu'il ne serait pas
impossible que...

— Ventre-saint-gris! comme disait le Béarnais mon aïeul,
s'écria le roi, cent mille écus! Si je les avais eus dans ma cassette, il y a longtemps que madame de Pompadour les aurait cro-
qués.

Et il appela un de ses pages et donna l'ordre qu'on fît sortir
Porion du palais par un escalier dérobé et une porte secrète.

Puis, Porion parti, le roi se prit à rire en se tordant dans son
fauteuil.

Mais tout à coup il entendit des cris, de vrais cris de désespoir, et la maréchale éperdue entra chez le roi, tenant à la main
le fameux houton que le prétendu financier avait laissé tomber
chez elle.

— Ah ! mon Dieu ! disait-elle, le misérable ! l'infâme ! C'est du
strass !

— Maréchale, répondit Louis XV de plus en plus en belle humeur, vous êtes pourtant une femme d'expérience, et vous devriez
savoir que *tout ce qui reluit n'est pas or*.

X

Abandonnons un moment Porion, le roi Louis XV, la maréchale
et M. de Sartine lui-même, et revenons à un personnage que nous
avons vu au début de ce récit.

On se souvient que le malheureux jeune homme, après avoir
vu la mort de sa fiancée, guidé par la duègne, avait gagné la terrasse de cette maison mystérieuse où tant de sang humain avait
déjà coulé; que de cette terrasse il avait monté sur le toit de la
maison voisine et couru de toits en toits jusqu'à ce que, les forces
lui manquant, il vint tomber mourant dans une mansarde occupée par une jeune fille.

Or, il y avait deux mois de cela à l'époque où le roi commandait à son lieutenant de police de lui retrouver une jeune fille
dont il était amoureux.

Il y avait deux mois qu'Hector de Pierrefeu avait quitté l'auberge de la rue des Enfants-Rouges, deux mois qu'il n'avait entendu parler de son jeune frère.

Que s'était-il donc passé?

C'est ce que nous allons résumer en peu de mots.

Il est difficile de peindre la stupeur et l'épouvante qui s'emparèrent d'abord de la jeune fille lorsqu'elle vit tomber chez elle ce
jeune homme couvert de sang, qui lui disait d'une voix mourante :

— Secourez-moi... au nom du ciel !

Ce furent, du reste, les seules paroles que prononça le jeune
homme, car, les forces l'abandonnant, il ferma les yeux et s'évanouit.

La jeune fille ne perdit point la tête : elle coucha Hector sur
son lit, lui fit respirer du vinaigre, et, comme elle ne parvenait
pas à le ranimer et que le sang coulait toujours de la blessure
produite par la balle, elle s'élança hors de sa mansarde pour aller
chercher du secours. Elle n'avait pas loin à aller d'ailleurs.

La maison qu'elle habitait, et qui était située rue Saint-André-
des-Arts, était occupée par de petits ménages d'ouvriers, de clercs
et d'écoliers.

Sur le même carré, sous les toits, il y avait un jeune homme qui saluait respectueusement la jeune fille chaque fois qu'ils se rencontraient dans l'escalier.

C'était un pauvre étudiant en chirurgie du nom de Firmin.

Pauvre et studieux, tourmenté par la soif de la science, il passait une partie de ses nuits à copier de la musique, afin de gagner de quoi payer ses leçons et suivre les cours des professeurs fameux qui exerçaient alors dans les hôpitaux. Bien avant la jeune fille, si laborieuse cependant, M. Firmin était sur pied et travaillait.

Elle frappa à sa porte. Il vint ouvrir.

— Venez! venez! lui dit-elle, il s'agit de la vie d'un homme!

Firmin prit sa trousse et la suivit.

Il vit Hector, sonda sa blessure, pratiqua l'extraction de la balle et répondit de la vie du blessé.

Quelques heures après, en effet, Hector revint de son long évanouissement, mais il ne proféra que des paroles incohérentes, pleines de délire et de fièvre.

Où avait-il été blessé?

D'où venait-il?

Telles étaient les deux questions que se posaient les deux jeunes gens, l'ouvrière et le chirurgien, sans pouvoir les résoudre.

Plusieurs jours s'écoulèrent.

La mansarde de Firmin était un peu plus grande que celle de sa voisine.

Hector y avait été transporté.

Le jeune chirurgien et la jeune fille prodiguaient leurs soins au blessé, mais le blessé ne recouvrait pas la raison.

Et Firmin, qui était déjà un homme habile, avait dit à sa voisine :

— Ce jeune homme a éprouvé quelque commotion terrible. Il guérira physiquement, mais je crains bien qu'il ne reste fou.

En effet, près de deux mois s'étaient écoulés, et Hector de Pierrefeu entrait en convalescence; mais son sourire demeurait indécis et presque idiot, son regard vague, son intelligence obscurcie.

Quelquefois il attachait un œil reconnaissant sur ses deux sauveurs; mais, quand il voulait parler, sa voix expirait dans sa gorge, et tout à coup il prenait sa tête à deux mains et fondait en larmes.

Cependant la jeune fille et le chirurgien avaient épuisé leurs dernières ressources à soigner cet inconnu.

Elle avait beau travailler deux heures de plus, vainement abrégeait-il ses nuits et allongeait-il ses jours.

La détresse commençait à se faire sentir dans les deux mansardes qui s'étaient si généreusement associées pour sauver ce jeune homme, dont ils ne savaient pas même le nom, lorsqu'un peu d'argent arriva d'une façon presque inespérée.

Qu'était-ce que la jeune fille?

Dans cette maison où elle habitait seule depuis six années, on l'appelait la petite madone, tellement elle était belle et sage.

Les clercs, les écoliers, les commis marchands qui logeaient aux étages inférieurs la saluaient avec déférence.

Personne n'eût osé lui manquer de respect.

Elle n'avait plus de mère.

Son père était ce qu'on appelle un homme de maison, c'est-à-dire un domestique.

Il venait voir sa fille une fois par semaine; mais, pauvre lui-même, il ne pouvait venir que très-imparfaitement à son aide, et Cécile, — c'était le nom de la jeune fille, — travaillait quinze heures par jour pour gagner huit sous.

Elle était néanmoins parvenue à s'amasser un petit pécule en vue de son établissement, si jamais elle rencontrait un honnête homme qui voulût d'elle pour femme, lorsque Hector de Pierrefeu était tombé chez elle.

Comme on le pense bien, les épargnes de l'ouvrière et les ressources du pauvre chirurgien avaient été bientôt épuisées.

Or donc, un matin, il leur arriva une somme de vingt écus sur laquelle ils ne comptaient guère.

Le père de Cécile, nous l'avons dit, la venait voir une fois par semaine habituellement.

Mais, depuis un mois, il n'avait point paru.

Cependant, comme il lui arrivait parfois de s'absenter de Paris, suivant les caprices des maîtres qu'il servait, Cécile ne s'était pas trop inquiétée.

Enfin, un matin, on avait apporté une lettre à la jeune fille.

Elle portait différents timbres qui annonçaient qu'elle venait de l'étranger, et elle renfermait ce qu'on appelait alors un bon de caisse, lequel était payable chez les fermiers généraux.

Celui-là était de vingt écus, c'est-à-dire de soixante livres.

La lettre était datée d'Amsterdam.

Cécile reconnut l'écriture de son père et lut :

« Ma chère enfant,

« Voici plus d'un mois que je ne t'ai vue et je ne sais quand je te reverrai.

« J'ai changé de condition; je suis au service du comte d'A..., un courtisan disgracié qui a été obligé de quitter précipitamment le royaume et de se réfugier en Hollande.

« Si l'on te parle de moi, garde-toi de dire où je suis.

« Je t'expliquerai plus tard le motif de cette recommandation.

« En attendant, je t'envoie tout ce que j'ai pu réunir de mes économies, et je me dis toujours ton père dévoué,

« ROBERT DAMIENS. »

Cécile venait de lire cette lettre, assise auprès de sa fenêtre, lorsque levant la tête, elle aperçut à une des mansardes de la maison voisine un regard fixé sur elle.

Un homme se montrait à cette fenêtre et contemplait la jeune fille avec une muette extase.

C'était messire Mardochée de Mardoche, peintre et gentilhomme, qui, nouvellement installé, apercevait sa voisine pour la première fois.

XII

Messire Mardochée de Mardoche était un hardi compagnon orsqu'il s'agissait de boire, de rosser les sergents du guet et de se quereller au cabaret avec le premier venu.

Mais il manquait un peu d'audace, s'il était question d'une femme.

La rue Saint-André-des-Arts, qui a été successivement élargie à différentes époques, était alors très-étroite, et ses maisons avaient des toits en auvent qui protégeaient les passants contre la pluie.

De sa fenêtre Mardochée voyait celle de Cécile Robert.

De son toit, il aurait pu, en prenant un élan convenable, sauter sur le toit de la maison et atteindre cette fenêtre.

Du jour où il avait aperçu la jeune fille, Mardochée était devenu amoureux.

Mais Mardochée était timide, et il y avait plus d'un mois qu'il aimait Cécile Robert, que celle-ci ne l'avait seulement pas aperçu.

Abrité derrière le châssis de sa croisée, le pauvre diable passait des heures entières à contempler la jeune fille.

Puis il prenait ses pinceaux et faisait son portrait.

La faim, qui, seule, le chassait de temps en temps de sa mansarde, l'arrachait à la contemplation de son idole.

Il avait fini par être au courant de toutes ses habitudes.

Cécile sortait tous les soirs entre six et sept heures, traversait la Seine et se rendait rue Saint-Denis, dans une maison de lingerie où on lui donnait de l'ouvrage.

Puis elle revenait, préparait elle-même un frugal repas, et se remettait à l'ouvrage jusqu'à dix ou onze heures du soir.

Un matin, le pauvre artiste s'était réveillé avec une idée hardie.

Il ne s'agissait de rien moins pour lui que de s'embusquer au bord de l'eau, à l'entrée du pont que la jeune fille traversait, de l'aborder hardiment et de lui déclarer son amour, en lui faisant valoir sa qualité de gentilhomme.

Mais entre la conception d'une idée et sa mise à exécution, il y a quelquefois un monde de distance, comme on va le voir.

Mardochée de Mardoche se trouva bien sûr le pont au Change à six heures du soir, mais, lorsque Cécile Robert vint à passer, il fut pris d'un tel accès de timidité qu'il n'eut même pas la force de la saluer.

Elle passa sans le voir.

Le lendemain, il revint, et ce fut la même chose.

Le surlendemain, il porta la main à son chapeau, mais Cécile ne le vit point.

Enfin, la détresse du peintre se mit de la partie, juste au moment où il faisait le serment d'aborder hardiment Cécile le soir même.

Ce fut ce jour-là qu'il rencontra le père Cannelle et que son estomac en souffrance imposa silence à son cœur.

Ainsi Mardochée aimait Cécile Robert, et Cécile Robert ne s'en doutait pas.

Pas plus qu'elle ne se doutait, la pauvre enfant, que le jour où elle était allée, en tout bien tout honneur, à Marly, en compagnie de quelques jeunes filles et de plusieurs courtauds de boutique amis de son cousin Agénor Chapuzot, elle avait tourné la tête au roi.

Pas plus enfin qu'en ce moment-là même elle ne savait la mort tragique du pauvre diable, dont elle avait refusé la main avec un grand éclat de rire.

Or donc, Mardochée de Mardoche avait soupé au cabaret de la Pomme-Verte, s'était laissé griser par le père Cannelle, était tombé sous la table, ne se doutant point que le prétendu bourgeois dont il devait faire le portrait allait mettre singulièrement à profit son ivresse.

Douze heures s'étaient écoulées et Mardochée dormait toujours.

Il est vrai qu'on avait eu soin de lui. Le cabaretier de la *Pomme-Verte*, largement payé par le père Cannelle, avait, aidé de ses garçons, transporté l'étranger dans une chambre ; il l'avait déshabillé et mis au lit sans qu'il ouvrît même les yeux.

La nuit s'était écoulée ; le jour était venu, puis le soleil, et Mardochée dormait toujours.

Enfin Porion arriva.

Le brillant financier Van Roëk avait disparu pour faire place de nouveau au bonhomme Cannelle.

Il était alors dix heures du matin.

— Qu'avez-vous fait de mon ivrogne ? demanda-t-il.

— Il est là-haut, dit l'hôte.

— Couché ?

— Et dormant comme un bienheureux.

— Allons l'éveiller, dit le père Cannelle.

Et il monta dans la chambre, guidé par un ronflement sonore.

Il fallut le secouer rudement pour éveiller messire Mardochée de Mardoche.

Mais enfin il ouvrit les yeux, promena un regard étonné autour de lui et demanda où il était.

Puis il aperçut le bonhomme Cannelle.

— Avez-vous bien dormi ? demanda celui-ci.

— Ah ! c'est vous, papa ?

— Oui, mon garçon.

— Mais où suis-je ?

— Toujours à la *Pomme-Verte*.

— Vraiment ! au fait, je me suis grisé hier, hein ?

— Comme un lansquenet.

— Quelle heure est-il ?

— Dix heures.

— Je m'en doutais. Je meurs de faim.

— Diable ! fit le père Cannelle d'un air naïf, je vous offrirais bien à déjeuner, mais vous vous griseriez de nouveau, et je n'aurais pas mon portrait.

— Ah ! c'est juste, dit Mardochée, dont les souvenirs se débrouillaient peu à peu, c'est vous qui avez payé l'écot hier ?

— Sans doute.

— A compte sur trois écus.

— Soit. Mais il me faut mon portrait.

— C'est que je travaille mal quand j'ai faim... et soif.

Et il fit claquer sa langue.

— Je veux bien vous donner à déjeuner, dit le père Cannelle.

— Ah ! vous êtes un brave homme, papa.

— Mais pas ici.

— Pourquoi donc ?

Le papa Cannelle cligna de l'œil.

— Je vous le dirai plus tard. Habillez-vous. Bon ! et puis venez avec moi.

— Mais où allons-nous ?

— En pays latin.

Mardochée s'habilla, et quand il fut prêt, il chercha sa boîte à couleurs et son carton.

Le tout était posé sur une table, et, comme on le pense bien, avant d'éveiller le peintre, Porion avait remis le pastel à sa place.

Ils quittèrent donc tous deux la *Pomme-Verte*, descendirent le faubourg et ensuite la rue Saint-Martin, traversèrent la place du Châtelet et gagnèrent le pays latin.

Mardochée commençait à se montrer inquiet.

— Ah çà, dit-il, mais en quel endroit déjeunerons-nous ?

— Dans votre atelier.

— Plaît-il ?

— Nous ferons monter, du cabaret voisin, des saucisses, des œufs, et deux bouteilles de piquette.

Mardochée fit la grimace.

— C'est que je veux mon portrait, dit le père Cannelle. Quand il sera fait, nous retournerons dîner à la *Pomme-Verte*.

— Mais mes trois écus y passeront ?

— Du tout, c'est moi qui paye.

— Vous êtes le roi des banquiers, dit Mardochée.

Et il conduisit le père Cannelle dans cette mansarde qu'il appelait pompeusement son atelier.

Celui-ci s'approcha de la fenêtre et regarda.

Cécile Robert travaillait paisiblement auprès de la sienne.

— Ah ! ah ! mon gaillard, dit le bonhomme en se tournant vers Mardochée.

— Qu'elle est belle ! murmurait celui-ci, qui ne songeait plus à déjeuner.

— Imbécile ! pensait Porion, tu ne te doutes pas que tu viens d'introduire le loup dans la bergerie.

XII

Deux heures plus tard, Porion, dit le père Cannelle, avait organisé tous ses plans.

Mardochée et lui avaient déjeuné frugalement.

Le peintre, condamné à une maigre charcuterie et à une bouteille de piquette, avait accepté cette fortune avec une douce philosophie.

D'autant mieux que le père Cannelle lui disait :

— Je n'ai pas l'honneur d'être artiste, non plus que gentilhomme, mais si un gentilhomme a le droit de boire à satiété, un artiste doit se ménager. Je veux avoir un portrait bien ressemblant, attendu que c'est pour l'envoyer à une de mes sœurs qui habite la province, et si vous aviez bu comme hier, votre main tremblerait.

— C'est un peu vrai, répondait Mardochée, qui s'était mis à la besogne, esquissant à grands coups de crayon le visage débonnaire du père Cannelle.

Celui-ci se tenait roide et droit, ce qui ne l'empêchait nullement de causer, du reste.

— Ainsi, vous êtes amoureux ? disait-il.

— Vous venez de la voir, papa Cannelle, répondait le peintre avec enthousiasme. Dites-moi s'il est possible de ne pas être sérieusement épris ?

— Certes, je ne dis pas non.

Puis le père Cannelle soupira :

— Ah ! dit-il, il fait bon être jeune !

— Vraiment ?

— Et si j'avais votre âge...

— Eh bien ?

— Nous nous couperions la gorge pour ce *tendron*, acheva Porion, qui avait lu les romans de mademoiselle de Scudéry.

Mardochée fronça le sourcil.

— Mais rassurez-vous, dit le bonhomme, j'ai la soixantaine, et je n'ai plus d'amour que pour le jus de la treille. Tout pour Bacchus, mon ami, plus rien pour la déesse Cypris.

Mardochée, tout en travaillant, jetait des regards enflammés à travers le châssis de sa mansarde sur la fenêtre auprès de laquelle Cécile Robert travaillait sans relâche.

Mais la jeune fille ne levait pas même la tête et était sans doute bien loin de se douter qu'elle était l'objet d'une attention aussi soutenue.

— Ah çà ! reprit le père Cannelle, êtes-vous au moins payé de retour ?

Mardochée tressaillit.

— Mais... je ne sais pas... je ne crois pas... balbutia-t-il.

— Par exemple !

— Je vous avouerai même, poursuivit le peintre, qui avait une belle dose de naïveté, je vous avouerai même que je ne sais pas si elle a jamais fait attention à moi.

— Allons donc !

Mardochée soupira de plus belle ; puis il avoua simplement que plusieurs fois déjà il était allé s'embusquer sur le pont au Change, avec l'intention bien arrêtée d'aborder la jeune fille et de lui déclarer son amour ; mais que toujours le courage lui avait manqué au moment solennel.

— C'est que vous êtes encore très-jeune, murmura le père Cannelle avec une pointe de raillerie.

— Vraiment ?

— Ah ! si j'étais à votre place...

— Eh bien, que feriez-vous ?

— Au lieu d'attendre la jeune fille sur le pont au Change, je l'irais voir dans sa maison.

— Vous oseriez cela ! exclama Mardochée, qui, avec ses airs de matamore, était l'homme le plus timide du monde.

— Sans doute, je l'oserais... dit le père Cannelle.

— Mais enfin... comment entrer dans la maison ?

— Par la porte donc !

— Et si l'on me demande où je vais ?

— Vous répondrez que vous êtes chargé d'une petite mission pour mademoiselle Cécile Robert.

— Ah ! c'est juste, dit Mardochée, dont le visage s'éclaira ; nous savons maintenant son nom.

— Alors donc, poursuivit le père Cannelle, rien n'est plus simple. Vous monterez tout en haut de l'escalier.

— Bon !

— Vous frapperez à la porte de la jeune fille, vous tomberez à ses pieds...

— Et elle me chassera, dit Mardochée toujours naïf.

Le père Cannelle secoua la tête.

— Mon Dieu ! murmura-t-il, les jeunes gens d'aujourd'hui manquent tout à fait d'audace. Tenez, mon cher monsieur Mardochée, je gage que si je me mêlais de vos affaires, moi...

— Vous, père Cannelle ?

— Moi.

— Que feriez-vous?

— J'irais trouver la jeune fille et je lui ferais de vous un tel récit qu'elle en aurait l'eau à la bouche. Vous pensez bien qu'un vieux bonhomme comme moi n'inspire aucune défiance, acheva Porion, qui soupira de plus belle.

— Vous feriez cela pour moi, vous? s'écria Mardochée.

— Je suis prêt à le faire.

Le peintre lui sauta au cou et l'embrassa avec effusion.

— Mais vous pensez bien, poursuivit Porion, que ce n'est pas à présent qu'il faut essayer de cette démarche.

— Ah! pourquoi donc?

— Il faut que je prenne quelques petits renseignements; que je m'introduise dans la maison sous un prétexte ou sous un autre.

Mardochée se frappa le front.

— Le prétexte n'est pas difficile à trouver, dit-il.

— En vérité!

— En passant devant la porte, j'ai vu une pancarte qui indique des logements à louer.

— Parfait! dit Porion, j'irai ce soir. En attendant, travaillez.

Et le bonhomme sembla mettre pour prix à ses complaisances futures l'achèvement de son portrait. Aussi Mardochée travailla-t-il une partie de la journée avec une ardeur sans égale, et, comme ce n'était pas le frugal déjeuner qu'il avait fait qui lui pouvait obscurcir l'esprit, il se trouvait maître de tout son esprit et avait recours à cette flatterie naïve des peintres qui embellissent toujours leur modèle.

Sous le pinceau de Mardochée, Porion devenait un Adonis.

Et chaque fois qu'il abandonnait un moment la pose que le peintre lui avait fait prendre pour se pencher sur l'œuvre et l'examiner, il jetait des cris d'admiration et se trouvait d'une ressemblance parfaite.

Enfin, vers le soir, Mardochée lui dit :

— Maintenant, je n'ai plus besoin de vous.

— Comment cela?

— Je puis terminer le portrait sans que vous vous donniez la peine de poser plus longtemps.

— Vrai?

— Et s'il vous plaît de prendre l'air...

Porion cligna de l'œil.

— Je vous vois venir, mon jeune ami, dit-il. Vous pensez qu'il est temps de me mettre en campagne?

— J'en conviens.

— Eh bien! j'y vais... mais attendez-moi ici.

— Je vous le promets.

Porion prit sa canne et son tricorne et sortit.

Mardochée continua à travailler.

Il n'avait plus, du reste, aucun motif de distraction, car la jeune fille n'était plus à sa fenêtre.

Sans doute elle préparait dans un coin de sa mansarde son repas du soir.

Une heure s'écoula; le jour baissait, et Mardochée aurait été bien embarrassé de travailler à la lumière, car il n'avait pas chez lui un brimborion de bougie ou de chandelle.

Il y avait plus d'un mois que le pauvre diable se couchait au clair de lune ou à la clarté des étoiles.

Mais, comme il abandonnait sa besogne, des pas retentirent d'abord dans l'escalier et s'arrêtèrent ensuite à la porte de sa mansarde.

En même temps, le père Cannelle parut. Mais le bonhomme n'était pas seul.

Derrière lui s'avançait majestueusement un garçon cabaretier qui portait sur sa tête une masse immense de laquelle s'échappaient des parfums pénétrants qui chatouillaient l'odorat de Mardochée fort agréablement.

Porion était radieux.

— J'ai de bonnes nouvelles, dit-il.

— Vrai? s'écria Mardochée.

— Et je vais vous les dire le verre et la fourchette en mains, mon jeune ami. C'est encore moi qui paye.

Ce disant, le père Cannelle fit un signe au garçon cabaretier, qui se mit à déballer le contenu de la manne et en retira successivement une volaille froide, un ragoût de porc, quelques menues viandes et de vénérables bouteilles couvertes de toiles d'araignée.

— Par les tourelles du château de Mardoche! s'écria Mardochée, vous êtes plus magnifique, papa Cannelle, que le plus grand seigneur de la cour de France! Vous me rappelez Mécène : *Mœcenas, atavis edite regibus*, acheva-t-il.

Car messire Mardochée de Mardoche avait une teinture de latinité.

XIII

L'heure qui venait de s'écouler, en effet, n'avait point été infructueuse pour Porion et lui avait permis d'achever la combinaison de ses plans tortueux.

La pancarte indiquant des logements vacants lui avait servi tout naturellement de prétexte pour pénétrer dans la maison voisine.

Les deux portes, du reste, celle de Mardochée et celle de la jeune fille se faisaient vis-à-vis.

La maison habitée par cette dernière avait au rez-de-chaussée un cabaret.

Et c'était de ce cabaret que le père Cannelle avait, un peu plus tard, fait monter à souper chez Mardochée.

Mais, d'abord, il s'était contenté d'y entrer et de prendre des renseignements sur les logis vacants.

Le cabaretier, qui était en même temps le principal locataire de la maison, s'était empressé de les lui montrer, et, comme il était naturellement bavard, Porion n'avait pas eu grand'peine à le faire jaser.

Tout en visitant les logis, le père Cannelle avait appris une foule de choses.

D'abord, que mademoiselle Cécile était la fille d'un valet de chambre; qu'elle vivait seule et fort sage, bien qu'une douce intimité fût établie entre elle et un jeune médecin appelé Firmin.

Se marieraient-ils quelque jour?

C'était probable; mais le cabaretier affirmait que la jeune fille était vertueuse et que l'étudiant avait pour elle le plus grand respect. Ce que le cabaretier ne put apprendre à Porion, ce fut la présence d'un troisième personnage au dernier étage de la maison, c'est-à-dire celle d'Hector de Pierrefeu, qui, on le sait, était entré par les toits et que le jeune chirurgien avait caché dans sa chambre. Ni Cécile ni lui n'avaient parlé à âme qui vive du pauvre fou, et personne dans la maison ne soupçonnait son existence.

Peut-être que si Porion en avait eu connaissance, il eût singulièrement modifié ses projets; mais il résulta moins de cette conversation avec le cabaretier, que la jeune fille avait un défenseur, et qu'il était indispensable, pour enlever cette dernière, de le faire disparaître, ou tout au moins de l'attirer hors de la maison, ce qui, du reste, était facile, un chirurgien ne pouvant refuser le secours de son ministère à quiconque pouvait en avoir besoin.

Porion avait donné, en se retirant, une pistole au cabaretier.

C'étaient les arrhes d'usage pour la location d'une chambre au deuxième étage qu'il avait retenue pour un sien neveu, disait-il, messire Mardochée de Mardoche, qu'il trouvait trop mal logé dans la maison voisine.

— Mardochée? avait dit le cabaretier, je ne connais que lui, mon cher monsieur!

— Ah! vous le connaissez!

— C'est un peintre, toujours ivre, jamais d'argent. Je lui ai refusé crédit dernièrement.

— Heureusement me voilà, et, comme je suis son oncle, je vais payer ses dettes, avait répondu Porion.

Et il avait donné deux ou trois pistoles et commandé en outre ce fin souper que le pauvre artiste vit arriver peu après dans sa mansarde.

Mais, en quittant le cabaret, Porion ne remonta point tout de suite chez Mardochée. Il s'en alla jusqu'au carrefour Buci et entra dans la boutique d'un marchand de comestibles.

Ce dernier était sans doute de la connaissance de l'homme de police, car celui-ci lui fit un petit signe mystérieux, et il passa sur-le-champ dans son arrière-boutique.

Là, Porion lui dit :

— J'ai besoin de toi.

— De moi seul? demanda le fruitier, qui était un gros homme haut en couleur et qui paraissait être d'une force herculéenne.

— Non, tu prendras un de tes garçons avec toi.

— Bien. Où faut-il aller?

— D'abord, dit Porion, je commence par te dire qu'il y a vingt pistoles à gagner.

— Oh! oh! fit le fruitier, est-ce le patron qui paye?

— M. de Sartine?

— Oui.

— Non, c'est mieux que cela.

— M. de Clermont?

— Mieux encore... c'est le roi.

Le fruitier ouvrit de grands yeux.

— Et que faut-il faire?

— Enlever une jeune fille qui a eu l'honneur de plaire à Sa Majesté.

— On l'enlèvera, dit le fruitier. Où est-elle?

— Ta, ta, ta! fit Porion, n'allons pas si vite. C'est moi qui conduis l'expédition.

— Alors, maître, commandez, dit le gros homme, qui n'en était pas, on le pense bien, à ses premières armes sous Porion.

— Tu te procureras un carrosse de louage à deux chevaux.

— Bon!

— Dont le cocher sera un homme à nous.

— C'est fait. La moitié des cochers nous appartiennent corps et âme.

— Le carrosse attendra au coin de la rue Saint-André-des-Arts, à partir de neuf heures.

— Après?

— Après, tu vas te procurer une planche assez forte pour supporter le poids de deux hommes, assez longue pour être placée en guise de pont d'un toit à un autre, et assez large pour qu'on puisse passer dessus sans risquer de faire la culbute.

— Tout cela sera prêt, répondit le fruitier agent de police.

— Connais-tu un peintre appelé Mardochée?

— Certainement. C'est un ivrogne.

— Sais-tu où il demeure?

— Parbleu! j'ai assez souvent gravi ses six étages pour aller lui réclamer mon dû.

— Et il ne t'a jamais payé?

— Jamais.

— Tu te rattraperas sur les vingt pistoles.

— Mais pourquoi me parlez-vous de Mardochée, papa Cannelle?

— Parce que c'est chez lui que tu apporteras la planche.

— Quand?

— Dans une heure.

— Ah! fort bien.

Ses instructions ainsi données, Porion était revenu rue Saint-André-des-Arts, avait fait signe au garçon cabaretier de monter avec lui, et, une demi-heure après, Mardochée et le père Cannelle soupaient de fort bon appétit.

— Vous avez donc de bonnes nouvelles à me donner? disait Mardochée, qui avait déjà vidé trois fois son verre.

— D'excellentes, mon garçon.

— Voyons?

— J'ai vu la petite.

— Ah!

— Et tu es un niais de croire qu'elle ne t'a jamais remarqué.

— Que dites-vous?

— Non-seulement elle t'a remarqué, mais encore tu lui plais fort. Mais, reprit Porion, elle est surveillée.

— Par qui?

— Par un petit jeune homme, un chirurgien, qui est très-fort amoureux d'elle, qui plaît à son père, lequel a mis en sa tête de les marier.

Mardochée serra les poings de colère.

— La petite, poursuivit Porion, exècre le chirurgien.

— Vraiment?

— Elle serait même bien heureuse si une âme charitable l'en pouvait débarrasser.

— Je le veux, dit Mardochée, qui jeta un coup d'œil sur sa colichemarde accrochée au mur.

— J'ai trouvé mieux, dit Porion; tuer un homme, c'est bête, outre que c'est dangereux, car M. de Sartine, le lieutenant général de la police, se mêle toujours de ces affaires-là.

— Et qu'avez-vous donc trouvé, papa Cannelle?

— Tu vas voir, dit Porion, qui vida à son tour un grand verre de vin.

XIV

Mardochée posa ses deux coudes sur la table.

Porion reprit:

— J'ai une bien belle idée, comme tu vas voir.

— J'écoute, dit Mardochée, que la pensée d'avoir un rival exaspérait.

Mais Porion n'eut pas le temps de développer ses projets, car on frappa à la porte.

Mardochée alla ouvrir et recula brusquement.

Il se trouvait en présence du fruitier qui l'avait tant tourmenté pour sa moitié.

Le fruitier portait sur ses épaules la fameuse planche commandée par Porion.

A la vue de Mardochée tout penaud, il se mit à rire.

— N'ayez pas peur, lui dit-il, je ne viens rien vous réclamer aujourd'hui.

— Ah! fit Mardochée respirant, que voulez-vous donc?

— Il vient nous donner un coup de main, dit Porion.

— Plaît-il?

— Je suis un ami du père Cannelle, dit le fruitier souriant de plus belle.

— Vous avez de jolies connaissances, balbutia Mardochée, qui avait toujours eu la sainte terreur du créancier.

— Tu lui dois donc beaucoup d'argent? fit Porion, qui en était arrivé à tutoyer le peintre gentilhomme sans que la fierté nobiliaire de celui-ci en souffrît.

— Heu! heu! je ne sais pas...

— Vingt pistoles et un écu, dit le fruitier.

— Je les payerai, dit majestueusement Porion.

Mardochée faillit tomber à la renverse.

— Mais vous n'êtes pas un homme, vous êtes un dieu! s'écria-t-il.

— Admettons-le un moment, répondit modestement Porion, et occupons-nous sans délai de nos petites affaires, je veux dire des tiennes.

— Voyons?

— Sais-tu à quoi est destinée cette planche?

— Non.

— A jeter un pont du toit de la maison au toit de celle où est la petite.

— Fameux! murmura Mardochée. Seulement...

— Seulement, quoi?

— Comme elle n'est pas très-large et que lorsque j'ai bu...

— Tu marches en zigzag.

— Précisément.

— Tu feras de l'en servir le plus tôt possible, car tu commences à être gris.

— Vous parlez d'or, père Cannelle.

Et l'amoureux Mardochée voulut se lever de table.

— Ta! ta! ta! murmura Porion, n'allons pas si vite, mon garçon.

— Hein?

— Tu as déjà oublié le chirurgien.

— Ah! c'est juste.

Et Mardochée serra les poings.

— Avant de t'en aller voir la petite, qui te recevra à bras ouverts, il faut nous débarrasser du chirurgien.

— Comment?

— Tu vas voir. Nous sommes à table tous trois...

— Bon! fit Mardochée, qui remarquait en effet que le fruitier s'était mis à table sans façon et mangeait et buvait.

— Je suis ton oncle...

— Ouais! dit le peintre; je le voudrais bien.

— Ah! ah! et pourquoi donc?

— Parce que vous me paraissez avoir du foin dans vos bottes et que je serais votre héritier. Mais continuons... Vous êtes mon oncle?

— Oui.

— Eh bien, qu'est-ce que cela fait au chirurgien?

— Je mange et je bois, j'ai un coup de sang.

— Vous êtes plaisant, mon oncle.

— Le fruitier que voilà, et qui est un de nos amis, court chercher le chirurgien pour me soigner.

— Je commence à comprendre.

— Il arrive sans défiance, et, tandis qu'il prépare sa trousse, tu te jettes sur lui et tu le terrasses...

— Et je le tue! dit Mardochée...

En même temps, dominé par l'ivresse, il saisit un couteau et le brandit.

— Mais non, dit Porion, on ne tue les gens que lorsqu'on ne peut pas faire autrement.

— Alors que ferons-nous de lui?

— Nous lui attacherons les pieds et les mains.

— Bon!

— Et nous lui fourrerons dans la bouche la poire d'angoisse que voici, pour l'empêcher de crier.

Et le père Cannelle tira de sa poche, en effet, une poire d'angoisse que Mardochée se prit à examiner curieusement.

Si le peintre n'eût pas été gris, il eût certainement demandé comment il pouvait se faire qu'un bourgeois paisible comme le père Cannelle eût dans sa poche un instrument d'agent de police ou de sergent; mais Mardochée commençait à y voir double, et le père Cannelle ne cessait de lui verser à boire.

— Allons, camarade, dit ce dernier, quand il jugea que Mardochée serait sous la table avant une demi-heure, voici le moment, il faut aller me chercher le chirurgien.

Le fruitier se leva.

Porion et lui échangèrent un regard, tandis que Mardochée remettait le nez dans son verre; puis le fruitier partit.

Celui-ci était connu dans tout le quartier.

Il descendit l'escalier, entra chez le cabaretier de la maison vis-à-vis, et demanda si le chirurgien était chez lui.

— Oh! oui! lui répondit-on. Il est rentré à la brune et nous ne l'avons pas vu ressortir.

— A quel étage?

— Tout en haut, la porte à gauche.

Le fruitier enfila l'allée humide et noire et le petit escalier en coquille auquel une corde graisseuse servait de rampe.

L'escalier, comme on le pense bien, n'était pas éclairé.

Mais grâce à la corde, le fruitier monta sans encombre.

Quand il fut tout en haut, il tâtonna un moment, vit un filet de lumière passant sous une porte et frappa.

Une jeune fille vint lui ouvrir.

C'était Cécile Robert. Le fruitier s'était trompé de porte.

— Excusez-moi, dit-il; le chirurgien Firmin ne loge donc pas ici?

— Pardon, répondit une voix.

Et Firmin sortit de la chambre voisine.

Le fruitier, tout occupé de regarder la jolie fille, ne songea point à jeter un coup d'œil dans la chambre du chirurgien.

Sans cela, il aurait aperçu Hector de Pierrefeu assis dans un grand fauteuil et souriant de ce rire hébété qui n'abandonne presque jamais les lèvres d'un fou.

Peut-être même qu'il eût été frappé de la présence du jeune homme, qu'il en eût fait part à Porion, et que celui-ci eût modifié tous ses plans.

Mais le fruitier ne vit rien.

D'ailleurs, Firmin ferma vivement la porte et lui dit :

— Je suis le chirurgien Firmin, que me voulez-vous?

— Je viens réclamer les secours de votre art.

— Pour qui?

— Pour un vieil ivrogne, mon compère, qui s'est donné une indigestion et qui a besoin d'une saignée.

— Je vous suis, répondit Firmin, qui avait toujours sa lancette sur lui et n'eut pas besoin de rentrer dans sa chambre. Est-ce loin?

— Non, en face, dans la maison voisine.

Les deux jeunes gens échangèrent un sourire, puis Cécile poussa la porte et Firmin suivit le fruitier.

. . . .

Le père Cannelle, pendant ce temps, achevait de griser Mardochée.

Mais pour éviter tout malheur, car le peintre avait l'ivresse mauvaise, il lui avait lestement ôté son couteau.

— Attention! dit-il tout à coup.

— A quoi? dit Mardochée.

— On monte l'escalier.

— Bon!

— Ce sont eux! dit Porion.

— Le chirurgien!... Ah! ah! ah! tu ne veux pas que je le tue!...

— Mais non, imbécile!

Et le père Cannelle se renversa sur sa chaise et prit l'attitude d'un homme évanoui.

Au même instant, la porte s'ouvrit, et le fruitier reparut suivi du chirurgien.

XV

Firmin connaissait Mardochée de vue, comme tous les habitants du quartier, du reste, car le peintre était plus célèbre encore par son ivrognerie et ses habitudes débraillées que par ses portraits à deux et trois écus.

Il avait également vu quelquefois le père Cannelle, et il le reconnut sur-le-champ.

Porion jouait si bien l'homme évanoui, que le jeune chirurgien s'y trompa.

— Qu'a-t-il donc eu? demanda-t-il à Mardochée.

— C'est mon oncle, répondit le peintre, qui darda sur le chirurgien un regard flamboyant.

— Ne faites pas attention, dit le fruitier, ce jeune homme est ivre. Notre pauvre ami s'est trouvé mal.

Le chirurgien prit le bras inerte de Firmin et lui tâta le pouls.

— Non, dit-il, ce ne peut être qu'un coup de sang. Le pouls est calme.

— Alors vous n'allez pas le saigner?

— Attendez, nous allons voir...

Et il se pencha sur Porion, appuyant son oreille sur sa poitrine, pour écouter les battements du cœur.

Mais, en ce moment, Porion rouvrit brusquement les yeux : ses bras ballants s'agitèrent et se réunirent autour du cou du chirurgien.

En même temps, le fruitier donna un croc en jambe au jeune homme, qui glissa sur le parquet, saisi à la gorge par les mains de fer du prétendu vieillard.

Le fruitier était robuste.

Il renversa Firmin sous lui et lui mit un genou sur la poitrine, tandis que Porion, s'armant d'un couteau, lui dit :

— Si tu bouges, si tu cries, je te tue!

Ce fut l'histoire d'un clin d'œil.

Firmin n'avait ni le temps de revenir de sa surprise, ni de se débattre, qu'il était garrotté solidement avec une corde apportée par le fruitier, et qu'on lui introduisait la poire d'angoisse dans la bouche.

Mardochée avait voulu se lever pour donner un coup de main à ses deux acolytes, mais l'ivresse le clouait sur son siège.

Il avala un dernier verre de vin et roula sous la table.

— En voilà un qui ne nous gênera pas... murmura Porion.

Et il le repoussa du pied.

Mardochée fit entendre un sourd grognement, mais ce grognement dégénéra bientôt en un ronflement sonore et le père Cannelle dit en riant :

— Je connais les ivresses de cet imbécile : il en a pour quinze heures.

Firmin faisait de vains efforts pour briser ses liens.

— Quant à toi, mon petit, dit Porion, qui avait redressé sa taille voûtée et dont l'œil brillait de virilité, si tu veux vivre en liberté et ne pas aller pourrir à la Bastille, je t'engage à te tenir en repos.

Puis, s'adressant au fruitier :

— Le carrosse est-il prêt?

— Je l'ai vu au coin de la rue en montant tout à l'heure.

— Bien. A l'œuvre!

Et Porion ouvrit toute grande la croisée de l'atelier de Mardochée, tandis que, sur un signe de lui, le fruitier éteignait la lampe.

La nuit était noire.

Aucun bruit ne montait de la rue et le couvre-feu était sonné.

— Le diable est pour nous, murmura Porion, et personne ne nous dérangera dans notre besogne. Donne l'outil.

Le fruitier apporta sa planche.

Il fallait un homme d'une force herculéenne comme lui pour pouvoir pousser cette planche d'un toit sur l'autre en la tenant presque à bras tendus.

L'opération réussit à merveille.

Alors Porion lui dit :

— Tiens-la bien.

— Je la tiens, n'ayez pas peur.

— Est-elle solidement appuyée?

— Comme l'arche d'un pont.

— Allons-y donc! murmura Porion, qui retrouva son audace d'agent de police.

Et il s'aventura sur la planche, n'ayant pour guider sa marche en ligne droite que la croisée éclairée de la jeune fille.

Cécile Robert était assise derrière la fenêtre, auprès d'une table et travaillait, attendant le retour du jeune chirurgien.

Calme, le front candide, la jeune fille ne se doutait pas qu'en ce moment même sa perte était résolue.

Tout à coup un bruit la fit tressaillir.

Elle leva la tête, et au même instant une vitre coupée avec un diamant tomba sur le sol, une main passa au travers du carreau, fit jouer l'espagnolette, et la croisée s'ouvrit.

En même temps aussi un homme sauta dans la chambre de Cécile.

Elle jeta un cri et voulut fuir.

Cet homme avait un couteau à la main et lui dit :

— Si vous criez, vous êtes perdue.

Plus morte que vive, Cécile se précipita vers la porte de la mansarde.

Mais Porion y arriva avant elle et se plaça devant.

Alors Cécile éperdue se jeta à genoux :

— Grâce! dit-elle en joignant les mains.

— Je vous ferai grâce si vous êtes sage, répondit Porion.

Elle attachait sur lui un regard épouvanté, disant :

— Grâce! que vous ai-je fait? Que me voulez-vous?

— Je veux que vous soyez sage et me suiviez sans résistance, dit Porion.

Et il l'enlaça de ses bras.

— A moi! Firmin! au secours! cria Cécile en se débattant.

Porion essaya de lui mettre la main sur la bouche; mais elle le mordit.

— Ah! petite vipère, dit-il avec rage, si tu n'étais un morceau de roi, je t'étranglerais.

Elle ne comprit point ces sinistres paroles et continua à se débattre.

Alors Porion fit un effort suprême, la chargea sur ses épaules et l'enleva comme une plume.

Puis il se dirigea vers la croisée, décidé à s'en aller par où il était venu.

Mais en ce moment un secours inespéré arriva à la jeune fille.

La porte s'ouvrit brusquement, et un homme à demi vêtu se précipita dans la chambre.

— A moi! monsieur Hector, à moi! cria Cécile Robert.

C'était, en effet, le pauvre insensé Hector de Pierrefeu, qui, entendant du bruit et des cris, était accouru instinctivement.

Il se jeta sur Porion, qui fut obligé de laisser un moment la jeune fille.

— Misérable! dit-il, misérable!

Il était jeune et robuste; malgré sa folie, il avait l'instinct du danger que courait celle qui l'avait sauvé de la mort, et cet instinct doubla ses forces.

Il parvint à terrasser Porion; mais comme il allait lui mettre un genou sur la poitrine, il jeta un cri terrible, et ses mains crispées se détendirent.

Puis il s'affaissa lourdement tandis que Porion se relevait.

Le misérable avait ramassé le couteau qui gisait à terre, car il l'avait jeté pour s'emparer de la jeune fille, et, avec ce couteau, il avait frappé Hector de Pierrefeu dans le flanc.

Cécile Robert était assise auprès de la fenêtre et travaillait. (Page 31.)

A la vue du sang qui rougit soudain le sol de la mansarde, Cécile Robert jeta un dernier cri et tomba inanimée.

— J'aime autant cela, murmura Porion.

Et il la chargea une seconde fois sur son épaule.

Cette fois, la jeune fille ne se débattit plus; elle était évanouie, et on eût dit que Porion portait un cadavre.

Cet homme, qu'on appelait partout le père Cannelle, qui avait une face si débonnaire et marchait d'ordinaire courbé et appuyé sur une canne, avait retrouvé l'énergie, l'audace de la jeunesse.

Il ne trembla point au seuil de ce pont aérien de deux pieds de large sur lequel il allait s'aventurer avec son fardeau et qui pouvait plier sous le poids.

En venant, il avait eu la lumière de Cécile pour guide; maintenant, pour gagner la croisée de Mardochée, il n'avait plus que son instinct, car la nuit était toujours noire, et le fruitier, qui attendait immobile et anxieux dans l'atelier du peintre, n'avait point songé à rallumer une lampe.

Mais Porion s'aventura hardiment sur la planche, au risque de faire un faux-pas et de tomber de cinquante pieds de haut dans la rue.

Ce faux-pas, il l'eût fait peut-être, si, ranimée par l'air vif de la nuit, Cécile, revenant à elle, se fût débattue de nouveau.

Mais, comme il l'avait dit au fruitier, décidément le diable était pour lui, et la jeune fille ne reprit point ses sens.

Et le misérable toucha sans encombre et sain et sauf le rebord de la croisée de Mardochée.

Le fruitier vit la robe blanche de la jeune fille qui tranchait sur les ténèbres.

— L'avez-vous donc tuée? dit-il.

— Non. Elle est évanouie. Silence!

Firmin, couché sur le sol, et qui comprenait enfin pourquoi on l'avait fait tomber dans ce guet-apens, Firmin fit un effort suprême, et quelques sons inarticulés passèrent au travers de la poire d'angoisse.

— Mais, tais-toi donc! dit Porion en lui allongeant un furieux coup de pied.

Sous la table, Mardochée ronflait toujours comme un orgue d'église.

— Attendez que je rallume la lampe, dit le fruitier.

— Non, répondit Porion; il fallait le faire tout à l'heure, car j'ai manqué de me rompre le cou. Maintenant, c'est inutile. Ouvre la porte et ne faisons pas de bruit.

Et Porion descendit le premier l'escalier tortueux de la maison.

— Je commence à croire, se disait-il, que je serai quelque jour lieutenant général de la police.

La maison de Mardochée, comme celle de Cécile, était habitée par de petites gens, observateurs scrupuleux des édits et pour qui le couvre-feu n'était point lettre-morte.

Il n'y avait que Mardochée qui rentrât à toutes les heures de la nuit, et si quelque locataire entendait marcher dans l'escalier à une heure indue, il ne manquait pas de dire :

— C'est cet ivrogne de peintre.

Après quoi il se retournait sur son oreiller et se rendormait.

Porion et le fruitier descendirent donc sans encombre.

La porte de la rue s'ouvrait au moyen d'un loquet.

Le fruitier le fit tourner.

— Va chercher le carrosse, dit Porion. Nous n'aurions qu'à rencontrer les gens du guet. Cette robe blanche nous trahirait, et il faudrait leur donner une foule d'explications.

Le fruitier s'élança dans la rue, et Porion, ayant toujours la jeune fille sur ses épaules, resta dans l'allée humide et noire.

Deux minutes après, le char numéroté, dont parlait soixante ans plus tôt maître Boileau-Despréaux, s'arrêtait à la porte, conduit par un homme dont Porion était sûr.

L'agent de police plaçait la jeune fille sur les coussins du fond et s'asseyait auprès d'elle.

— Où allons-nous? demanda le cocher.

— A Versailles, et ventre à terre, répondit Porion.

En même temps, il mit une poignée d'or dans la main du fruitier :

— Tiens, dit-il, voilà tes vingt pistoles. C'est le roi qui paye.

— Un bon roi, murmura le fruitier avec une pointe d'ironie, tandis que le carrosse partait au grand trot.

Cécile était toujours évanouie.

Elle tendait vers le monarque ses mains suppliantes. (Page 38.)

XVI

Le carrosse roula jusqu'à mi-chemin de Versailles sans que Cécile Robert reprît ses sens.

Mais, à la montée de Bellevue, les chevaux se mirent au pas, et Porion ouvrit la portière pour savoir où il était.

L'air frais de la nuit pénétra dans le carrosse et finit par ranimer la jeune fille.

Elle poussa un soupir, s'agita sur sa banquette, ouvrit les yeux et murmura :

— Où suis-je?

Porion avait mis à profit la partie silencieuse du voyage et inventé une petite histoire qui devait faire merveille.

— Mademoiselle Cécile? dit-il.

La jeune fille tressaillit, ouvrit les yeux tout grands et regarda autour d'elle.

Elle se vit dans une voiture, comprit, à la secousse, que la voiture marchait, et, regardant Porion plus attentivement, elle reconnut en lui l'homme qui avait engagé une lutte avec elle et frappé Hector de Pierrefeu d'un coup de couteau.

— Ah! fit-elle, encore cet homme!

— Mademoiselle Cécile, dit Porion d'un ton plein de douceur, ne vous alarmez pas à tort. Vous êtes ici en sûreté. Je suis un ami de votre père.

Il avait calculé l'effet que produirait ce nom.

— Mon père! exclama la jeune fille, mon père! Vous me parlez de lui?

— Je suis son meilleur ami, répondit Porion.

— Vous êtes l'ami de mon père? répéta-t-elle.

— Oui. Et c'est par son ordre que j'ai agi.

Mais elle secoua la tête d'un air de doute.

— Mon père, dit-elle, est un homme doux et bon, et ce ne peut être lui qui vous a commandé de me traiter ainsi.

— Si j'ai agi de la sorte, mademoiselle, c'est pour vous sauver.

— Me sauver?

— Oui.

— Oh! dit-elle, je vivais heureuse et calme et je ne courais aucun danger.

— Vous vous trompez, mon enfant, et je vais vous prouver que je connais votre père.

— Ah!

— Il se nomme Robert.

— C'est vrai.

— Vous aviez un cousin du nom d'Agénor Chapuzot.

— Je l'ai encore, dit-elle.

— Non, dit Porion, car il est mort.

— Mort! exclama Cécile avec un accent mêlé d'étonnement et d'épouvante.

— Il s'est tué, reprit Porion, par amour pour vous.

— Oh! mon Dieu!

— Et en mourant, il vous a calomniée.

— Moi?

— Il a dit que vous étiez la maîtresse d'un chirurgien qui demeure dans votre maison.

— Horreur!

— Qui voulait m'empêcher de vous enlever et que j'ai frappé, dit naïvement Porion.

Le misérable avait calculé la portée de ce mensonge.

Mais Cécile s'écria :

— Vous vous trompez, ce n'est pas lui!

— Ce n'est pas lui! exclama Porion, qui joua la surprise la plus profonde.

— Non.

— Qui donc est-ce?

— Un pauvre fou que lui et moi nous avions recueilli.

— Peu importe! dit Porion, il fallait vous sauver!

— Mais me sauver de quoi? demanda-t-elle.

— De la calomnie.

Cécile se révolta.

— Mais, dit-elle, si c'est au nom de mon père que vous agissez, dites-moi...

Elle s'arrêta tremblante.

— Oui, reprit Porion, je sais ce que vous allez me demander. Vous trouvez étrange que votre père ne soit point venu vous voir.

— Hélas! oui, dit-elle.

— Qu'il ne vous ait pas dit que, pour faire tomber les calomnies de cet infâme Agénor Chapuzot, il fallait quitter la maison que vous habitiez... ou mettre le chirurgien en demeure de vous épouser ?

— Certainement, dit-elle, frappée par la logique de ce raisonnement.

— C'est que, reprit Porion, votre père est hors de France. Et puis...

Il s'arrêta à dessein.

— Et puis ? dit-elle.

— Vous ne pouvez pas épouser Firmin.

Il s'attendait à une explosion de douleur ; elle demeura presque calme.

— J'aime Firmin comme un frère, dit-elle, mais je ne sais pas pourquoi, si Firmin m'aimait d'amour et si je l'aimais, je ne pourrais pas l'épouser.

— Pourquoi ? dit Porion, mais parce qu'il est marié.

— Marié, lui !

— Oui, depuis deux ans... à une grande dame qui, après s'être éprise de lui, l'a rejeté sur le pavé de Paris, où elle l'avait pris.

Cécile Robert passait de l'épouvante à l'étonnement, et Porion s'en aperçut.

— Ce que vous me dites, dit-elle, m'étonne étrangement.

— Ainsi, vous n'aimez pas Firmin ? reprit Porion.

— Je l'aime comme un frère.

— Bon !... Mais... lui ?...

— Il ne m'a jamais dit un mot d'amour.

Porion soupira :

— Alors, dit-il, je regrette de vous avoir enlevée si brutalement de chez vous ; mais c'est un mal pour un bien.

— Que voulez-vous dire ?

— Avez-vous jamais connu votre mère ?

— Elle est morte en me donnant le jour.

— Et votre père ne vous a rien dit de votre naissance ?

— Que pouvait-il me dire ? demanda ingénument Cécile.

— Votre mère était la nourrice d'un prince du sang.

— Ah !

— Et le roi est votre parrain.

La jeune fille tombait d'étonnement en étonnement.

— Or, reprit Porion, le roi s'est inquiété de sa filleule et il veut la voir.

Cécile s'était remise à trembler :

— En quoi le roi, dit-elle, peut-il s'intéresser à une pauvre fille comme moi ?

— C'est tout simple, puisque vous êtes sa filleule.

— Est-ce possible ?

— Vous serez bien contente dans une heure, et vous ne regretterez que d'avoir eu si peur de moi.

— Mais... le roi ?...

— Le roi veut vous doter.

— Ah ! mon Dieu ! murmura-t-elle avec un effroi subit.

— En vous laissant libre de prendre le mari qui vous conviendra, acheva Porion.

Ces dernières paroles étaient d'une perfidie consommée, et elles endormirent les dernières défiances de la jeune fille.

A partir de ce moment, elle crut tout ce que Porion lui raconta.

Le carrosse était arrivé en haut de la côte ; il avait traversé les bois et longé les étangs de Cucufat.

Bientôt le pavé sonore des rues de Versailles retentit sous les pieds des chevaux, et Cécile demanda encore :

— Mais où sommes-nous ?

— Nous entrons dans Versailles, répondit Porion.

En effet, peu après, les grilles du palais s'ouvrirent devant le carrosse de louage.

Porion n'avait eu qu'un mot à dire pour qu'elles tournassent sur leurs gonds :

— Service du roi !

Et le carrosse roula jusqu'au perron.

Comme on était en pleine nuit, il n'y avait dans les cours que les gardes et les officiers de service.

Porion s'était revêtu en voiture, pendant l'évanouissement de Cécile, d'un bel habit à boutons de cristal, et il dit au valet qui vint ouvrir la portière :

— Je désire parler sur-le-champ à M. Lebel.

Cécile entendit ce nom, mais il ne la fit point frémir.

Innocente et naïve comme elle l'était, ayant toujours vécu dans cette paisible rue du pays Latin où les rumeurs lointaines de la cour ne pénétraient pas, pouvait-elle savoir le nom de cet homme abject qui était le valet complaisant des plaisirs du roi ?

Porion la laissa tout émue dans la voiture et mit pied à terre.

Cinq minutes après, Lebel arriva.

Il connaissait Porion, car c'était lui qui, la veille, avait fait sortir furtivement du palais le prétendu financier Van-Roëk, le mystificateur de cette pauvre maréchale d'H...

Il savait que Porion avait promis d'amener la jeune fille dont le souvenir troublait le sommeil de Sa Majesté.

— Eh bien ? dit-il anxieux.

— Eh bien ! elle est là.

— Dans le carrosse ?

— Oui.

Et Porion, en deux mots et à voix basse, mit M. Lebel au courant de la petite fable qu'il avait imaginée.

— C'est fort bien, dit M. Lebel, mais...

— Mais quoi ? fit Porion, anxieux à son tour.

— Le roi dort.

— Il faut l'éveiller.

— Oh ! non pas ! Il a le réveil de méchante humeur et serait capable de nous envoyer tous au diable.

— Même la petite ?

— Oui.

— Eh bien ! qu'allons-nous faire ?

— Une chose bien simple, comme vous allez voir.

M. Lebel s'approcha du carrosse, ouvrit la portière et dit :

— Mademoiselle Cécile, le roi, votre auguste parrain, a donné l'ordre qu'on vous conduisît dans la chambre qui vous est destinée. Dès demain matin, il vous fera visite.

— Comment ! dit la jeune fille éblouie, le roi a daigné s'occuper de moi ?

— Et il m'a désigné pour être à votre service, ajouta Lebel.

Cécile croyait rêver.

M. Lebel avait des cheveux blancs et une respectable figure de vieillard.

C'était le vice empruntant un masque paternel.

Cécile descendit du carrosse sans défiance, et elle prit la main que le vieux pourvoyeur de l'alcôve du roi lui tendait.

— Eh ! monsieur Lebel, dit Porion à l'oreille du valet de chambre, pensez-vous que je serai lieutenant général de la police ?

— Je commence à le croire, répondit Lebel, car vous êtes un hardi coquin, et M. de Sartine n'est qu'un benêt sans esprit auprès de vous.

XVII

Alors même que le palais de Versailles était plongé dans le sommeil, comme eût dit un poëte de ce temps-là, il s'y trouvait encore pas mal de gens éveillés.

Outre les suisses qui veillaient aux portes, les gardes du corps et les mousquetaires qui encombraient les salles d'attente, et les gens de service qui allaient et venaient par les corridors et les escaliers, il y avait encore çà et là un page en goguette, un gentilhomme qui se sauvait de chez une fille d'honneur, une soubrette qui avait donné rendez-vous à quelque chevau-léger.

L'arrivée de ce carrosse de louage, devant qui les grilles s'ouvraient comme s'il eût été question d'un maréchal ou d'un duc et pair, avait fait quelque sensation.

Les suisses s'étaient attroupés.

Quelques gardes du corps, en voyant M. Lebel accourir, s'étaient regardés en souriant.

Il y avait vingt personnes autour du carrosse, lorsque la pauvre Cécile, ignorant du sort qui l'attendait, mit pied à terre et s'appuya, l'innocente, sur la main souillée de Lebel.

Parmi ces vingt personnes il y avait un page.

Ce page était une légende vivante.

On l'appelait Noël.

Il avait quinze ans, il était joli comme une femme, effronté, gouailleur, plein d'esprit.

D'où venait-il ?

Personne ne le savait au juste.

Un matin, M. le duc de Choiseul l'avait présenté au roi comme le fils d'un gentilhomme pauvre.

Le roi l'avait trouvé gentil et intelligent et l'avait pris sans plus de façons.

Noël était adoré de toutes les marquises, duchesses ou comtesses qui vivaient dans le palais.

La maréchale d'H... avait été sa première institutrice, la marquise d'O... la seconde, et après ces deux dames, toutes les dames, toutes les filles d'honneur, toutes les femmes présentées, avec ou sans tabouret.

Noël avait de l'esprit comme un démon ; il disait son fait à tout le monde, et personne ne se fâchait.

Il trompait la femme dont il était aimé, et la belle délaissée s'empressait de faire la paix avec lui.

Les plus graves personnages, l'abbé Terray, par exemple, qui était ministre des finances, ne pouvaient tenir leur sérieux en écoutant ses saillies.

Un jour, il avait tenu un propos des plus lestes sur madame de Pompadour.

Tout le monde avait tremblé pour Noël, qui ne tremblait pas.

La marquise l'avait fait venir, l'avait chapitré, morigéné, tancé d'importance, le tout à huis-clos, et l'avait renvoyé absous, au grand étonnement de toute la cour.

Or, parmi les personnes qui virent sortir la jeune fille du carrosse se trouvait mons Noël.

Le page avait vu bien des jolis minois, bien des figures chiffonnées, semées de mouches assassines, mais il ne put se défendre d'un cri d'admiration à la vue de Cécile.

— Qu'elle est belle ! murmura-t-il.

Un garde du corps lui frappa sur l'épaule.

— Vous avez bon goût, monsieur Noël, dit-il.

— Vous trouvez? fit le page.

— Mais ce gibier-là n'est point pour votre table, mon petit ami, continua le garde.

— En vérité!

— C'est de la chair royale, comme bien vous pensez.

Il se fit un petit attroupement autour du garde du corps et du page, et chacun écouta.

Le garde était un jeune homme assez bien tourné, qu'une des camérières de madame la maréchale d'H... honorait de quelques faveurs.

La soubrette avait su de première main l'histoire du faux diamant, et par conséquent celle de la jeune fille dont rêvait le roi.

Le garde l'avait su tout aussitôt, par la raison toute simple qu'il était auprès de la soubrette, lorsque la maréchale revint de l'Opéra, et que la soubrette n'eut que le temps de le cacher au fond d'une armoire, d'où il entendit sinon tout, du moins presque tout. Par conséquent, le garde se fit un malin plaisir de raconter à l'assistance l'histoire de la jeune fille, qui ne pouvait être autre que celle dont le roi perdait la tête, puisqu'il avait reconnu Porion dans l'homme qui l'accompagnait; car il avait entendu la veille, par une fente pratiquée dans la porte de l'armoire, le faux financier Van Roëk.

Mons Noël écouta cette histoire.

Puis, avec sa hardiesse ordinaire :

— Le roi, dit-il, est vraiment plus heureux qu'on ne croit.

— Tu trouves, mon mignon? dit une fille d'honneur qui s'était mêlée au groupe de la cour principale.

— Oh! certainement.

— C'est une joie, il est vrai... mais...

— Oh! ce n'est point de cela que le roi est heureux, dit Noël.

— Et de quoi donc?

— Il est heureux que cette affaire ne me regarde pas.

Ce fut un éclat de rire général autour de Noël.

Mais le page ne se déconcerta pas.

— Vous riez? dit-il.

— De vous ! fit-on à la ronde.

— Rien n'est plus sérieux, cependant.

— Comment cela, mon mignon? demanda la fille d'honneur qui trouvait le page assez à son goût et le croquait du regard.

— Supposez que cette jeune fille soit ma sœur.

— Bon!

— Ou simplement ma cousine.

— Eh bien !

— Ou encore une jeune fille qui me plaise et dont je sois amoureux.

— Que ferais-tu?

— Le roi serait obligé d'en faire son deuil.

— Cet enfant est fou, dit un mousquetaire.

— Il passe sa vie, reprit un des gardes du corps, à faire la pirouette aux portes de la Bastille.

— Vous irez tous avec moi, messeigneurs.

— C'est possible, mais...

— Mais si je me mettais en tête de sauver cette jeune fille...

— Tu la sauverais, hein ? fit la fille d'honneur.

— Je vous en donne ma parole, répondit le page, qui posa ses deux poings sur ses hanches d'un air de défi.

— Heureusement, dit le mousquetaire, elle n'est ni ta sœur, ni ta cousine, ni...

— Ni celle que tu aimes, n'est-ce pas? interrompit la fille d'honneur.

— Vous le savez bien, méchante, dit le page.

Et il l'embrassa lestement.

La fille d'honneur jeta un petit cri pour l'acquit de sa conscience et se sauva.

Noël courut après elle, et le groupe se trouva désorganisé.

Mais, au lieu de poursuivre la fille d'honneur, mons Noël, arrivé au premier repos de l'escalier, tourna prestement à gauche et gagna la salle des Pages.

Là, on ne savait rien de l'arrivée de Cécile Robert, et les pages du service de nuit jouaient aux échecs.

Noël alla s'asseoir auprès des joueurs, parut s'intéresser à leur partie, et, malgré lui, se prit à rêver de la jeune fille.

— Ah ! pensait-il, si j'étais sûr qu'elle n'eût pas dans quelque coin de Paris un bel amoureux dont je ferais les affaires, comme je me mettrais en tête de la délivrer ! Mais faire du chagrin au roi sans y rien gagner, à quoi bon?

Tandis qu'il s'adressait ce petit monologue, une femme entra sur la pointe du pied dans la salle des Pages, s'approcha sans que personne eût levé la tête, et posa sa main gantée sur l'épaule de Noël.

Le page se retourna et reconnut mademoiselle Bellamy, une des femmes de chambre de madame de Pompadour.

Comme il la saluait, elle lui dit à l'oreille :

— Venez donc dans un coin, là-bas, j'ai quelque chose à vous dire.

La partie d'échecs était si animée qu'on ne remarqua pas plus la retraite de Noël que l'entrée de mademoiselle Bellamy.

Noël la suivit donc et lui dit :

— Vous savez, mon mignon, que l'insomnie est la maladie du palais de Versailles. Tout le monde s'y couche, cependant; mais personne ne dort.

— Ce que vous dites là est un peu vrai, mademoiselle, dit le page, qui ne savait où mademoiselle Bellamy en voulait venir.

Elle continua :

— Quand la marquise dort, c'est le roi qui ne peut dormir. Si, d'aventure, le roi ferme les yeux, la marquise a la migraine.

— Je sais cela, dit Noël.

— C'est un singulier mal que la migraine, mon mignon, reprit mademoiselle Bellamy. On ne peut ni bouger, ni tenir en place, et il faut essayer de toute espèce de distractions pour s'en rendre maître.

— Et la marquise a la migraine?

— Oui.

— Que fait-elle pour se distraire?

— Elle ne faisait absolument rien, lorsqu'on lui a appris l'arrivée de cette petite fille enlevée pour plaire au roi.

— Et la migraine de la marquise s'est-elle bien trouvée de cette nouvelle?

— D'abord.

— Comment cela.

— Mais quand on lui a appris que la petite était fort jolie...

— Elle est éblouissante, dit Noël.

— La migraine a redoublé.

— Voyez-vous ça !

— Alors on a raconté à la marquise les propos que vous aviez tenus, là-bas, dans la cour.

— Ah ! diantre !

— Et la marquise a ri, et sa migraine s'est un peu dissipée.

— Vraiment !

— Et la marquise m'a recommandé de vous venir quérir.

— Pourquoi faire?

— Pour vous conduire chez elle. Elle veut vous voir.

Le page mit son chapeau sous son bras gauche, offrit sa main droite à mademoiselle Bellamy, et lui dit :

— Eh bien ! allons chez la marquise.

La partie d'échecs continua, et quand la dame d'atours et le page quittèrent la salle, personne ne leva la tête.

De la salle des Pages aux appartements de madame de Pompadour, il n'y avait pas loin. Il ne s'agissait que de traverser une galerie, deux petits salons et un couloir secret que le roi avait coutume de suivre.

Madame de Pompadour avait, en effet, la migraine.

Elle s'était mise au lit d'abord et n'avait pu y demeurer; puis elle s'était relevée, et Noël la trouva à demi couchée sur une bergère, la tête appuyée sur une pyramide d'oreillers.

— Oh! mon mignon, dit-elle, tendant sa main rosée au page, qui l'effleura de ses lèvres, si tu ne me viens conter quelqu'une de ces histoires que tu contes si bien, je crois que je finirai par me jeter par la fenêtre.

— Madame, répondit Noël, j'obéirai.

La marquise fit un signe, et mademoiselle Bellamy sortit.

Alors madame de Pompadour regarda Noël en souriant.

— Tu as donc vu cette petite que le roi a fait enlever, mon mignon ?

— Oui, madame.

— Comment est-elle?

— Presque aussi belle que vous, répondit Noël, qui savait son métier de courtisan.

— Brune ou blonde?

— Blonde.

— Quel âge?

— Dix-sept ou dix-huit ans.

— L'a-t-on conduite au roi?

— Non; M. Lebel a dit que le roi dormait.

— Fort bien.

— Et il l'a menée dans la chambre lilas, cette chambre d'où l'on ne sort jamais comme on y est entré, dit le page avec un sourire malicieux.

— Pourtant, dit madame de Pompadour, il paraît que ce n'est pas ce que tu disais tout à l'heure, mon mignon.

— Madame...

— N'as-tu pas regretté que cette jeune fille ne fût pas ta sœur?

— Heu ! fit Noël.
— Ou ta cousine?
— Heu ! heu !
— Ou bien encore ta maîtresse ?

Noël feignit un grand effroi.

— Oh ! madame, dit-il en joignant les mains, je vous jure...
— Ne jure pas, mon mignon; et d'ailleurs tu as trop d'esprit pour penser que je t'en voudrais beaucoup de ce que tu as dit.

Le sourire revint aux lèvres rouges du beau page.

La marquise continua :

— Viens t'asseoir là... au pied de ma bergère... et causons.

Noël s'assit sur le bord de la chaise longue et osa mettre un baiser sur le pied cambré et chaussé d'un bas de soie au bout duquel la marquise faisait danser une petite mule rouge.

La marquise ne s'irrita point de cette liberté et continua :

— Veux-tu que nous fassions des suppositions ?
— J'écoute, dit le page.
— Cette petite est ta cousine.
— Bon !
— Mieux que cela, ta sœur.
— Après? fit Noël.
— Mieux encore. Tu la trouves à ton goût, et tu penses que c'est offenser Dieu que de la jeter dans les bras du roi, qui a dépassé la cinquantaine.
— Eh bien ! madame...?
— Suppose en outre que... je suis jalouse...
— De cette petite ?
— Oui.
— J'attends, dit Noël avec calme.
— Alors je te dis : Noël, mon mignon, si tu as quelque moyen de faire disparaître cette petite de la chambre lilas, tu le peux faire.
— Vraiment, madame?
— Tu n'encourras ni ma disgrâce, ni ma colère.
— Oh ! si je savais cela !...
— Je te l'assure.
— Cependant...
— Ah ! dame, dit madame de Pompadour, si le roi découvre la vérité, je ne te promets pas que tu conserveras ton emploi de page.
— Diantre !
— Qu'on ne te fourrera pas à la Bastille.
— Ah ! mon Dieu !
— Et que si tu te réclames de moi, je ne répondrai pas que tu es un effronté menteur.
— Alors, madame, dit froidement Noël, comme la petite n'est ni ma sœur, ni ma cousine, ni ma fiancée, que j'ai tout à perdre et rien à gagner dans cette aventure...
— Tu y renonces ?
— Dame !

La marquise eut un sourire de démon.

— Je te croyais plus hardi, fit-elle.
— Cela dépend des occasions.
— Et, si tu m'avais écoutée jusqu'au bout...

Noël mit un second baiser sur le petit pied de madame de Pompadour et attendit.

— Supposons donc, reprit la marquise, que tu fais disparaître la petite et que tout se découvre.
— Le roi me chasse.
— Naturellement.
— Et on m'envoie à la Bastille, comme vous y avez envoyé M. de Latude, qui s'y trouve encore, pour un pauvre quatrain...
— Chut! fit madame de Pompadour, ceci ne te regarde pas.
— Soit.
— Mais le gouverneur de la Bastille est de mes amis.
— Ah ! ah !
— Le jour même de ton incarcération, il te donne la clef des champs.
— A merveille !
— Tu n'es plus page, mais je t'envoie dans un de mes châteaux attendre la colère du roi soit apaisée; et tu sais bien que dans quinze jours le roi ne pensera plus ni à toi ni à la petite.
— Ceci, dit Noël, est tout à fait différent.
— Eh bien ! mon mignon, songes-y.
— Oui, madame.
— As-tu des dettes?
— Oh ! des misères, quelques centaines de louis.
— Je les payerai... As-tu envie de quelque chose ?
— Peut-être bien...

Et le page regarda effrontément la marquise.

— Effronté ! dit-elle, va-t'en !

Or, quand Noël le page fut parti, madame de Pompadour murmura :

— C'est singulier, mais il me semble que je n'ai plus la migraine.

XVIII

Pendant ce temps-là, M. Lebel avait conduit la naïve et crédule Cécile Robert dans ce qu'on appelait la chambre lilas.

Un génie infernal avait présidé à la décoration de cet appartement.

On eût dit la chambrette innocente et parfumée d'une jeune fille qui n'a pas encore de fiancé.

Une étoffe d'un lilas clair couvrait les murs.

Le lit, les sièges, les meubles étaient en bois des îles d'un ton jaune avec des marqueteries d'ivoire et d'ébène.

Un tapis à grands ramages couvrait le sol.

Chaque objet de toilette était marqué d'un C et d'un R enlacés.

— Vous le voyez, dit Lebel en souriant, le roi attendait depuis longtemps sa filleule, et il a pris soin de tout faire marquer à votre chiffre.

— C'est pourtant vrai, dit naïvement la jeune fille, qui n'avait jamais vu ni même rêvé tant de merveilles.

— Le roi, poursuivit Lebel, m'a bien recommandé de vous dire que vous n'eussiez à vous inquiéter ni de votre père, ni de tous les gens que vous aimez. Il veille sur eux.

— Vrai? fit-elle.

— Quand le roi protège les gens, ajouta Lebel, ils n'ont rien à craindre.

— Mais, monsieur, dit naïvement Cécile, qu'ai-je donc fait pour que le roi soit si bon pour moi?

— Vous êtes sa filleule !

— Et cela suffit ?

— Non ; mais le roi a su combien vous êtes belle, sage, laborieuse.

— Ah ! il a su cela?

— Le roi sait tout, mon enfant.

— Monsieur, reprit Cécile, puisque le roi sait tout, me dira-t-il pourquoi mon père a quitté la France sans même venir m'embrasser ?

— Je puis vous le dire, moi.

— Vous, monsieur?

— Oui, mon enfant.

Et Lebel fit asseoir la jeune fille et se tint debout devant elle.

— Le roi, dit-il, a envoyé lui-même votre père hors de France.

— Et où cela?

— En Hollande, dit Lebel à tout hasard.

Or, c'était justement de Hollande que la lettre de Robert Damiens reçue peu de jours auparavant était datée.

Cécile ne pouvait plus douter de la bonne foi de Lebel.

D'ailleurs, pour le peuple, la royauté est toujours entourée d'un tel prestige, qu'il suffisait à Cécile d'être à Versailles, dans le palais du roi Louis XV, pour se croire en sûreté.

La chambre lilas n'était pas seule : un petit boudoir la précédait et elle était suivie d'un cabinet de toilette auquel madame de Pompadour avait donné son approbation.

Lebel mit la jeune fille au courant de tous les êtres de ce joli réduit, dans lequel tant de pauvres créatures étaient venues avant elle chercher le déshonneur.

Il lui demanda si elle avait faim et si elle désirait souper.

Cécile refusa.

Seulement les émotions de la soirée et les longueurs de la route l'avaient altérée.

Elle demanda à boire.

Lebel sortit et revint quelques minutes après, chargé d'un plateau sur lequel il y avait un verre de sirop de groseille.

Cécile le but d'un trait et trouva ce breuvage délicieux.

— Maintenant, mon enfant, dit Lebel, vous pouvez vous mettre au lit et dormir la grasse matinée.

— Je ne verrai donc pas le roi ce soir? demanda-t-elle ingénument.

— Non; demain matin. Le roi est couché; mais à son réveil, il s'empressera de vous faire visite.

Et Lebel, l'homme aux cheveux blancs, le coquin pourri de vices, qui avait l'air d'un respectable vieillard, baisa respectueusement la main de Cécile Robert, et la laissa seule.

Il y eut alors pour elle comme une phase de répit et de réflexion.

Jusque-là, en quelques heures, passant de l'angoisse à la terreur et de la terreur à l'étonnement, elle n'avait pas eu une minute à elle pour envisager sa situation avec calme, pour analyser les événements et pour se souvenir.

Mais enfin, voici qu'elle était seule !

Seule avec elle-même, seule en ce palais de Versailles, où le nom du roi courbait tous les fronts, et alors elle se souvint...

Elle se souvint que cet homme qui l'avait brutalement enlevée de sa mansarde avait frappé Hector de Pierrefeu d'un coup de couteau.

Or, Hector, dont elle ignorait même le nom entier, car le pauvre fou, depuis qu'il était entré en convalescence, balbutiait à peine quelques mots inintelligibles et avait bien de la peine à dire qu'il s'appelait Hector, — Hector, disons-nous, était jeune, était beau, il était souffrant, il avait failli mourir...

Et le chemin de la douleur n'est-il pas quelquefois le chemin de l'amour?

Firmin, lui aussi, était jeune, il était beau, il aimait tendrement Cécile, et Cécile le lui rendait; mais comme elle l'avait dit à Porion, deux heures auparavant, cette affection était purement fraternelle des deux parts.

Or, depuis un mois, presque toujours assise auprès de son cher malade, ou penchée sur lui pendant ses nuits de fièvre et de délire, Cécile avait senti son cœur battre comme il n'avait jamais battu.

Quelquefois, au milieu de sa folie, Hector la regardait... il la regardait avec une sorte d'extase et d'enivrement...

Et Cécile, éperdue, baissait les yeux et s'enfuyait...

Or, depuis qu'elle avait été arrachée de sa mansarde, Cécile avait à peine songé à Hector.

Et quand elle se trouva seule, un remords la mordit au cœur. Et puis elle se souvint...

Elle se souvint que Porion avait frappé le malheureux jeune homme d'un coup de couteau. Peut-être même l'avait-il tué.

Et Cécile se souvenant, jeta un cri :

— Mon Dieu! mon Dieu! dit-elle, et moi qui ne songeais plus à lui!

Alors elle fut prise d'une épouvante sérieuse. Elle courut à la porte et voulut l'ouvrir.

La porte résista.

Elle se précipita vers la croisée.

Mais la croisée avait un système d'espagnolette qui lui était inconnu, et tous ses efforts pour la faire jouer furent inutiles.

Elle frappa contre les murs.

Mais les murs étaient sourds, car sous l'étoffe soyeuse il y avait un épais capiton destiné à assourdir les cris des victimes.

Enfin elle aperçut au bord de l'alcôve un cordon de soie bleue. C'était un cordon de sonnette.

Elle s'en saisit et le tira violemment à elle.

Presque au même instant, des pas retentirent au dehors, puis la porte s'ouvrit, et le bon vieillard à la figure débonnaire, l'infâme Lebel, reparut.

— Avez-vous donc besoin de quelque chose, ma chère petite? dit-il d'une voix mielleuse.

— Ah! monsieur... monsieur... fit-elle éperdue.

— Que vous arrive-t-il?

— Oh! je suis une misérable!

— Vous, mon enfant?

— J'ai oublié Hector.

— Qu'est-ce qu'Hector?

Et Lebel fronça légèrement le sourcil.

— C'est le pauvre jeune homme que cet homme qui m'a amenée ici a frappé, le prenant pour M. Firmin le chirurgien.

Heureusement Lebel se souvenait parfaitement de tout ce que lui avait raconté maître Porion en descendant de voiture.

— Rassurez-vous, dit-il en souriant; l'ami de votre père a fait plus de bruit que de besogne, et c'est vraiment fort heureux.

— Mon Dieu! dit-elle avec angoisse, que voulez-vous dire, monsieur?

— L'ami de votre père a blessé M. Hector d'une façon tout à fait insignifiante. Son couteau a glissé sur une côte.

— Oh! dites-vous vrai, monsieur?

— Ce n'est pas moi, c'est le chirurgien qui a été chargé de le panser et qui arrive à l'instant même de Paris, répondit rapidement Lebel. Voulez-vous voir cet homme? Dites un mot, et je vous l'amène dans cinq minutes.

Comment ne pas croire sur parole cet homme à tête blanche qui avait l'air d'un patriarche?

Cécile tomba à genoux et remercia Dieu.

Lebel s'en alla, la voyant rassurée.

Alors Cécile songea à se mettre au lit.

Elle avait la tête lourde, une certaine chaleur inusitée dans l'estomac, et un invincible besoin de dormir commençait à s'emparer d'elle.

Elle ne se dit point, la pauvre petite, que peut-être le verre de sirop de groseille qu'elle avait bu avec tant de plaisir était mélangé d'un narcotique? D'ailleurs savait-elle ce que c'était qu'un narcotique?

Non assurément.

A peine se fut-elle déshabillée et glissée dans ce grand lit moelleux, qui ne ressemblait à rien moins qu'à son pauvre lit de sangle un peu dur; à peine la clarté des bougies eut-elle soufflé ou été remplacée par le demi-jour voluptueux de la veilleuse qui brûlait dans l'alcôve, que ses paupières alourdies se fermèrent brusquement et qu'elle s'endormit d'un sommeil profond.

Quand Cécile rouvrit les yeux, un rayon de soleil s'ébattait sur la courtine blanche du lit et sur l'oreiller garni de dentelles sur lequel la blonde chevelure de la jeune fille s'était déroulée pendant son sommeil.

Elle avait bien toujours la tête un peu lourde et par tout le corps un inexplicable malaise, mais elle n'eut pas grand'peine à rassembler ses souvenirs épars et à se dire qu'elle était bien la filleule du roi, qu'elle se trouvait au palais de Versailles dans une chambre que son auguste parrain avait fait disposer tout exprès pour elle, et que le moment était proche sans doute où elle allait recevoir sa visite.

Puis elle songea à Hector, se souvint des paroles rassurantes de Lebel et poussa un soupir de satisfaction.

Après quoi elle se leva, s'enveloppa dans un peignoir qui se trouvait tout ouvert auprès du lit sur un fauteuil, et courut de nouveau à la fenêtre.

Mais, cette fois encore, l'espagnolette eut pour elle des mystères, et elle ne put parvenir à ouvrir la croisée.

Seulement elle regarda à travers les vitres : elle avait devant elle ce beau parc de Versailles dessiné par Le Nôtre, et qui était l'orgueil du feu roi Louis XIV.

Le soleil ruisselait en gerbes sur les gazons, caressait les blanches statues, ricochait en myriades d'étincelles sur l'eau bleue des bassins.

Les oiseaux volaient de branche en branche à travers les arbres, qui commençaient à perdre leur feuillage, et si Cécile ne les entendit pas, elle devina qu'ils chantaient.

Elle était depuis quelques minutes en contemplation devant ces merveilles, lorsqu'un petit bruit se fit entendre derrière elle.

Elle se retourna vivement, un homme entra.

Ce n'était pas Lebel.

C'était un homme qui paraissait jeune encore et dont le visage rose et frais était rehaussé par une belle chevelure poudrée avec soin.

Il était vêtu d'un habit gris, par-dessus lequel s'étalait le grand cordon bleu de l'ordre du Saint-Esprit, passé en sautoir.

Les boutons de l'habit étaient en diamant, la collerette et les manchettes, de magnifique dentelle.

Il portait en verrouil une petite épée à poignée de nacre enrichie de pierreries, et les boucles d'argent de ses souliers étaient garnies de perles.

— Bonjour, mon enfant, dit-il en entrant et refermant la porte.

Cécile ne put réprimer un cri de surprise.

Dans ce galant seigneur qui lui souriait, la jeune fille avait reconnu ce brave gentilhomme qui l'avait tant regardée un dimanche, au cabaret de Marly-le-Roi.

— Bonjour, ma petite, répéta-t-il.

— Ah! mon Dieu, fit-elle ingénument, c'est le roi!

— Oui, mon enfant, répondit-il.

Et le roi, — car c'était lui en effet, — prit la jeune fille par la main, la conduisit vers une bergère, s'assit le premier et voulut l'asseoir ensuite sur ses genoux.

— Oh! pas là, dit-elle en rougissant.

Le roi n'insista point, mais il se mit à lui baiser les mains avec transport.

Retenue par le respect et la crainte, Cécile, toute confuse, n'osa retirer ses mains.

— Mais c'est qu'elle est vraiment charmante! s'écria le roi enthousiasmé.

Et il lui prit un baiser sur le cou.

Cécile jeta un nouveau cri.

— Comme nous sommes timide! dit Louis XV, pour qui cette confusion en faisait un vrai morceau de roi.

— Sire... mon parrain... balbutia-t-elle.

— Ah! oui, c'est juste, dit-il en riant, je n'y pensais plus... Je suis ton parrain, ma belle... c'est Lebel qui m'en a fait souvenir...

Et il lui prit un second baiser.

Cécile jeta un nouveau cri.

— Comme nous sommes farouche! dit le roi.

Et de plus en plus entreprenant, il prit la jeune fille dans ses bras.

Mais elle se dégagea par un brusque mouvement :

— Oh! dit-elle, vous m'avez trompée.

— Moi, ma toute belle?

— Vous n'êtes pas le roi.

— Quelle plaisanterie!

— Si vous étiez le roi...

— Je le suis et je te trouve adorable... et je vais te le prouver, mon bel ange.

Et le roi se mit à poursuivre par la chambre Cécile, qui s'enfuyait éperdue, appelant à son secours.

— A la bonne heure! murmurait Louis XV, ravi de cette résistance qui irritait sa fantaisie amoureuse; à la bonne heure! voilà de la vertu ou je ne m'y connais pas... Ah! ce ne sont pas les femmes de ma cour qui se conduiraient ainsi.

Mais comme il allait atteindre la jeune fille épuisée, et dont les murs capitonnés étouffaient les cris de terreur, un bruit formidable se fit, et le roi s'arrêta muet d'épouvante et d'horreur.

Une boule noirâtre, qui semblait être tombée du ciel au milieu de la chambre, dansait sur elle-même, vomissait du feu et finit par éclater avec un fracas semblable à celui du tonnerre.

C'était une grenade chargée de poudre.

Et le roi, la sueur au front, ne songeant plus à poursuivre la jeune fille, sembla se demander si ce n'était pas la colère céleste qui se manifestait ainsi.

En même temps, un autre bruit se fit.

C'était celui d'une voix humaine.

Cette voix, qui semblait sortir de l'alcôve où la jeune fille avait passé la nuit, cette voix disait :

« La colère divine atteint les rois aussi bien que les peuples. »

La superstition n'était pas le faible du vainqueur de Fontenoy.

Il ne crut pas longtemps à la colère divine, mais il pensa qu'un homme était caché derrière le lit, et tirant son épée, il se précipita vers l'alcôve.

Mais il eut beau chercher, l'alcôve était vide.

Cependant, la voix se fit encore entendre. Seulement, elle ne partait plus du fond de l'alcôve, elle semblait se jouer, au contraire, dans les frises du plafond.

Et la voix disait :

« Roi, si tu ne veux attirer sur toi et ton peuple des malheurs épouvantables, tu respecteras cette jeune fille et tu la feras reconduire chez son père !... »

— A moi ! s'écria le roi, à moi !... Lebel...

Mais personne ne vint.

Le roi Louis XV avait fait disposer la chambre lilas dans la partie la plus reculée du palais, et lorsqu'il s'y trouvait, personne n'eût osé en approcher.

XIX

— A moi ! à moi ! répéta le roi.

Et, cette fois, il courut vers la porte et l'ouvrit.

Mais il n'y avait personne dans le corridor, personne dans les salles voisines.

Le roi fut tenté de prendre la fuite ; mais il fit cette réflexion, que la petite pourrait en profiter aussi pour s'en aller.

Il resta donc et referma vivement la porte.

Cécile ne songeait pourtant pas à se sauver.

Folle de terreur, elle s'était réfugiée à l'autre extrémité de la chambre lilas et se tenait accroupie dans un coin.

La voix s'était tue.

Louis XV frappa du pied.

— Mort de ma vie ! dit-il, jamais pareille mystification ne m'est advenue. Je ne crois pas plus à la colère céleste que M. de Voltaire, mais je crois à quelque audacieux coquin qui se moque de moi.

Et, s'étant réconforté par les paroles qu'il s'adressait à lui-même, le roi s'avança de nouveau vers Cécile Robert.

La pauvre enfant s'était mise à genoux.

Elle tendait vers le monarque des mains suppliantes et semblait en appeler à sa justice.

Mais cette comédie-là s'était renouvelée si souvent, il avait vu tant de pauvres filles l'implorer à la seule fin de mettre à leur dénûté un prix plus élevé, qu'il ne crut ni aux larmes ni aux supplications de Cécile.

Il la reprit dans ses bras et lui mit un baiser sur les lèvres.

Mais la voix tonna aussitôt.

Seulement elle ne partait plus du fond de l'alcôve, elle ne descendait plus des frises du plafond ; au contraire, elle résonnait comme un tambour sous les pieds du roi.

— Prends garde ! disait-elle, un grand malheur te menace, roi sans pudeur ! prends garde !

Le roi lâcha Cécile une fois encore et sa colère ne connut plus de bornes.

Cette fois, au lieu de courir vers la porte, il se précipita vers l'alcôve et secoua avec fureur le cordon de sonnette.

Deux minutes s'écoulèrent, deux siècles pour Cécile, deux années pour le roi, dont la colère allait croissant ; puis des pas retentirent dans le tambour sous les pieds, et enfin Lebel parut.

En voyant le roi bouleversé, la sueur au front, rouge comme un coquelicot, le valet de chambre s'arrêta interdit sur le seuil.

— Lebel ! dit le roi, Lebel ! Lebel ! répéta-t-il sur trois tons différents.

— Sire...

— Ah ! Lebel !...

Et le roi prit d'une sorte de suffocation.

— Mais qu'est-ce donc, sire ? qu'est-ce donc ?

Et Lebel regardait alternativement Cécile, qui avait fini par pleurer à chaudes larmes, et le roi, qui menaçait de se trouver mal.

— Regarde ! dit enfin Louis XV.

Et il poussa du pied la grenade qui avait fait explosion et n'était plus maintenant qu'un morceau de tôle noirci et déformé.

— Une grenade ! s'écria Lebel.

— Oui, qui a éclaté là... à mes pieds...

Lebel crut que cette pièce d'artifice avait été jetée par Cécile.

— Ah ! petite misérable ! dit-il en s'élançant vers elle les poings fermés.

Mais Louis XV l'arrêta.

— Non, dit-il, ce n'est pas elle.

— Qui donc alors, sire ?

— Je ne sais pas... Elle est tombée du ciel !...

— Oh ! fit Lebel, qui ne croyait pas plus au ciel que le roi lui-même.

— La voix... la voix... murmura Louis XV, dont le visage passait de la couleur pourpre à des tons livides.

— Quelle voix ? fit Lebel.

— Une voix qui me menace des colères du ciel.

— Bah ! dit le valet de chambre.

— Et qui part tantôt de là, tantôt de là et tantôt de là !...

Et le roi indiqua les trois endroits d'où la voix s'était successivement fait entendre.

— Sire, dit-il, il est impossible qu'on ait osé manquer ainsi de respect à Votre Majesté. Je vais appeler les gardes du corps, on fouillera le château... et certes on trouvera le téméraire qui...

Louis XV arrêta Lebel une fois encore.

— Non, je ne veux pas.

— Mais, sire...

— Il est inutile de faire rire à mes dépens avant qu'on n'ait trouvé le fieffé coquin...

En même temps, le roi regarda Cécile.

— Je suis trop ému maintenant, dit-il, pour m'occuper de galanteries ; mais veille sur cette petite, elle est charmante... et j'espère bien qu'elle s'humanisera quelque peu...

— Oh ! Votre Majesté peut être tranquille, dit Lebel ; l'oiseau est en cage, et la cage est solide. Il ne s'envolera pas.

Le roi fit un pas vers la porte ; puis, revenant vers Lebel :

— Pas un mot de tout cela, dit-il.

— Oui, sire.

— Et envoie-moi le gouverneur du château.

En même temps, le roi ramassa la carcasse de la grenade et la mit dans sa poche.

Puis il monta dans ses appartements, laissant Cécile aux mains de Lebel.

Alors celui-ci dit sévèrement à la jeune fille :

— On a tenté d'assassiner le roi à vos yeux, c'est certain. Prenez garde d'être complice !...

Et il la laissa en proie à une épouvante nouvelle, celle de l'échafaud, succédant à l'épouvante du deshonneur.

Cécile l'entendit fermer la porte à double tour et s'éloigner.

— O mon Dieu ! mon Dieu ! dit-elle en éclatant en sanglots, mon Dieu ! prenez pitié de moi !

Et, tandis qu'elle tombait à genoux et comme si Dieu, qu'elle invoquait, eût daigné lui répondre lui-même, cette voix qui avait si fort effrayé le roi se fit entendre encore une fois, et si près de la jeune fille, qu'on eût dit qu'un être invisible lui parlait à l'oreille.

La voix ne menaçait plus.

Elle était caressante et douce comme une consolation, et disait :

— Prenez patience et courage, on veille sur vous, on vous protège... et on vous sauvera.

Pendant ce temps, le roi, dont l'émotion commençait à se calmer, avait fait appeler dans son cabinet le gouverneur du château.

L'homme qui remplissait ces fonctions n'était ni un grand seigneur, ni un courtisan.

C'était un vieux soldat, ancien capitaine de cavalerie, à qui Louis XV avait donné ce poste en récompense de ce que, à Fontenoy, le brave homme avait eu le bras gauche emporté par un boulet, qui peut-être bien, sans cette rencontre, fut allé tuer le roi lui-même.

On l'appelait M. de Beautreillis.

Le roi lui montra la grenade, lui raconta ce qu'il avait vu et entendu, et lui dit :

— Si vous tenez à votre charge, monsieur, vous m'aurez donné demain l'explication de ce mystère.

— Oui, sire.

Le pauvre capitaine était un homme dévoué et qui avait fait merveille sur les champs de bataille ; mais il était un piètre homme de police, et, il eut beau faire, le soir vint sans qu'il eût rien découvert.

On fouilla cependant le château en conscience.

Lebel ayant enfermé Cécile dans une autre pièce, on visita la chambre lilas avec soin, on sonda les murs capitonnés, on chercha des trappes qui n'existaient pas.

Bien que le roi eût demandé le secret et qu'il n'eût même rien dit à madame de Pompadour, bien que les recherches eussent été faites en grand mystère, l'histoire transpira.

A huit heures du soir, une dizaine de courtisans se la racontaient tout bas; à dix, les pages la savaient; à onze, elle avait fait le voyage de Paris, car M. de Sartine arriva en toute hâte.

Pendant toute la journée, maître Porion était demeuré au château de Versailles, attendant que le roi lui daignât donner audience.

Peut-être que, si on l'avait employé, Porion aurait, du premier coup, trouvé le mot de l'énigme.

Mais personne, pas même Lebel, ne songea à lui.

Et, comme on va le voir, ce fut un grand malheur pour lui.

M. de Sartine, qui le roi raconta ce qui s'était passé et comment Porion lui avait amené la petite, s'écria :

— Ne cherchez plus, sire.

— Hein? fit le roi.

— Le mystificateur est tout trouvé.

— Que dites-vous, Sartine?

— C'est ce drôle qui, après avoir jugé bon de se passer de moi et de traiter directement avec le roi, s'est fait le mystificateur de Sa Majesté.

— Est-ce possible, Sartine?

— J'en suis certain, sire, répondit le lieutenant de police.

— Ah! le fieffé coquin!

— Je vais le faire arrêter, sire, si Votre Majesté le permet.

— Je le crois bien! dit le roi. Arrêtez-le, Sartine, et qu'il aille pourrir à la Bastille.

— Après qu'on lui aura donné la torture, sire, et qu'il aura avoué de quels moyens il s'est servi.

Et M. de Sartine, quittant le roi, s'en alla donner l'ordre d'arrêter Porion, lequel attendait fort tranquillement son audience dans la salle des bas officiers du château, et qui jeta des cris de paon en se voyant appréhender au collet.

Il voulait se disculper, parler, protester de son innocence, offrir même son concours pour retrouver le véritable mystificateur; mais les exempts chargés de l'arrêter lui fermèrent la bouche, le jetèrent dans une voiture et crièrent au cocher :

— Au Châtelet, par ordre du roi!

XX

A peu près à l'heure où l'on emmenait le père Cannelle au Châtelet, un petit conciliabule se tenait en grand mystère dans le boudoir de madame de Pompadour.

La marquise avait deux personnes avec elle : sa première dame d'atours, mademoiselle Bellamy, et le page Noël.

La marquise riait à se tordre.

— Maintenant, mon mignon, disait-elle en regardant Noël, maintenant que tu nous as montré tes prouesses, dis-nous comment tu as fait.

— C'est bien simple, dit Noël.

— Comment! bien simple?

— Je suis ventriloque.

— Hein? fit la marquise.

— Ventriloque! répéta mademoiselle Bellamy, qu'est-ce que cela?

— Je parle avec le ventre.

— Que nous chantes-tu là, mon mignon? dit la marquise de Pompadour.

— En voulez-vous la preuve? dit Noël.

— Voyons.

— La ventriloquie est le don de faire résonner sa voix où l'on veut, reprit Noël; voyez plutôt.

Soudain madame de Pompadour et mademoiselle Bellamy jetèrent un cri de surprise et presque de frayeur.

Une voix, qui semblait venir des profondeurs du parquet, disait sourdement :

— Dans ma famille, nous sommes tous ventriloques.

La marquise regarda Noël.

Ses lèvres remuaient, mais le son, au lieu de s'en échapper, semblait sortir de dessous la chaise de mademoiselle Bellamy.

Pourtant, on n'en pouvait douter, c'était bien lui qui parlait.

— C'est merveilleux! s'écria la demoiselle d'atours.

— Miraculeux! fit la marquise.

— Et cela m'a permis, dit le page en riant, de parler au nom de la Providence.

— Mais encore, reprit madame de Pompadour, fallait-il que tu fusses caché dans la chambre lilas?

— Non, certes, dit Noël.

— Où étais-tu donc?

— Un nouveau sourire effleura les lèvres rouges de Noël.

— J'étais tranquillement dans ma chambre, dit-il.

— Ta chambre?

— Oui, elle est verticalement au-dessus de la chambre lilas. Un page, ça se loge dans les combles.

— Et tu as pu faire traverser l'épaisseur du plafond à ta voix singulière?

— Pas tout à fait.

— Cependant...

— Le plafond est creux, comme tous les plafonds, du reste, poursuivit Noël, c'est-à-dire qu'il y a un vide entre les poutres de la pièce qui est au-dessous et le parquet de celle qui se trouve au-dessus.

— Bien.

— A Versailles, au temps du grand roi, continua Noël, qui savait son histoire, on faisait tout royalement. Au lieu de loger simplement des souris, les plafonds peuvent loger des hommes, et ce bélître de M. de Beautreillis aurait dû songer à cela et faire sonder les plafonds au lieu de fouiller les armoires.

— Continue, mon mignon, dit la marquise, que le récit de Noël intéressait de plus en plus.

— J'ai descellé une des feuilles de mon parquet et je me suis glissé dans le plafond.

— Très-bien! Après?

— Puis, avec une vrille, j'ai fait un tout petit trou dans un coin de l'alcôve. La chambre lilas est entièrement capitonnée, et l'étoffe qui la tend recouvre parfaitement le trou. C'est par ce trou que ma voix passait et que je la dirigeais où bon me semblait.

— Je comprends encore cela, dit la marquise; mais la grenade?

— Elle a passé par le trou.

— Il était tout petit, dis-tu?

— Je l'ai agrandi.

— Et les gens de M. de Beautreillis ne l'ont pas trouvé?

— Non; le capiton le recouvrait. Je n'ai eu qu'à l'écarter un peu momentanément pour jeter mon projectile; puis, avec le bout des doigts, j'ai ramené l'étoffe à sa place.

— Tout cela est merveilleux, dit madame de Pompadour; mais après?

— On a arrêté ce pauvre diable que M. de Sartine a désigné comme le mystificateur.

— Bon!

— Et si tu continues la même comédie, demain le roi...

— Il n'y aura pas de demain, madame.

— Comment donc, mon mignon?

— Je compte enlever la petite ce soir, à l'heure du souper du roi.

— L'enlever?

— Oui.

— Malgré Lebel?

— Sans doute.

— Mais comment feras-tu?

— Je me servirai d'une échelle de soie qui m'était d'un grand secours, il y a deux mois, pour descendre de ma chambre par la fenêtre.

— Pourquoi sortais-tu par la fenêtre et non par la porte?

Noël eut un sourire.

— Maintenant, dit-il, je ne veux compromettre personne, et je vous prie de ne point m'interroger là-dessus.

— Soit; continue.

— J'attache donc mon échelle après une fenêtre.

— Bon!

— Et je descends jusqu'à celle de la chambre lilas.

— Bon!

— Mais elle est fermée.

— Sans doute. Seulement, voyez...

Et Noël mit sous les yeux de la marquise un superbe diamant qu'il avait au doigt et qu'elle lui avait donné.

— Avec cela, dit-il, je coupe une vitre sans le moindre bruit, et je pénètre dans la chambre lilas.

— La petite, effrayée, se met à crier, dit mademoiselle Bellamy, et Lebel accourt.

— Non, dit Noël, j'ai prévu le cas, et la voix mystérieuse a prévenu la petite qu'on veillait sur elle et qu'on travaillait à la sauver.

— Tu as réponse à tout, dit la marquise.

Noël continua en souriant :

— Je prends la petite dans mes bras, je remonte avec mon échelle dans ma chambre, et j'attends le petit jour.

— Et puis?

— Au petit jour, je l'habille en homme avec un de mes habits. Elle est grande, élancée, elle aura tout à fait l'air d'un page. Nous sortons ensemble. Personne ne prend garde à deux pages traversant les corridors et descendant les escaliers.

— Les suisses de garde, à moitié endormis, m'entendent crier : « Service du roi! » et m'ouvrent les grilles. Nous voilà dans les rues de Versailles; nous montons dans un carrosse, et fouette cocher! je ramène la petite à Paris.

— A son père?

Fiez-vous à moi. Je viens vous sauver. (Page 41.)

— Ah! dame! répondit Noël, cela dépendra. Je la trouve charmante!

— Drôle!

Madame de Pompadour, sur ce mot, parut réfléchir.

— Ecoute, mon mignon, dit-elle enfin, je crois que, si belle que soit la petite, elle n'est plus dangereuse pour moi.

— Pourquoi donc, madame?

— Mais parce que, au bout de trois jours, le roi, se souvenant toujours de sa mésaventure, la prendra en grippe.

— C'est bien possible.

— Mais enfin, continua madame de Pompadour, si elle te plaît et si tu veux mener l'aventure jusqu'au bout, je ne m'y oppose pas.

Noël baisa la main de la marquise.

— Vous êtes bonne! dit-il.

— Seulement, ajouta la marquise, prends garde de te laisser pincer.

— Oh! dit Noël en riant, il n'y a pas de danger.

Et il se leva.

— Eh bien! où allez-vous donc? demanda mademoiselle Bellamy.

— Eh bien! voici l'heure du souper du roi.

— Ah! c'est juste.

— Je vais sauver la petite. Au revoir!

Et Noël s'esquiva sur la pointe du pied, laissant la marquise, qui riait de plus belle.

XXI

Cécile Robert était demeurée enfermée tout le jour.

Elle n'avait vu que Lebel.

Maintenant le vieillard lui faisait horreur, et elle savait à quel misérable elle avait affaire.

Lebel lui avait apporté à manger; mais elle avait refusé de toucher à aucune nourriture : d'abord, parce qu'elle était trop désespérée pour avoir faim ou soif, ensuite, parce que la voix s'était fait entendre une fois encore, disant :

— Ne mangez que du pain, ne buvez que de l'eau, si vous mangez et si vous buvez. Le vin est mélangé d'un narcotique, les aliments sont frelatés.

Quelle était donc cette voix qui lui parlait ainsi presque à l'oreille?

Pas plus que le roi, la jeune fille n'était tentée de croire à quelque chose de surnaturel.

Mais elle croyait à ce que la voix lui avait dit, c'est-à-dire qu'il se trouvait au château de Versailles des gens qui travaillaient à la sauver.

Elle avait passé la journée tantôt priant, tantôt pleurant, s'abandonnant parfois à l'espoir et parfois se remettant à fondre en larmes.

La nuit était venue.

Lebel, qui avait jeté le masque, arriva vers huit heures, un flambeau à la main.

Il jeta un coup d'œil sur la table, qui était chargée encore du repas intact de la jeune fille.

— Ah! dit-il, il paraît que nous n'avons pas faim?

Cécile ne répondit pas.

Lebel alluma les flambeaux qui se trouvaient sur la cheminée. Puis, regardant Cécile :

— Ma chère enfant, dit-il, le misérable qui a osé mystifier le roi a été arrêté, et le roi a la conviction que vous n'étiez pas sa complice. Le roi vous aime toujours et il va venir vous visiter. Je vous engage donc, ma chère petite, à le bien recevoir cette fois, et à ne pas faire la bégueule. Votre avenir en dépend. Si vous êtes docile aux bontés de notre auguste maître, vous serez dotée convenablement, et il vous sera loisible ensuite d'épouser votre fiancé, si vous en avez un.

Le roi quitta la marquise. (Page 44).

Sur ces ignobles paroles, Lebel sortit.

Cécile ne comprit qu'une chose : c'est que celui qui déjà l'avait sauvée avait été arrêté.

Dès lors elle perdit toute espérance et se remit à fondre en larmes.

Mais soudain les deux flambeaux s'éteignirent sous un souffle puissant.

Cécile, qui s'était remise à genoux, se leva effrayée et jeta un cri.

Mais la voix se fit entendre aussitôt tout près d'elle et comme à son oreille.

Cette voix disait :

— Lebel a menti; celui qui veut vous sauver n'a point été arrêté, puisque celui-là c'est moi. Tout à l'heure je serai auprès de vous... ne vous effrayez pas... ne criez pas... votre salut dépend de votre silence.

Le cœur de Cécile battait à rompre.

Elle s'approcha de la croisée et appuya contre la vitre son front brûlant.

La nuit n'était pas lumineuse comme la précédente, elle était noire et pluvieuse, au contraire, et le silence s'était fait dans le château, silence que troublait seul, de temps à autre, le pas sonore et régulier des sentinelles qui, parfois, et pour le simple acquit de leur conscience, daignaient sortir un moment de leur guérite et recevoir quelques gouttes de pluie.

Tout à coup Cécile se rejeta vivement en arrière.

Entre le ciel noir et la vitre, quelque chose de plus noir encore venait de glisser.

Ce quelque chose, qui paraissait être un corps humain, semblait se balancer dans les airs au bout d'une corde.

Cécile fut tentée de crier, mais elle se souvint des recommandations de la voix mystérieuse et ne bougea pas.

Un petit bruit sec se fit entendre.

C'était la vitre que coupait le diamant.

La vitre détachée, une main passa au travers du carreau et ouvrit l'espagnolette, ce que Cécile avait essayé en vain plusieurs fois.

Mais Noël, car c'était lui, avait le secret des fermetures mystérieuses de la chambre lilas.

Et Noël, la fenêtre ouverte, sauta lestement dans la chambre.

— C'est moi, dit-il tout bas.

Cécile tremblait de tous ses membres, mais l'espoir gonflait sa poitrine.

Elle ne pouvait distinguer les traits de son libérateur, mais il avait une voix si fraîche et si douce! Et il reprit :

— Fiez-vous à moi. Je viens vous sauver...

— Qui donc êtes-vous? demanda Cécile.

— Je vous le dirai plus tard. Maintenant, nous n'avons pas une minute à perdre. Si vous restiez ici une heure de plus, vous seriez perdue tout à fait et je ne pourrais plus rien pour vous. Avez-vous confiance en moi?

— Oui, dit Cécile, au cœur de qui cette voix suave et sympathique descendait comme une espérance.

— Alors laissez-moi vous prendre dans mes bras, et n'ayez pas peur.

Et, comme en dépit de ses formes élégantes et mignonnes, le page était robuste, il enlaça Cécile de son bras gauche, qu'il passa sous sa taille, remonta sur l'entablement de la croisée, saisit l'échelle de soie qui pendait au long du mur, et s'aidant de la main droite, il remonta hardiment, peu soucieux de voir au dessous de lui un vide de quarante ou cinquante pieds.

— Si vous avez peur, dit-il à Cécile, fermez les yeux.

Ce fut l'affaire de quelques minutes. Noël toucha bientôt l'entablement de sa propre fenêtre et déposa Cécile palpitante dans sa chambrette de page.

Puis il détacha son échelle, qu'il s'empressa de cacher sous son lit, referma la fenêtre et dit à la jeune fille :

— Maintenant, vous êtes sauvée.

Et il battit le briquet et alluma une bougie, car il avait accompli tous ces prodiges dans l'obscurité la plus profonde.

Alors Cécile put voir son libérateur.

Noël était joli et mignon à croquer, et n'eût été le souvenir d'Hector...

Mais Cécile songeait à Hector, elle y songeait si bien, qu'après avoir pressé sa main avec effusion, elle lui dit :

— Ah! merci pour moi... merci pour lui.

Ces mots firent à Noël l'effet d'une douche d'eau glacée.

— Qui, lui? fit-il.

— Hector.

— Bon! pensa Noël, j'en étais sûr. Ces choses-là n'arrivent qu'à moi. Voici que je viens de faire les affaires d'un autre.

Puis tout haut :

— Ah! il se nomme Hector?

— Oui, dit Cécile rougissante.

— Comment ne vous a-t-il pas défendue quand on vous a enlevée?

Cette question fit tressaillir Cécile.

— Mon Dieu! dit-elle.

— Quoi donc?

— Oh! cet homme m'a menti.

— Quel homme?

— Le vieillard... l'homme du roi.

— Ah! oui... ce gredin de Lebel.

— Oui, fit-elle d'un signe de tête.

Alors Cécile raconta naïvement à Noël tout ce qui en était, tout ce qu'elle savait, depuis la fable que lui avait contée Porion jusqu'aux nouvelles rassurantes que lui avait données Lebel touchant Hector.

Noël l'écouta attentivement.

Puis, quand elle eut fini :

— Eh bien, dit-il, nous saurons dans quelques heures ce qu'il en est advenu.

— Nous le saurons?

— Sans doute, puisque je vais vous reconduire à Paris.

— Oh! vous êtes noble et bon, murmura la jeune fille en pressant de nouveau les mains du page.

— Seulement, reprit Noël, il faut ne pas perdre la tête et être prudents. Vous n'êtes pas dans la chambre lilas, mais vous n'en êtes pas loin, comme vous allez voir tout à l'heure, et il s'agit de ne point y retourner.

Il s'approcha de Cécile de façon à mettre son épaule auprès de la sienne.

— C'est bien cela, dit-il, vous êtes de ma taille.

Elle le regarda avec étonnement.

— Vous pensez bien, ma chère demoiselle, reprit-il, que vous ne pouvez sortir d'ici vêtue comme vous êtes.

— Ah!

— Le premier garde, le premier suisse qui vous rencontrerait vous arrêterait.

Le visage de la jeune fille exprima de nouveau l'effroi.

— Tandis qu'avec le déguisement que je vous ai préparé, nous allons sortir du château librement.

En même temps, Noël ouvrit une armoire et en sortit, pièce à pièce, un costume de page bleu et rouge, ce qui était la petite tenue des pages du roi.

— Il faut que je mette cela? demanda ingénument Cécile.

— Oui.

Et Noël, qui savait ménager la pudeur des femmes, s'approcha de la fenêtre et tourna le dos à la jeune fille pour ne point la gêner dans cette métamorphose.

L'instinct du danger, qui n'était encore qu'à demi conjuré, donna à Cécile de l'adresse et de l'activité.

En moins d'un quart d'heure, elle eut échangé ses vêtements féminins contre un costume masculin.

Alors Noël se retourna et mit la dernière main à sa toilette.

Il lui roula les cheveux de façon à les faire paraître courts, laissa bouffer la chemisette entre la culotte et la veste, posa crânement sur la tête de Cécile le petit tricorne galonné, puis lui ceignit en verrouil une belle épée et lui dit :

— Maintenant, il n'y a guère que Lebel et le roi qui pourraient vous reconnaître, s'ils vous rencontraient, mais ils ne vous rencontreront pas. Venez.

Et il prit la jeune fille par la main.

Mais, comme il allait sortir, il se ravisa.

— Ah! dit-il, il faut tout prévoir, M. de Beautreillis fera sans doute une nouvelle fouille. Attendez un peu.

Il s'agenouilla, s'arma d'un petit couteau qu'il tira de sa poche, et, avec ce couteau, il détacha lestement une des feuilles du parquet.

Alors Cécile, de plus en plus étonnée, vit apparaître un trou béant.

C'était le plafond creux dont Noël avait parlé à madame de Pompadour.

Le page y poussa les hardes que la jeune fille venait de quitter.

Puis il replaça la feuille de parquet si adroitement qu'il eût été impossible de s'apercevoir qu'elle avait été déplacée.

— Maintenant, filons! dit-il.

Mais il était écrit que Noël et Cécile ne sortiraient pas du palais cette nuit-là.

Comme ils arrivaient à l'extrémité du corridor qui aboutissait à un des escaliers de service, un grand tapage se fit tout à coup.

On entendait les pages, les gardes, les officiers de service qui allaient et venaient en grande hâte.

La voix de Lebel retentissait éplorée et nazillarde, disant :

— Quel malheur! quel malheur!

Et soudain la voix impérieuse du roi domina celle de Lebel, disant :

— Qu'on ferme toutes les portes, toutes les grilles! Qu'on ne laisse sortir personne!

— Diantre! pensa Noël, le roi a fini de souper aujourd'hui plus tôt que de coutume, et nous avons perdu un quart d'heure.

Et se tournant vers Cécile tremblante :

— On s'est aperçu déjà de votre disparition; mais ne craignez rien, on ne vous retrouvera pas.

Et il ramena la jeune fille dans sa chambre, souleva de nouveau la feuille du parquet et dit :

— Voilà une cachette où on ne viendra point vous chercher. Restez là, ne bougez pas et comptez sur moi.

Puis il replaça la boiserie et s'élança hors de la chambre en murmurant :

— Allons donc voir un peu ce que pensent le roi et maître Lebel de la façon dont s'envolent les jeunes filles, ni plus ni moins que si elles étaient des oiseaux.

XXIII

Cependant, malgré ses cris et ses dénégations, on emmenait Porion au Châtelet, et M. de Sartine, montant lui-même dans son carrosse, avait donné l'ordre que la voiture qui renfermait le pauvre diable allât bon train.

Il est facile d'expliquer cette rigueur subite du lieutenant général de la police envers celui de ses agents en qui, jusque-là, il avait eu le plus de confiance.

Porion avait voulu se passer de son chef, faire tout lui-même, s'aboucher directement avec le roi et avoir tous les honneurs de l'entreprise.

C'en était assez pour que M. de Sartine, dont les agents subalternes avaient prévenu l'arrivée de Porion à Versailles, en prît de l'humeur et de l'ombrage.

Aussi n'avait-il pas hésité à accuser Porion des événements mystérieux dont la chambre lilas avait été le théâtre.

Le roi avait cru M. de Sartine d'autant plus facilement qu'un homme qui venait de faire ce qu'il avait fait, qui était parvenu à retrouver la petite fille et à se moquer de la maréchale d'H..., lui paraissait capable de tout.

Donc le roi avait voulu tout ce que M. de Sartine voulait.

Les deux voitures roulaient vers Paris avec une rapidité vertigineuse.

Il était nuit à peine lorsque toutes deux entrèrent sous les sombres voûtes du Châtelet.

Porion sollicita vainement une entrevue avec son chef.

M. de Sartine refusa.

On jeta le pauvre père Cannelle dans un cachot, et on l'avertit qu'il aurait à comparaître devant messieurs de la grand'chambre criminelle.

Ce qui voulait dire, clair comme le jour, qu'on allait le mettre à la torture.

Cependant la mise en scène de la torture, ce supplice épouvantable qui devait être aboli quelques années après, sous le règne suivant, demandait un certain temps.

Il fallait convoquer les juges.

Il fallait, sur l'ordre du roi, requérir un greffier.

Il fallait enfin que monsieur de Paris et ses aides fussent prévenus.

Deux ou trois heures s'écoulèrent.

Enfin le moment fatal arriva, et Porion fut tiré de son cachot.

Le malheureux était plus mort que vif.

On le conduisit à la chambre de torture, et il faillit s'évanouir à la vue du chevalet, des fourneaux ardents et des entonnoirs.

Le chevalet était l'instrument sur lequel il allait être étendu.

Dans les fourneaux rougissaient à blanc les fers destinés à lui roussir la plante des pieds et à le tenailler les bras et les jambes. Enfin les entonnoirs devaient servir à lui ingurgiter des seaux d'eau dans l'estomac jusqu'à ce qu'il se décidât à parler.

Il pâlit à la vue de tous ces instruments de torture, et ce fut en chancelant qu'il s'avança jusqu'auprès de la table devant laquelle était assis le magistrat en robe rouge chargé de l'interroger.

— Prévenu, lui dit ce dernier, vous êtes accusé d'avoir attenté à la vie du roi.

— Moi ! s'écria Porion en joignant les mains.

— A l'aide d'une machine de guerre du nom de grenade, poursuivit le magistrat.

Porion leva les yeux au ciel :

— Je ne sais pas ce que vous voulez dire, fit-il.

Le magistrat continua :

— Vous avez arrêté une jeune fille ?

— Oui, pour tuer au roi.

— Mai cette jeune fille, enfermée dans le palais de Versailles, vous avez voulu la sauver ?

— Moi !

Et Porion eut un accent plus étonné encore qu'épouvanté.

— Croyez-moi, reprit le magistrat d'un ton doucereux, n'abusez pas de la bonté du roi. Avouez votre crime.

— Mais je n'en ai commis aucun, dit Porion.

— Ainsi vous persistez dans vos dénégations ?

— Je ne puis pas dire ce que je ne sais pas.

— C'est ce que nous allons voir.

Le magistrat fit un signe, et les aides de l'exécuteur s'emparèrent de Porion.

Porion se mit à crier.

Mais il avait affaire à deux vigoureux gaillards qui le réduisirent à l'impuissance et le couchèrent sur le chevalet, où ils le lièrent solidement.

— Par quoi commencer ?

— Par les tenailles, dit le magistrat.

M. de Paris prit une tenaille rouge dans l'un des fourneaux, et quand ses aides eurent mis à nu les bras de Porion, il approcha les fers fumants de ses chairs.

Porion jeta un cri épouvantable.

Le magistrat fit un signe, le bourreau s'arrêta.

— Avouez-vous ? répéta l'homme en robe rouge.

— Je ne sais rien, dit Porion.

— Alors continuez, dit le magistrat.

Mais, comme le bourreau allait obéir, la porte de la chambre de torture s'ouvrit et une voix cria du seuil :

— Arrêtez !

En même temps on vit apparaître M. Lebel, le valet de chambre du roi.

— Quel est cet homme ? demanda l'homme en robe rouge, qui de sa vie n'était allé à Versailles et ne connaissait pas cet important personnage qui toute la cour s'inclinait.

— Ordre du roi ! répondit Lebel.

— Que veut le roi ?

— Qu'on retire ce malheureux de là, dit Lebel.

Et il mit un parchemin sous les yeux du magistrat interdit.

Le roi avait écrit de sa main :

« Monsieur de Sartine, ne faites point donner la question à votre agent Porion, et ramenez-le-moi en toute hâte.

« LOUIS. »

M. de Sartine n'était point au Châtelet lorsque Lebel était arrivé. Ne croyant qu'à demi à la culpabilité de son agent, mais assez satisfait de le châtier de son insolence, M. de Sartine, en arrivant au Châtelet, avait donné ses ordres pour le torturer ; puis il avait fait une toilette de gala et s'en était allé passer la nuit chez la Mariette, une femme célèbre qui avait succédé à la Brévanne, dans la rue des Blancs-Manteaux.

Mais il n'était personne au Châtelet qui eût osé mettre en doute le scel et la signature du roi.

Toutes les portes s'étaient ouvertes devant Lebel, et le magistrat lui-même s'inclina.

Porion, qu'on s'empressa de détacher, hurlait comme si on l'eût rompu vif.

— Calmez-vous, mon digne ami, lui dit M. Lebel à l'oreille, le roi vous a en grande estime, et vous êtes plus près que vous ne pensez d'être lieutenant de police.

— Oh ! si cela arrive jamais, s'écria Porion, je ferai mettre M. de Sartine à la torture.

On envoya un chirurgien en toute hâte.

Le chirurgien posa sur le bras horriblement brûlé de Porion un appareil destiné à prévenir l'inflammation, et Lebel lui dit :

— Maintenant, venez avec moi.

— Mais où me conduisez-vous ? demanda Porion, qui souffrait horriblement.

— A Versailles.

— Pourquoi faire ?

— Le roi a besoin de vous.

— Ah !

— On a enlevé la petite.

— En vérité !

— Et il n'y a que vous qui la puissiez retrouver.

Et Lebel, à la grande stupéfaction du magistrat et des tortionnaires, prit Porion par le bras, se fit ouvrir toutes les portes et conduisit l'agent de police jusqu'à son carrosse, qui attendait sur le quai.

XXIV

Pourquoi ce brusque revirement ?

C'est ce que nous allons expliquer en peu de mots.

Le roi, ainsi que l'avait remarqué le page Noël, poussé par sa fantaisie amoureuse, surtout excité par quelques verres de tokay et de vin d'Aï, avait abrégé son souper et s'était dirigé en toute hâte vers la chambre lilas.

Lebel, un flambeau à la main, le précédait. Arrivé près de la porte, le valet de chambre se tourna vers le roi :

— Je crois, dit-il, que Votre Majesté aura bon marché de la petite.

— Comment cela ?

— Elle est fort effrayée, et je lui ai dit que si elle résistait plus longtemps à Votre Majesté, on pourrait bien l'accuser de complicité avec l'homme qui avait jeté la grenade.

— Vraiment ! tu lui as dit cela ? dit le roi qui se mit à rire sans pudeur.

— Oui, sire.

— Tu es un rusé coquin, Lebel.

Lebel s'inclina, rouge de plaisir sous ses cheveux blancs.

Puis il mit la clef dans la serrure et ouvrit.

— Qu'est-ce ? fit le roi entrant derrière lui.

Mais soudain il jeta un cri.

Lebel s'était arrêté, la sueur au front, sans haleine et sans voix, devant la fenêtre ouverte.

La vitre coupée gisait à terre.

Évidemment on était venu au secours de la petite et on l'avait enlevée.

Lebel se précipita dans le cabinet de toilette et dans le boudoir.

Personne !

Alors il se mit à pousser de grands cris et, en quelques secondes, tout le palais fut en rumeur.

Ce fut à ce moment-là que le roi, ivre de colère et de rage, cria d'une voix retentissante :

— Qu'on ferme toutes les grilles ! qu'on double les sentinelles et qu'on ne laisse sortir personne !...

Ce fut en ce moment aussi que le page Noël crut prudent de battre en retraite et de cacher Cécile dans l'épaisseur du plafond creux.

Tout ce que le palais renfermait de gens valides fut aussitôt mis sur pied.

M. de Beautreillis, qui tremblait pour sa charge, redoubla de zèle.

On se remit à fouiller le château de fond en comble, mais ce fut en pure perte.

Pendant ce temps Noël souriait malicieusement dans le duvet naissant qui lui servait de moustache et disait :

— Cherchez ! cherchez ! vous ne trouverez rien, bonnes gens !

Les sentinelles, interrogées, affirmaient que personne n'était sorti du château.

Lebel jurait ses grands dieux qu'il avait vu la petite il n'y avait pas une heure.

De tout cela il fallait conclure que ni la petite ni ses ravisseurs n'avaient encore quitté le château.

Soudain la colère du roi tomba.

— Lebel, dit-il, viens avec moi.

Plus mort que vif, le valet de chambre suivit son maître, qui s'enferma avec lui dans son cabinet.

Alors le roi lui dit :

— Sartine est un imbécile.

Lebel regarda le roi.

— Et sans doute, continua Louis XV, il a arrêté et il va mettre un pauvre diable bien innocent à la torture.

— C'est bien possible, dit Lebel, qui avait, au fond, un faible pour Porion.

— C'est certain, continua le roi ; en veux-tu la preuve, hein ?

Lebel attendit que le roi s'expliquât.

— Quand on a emmené cet homme, la petite était encore dans la chambre lilas, n'est-ce pas ?

— Certainement, sire.

— Alors ce n'est pas lui qui l'a enlevée ?

— Évidemment non.

— Si ce n'est pas lui qui a enlevé la petite, c'est encore moins lui qui a jeté la grenade.

— Je le crois comme Votre Majesté, dit Lebel.

— Donc Sartine est un imbécile !

— Je ne dis pas non, sire.

— Et M. de Beautreillis en est un autre, puisqu'il n'aboutit à rien.

Lebel eut un geste qui voulait dire :

— La bêtise de M. de Beautreillis ne fait un doute pour personne.

Le roi poursuivit :

— Eh bien ! vois-tu, Lebel, il me vient une idée.

— Laquelle, sire ?

— C'est que ce que ni M. de Sartine ni M. de Beautreillis n'ont pu faire, cet homme, qui nous a donné déjà de si grandes preuves d'habileté, cet homme le ferait.

— Je le crois, dit Lebel.

— Monte en carrosse, prends mes meilleurs chevaux, Lebel.

— Oui, sire.

— Cours à Paris et ramène-moi cet homme ; il retrouvera la petite.

— J'en suis certain, dit Lebel.

Et moins d'un quart d'heure après, M. Lebel était sur la route de Paris.

Pendant ce temps M. de Beautreillis était mandé auprès du roi.

— Monsieur, lui dit Louis XV, vous allez donner à vos Suisses l'ordre de tirer sur quiconque voudrait sortir du palais.

M. de Beautreillis s'inclina.

Le roi ordonna ensuite que tout rentrât dans l'ordre, que les dames et les pages s'allassent coucher et que tout ce qui n'était pas de service se retirât dans ses appartements.

Une heure après, le silence le plus profond régnait dans le palais de Versailles, et le roi, qui paraissait de belle humeur, s'en allait jouer au trictrac chez madame de Pompadour.

La marquise ignorait que le roi eût envoyé Lebel à Paris.

Aussi dit-elle en souriant :

— Je vois que Votre Majesté devient raisonnable.

— Pourquoi cela, ma toute belle ? demanda Louis XV en lui baisant la main.

— Mais parce qu'elle ne se met pas martel en tête plus que de raison.

— Oh ! vous croyez, ma belle amie ?

— Dame !

— Eh bien ! vous vous trompez, dit le roi.

— Comment cela, sire ?

— J'ai envoyé Lebel à Paris.

— Pourquoi faire ?

— Pour me ramener l'homme qui avait découvert la petite.

— Le même qui avait osé se moquer de Votre Majesté ?

— Non, ce n'est pas lui, ma mie.

— Et qui donc serait-ce, sire ?

— Je ne sais pas, mais il le saura, lui.

— En vérité !

— Et il retrouvera la petite.

— Je le souhaite, sire.

— Et enfin, acheva le roi, qui eut un éclair de colère dans les yeux, justice sera faite, et elle sera terrible.

Madame de Pompadour et mademoiselle Bellamy, qui se tenaient derrière le roi, échangèrent un regard rapide.

Ce regard voulait dire :

— Gare à Noël, il pourrait bien payer cher son escapade !

Quelques minutes après, on vint avertir le roi que Lebel était de retour et qu'il ramenait Porion, dit le Père Cannelle.

XXV

Le roi quitta la marquise et se rendit dans son cabinet.

Lebel s'y trouvait, en compagnie de Porion.

Porion souffrait comme un damné et portait la main à son bras calciné par le fer rouge du bourreau.

— Sire, dit Lebel, qui décidément avait Porion en grande estime, je suis arrivé trop tard. M. de Sartine avait entamé le pauvre diable.

— Ouais ! fit le roi. Quand il s'agit de faire de la mauvaise besogne, Sartine est toujours pressé.

Lebel continua :

— Il faudra que Votre Majesté dédommage ce pauvre homme.

Porion crut convenable de pousser quelques gémissements.

— On lui donnera mille livres, ajouta le roi.

— Et si je retrouve la fille ? dit Porion avec un grand accent de conviction.

Le roi se tourna vers lui :

— Tout ce que tu voudras, dit-il.

Porion regarda le roi.

— Votre Majesté me donnerait-elle à choisir ?

— Parle, drôle.

— Je voudrais faire mettre M. de Sartine à la torture, dit modestement Porion.

— Ah ! mon ami, dit le roi, ce que tu demandes est impossible.

— Pourquoi donc, sire ?

— Mais parce qu'on ne tenaille pas comme ça de la chair de gentilhomme. Demande autre chose, on verra.

— Eh bien ! dit Porion, qui entremêlait ses demandes de gémissements du meilleur effet, j'aimerais assez être lieutenant de police.

— Vraiment ?

— Après, toutefois, acheva le drôle, que j'aurai prouvé à Votre Majesté que j'en suis digne.

— Eh bien ! prouve-le, et nous verrons...

Porion cessa de gémir.

— Je suis prêt, dit-il, à me mettre à la besogne et j'attends les ordres de Votre Majesté.

— La petite a disparu, dit le roi.

— Bon !

— Et un misérable s'est permis de me mystifier.

— On retrouvera l'un et l'autre, sire, mais seulement...

— Seulement quoi ?

— Je vais être obligé d'adresser une foule de question à Votre Majesté.

— Parle.

— D'abord je désire savoir au juste ce qui est advenu à Votre Majesté.

— Quand ça ?

— Lorsqu'elle était avec la petite.

— J'ai vu tomber à mes pieds une grenade qui a failli m'éborgner.

— Et puis ?

— Et puis, dame ! j'ai entendu une voix...

— Qui partait ?

— D'un peu partout, tantôt d'en haut, tantôt d'en bas.

— Bon ! dit Porion, je connais ça.

— Plaît-il ?

— Votre Majesté a eu affaire à un ventriloque.

— Allons donc ! fit le roi, qui savait la valeur du terme dont se servait Porion.

— Oui, sire.

— Maintenant, poursuivit Porion, comment donc la petite, fuyant toute seule ou enlevée, que m'importe ! est-elle sortie de la chambre ?

— Par la fenêtre.

— Sire, dit Porion, chaque fois que j'ai été chargé d'opérer une perquisition dans une maison, au lieu d'y entrer, j'ai commencé par en faire le tour, pensant que le meilleur moyen de connaître l'intérieur était de savoir l'extérieur par cœur.

— Eh bien ? fit le roi.

— Je désirerais, au lieu de pénétrer dans la chambre lilas, aller me promener dans la cour et regarder la fenêtre du dehors.

— C'est facile, dit Lebel ; je vais vous conduire.

— Et j'y vais aussi, dit le roi, qui, tout en étant furieux, constatait qu'il ne s'ennuyait plus.

M. de Beautreillis, sur l'ordre du roi, avait donné partout des consignes si sévères, que le palais de Versailles ressemblait, en dépit d'une nuit presque tiède et d'un beau clair de lune, à une véritable nécropole.

Les pages ne traînaient point çà et là dans les escaliers ; les mousquetaires ne lutinaient point les filles d'honneur.

Plus de rendez-vous d'amour dans les petits coins et les obscurs corridors.

Qui donc, en vérité, se serait permis d'aimer quand Sa Majesté le roi très-chrétien daignait avoir ses peines de cœur tout comme un simple mortel ?

Aussi, ces trois personnages, Lebel, Porion et le roi Louis XV descendirent-ils le grand escalier de Versailles au milieu d'un silence profond et d'un isolement presque complet.

Mais la nouvelle s'était répandue bien vite qu'on était allé chercher à Paris l'homme habile qui, une première fois déjà, avait mis la main sur la petite, et que cet homme était de retour à Versailles.

Le roi et Porion étaient à peine dans la cour que le bruit en courait par tout le palais.

Quand ils étaient entrés dans la cour, ils étaient seuls.

Quand ils furent sous la fenêtre de la chambre lilas, il y avait bien une cinquantaine de personnes qui se tenaient respectueusement à distance.

— Sire, dit alors Porion tout bas, je ne réponds du succès qu'à une condition.

— Laquelle ?

— C'est que j'aurai carte blanche.

— Comment l'entends-tu ?

— Et que si je mets la main au collet de quelqu'un, Votre Majesté le fera arrêter...

— Mais...

— Jusqu'à ce que j'aie démontré qu'il est le coupable.

— Soit, dit le roi.

Porion examinait la fenêtre.

Au-dessous, presque verticalement, il y avait une guérite de factionnaire.

— Sire, dit Porion, ce n'est pas le chemin de la rue qu'a suivi la petite.

— Hein? fit le roi.

— Comme c'est un ange, continua le père Cannelle d'un ton railleur, la chose est toute naturelle : elle a pris le chemin du ciel.

— Comment cela?

— Qu'est-ce donc que la fenêtre qui est verticalement au-dessus? poursuivit Porion.

— Ça, fit Lebel, c'est la fenêtre d'une chambre de page.

— Et ce page... où est-il?

Lebel jeta un coup d'œil sur le groupe de courtisans, de soubrettes et de pages qui, à une certaine distance, paraissait prendre un grand intérêt aux opérations de Porion.

Il aperçut Noël.

Noël, qui avait voulu juger par lui-même de la prétendue habileté de Porion ; Noël, qui se trouvait placé trop loin pour pouvoir entendre ce que Porion et Lebel disaient entre eux.

— Où ça? dit Porion.

— Le petit brun qui a une toque bleue.

— C'est bien, dit Porion.

Et il se mit à marcher à reculons, comme s'il eût voulu voir de plus loin la fenêtre ouverte, mais, en réalité, pour se rapprocher du groupe formé par les curieux.

Puis, tout à coup, bondissant comme un tigre, et rapide comme la foudre, il se retourna, tomba sur le page, le saisit au collet, et s'écria :

— Je le tiens!

Noël jeta un cri.

— Qui donc ça? fit le roi, qui se retourna lui-même aussitôt.

Noël se débattait sous le poignet de fer de Porion.

— Comment ! exclama le roi, le petit Noël?

— Oui, sire.

— Un de mes pages?

— Oui, sire, répéta Porion avec conviction.

— Mais c'est impossible! disait le roi.

— Cet homme ment, disait Noël, qui se débattait toujours.

— Sire, répondit Porion avec l'accent de la conviction, si je mens, Votre Majesté me fera mourir sous le bâton.

— Je suis gentilhomme, disait Noël.

— Mais si Votre Majesté, poursuivait Porion, veut avoir encore pour un quart d'heure de confiance en moi...

— Eh bien? fit le roi.

— Mais lâchez-moi donc, vil coquin! disait Noël, que Porion tenait toujours au collet.

— Mon petit ami, répondit Porion, je vous lâcherai quand le roi voudra bien vous confier à deux de ses gens qui veilleront sur vous et vous empêcheront de sortir de chez vous.

— Sire, sire, balbutiait Noël, cet homme est fou...

— Je le crois comme toi, mon enfant, répondit le roi ; mais c'est ma faute, j'ai eu la faiblesse de lui laisser carte blanche.

Et il fit un signe à deux gardes, qui s'assurèrent de la personne de Noël.

— Maintenant, dit Porion, allons faire un tour dans la chambre lilas.

Le roi et Lebel l'y suivirent, et la curiosité l'emportant sur le respect, la foule de la cour les accompagna.

Porion promena son regard sur les murs, entra dans l'alcôve, monta sur le lit, hésita un moment, puis détacha l'étoffe et le capiton qui recouvraient le plafond.

Alors on vit, dans un coin, un trou gros comme le poing.

— C'est par là qu'on a jeté la grenade, dit Porion.

Le roi eut un cri d'admiration.

— Mais, poursuivit Porion, nous n'avons plus rien à faire ici.

— Où allons-nous? demanda Lebel.

— Dans la chambre du page.

Et Porion monta.

Quelques instants après, il avait fait l'inspection des armoires, de l'alcôve et des murs, et frappant du pied :

— Sire, dit-il au roi ébahi, l'oiseau n'est pas loin.

Le roi tressaillit.

— Il est sous nos pieds, ajouta Porion.

Et il se baissa pour détacher la feuille de parquet qui recouvrait le plafond creux.

XXVI

Revenons maintenant à Paris et pénétrons dans cette mansarde que le sire Mardochée de Mardoche, peintre et gentilhomme, appelait pompeusement son atelier.

Quinze heures après l'enlèvement de Cécile Robert, les choses étaient encore dans le même état qu'au moment où Porion et le fruitier en étaient sortis.

C'est-à-dire que Firmin, toujours garrotté, toujours bâillonné, s'était consumé en vains efforts pour rompre ses liens et appeler à son aide ;

Que la planche était toujours restée comme un pont entre les deux toits ;

Et que, enfin, Mardochée n'avait pas interrompu un seul instant ses ronflements sonores.

Dans la maison qu'il habitait, on connaissait ses habitudes vagabondes et ses ivresses interminables.

Personne ne s'inquiétait donc de savoir s'il avait passé la nuit dehors ou s'il était chez lui occupé à cuver son vin.

En outre, comme il logeait tout en haut et n'avait pas de voisins, personne n'avait entendu les sourds gémissements de Firmin, s'essayant de crier malgré son bâillon.

Mais tout finit en ce monde, même l'ivresse.

Les ivrognes de profession ont cette qualité rare de relier instantanément dans leur esprit, le vin une fois cuvé, l'instant où ils se sont endormis avec l'instant présent.

Le réveil de la pensée s'opère même chez eux avant celui du corps.

Mardochée cessa tout à coup de ronfler.

Ses yeux étaient encore fermés, mais sa pensée s'éveillait nette, précise, et il se dit :

— Je me suis pourtant grisé et endormi comme une vraie brute, au moment même où ce pauvre père Cannelle enlevait ma jolie voisine, non pour son compte, par il est trop vieux, mais pour le mien... Ah çà! est-ce qu'il s'est endormi et grisé, lui aussi...? et la petite... ou bien, en passant sur la planche, son pied lui a-t-il glissé?

On le voit. Mardochée se souvenait de tout.

Il fit un effort désespéré et rouvrit les yeux.

Ébloui par la lumière qui entrait à flots dans sa mansarde, il se mit à regarder autour de lui, et ne vit rien tout d'abord.

— Personne! dit-il. Où sont-ils donc?

Firmin poussa un nouveau gémissement.

— Plaît-il? fit Mardochée.

Et il se secoua, étira ses bras et tourna la tête.

Alors il vit Firmin garrotté et bâillonné, et comme sa mémoire était toujours fidèle, il se mit à rire et s'écria :

— C'est le carabin. Pauvre père Cannelle! Voilà un ami!...

Puis il se leva, trébuchant encore, marcha vers Firmin en ricanant, et sa jalousie le reprenant, il s'arma d'un couteau :

— Puisque papa Cannelle n'est pas là, dit-il, je vais en profiter pour tuer mon rival.

Et, brandissant son couteau, il s'avança vers Firmin, toujours étendu dans un coin de la mansarde.

Mais il est de certaines haines où le regard de l'homme a plus de puissance que son bras, où son œil se charge d'un fluide électrique dont l'influence est insurmontable.

A moitié chemin, Mardochée s'arrêta.

Il s'arrêta, parce que l'œil suppliant et doux de Firmin était fixé sur lui.

Et, fasciné, il jeta son couteau et se prit, à son tour, à regarder son rival.

Le regard de Firmin s'animait en ce moment d'une expression de pitié profonde.

Ce regard semblait dire :

— Vous êtes comme moi une victime, et de plus, vous êtes une dupe. Ah! si vous vouliez me débarrasser de mon bâillon et de mes liens, comme je vous dirais tout, et comme, après vous avoir tout dit, nous serions amis et non ennemis!

Mardochée comprit tout ce que ce regard voulait dire.

Il se baissa et ramassa le couteau, mais ce ne fut point pour en frapper Firmin, ce fut pour couper ses liens et son bâillon.

Et Firmin, délivré, se releva en s'écriant :

— Ah! monsieur, quels misérables!

— De qui parlez-vous? demanda Mardochée stupéfait.

— De ces deux hommes qui ont enlevé Cécile.

— C'est pour moi, dit Mardochée.

— Pour vous? dit le chirurgien en haussant les épaules... allons donc !

La jalousie de Mardochée lui revint et il se prit à ricaner :

— Ils vous ont tout de même bien ficelé, vous, son fiancé!

— Moi, son fiancé! exclama Firmin.

— Oui, vous.

— Jamais!

— Comment! jamais?

— J'aimais Cécile comme une sœur, dit Firmin d'une voix pleine de sanglots, mais comme une sœur seulement...

— Vrai? fit Mardochée.

— Je vous le jure.

— Alors, dit le peintre joyeux, donnez-moi la main ; je l'épouserai, et nous serons frères.

Mais Firmin répondit à ces paroles d'espérance par un gémissement.

— Ah ! monsieur, dit-il, ce que vous dites là n'arrivera pas.

— Pourquoi ?

— Mais parce que ni vous ni moi ne la reverrons jamais.

— Ah !

— Ces misérables l'ont enlevée... ils l'ont emportée évanouie.

— Mais puisque je vous dis que c'est pour moi, dit le naïf Mardochée.

— Pour vous, hélas !

— Parbleu ! je connais bien le père Cannelle, que diable ! C'est mon ami.

— Je ne sais pas si c'est votre ami, dit tristement le peintre, mais ce que je puis vous affirmer, c'est que j'ai entendu cet homme, au moment où il s'en allait, dire à son complice : C'est le roi qui sera content !

— Le roi !

— Oui, dit Firmin avec l'accent de la conviction ; Cécile que j'aime, Cécile que vous aimez, est peut-être à cette heure une pensionnaire du Parc-aux-Cerfs.

Mardochée poussa un cri de rage.

Firmin pouvait bien avoir raison.

Le peintre commença par exhaler sa fureur en blasphèmes, puis il se battit la tête contre les murs, puis ses nerfs se distendirent et il pleura.

La douleur de Firmin était plus calme, plus concentrée, mais non moins violente.

Enfin ces deux hommes se tendirent la main.

Puis ils éprouvèrent à la fois le même désir, l'un de revoir, l'autre de voir pour la première fois cette chambrette d'où l'on avait arraché l'infortunée Cécile.

Ils n'échangèrent qu'un regard, mais, sans se dire un mot, ils se comprirent.

La planche était toujours là.

Mardochée n'était plus ivre ; il enjamba la croisée et s'aventura hardiment sur ce pont d'un nouveau genre.

Firmin le suivit.

Mais, comme Mardochée pénétrait dans la chambrette de Cécile, il jeta un cri d'horreur.

Un homme était étendu sur le sol, au milieu d'une flaque de sang à demi coagulé.

— Hector ! s'écria Firmin.

C'était Hector, en effet.

Hector qui paraissait mort, mais qui n'était qu'évanoui.

Firmin lui posa la main sur le cœur.

Le cœur battait faiblement, mais il battait.

— Il vit ! s'écria-t-il.

Alors l'homme désespéré s'effaça pour faire place au chirurgien.

Et le chirurgien appela à lui tout son sang-froid et toutes les ressources de l'art.

Aidé de Mardochée, il transporta Hector sur le lit de Cécile.

Puis il se mit à sonder et à reconnaître la blessure.

Lebel avait dit la vérité sans le savoir.

La blessure reçue par Hector était une véritable égratignure ; le couteau avait effectivement glissé sur une côte.

Seulement, comme l'hémorrhagie avait été très-abondante, Hector, encore faible, avait perdu connaissance.

— Une heure plus tard, dit Firmin, et il était mort.

— Il n'est donc pas blessé grièvement ? demanda Mardochée.

— Non, et je réponds de lui, dit Firmin.

Alors les deux jeunes gens, cherchant un étourdissement à leur douleur, — douleur sans remède, hélas ! car qui donc aurait osé le prendre au roi, — les deux jeunes gens, disons-nous, déshabillèrent Hector, le couchèrent, et tandis que Firmin posait un premier pansement sur la blessure, Mardochée frictionnait les mains et les bras pour y rappeler la chaleur.

Et tandis qu'ils étaient occupés à cette besogne, on frappa doucement à la porte.

Firmin alla ouvrir et pâlit.

Un homme était sur le seuil.

Un homme dont les vêtements couverts de poussière et les souliers chargés de boue disaient qu'il avait fait une longue route à pied.

Un homme pâle, hâve, exténué de froid et de faim.

Et Firmin murmura :

— Le père de Cécile !...

C'était en effet Robert Damiens, qui avait voyagé toute la nuit précédente et tout le jour pour venir embrasser sa fille adorée.

XXVII

Robert Damiens, car c'était bien lui qui arrivait ainsi, parut tellement changé à Firmin, qui ne l'avait pas vu depuis plusieurs mois, que le jeune homme, en le voyant pâle, défait, l'œil flamboyant, se demanda s'il ne connaissait pas déjà toute l'étendue de son malheur.

Il n'en était rien cependant, car à peine eut-il franchi le seuil, qu'au lieu de demander : « Pourquoi tous ces hommes ? » il se borna à dire :

— Où est ma fille ?

Il faisait cette question d'une voix étrange et comme égarée.

Mardochée et Firmin échangèrent un regard rapide et se comprirent.

Un pieux mensonge fut convenu entre eux sur-le-champ.

— Monsieur Robert, dit Firmin, vous savez bien que votre fille travaille pour un magasin de la rue Saint-Denis. Elle est allée reporter son ouvrage.

— Oh ! fit Damiens toujours de sa voix étrange et comme folle ; eh bien ! je l'attendrai.

Et il s'assit.

Puis il regarda Mardochée :

— Quel est cet homme ? dit-il à Firmin.

— C'est un de mes amis, répondit le chirurgien.

— Et cet autre ?

Et Damiens montrait celui qui était couché, sans paraître se bien rendre compte qu'il y eût un homme dans le lit de sa fille.

— Celui-ci, dit Firmin, c'est un malheureux fou qui nous est tombé non pas du ciel, mais du toit.

Damiens, qui s'était assis à l'entrée de la chambre, se leva et s'approcha du lit. Il glissa dans le sang qui couvrait le sol, à la place même où on avait relevé Hector, et il n'y prit pas garde.

Cet homme tenait à peine à la terre, si on en jugeait par son regard brillant de fièvre.

Hector commençait à revenir à lui.

Au moment où Damiens se penchait distraitement sur lui, il ouvrit les yeux.

Soudain le père de Cécile jeta un cri.

— Lui ! dit-il, lui !

Firmin le regarda.

— Lui ! répétait Damiens avec un accent d'épouvante.

— Vous le connaissez donc ? dit Firmin.

— Si je le connais ! s'écria Robert Damiens, vous me demandez si je le connais ?...

— Oui.

— C'est le jeune homme de l'auberge de la rue des Enfants-Rouges.

— Eh bien ?

— C'est pour l'avoir protégé, défendu, Firmin, que vous me voyez dans cet état.

Il parut se faire alors une lucidité complète dans ce cerveau troublé.

Et, saisissant vivement le bras de Firmin, il lui dit, en lui montrant Mardochée :

— On peut se fier à cet homme ?

— Comme à moi, dit Firmin.

— Je suis venu ici, poursuivit Damiens, pour que ma fille et vous me cachiez.

— Vous êtes donc poursuivi ?

— Oui.

— Par qui ?

— Par les buveurs de sang. Voyez en quel état ils m'ont mis !

Alors cet homme, qui paraissait avoir retrouvé tout son sang-froid, toute sa raison, fit aux deux jeunes gens un épouvantable récit.

Il leur raconta les fantaisies monstrueuses du Tartare et le traitement sanguinaire auquel il s'était soumis pour sa dartre ; le bain de sang humain qu'il prenait à l'auberge du *Dragon-Bleu*, rue des Enfants-Rouges, et les succions mystérieuses qu'il opérait sur des jeunes hommes endormis au moyen d'un narcotique.

Les deux jeunes gens écoutaient, frémissant, oubliant un moment l'infortunée Cécile, et se demandant si cet homme n'était pas complètement fou.

Mais il donnait des détails si précis, tellement circonstanciés, qu'il était difficile de ne pas le croire.

En outre, il parlait d'Hector.

Et Hector, en entendant prononcer son nom, s'était presque dressé sur son séant, et il regardait Robert Damiens et l'écoutait avec une sombre avidité.

Et Damiens disait comment, une nuit, il avait obéi à la voix des remords ; comment, tout à coup converti aux paroles de la duègne Léonore, il avait résolu de sauver le malheureux jeune homme d'une mort certaine.

Il n'oublia aucun détail, ni la façon dont on avait rappelé à la vie Hector frappé de catalepsie, ni le combat dans l'escalier, ni la fuite par les toits.

Ici le récit de Damiens se complétait par les souvenirs de Firmin.

Il devinait ce qui avait dû arriver.

Se sauvant de toit en toit, Hector était venu tomber dans la mansarde de Cécile, ne se doutant pas que la jeune fille qui allait le recueillir et le soigner était précisément la fille de son sauveur.

Mais ce que Firmin ne savait pas, ce qu'il ne put deviner, ce fut ce qu'était devenu Robert Damiens à partir de ce moment.

Les gens dévoués au Tartare l'avaient repris.

Le Tartare, accouru, l'avait jugé lui-même et l'avait condamné à une mort lente.

Pendant huit jours, on lui avait sucé chaque matin une pinte de sang.

Puis, au bout de ce temps, on l'avait mis dans une voiture et on l'avait fait voyager pendant quarante-huit heures.

Le Tartare, qui s'en retournait en Russie, l'avait emmené jusqu'en Hollande; là, il lui avait fait grâce.

Il l'avait laissé à demi fou, sans forces et près de mourir.

Et Robert revenait...

Il revenait à pied, épouvanté, bourrelé de remords, et quand il eut terminé cet affreux récit, il s'écria :

— Oh! la colère divine finira par frapper ce prince si dépravé sous le règne duquel s'accomplissent en paix de pareils crimes.

Soudain Hector, muet jusque-là, jeta un cri.

— Oh! dit-il, je me souviens!...

Et il se frappa le front, regarda encore Robert Damiens, et lui dit :

— Oui! c'est vous qui m'avez sauvé!

— C'est moi, en effet, répondit Damiens.

— Et vous m'avez soigné, vous? dit-il à Firmin.

Le chirurgien fit un signe de tête.

Alors Hector de Pierrefeu prit sa tête dans ses mains, comme s'il eût voulu rassembler ses souvenirs épars.

Et soudain un nouveau cri jaillit de sa poitrine; un nom effleura ses lèvres :

— André!

Et, comme ils se regardaient tous trois :

— Mon frère! dit-il, qu'avez-vous fait de mon frère?

— Votre frère?

— Oui, dit Hector, mon jeune frère André, un enfant que, dans cette nuit fatale, j'ai laissé couché à l'auberge du *Dragon-Bleu*.

Firmin et Mardochée se regardaient.

Robert Damiens baissa la tête et ne répondit pas.

Alors Hector de Pierrefeu, à qui les forces revenaient avec la raison, Hector sauta hors de son lit, il vint à Damiens, lui saisit vivement le bras et répéta :

— Mon frère! où est mon frère?

Damiens fit un effort désespéré, et, regardant Hector à son tour :

— Vous me demandez ce qu'est devenu votre frère?

— Oui.

— C'était un enfant de quatorze à quinze ans?

— Oui.

— Et vous l'aviez laissé dans l'auberge maudite?

— Pour aller au rendez-vous d'amour qui m'était donné.

Et Hector, frémissant, la sueur au front, courba la tête à son tour.

— Je l'avais confié, ajouta-t-il, à l'hôtelier lui-même, qui était un ancien serviteur de ma famille.

— L'hôtelier était un misérable! dit Robert Damiens.

— Que voulez-vous dire? s'écria Hector.

— Je veux dire, répondit le père de Cécile avec une énergie sauvage; je veux dire que l'hôtelier était le complice du Tartare.

— Mon Dieu!

— Et pendant cette nuit même où vous vous endormiez sous l'influence d'un narcotique, on égorgeait votre frère, et le monstre prenait un bain dans son sang.

Hector jeta un cri terrible :

— Oh! vengeance! vengeance! s'écria-t-il.

— Vengeance! répétèrent Mardochée et Firmin.

— Le roi fera justice! ajouta Hector d'une voix affolée.

A ce nom du roi, Mardochée et Firmin se regardèrent avec une sorte d'épouvante, et ce fut avec un accent solennel que le chirurgien dit à son tour :

— Ne comptez pas sur la justice du roi!...

— Ma fille! où est ma fille? répéta Robert Damiens en ce moment.

— Votre fille! exclama Firmin, vous voulez savoir où est votre fille?

Et il se prit à rire d'un air effrayant.

Lui aussi, il se sentait gagné par le courant de folie et d'épouvante qui semblait parcourir cette chambre.

— Votre fille, dit Mardochée, elle a été enlevée.

— Enlevée, ma fille! et par qui, Seigneur?

Et, comme le malheureux père faisait cette question, une voix lui répondit.

Une voix brisée, éperdue, mourante, qui se fit entendre sur le seuil :

— Votre fille, disait cette voix, votre fille a été enlevée par les gens du roi.

Ils se retournèrent et jetèrent un cri unique :

— Cécile!

Cécile, en effet, était sur le seuil.

Pâle, l'œil enfiévré, les vêtements en désordre, la pauvre enfant vint s'agenouiller devant Robert Damiens et lui dit :

— Mon père, je suis déshonorée!

Et Robert Damiens sauta sur un couteau qui se trouvait à la portée de sa main, et, le brandissant, il dit d'une voix altérée et sauvage :

— Voici le bras qui accomplira la justice de Dieu!...

DEUXIÈME PARTIE. — Le roi se distrait.

I

L'hiver était venu, sombre et froid, et novembre, le mois noir, avait fait tomber la dernière feuille des arbres.

Paris et Versailles avaient repris leurs plaisirs accoutumés, et tout le monde s'amusait.

Quand nous disons *tout le monde*, nous ne voulons parler ni des bourgeois, assujettis au couvre-feu; ni du paysan, qui mourait de faim; ni du peuple des villes, qui mourait de froid.

Le *tout le monde* d'alors, c'était la noblesse, le clergé, les grands seigneurs et les grandes dames.

On dansait à Paris chez les échevins, chez les présidents; à Versailles, chez la maréchale d'O..., la duchesse de Ph. et au château.

On jouait même la comédie chez le roi, et madame de Pompadour, qui rajeunissait d'un an chaque année, trouvait un plaisir extrême à ce divertissement.

Seul, le roi s'ennuyait, comme toujours, et cet ennui était le seul chagrin de la marquise.

Comment distraire le roi?

M. d'Argenson lui-même y avait perdu sa science.

Ses rapports les plus graveleux sur les galanteries de la cour et de la ville, ses anecdotes les plus épicées avaient fini par faire bâiller le roi.

Le roi n'ouvrait même plus la bouche sur cette jolie Cécile, que nous avons vue revenir chez elle à demi morte de honte et folle de douleur.

Cependant un soir, — le soir où recommence cette histoire, — il arriva au roi une chose bizarre, qui ramena un peu de rouge à ses pommettes et un rayon de jeunesse dans ses yeux éteints.

Cette chose bizarre, comme on va le voir, était cependant bien simple.

Au moment de se mettre au lit avec le vague espoir de dormir, car il ne dormait pas toujours, le roi s'aperçut que sa boîte d'or était vide de tabac d'Espagne.

Le roi ne prisait que de celui-là, et son frère de Madrid, c'est-à-dire son oncle, le roi d'Espagne, avait coutume de lui en faire offrir chaque année, par son ambassadeur, un énorme paquet.

Ce tabac était enfermé dans un vase de porcelaine de Saxe, lequel se trouvait lui-même dans un joli *bonheur du jour* en bois des îles, placé dans un angle de la chambre royale.

Au lieu de tendre sa boîte à un page ou à un des gentilshommes de la chambre, Sa Majesté, comme un simple mortel, ouvrit le bahut elle-même.

Au-dessous de la tablette qui supportait le vase à tabac, il y avait un tiroir.

Le roi ouvrit machinalement ce tiroir, qui était plein de vieux papiers, lettres d'amour pour la plupart, uniques reliques de ses passions évanouies.

Louis XV les fouilla d'un doigt distrait.

A la couleur du papier il reconnaissait la main disparue qui avait écrit la lettre; et il y avait dans ce tiroir des papiers de toutes couleurs, depuis le bleu d'azur jusqu'au jaune-paille.

Tout à coup il tressaillit.

Un petit carré de papier jaune avait frappé ses regards. Ce papier n'était ni plié ni enfermé dans une enveloppe.

On avait écrit un nom au milieu :

Maître Dumas.

Et au-dessous, d'une écriture plus petite, plus fine, mais évidemment la même, ces mots :

Savoir la vérité là-dessus quand M. le régent sera mort.

FEU M. DUMAS.

La vue de ce papier, ce nom, ces mots écrits au-dessous, plongèrent le roi dans une telle rêverie que les seigneurs qui assistaient à son coucher, le voyant toujours debout devant ce tiroir ouvert, se regardaient avec étonnement.

Tout à coup le roi se retourna.

Son œil brillait. Une légère rougeur colorait son visage, et ce fut d'une voix presque joyeuse qu'il dit :

— Messieurs, je viens de rajeunir de trente ans en une minute.

Le maréchal d'H..., le mari de cette pauvre maréchale endettée qui, six mois auparavant, avait pris l'agent de police Porion pour un financier hollandais, le maréchal, disons-nous, était le seigneur qui se trouvait placé, en ce moment, le plus près du roi.

Le roi lui tendit le papier jauni, disant :

— Voyez-vous cela, maréchal ?

— Oui, sire.

— Eh bien, c'est moi qui ai écrit ce nom et cette ligne.

— Ah ! fit le maréchal.

Et il attendit.

— Ce nom, poursuivit le roi, me rappelle une histoire des plus mystérieuses qui occupa tout Paris au temps de M. le régent, et dont on n'a jamais connu la fin.

— En vérité ! fit le maréchal.

— J'avais quinze ans alors, et elle avait vivement surexcité ma vive imagination. J'étais roi, mais c'était M. le régent qui régnait ; quand je lui en parlai, il haussa les épaules et me répondit que rien de tout ce que je lui disais n'était vrai et qu'on s'était moqué de moi. Ce qui ne m'empêcha point de me faire le serment que, lorsque M. le régent serait mort, je saurais la vérité sur cette histoire.

— Monsieur le régent est mort depuis longtemps, sire, fit observer le maréchal.

— Et je ne sais encore que la première moitié de l'histoire, dit le roi en soupirant.

En même temps il repoussa le tiroir, ferma le *bonheur du jour* et s'assit dans le grand fauteuil où il avait coutume de se faire déshabiller.

Alors un sourire vint à ses lèvres.

Un sourire sur les lèvres du roi, c'était chose aussi rare qu'un rayon de soleil luisant parmi les brouillards épais de l'hiver.

— Sire, dit le maréchal, Votre Majesté paraît de belle humeur ce soir.

— De si belle humeur, maréchal, que je n'ai plus nulle envie de me coucher.

Tous les courtisans furent d'avis qu'il fallait sourire, et toutes les lèvres s'épanouirent alors.

— Messieurs, poursuivit le roi, voici bien longtemps qu'on cherche à me distraire en me contant des histoires ; je crois que le moment est venu de vous payer ma dette.

Les courtisans se regardèrent.

— C'est moi qui vous en conterai une ce soir, dit le roi.

Et il croisa ses jambes et se renversa à demi dans le fauteuil.

— Sire, dit le maréchal, nous vous écouterons Votre Majesté avec joie et avidité.

— Ne riez pas, messieurs, dit le roi, mon histoire est plus amusante que vous ne le pourriez supposer.

— Si amusante que Votre Majesté en voudrait savoir la fin, dit le maréchal.

— Justement.

Et le roi prit une prise de tabac et commença ainsi :

— Il y a à Paris une petite rue qu'on appelle la rue de l'Hirondelle.

— Nous la connaissons tous parfaitement, sire.

— Dans cette rue, poursuivit le roi, il y avait une maison haute, noire, enfumée, étroite, avec une petite porte bâtarde qui donnait accès dans une allée humide et sombre.

— Voilà qui promet, murmura le maréchal, qui tenait à encourager le royal narrateur.

— Dans cette maison logeait un vieux procureur, son fils, sa fille et une servante.

Le fils était vieux, la fille était vieille et laide, ce qui vous donne l'âge du procureur, qui, disait-on, avait près de cent ans. Il y en avait bien cinquante qu'il avait vendu ses sacs, ses liasses et sa clientèle à un confrère, et quarante que les gens de son quartier ne l'avaient vu mettre les pieds dans la rue.

Quelquefois, quand la nuit était arrivée, on le voyait apparaître à une croisée, tout en haut de la maison.

Prenait-il simplement le frais, comme un bon bourgeois, ou interrogeait-il les astres, comme un astronome ?

C. FATH.

LE COMTE DE CHOISEUL.

Cette dernière version était la plus accréditée.

Les commères de la rue de l'Hirondelle et des rues avoisinantes ne se gênaient pas pour dire que le procureur, qui s'appelait maître Dumas, — j'avais oublié de vous le dire, — entretenait un commerce clandestin avec l'enfer.

Cette croyance reposait sur des événements étranges.

Le fils du procureur, — lequel était, disait-on encore, fabuleusement riche, tant il avait pressuré, tondu, ravagé les malheureux plaideurs, — le fils du procureur, dis-je, eut la fantaisie de se marier.

Il était déjà vieux, assez laid, un peu bossu même, et traînait la jambe en marchant.

Avec de si piètres avantages il ne se pouvait montrer difficile. Son père lui donna un gros sac plein d'or, et il se mit à chercher une femme.

Il en trouva une, une veuve, assez passable, fort dévote, et sans sou ni maille.

Le mariage se fit à l'église Saint-Germain-l'Auxerrois. Maître Dumas n'y parut pas, empêché par la goutte, disait-on.

La veuve avait son logis en la rue des Lions-Saint-Sauveur, et il avait été convenu que, le repas de noces terminé, le mari s'en irait habiter la maison de l'épouse.

Jusque-là, comme vous voyez, rien d'extraordinaire.

Mais à peine la foule qui avait escorté les nouveaux époux à la maison du procureur, où se donnait le gala, commençait-elle à se dissiper, qu'on entendit la mariée pousser des cris horribles, et qu'on la vit ressortir épouvantée en disant qu'elle avait vu le diable.

En vain son mari essaya-t-il de la retenir.

Elle s'enfuit tout affolée jusqu'à son logis, s'y enferma et n'en voulut plus sortir.

Le lendemain, ses voisins, ne la voyant point paraître, eurent l'idée d'enfoncer la porte, et ils la trouvèrent pendue.

Deux ans après, continua le roi, qui prenait goût à son propre récit, la même fantaisie s'empara de la fille du procureur, malgré le tragique exemple de son frère, qui, depuis ce temps-là, n'osait se montrer par les rues.

Elle avait la cinquantaine bien sonnée, et son visage ressemblait à une écumoire, tant elle était grêlée; mais l'amour vient à

tout âge, comme on dit, et la vieille fille ayant fait rencontre d'un soudard avide, que les écus de maître Dumas affriolaient, le mariage fut décidé.

Le soudard s'en alla, pendant huit soirées de suite, faire sa cour à la vieille fille, dans la maison du procureur, et il n'y vit rien que de très-ordinaire.

Mais le neuvième jour, veille du mariage, comme il venait d'entrer, un bruit se fit à la porte.

C'était le pas d'une monture dont les quatre fers heurtaient le pavé de la rue.

A ce bruit, qui vint mourir à la porte, — preuve que la monture s'arrêtait, le procureur pâlit, le fils se mit à trembler et la fille se cacha le visage avec ses deux mains.

— C'est l'homme à la mule, dit le procureur.

Le marteau de la porte soulevé retomba violemment sur le chêne ferré.

— Il faut aller ouvrir, dit le procureur.

— Moi, je n'y vais pas, dit le fils.

— Ni moi, dit la fille.

Le procureur ne bougea de son siége, et le marteau retentit pour la seconde fois, mais avec plus de violence encore.

Ce que voyant et entendant, le soudard, qui en avait vu bien d'autres, se leva en disant :

— Je vais aller ouvrir, moi, et fût-ce le diable, je lui tiendrai tête.

A ces mots, la fille et le fils se signèrent, et le procureur se mit à rire comme un damné.

II

Arrivé à cet endroit de son récit, le roi se tourna vers son auditoire d'un petit air guilleret :

— Eh bien! messieurs, dit-il, que vous semble de ce début?

— Sire, répondit le maréchal d'H..., nous croyons entendre la lecture d'un véritable roman.

— C'en est un, en effet, dit le roi; vous allez voir.

Et le roi continua :

— Le soudard ouvrit donc la porte,

4

La nuit était noire et il n'y avait pas une seule lumière dans la rue de l'Hirondelle.

Néanmoins, le soudard vit un homme de haute taille, tenant par la bride une monture presque gigantesque.

Cet homme dit d'une voix rauque, qui fit tressaillir le soudard :

— Est-ce que maître Dumas est chez lui ?

— Oui, répondit le soudard.

L'inconnu attacha sa monture à un anneau de fer fiché dans le mur, auprès de la porte; puis il entra.

Comme il était enveloppé dans un grand manteau et que son chapeau était rabattu sur ses yeux, le soudard ne vit rien tout d'abord, et il s'effaça pour le laisser entrer.

Alors l'homme ouvrit son manteau et ôta son chapeau.

Soudain le soudard fut frappé au visage par deux jets de flamme qui sortirent des yeux de l'inconnu, en même temps qu'ils éclairaient son visage.

Ce visage était hideux.

Une plaie béante s'étendait sur toute la largeur du front, d'une oreille à l'autre, et le nez paraissait rongé par un cancer.

Le soudard était brave pourtant, et il l'avait prouvé en mainte bataille.

Néanmoins, il eut peur.

Si peur même que ses jambes fléchirent sous lui, que son cœur battit, que ses yeux se fermèrent et qu'il s'affaissa lourdement au long du mur de l'étroit corridor.

Il venait de s'évanouir comme une femme.

Que se passa-t-il alors? combien de temps dura cet évanouissement?

Le soudard ne l'a jamais su.

Quand il revint à lui, ranimé par l'air froid de la nuit s'engouffrant dans le corridor par la porte demeurée ouverte, il se leva en chancelant et se dirigea du pas d'un homme ivre vers la salle basse dans laquelle il avait laissé maître Dumas et ses enfants au moment où il s'était levé pour ouvrir.

Maître Dumas n'y était plus.

Le fils était étendu tout de son long sur le parquet et ne donnait aucun signe de vie.

Quant à la fille, la fiancée du soudard, elle était à genoux et priait.

Le soudard voulut lui parler, mais elle le repoussa et lui fit signe de se mettre à genoux comme elle.

Alors notre homme essaya de ranimer le fils de maître Dumas et ne put y parvenir.

Un gros juron lui échappa, et il se sauva comme un diable qu'on essaye de tremper dans un bénitier.

Quand il fut à la porte, la curiosité triompha chez lui de la peur.

Il s'approcha de la monture de l'inconnu.

C'était une mule.

Une mule superbe, empanachée et harnachée comme celle d'un chanoine espagnol, avec des clochettes à l'entour de la sous-gorge de la bride.

Tout à coup le soudard tressaillit.

Il lui sembla qu'une flamme bleuâtre courait sur la croupe de la mule.

Cette flamme éclairait une très-large et béante blessure toute saignante qui s'étendait sur le flanc gauche, descendait jusqu'aux mamelles et laissait apercevoir les intestins, qu'on eût dit prêts à s'échapper.

Quelques gouttes de sang tombaient une à une sur le pavé de la rue.

Le soudard recula d'abord; puis il fit un effort sur lui-même, se rapprocha et mit sa main sur cette étrange blessure.

Mais soudain il jeta un cri terrible et la retira vivement toute roussie et sentant le brûlé.

Le sang paraissait être du plomb fondu, et la douleur que le soudard éprouva fut si vive qu'il s'évanouit de nouveau et tomba au milieu de la rue.

Il fut tiré de ce second évanouissement par le bruit de la porte qui se refermait et celui des sabots de la mule, qui arrachaient des gerbes d'étincelles au pavé.

L'homme à la plaie béante venait de sortir de la maison, s'était remis en selle et s'éloignait tranquillement.

Le soudard se retrouva sur ses pieds.

— Mordioux! s'écria-t-il, car il était gascon, j'aurai le mot de cette énigme.

Et, tirant son épée, il se mit à courir après la mule.

La mule allait au pas et le soudard courait.

Néanmoins, il eut beau courir, la mule était toujours à une trentaine de pas devant lui.

Elle sortit ainsi de la rue de l'Hirondelle, déboucha dans la rue Saint-André-des-Arts, gagna le bord de l'eau, passa le Petit-Pont, traversa la Cité, puis le Pont-au-Change et arriva sur la place du Châtelet.

Le soudard courait à perdre haleine; mais la mule, qui allait un pas ordinaire, avait toujours trente ou quarante pas d'avance.

Sur la place du Châtelet, le cavalier s'arrêta, se tourna à demi sur sa selle, et le soudard reçut en plein visage les deux jets de flamme qui l'avaient ébloui déjà dans le corridor de maître Dumas.

Ce qui fit qu'il s'arrêta pareillement et chancela de nouveau, comme s'il eût été atteint de deux coups de feu.

Alors la mule se remit en marche.

Le soudard fit appel à toute son énergie et recommença à courir.

La mule s'enfonça dans un dédale de petites rues étroites et noires qui rayonnaient toutes vers le cimetière des Innocents.

Le soudard s'y engagea après elle.

Arrivée à la porte du cimetière, la mule s'arrêta encore.

— Ah! bandit! s'écria le soudard en brandissant son épée, je finirai bien par t'atteindre.

Une seconde fois le cavalier à la plaie béante se retourna, et la flamme de ses yeux brûla de nouveau le visage du soudard.

Celui-ci fut obligé de s'asseoir sur une borne, car ses forces étaient épuisées.

Alors la mule entra tranquillement dans le cimetière, et tout à coup monture et cavalier disparurent.

On eût dit que la terre s'était entr'ouverte et refermée sur eux.

Le soudard était si faible qu'il n'eut ni la volonté ni le pouvoir de se lever.

Il demeura là jusqu'aux premiers rayons de l'aube en proie à la fièvre et au frisson.

Quand le jour parut, il vit un cabaret qui ouvrait ses portes à quelque distance de lui.

Les forces lui revinrent, il entra et demanda à boire.

Le cabaretier, étonné de sa pâleur, le questionna, mais inutilement.

Le soudard ne voulut rien dire.

Seulement, quand il eut été réconforté par deux ou trois verres de vin, il quitta le cabaret et se dirigea résolûment vers le cimetière.

Les sabots de la mule étaient profondément enfoncés dans le sol.

Le soudard la suivit un moment à la trace au milieu des tombes, et il fit cette remarque singulière qu'elle avait toujours passé à distance respectueuse des croix qui surmontaient çà et là un tertre gazonné.

Tout à coup les traces cessèrent.

A l'endroit où le soudard trouva la dernière empreinte, la terre paraissait fraîchement remuée.

C'était là sans doute que mule et cavalier s'étaient abîmés tout à coup.

Epouvanté, le soudard sortit du cimetière.

Mais il ne retourna point chez maître Dumas; il alla passer le reste de la journée au cabaret dans lequel il avait bu le matin, raconta son aventure de la nuit et partit le soir même pour rejoindre sa compagnie qui entrait en campagne.

Depuis lors on ne le revit plus.

*
* *

Le roi s'arrêta un moment pour reprendre haleine.

On eût entendu voler une mouche dans la chambre royale, tant ce récit avait impressionné les auditeurs.

— Sire, dit le maréchal, voilà une histoire qui rendrait crédule M. de Voltaire lui-même.

— Attendez donc, répondit Louis XV, je n'ai pas fini.

Et le roi poursuivit ainsi :

— Ces deux histoires eussent suffi pour établir la croyance que maître Dumas entretenait des relations avec le diable; mais le soudard n'était point le seul à avoir vu la mule au flanc saignant et le cavalier à la plaie béante.

Quatre ou cinq fois par an, les gens de la rue de l'Hirondelle étaient témoins de ce spectacle.

L'homme arrivait, attachait sa mule, entrait dans la maison et y passait plusieurs heures.

Après quoi il repartait, et nul ne savait où il allait.

Un courtaud de boutique, un droguiste, plus hardi que les autres, car toutes les portes se fermaient quand on entendait le pas de la mule; un courtaud, dis-je, eut un jour l'audace de s'approcher de l'étrange animal.

La mule lui lança un coup de pied qui l'atteignit au crâne et le lui fendit.

La mort du droguiste mit le quartier en rumeur.

On se plaignit au chevalier du guet.

Celui-ci établit un poste de sergents dans la rue.

Les sergents veillèrent quarante-cinq nuits de suite.

L'homme à la mule ne vint pas.

La quarante-sixième nuit, comme on était en été et qu'il faisait une chaleur étouffante, ils envoyèrent chercher du vin et se mirent à boire.

Une heure après, ils dormaient tous.

Cette nuit-là, l'homme et la mule revinrent.

Une terreur panique s'était emparée de tout le quartier.

Le peuple en rumeur ne parlait de rien moins que de mettre le feu à la maison du vieux procureur, et le chevalier du guet avait été obligé d'envoyer des sergents pour le protéger, lorsqu'un nouvel événement, plus bizarre encore que les autres, se produisit.

Jusque-là, le cavalier à la plaie béante n'était venu que la nuit.

Un jour, en plein midi, on le vit déboucher dans la rue, s'avancer de son pas tranquille vers la maison du procureur, mettre pied à terre et soulever le marteau de la porte.

Comme il n'ôta pas son chapeau, les habitants de la rue, épouvantés, ne purent voir s'il avait toujours sa plaie au front.

Mais la mule paraissait guérie, et à la place de la blessure avait repoussé un poil tout blanc qui faisait contraste avec le reste de la robe qui était bai brun.

Cependant, tandis que le cavalier était dans la maison, personne n'osa s'approcher de la mule.

Celle-ci frappait du pied avec impatience, grattait le sol et paraissait pressée de repartir.

Plusieurs heures s'écoulèrent.

Enfin, le cavalier reparut. Il portait sous son bras une sorte de valise qu'il jeta en travers de l'arçon et qui rendit un son métallique.

Après quoi il sauta en selle et repartit, non au pas, mais au galop, de telle façon que personne ne put le suivre.

Les uns disaient qu'il avait emporté tout l'argent du procureur, les autres prétendaient que c'était son âme que contenait la valise, et que si cette valise était si lourde, c'est que cette âme était chargée de crimes et de péchés.

III

Le roi s'arrêta encore.

Une visible satisfaction se peignait sur son visage, tant il était heureux du succès de sa narration.

— Hé! hé! maréchal, dit-il, que croyez-vous qu'il advint?

— Ma foi, sire, répondit le maréchal, je suis incapable de le deviner.

— Alors, je vais vous le dire.

Et le roi poursuivit :

— Plusieurs heures s'écoulèrent.

Au bout de ce temps, on vit le fils du procureur sortir de la maison et frapper à une porte voisine.

Il paraissait fort ému et ses jambes fléchissaient sous lui, en même temps qu'un tremblement nerveux paraissait s'être emparé de tout son corps.

La porte à laquelle il venait de frapper était celle d'un voisin ou plutôt d'une voisine qui avait, seule peut-être dans le quartier, conservé de bonnes relations avec le vieux procureur et sa famille.

Cette femme, ancienne marchande de la halle, était grande et encore robuste, malgré ses soixante-dix ans.

Elle se piquait d'être un esprit fort, et avait toujours haussé les épaules quand on lui avait dit que le procureur était en relations avec le diable, lequel n'était autre que l'homme à la mule.

— Seigneur Dieu! s'écria-t-elle en voyant entrer le fils du procureur en cet état, qu'avez-vous?

— Venez... venez... répondit le bonhomme.

La marchande le suivit.

Quand elle fut dans la maison, elle vit la fille à genoux et priant dévotement, tout en ayant les yeux pleins de larmes.

— Mais que se passe-t-il donc? demanda-t-elle encore.

— Je crois que mon père est mort, dit le fils.

— Votre père?

— Oui.

— Mais où est-il donc?

— Là-haut.

Et il monta l'escalier.

Or, il faut vous dire qu'il y avait, en effet, tout en haut, une sorte de réduit dans lequel les enfants du procureur n'avaient jamais pénétré, et où celui-ci avait coutume de s'enfermer durant des heures entières.

— Ah! votre père est là-haut? fit la marchande.

— Oui.

— Et il ne descend pas?

Le fils secoua la tête.

— Eh bien! il faut l'appeler.

Et se faisant un porte-voix de ses deux mains :

— Hé! maître Dumas! cria-t-elle.

Maître Dumas ne répondit pas.

Son fils dit encore :

— L'homme à la mule est venu tantôt.

— Ah!

— Mon père ne l'attendait pas. A telle enseigne qu'il s'est écrié : « Je suis perdu! »

L'homme est entré, poursuivit le fils du procureur, et mon père, faisant un violent effort, est monté avec lui tout en haut. Ils se sont enfermés et il s'est écoulé plusieurs heures.

— Après? fit la marchande.

— L'homme est redescendu. Il riait en passant près de moi.

— Ne dérangez pas votre père, m'a-t-il dit, il est très-occupé là-haut.

Et il est parti, emportant je ne sais quoi sous son bras. Alors la peur nous a pris, ma sœur et moi, et nous sommes allés frapper à la porte.

— Et votre père n'a pas répondu?

— Non.

— C'est que peut-être il se trouve mal, dit la marchande. Voyons ça.

Et elle gravit l'escalier d'un pas délibéré.

Quand elle fut à la porte du réduit, elle frappa, comme avait frappé le fils du procureur, et n'obtint pas davantage de réponse.

Mais elle eut l'idée de regarder par le trou de la serrure. Alors elle vit maître Dumas blanc comme neige, les yeux éteints, mais vivant, et assis dans un grand fauteuil devant une table chargée d'alambics, de cornues et de livres d'alchimie.

La marchande était vigoureuse, je vous l'ai dit. D'un coup d'épaule, elle enfonça la porte.

Alors maître Dumas respira bruyamment, comme si cet air qui lui arrivait tout à coup du dehors lui eût rendu une vie qui s'en allait.

La voisine le prit dans ses bras et l'emporta.

Elle le descendit dans la salle basse dont je vous ai déjà parlé, l'installa auprès d'un bon feu et se mit à le frictionner par tout le corps.

Le procureur retrouva l'usage de sa langue, et, secouant la tête :

— Vous prenez un soin inutile, mes enfants, dit-il, je suis un homme mort.

A partir de ce jour, en effet, le procureur, qui était déjà fort maigre, se mit à dépérir d'une effrayante façon.

On eût dit qu'il se fondait.

Cependant il buvait et mangeait comme de coutume; mais il ne parlait plus, et ses enfants, désolés, essayèrent en vain de lui arracher une parole.

Enfin, une fois, il demanda par signes à être reconduit à ce logis mystérieux où, pour la dernière fois, il avait reçu l'homme à la mule.

Ses enfants lui obéirent et le montèrent à bras-le-corps. Quand il y fut, un reste de force lui revint. Il ferma la porte à double tour et demeura seul.

La soirée se passa, puis la nuit.

Les enfants, effrayés, eurent recours de nouveau à la voisine.

Celle-ci remonta avec eux, et, comme la première fois, elle regarda de nouveau par le trou de la serrure.

Elle vit bien le fauteuil, mais non point le procureur.

Le fauteuil était vide.

Elle appela maître Dumas.

Maître Dumas ne répondit point.

Alors, ayant consulté les enfants du regard, la bonne femme enfonça de nouveau la porte.

O surprise!

Le procureur n'était plus dans le réduit.

La table seule, cette table chargée de livres et d'instruments d'alchimie, était toujours au milieu de la chambre.

Cette fois, la marchande eut peur, et se mit à crier.

D'autres voisins accoururent.

Puis, avec les voisins, les gens de police, qu'on prévint en toute hâte.

Mais on eut beau fouiller la maison dans tous les sens, on ne retrouva pas le procureur.

Enfin, acheva le roi, cet événement mystérieux fit tant de bruit, qu'il parvint jusqu'aux oreilles du régent.

Le régent ordonna une nouvelle enquête, qui n'amena aucun résultat.

— Comment! dit le maréchal, on n'a jamais pu découvrir la vérité?

— Jamais.

— Et Votre Majesté...

— Ma Majesté, dit le roi en riant, n'est pas plus avancée que les autres. J'avais quinze ans alors, et je n'étais roi que de nom. Je me promis, comme vous avez pu le voir par ce récit, que lorsque je serais le maître je saurais la vérité.

— Il y a longtemps que Votre Majesté est le maître, dit le maréchal d'H...

— Oui, dit le roi; mais j'ai eu d'autres soucis, et toute cette histoire était sortie de mon souvenir, et il a fallu, pour l'y faire rentrer, que je retrouvasse cet papier.

— Mais, lui dit encore le maréchal, il y a trente ans de cela.

— Au moins.

— Et il sera bien difficile...

— La maison a peut-être été démolie, dit un autre courtisan.

— C'est possible.

— Enfin, tous les témoins de cette aventure sont peut-être morts.

— C'est probable.

— Votre Majesté fera donc sagement, dit le maréchal, de remettre ce papier dans ce tiroir ou de le jeter au feu.

— Non pas, dit le roi.

Louis XV avait prononcé ces deux mots avec un accent qui dénotait une volonté bien arrêtée.

— Puisque je me suis souvenu de cela, dit-il, je veux aller jusqu'au bout.

Et, comme on le regardait :

— Qui de vous, messieurs, dit-il, se souvient d'un drôle qui a fait quelque bruit à Versailles et qui m'a retrouvé une fillette qu'un certain page avait enlevée pour son propre compte?

— Votre Majesté, dit un des courtisans, voudrait-elle parler d'un certain Porion?

— Justement.

— Je le sais, moi, dit le maréchal.

— Ah! ah!

— Porion a perdu les bonnes grâces de M. de Sartine, sire.

— Cela devait être.

— M. le lieutenant de police l'a même quelque peu persécuté.

— Vraiment?

— Le bonhomme a dû quitter la police; mais, comme on ne renonce pas facilement à ce métier, il continue à le faire en amateur.

— Comment cela?

— Madame la marquise de Pompadour l'a pris à son service.

— Et quel service peut-il lui rendre? demanda le roi, jouant sur le mot.

— Il la tient au courant d'une foule de choses.

— En vérité!

Et le roi se mit à rire.

Puis, après un silence :

— Alors, cet homme est à Versailles?

— Je le crois, sire.

— Qu'on me l'amène.

— Dès demain, dit le maréchal avec empressement, il sera au petit lever de Votre Majesté.

— Ce n'est pas demain, mais ce soir que je le veux voir.

Et le roi, voyant que l'étonnement de ses familiers allait croissant, ajouta :

— Demain, je serais capable de n'y plus penser. Quelle heure est-il, messieurs?

— Minuit, sire.

— Eh bien! maréchal, allez-vous-en chez la marquise. Si elle est au lit, réveillez-la.

— Oui, sire.

— Et dites-lui que j'ai besoin de Porion.

Le maréchal partit tout court.

Une demi-heure après, il était de retour, et Porion, qu'il avait trouvé buvant dans un cabaret, à deux pas du château, Porion l'accompagnait.

Le roi voulut alors lui raconter l'histoire du procureur Dumas. Porion se prit à sourire.

— Je la connais, sire, dit-il.

— Ah! Et sais-tu ce qu'est devenu le procureur?

— Non.

— Il faudrait le savoir.

— Je le saurai, sire.

— Quand?

— Je vais aller à Paris cette nuit même, mais...

— Mais quoi?

— Il me faut un ordre de Votre Majesté.

— Pour qui?

— Pour M. le lieutenant de police.

— Tu l'auras, dit le roi.

Et il dicta au maréchal une lettre pour M. de Sartine et y apposa son sceau.

— A présent, messieurs, dit Louis XV, je vais me coucher, et je crois que je dormirai bien. Je vous l'ai dit, j'ai trente ans de moins. Bonsoir!

IV

Une heure après, Porion, dit le père Cannelle, était sur la route de Paris.

Il avait pris un vieux carrosse de louage et promis au cocher un pourboire fastueux s'il le menait bon train.

Aussi le véhicule volait-il sur la route, assez mal entretenue du reste, secouant les entrailles de Porion à lui arracher parfois un cri de douleur.

En une heure et demie il atteignit Paris. Un quart d'heure

après il arrivait à la porte de M. de Sartine, qui était plus que jamais lieutenant de police.

Le jeune magistrat avait des habitudes de travail nocturne qui étaient en harmonie avec ses redoutables fonctions.

Il est bien que la police veille tandis que Paris dort.

Le lieutenant de police avait passé la soirée au bal, chez une jolie présidente qui se consolait de son mieux de n'être pas de la cour, et il était rentré un peu après minuit.

Comme à son ordinaire, comme toujours M. de Sartine avait quitté ses habits de gala, revêtu une robe de chambre, passé dans son cabinet, où chaque nuit on allumait un grand feu, et s'était mis au travail.

C'était l'heure où certains de ses agents, qui attendaient patiemment dans une pièce voisine la rentrée de leur chef, venaient lui faire leur rapport et entraient l'un après l'autre.

Le lieutenant laissait la porte s'ouvrir et se refermer, continuait sa besogne et ne levait les yeux que lorsque l'agent se trouvait auprès de son bureau, dans le cercle de lumière décrit par sa lampe de travail.

Cette nuit-là, il n'y avait personne dans l'antichambre du lieutenant de police lorsque Porion y arriva.

Le vieux drôle connaissait si parfaitement tous les êtres de l'hôtel, qu'il était entré sans que personne eût fait attention à lui. Se voyant seul, il frappa deux coups discrets à la porte du cabinet.

— Entrez! dit la voix de M. de Sartine.

Porion entra sans que le lieutenant levât la tête.

Le vieil agent, qui était physionomiste, put voir que le front de M. de Sartine était soucieux, et il se dit :

— Je ne serai peut-être pas aussi mal reçu que je le pensais.

M. de Sartine, en entendant Porion s'avancer, abandonna du regard les papiers qu'il avait sous les yeux pour reporter ce regard sur le nouveau venu.

— Porion! exclama-t-il.

— Moi-même, monseigneur.

— Drôle! dit le lieutenant en fronçant le sourcil, oses-tu bien te présenter devant moi?

— Ma foi, monseigneur, dit résolument Porion, je vous sais ma présence assez désagréable pour ne pas être ici de mon plein gré, croyez-le bien.

— Que veut-tu donc, misérable?

— C'est le roi qui m'envoie.

— Le roi? dit Sartine.

Et il eut un geste d'impatience.

— Que voulez-vous, monseigneur, continua Porion d'un ton moqueur, le roi a sur ma personne, mes faibles talents et mes mérites, une tout autre opinion que Votre Seigneurie.

— Le roi est bien bon, en vérité! ricana le lieutenant de police.

— Je ne dis pas non; mais cela est ainsi, monseigneur, et il faut en prendre votre parti.

— Eh bien, que veut le roi?

— Le roi m'a mandé auprès de lui ce soir même.

— Bon! Après?

— Et il m'a confié une mission à laquelle il attache une grande importance.

— Ah! vraiment?

— Le roi est même persuadé, poursuivit Porion, que M. le lieutenant de police ne s'en tirerait pas comme moi.

— Insolent! dit Sartine.

Et M. de Sartine chercha sa canne auprès de lui pour la lever sur le père Cannelle.

— Monseigneur, dit froidement celui-ci, que Votre Seigneurie daigne prendre connaissance de cet ordre.

Et il plaça sous les yeux de M. de Sartine l'écrit suivant, auquel le roi avait apposé sa signature et son sceau :

« Ordre à M. le lieutenant de police de fournir au nommé Porion l'argent et les hommes dont il aura besoin pour mener à bien la mission que je lui ai donnée.

« LOUIS. »

M. de Sartine s'inclina, puis regardant Porion :

— Quelle est votre mission? dit-il.

— C'est le secret du roi, monseigneur.

— Mais, drôle, fit M. de Sartine avec un mouvement de colère, tu te permets, je crois, d'aller sur mes brisées!

— Monseigneur, dit froidement Porion, vous m'avez chassé, je gagne ma vie comme je peux.

— Et si je te reprenais à mon service?

Porion eut un fin sourire.

— C'est un peu tard, monseigneur, dit-il.

M. de Sartine haussa les épaules.

— Mon cher Porion, dit-il en s'adoucissant tout à coup, tu devrais mieux connaître le roi.

— Plaît-il?

— Le roi te donnera cent louis quand tu auras satisfait son caprice et ne pensera plus à toi le lendemain.

— Peut-être...

— Et si je te reprends, moi...?

Porion regarda le lieutenant de police avec défiance et ne répondit pas.

M. de Sartine devina le sens de ce regard.

— Si je te tends la main, dit-il, me croiras-tu?

— Peut-être... mais...

— Mais quoi!

— Je veux faire mes conditions, dit Porion.

— Soit. Parle.

— Voyez-vous, monseigneur, continua le père Cannelle, je vais vous dire ce que vous pensez et ce que je vaux, ce qui est absolument la même chose. De tous vos agents il n'en est pas un qui soit digne de délier les cordons de mes chaussures, et c'est votre opinion.

— J'en conviens, dit M. de Sartine avec un accent de franchise.

— Depuis six mois que vous m'avez congédié, la police, qui devrait tout savoir, ne sait plus rien.

M. de Sartine ne protesta pas.

— Moi, poursuivit Porion, je vis tranquillement à Versailles de la petite pension que m'a faite madame de Pompadour, mais je sais tout ce qui se passe à Paris.

— Ah! vraiment? fit M. de Sartine d'un air de doute.

— Si vous me le permettez, je vous mettrai même au courant, reprit Porion.

— Soit, je t'écoute.

— Votre Seigneurie ne sait pas toujours où donner de la tête, continua le père Cannelle.

— Après?

— D'abord, la disparition des enfants continue...

— Ah!

— Les bains de sang sont plus que jamais à la mode.

M. de Sartine haussa les épaules.

— Tu es fou! dit-il. Il est vrai que le Tartare a fait enlever plusieurs enfants rue des Enfants-Rouges.

— C'est de l'histoire ancienne, cela.

— Mais le Tartare est parti, et nous n'avons plus de ses nouvelles.

Porion cligna de l'œil.

— Si Votre Seigneurie, dit-il, ne consent pas à jouer cartes sur table, nous ne parviendrons jamais à nous entendre.

— Mais parle donc, alors.

— Votre Seigneurie, continua Porion, sait bien qu'il y a à Paris un autre seigneur, autrement puissant que le Tartare, qui se traite par le même système.

M. de Sartine pâlit légèrement.

— Tais-toi, dit-il.

— Mais si je me tais, monseigneur, nous ne nous entendrons jamais.

Le lieutenant de police courba la tête.

Porion continua :

— M. le comte d'Auvergne, le cousin du roi, un prince du sang royal, prend chaque matin un bain de sang humain.

« Le peuple murmure de plus en plus; mais les précautions ont été bien prises jusqu'à ce jour... et rien n'est parvenu jusqu'au roi... »

« Ici, ajouta Porion en saluant, je dois convenir que Votre Seigneurie a déployé une grande habileté.

— Passons, dit M. de Sartine.

— Un petit gentilhomme de province, poursuivit Porion, nommé Hector de Pierrefeu, arrivé à Paris il y a six ou sept mois...

— Ah! tu sais aussi cela?

— Je sais tout, monseigneur.

— Continue.

— Un petit gentilhomme, dis-je, s'est vu enlever son frère, qui a péri par ordre du Tartare, en n'a échappé lui-même que par la fuite à un sort identique. Il a voulu demander justice au roi; mais jusqu'à présent il n'a pu arriver à Versailles. Cependant, il y parviendra tôt ou tard.

— Tu crois?

— Oui, car il a un protecteur.

M. de Sartine tressaillit et demanda vivement :

— Quel est il?

— Voilà ce que je vous dirai demain, car pour aujourd'hui je ne le sais pas.

— Ah! fit M. de Sartine.

— Comme cela ne me regardait plus, je ne m'en suis pas occupé outre mesure, dit négligemment Porion.

— Mais tu t'en occuperas maintenant?

— Si nous parvenons à nous entendre.

— Je te l'ai dit, fais tes conditions.

— Pas encore.

— Pourquoi?

— Mais parce qu'il faut que je vous dise ce que je puis faire d'abord.

— Voyons?

— Quand le roi s'ennuie, il est capable de tout faire pour se distraire, dit Porion.

— C'est vrai.

— On lui viendrait proposer de faire comparaître M. le comte d'Auvergne devant le Parlement, qu'il accepterait.

M. de Sartine fit un soubresaut sur son siège.

— Le procès, poursuivit Porion, l'amuserait peut-être.

— Tais-toi.

— Il faut donc amuser le roi.

— C'est difficile.

— J'ai trouvé ce moyen-là, ou plutôt c'est le roi lui-même qui l'a trouvé.

— Ah!

Et Porion raconta en détail à M. de Sartine la vieille histoire du procureur Dumas et la fantaisie qu'avait le roi de savoir ce qu'était devenu le vieux sorcier.

— Mais tout cela est absurde! dit M. de Sartine.

— D'accord.

— La maison est peut-être démolie?

— Non.

— Tous les gens sont morts...

— On les ressuscitera.

— Hein!

— J'ai tout un petit plan, monseigneur.

— Voyons!

Porion, las d'être debout, s'assit sans façon, et M. de Sartine ne se fâcha point de ce manque de convenance, tant il était pressé d'avoir le secret du drôle.

— Monseigneur, reprit Porion, il y avait un homme à la cour, voici deux ans, qui avait fort amusé le roi.

— Qui donc?

— Un aventurier qu'on appelait le comte de Saint-Germain et qui prétendait être âgé de plusieurs siècles.

— Eh bien?

— J'ai envie de trouver un nouveau comte de Saint-Germain.

— Pourquoi faire?

— Pour amuser le roi et détourner l'orage qui gronde sur la tête de M. le comte d'Auvergne.

— Mais...

— Que Votre Seigneurie me promette mille écus par mois et une pension de dix mille livres pour mes vieux jours, et je m'expliquerai.

— Accordé, dit M. de Sartine.

M. de Sartine et Porion demeurèrent enfermés toute la nuit, et nul ne sut ce qui s'était passé entre eux. Seulement, au petit jour, le père Cannelle, plus cassé, plus vieux, plus débonnaire que jamais, s'en alla en murmurant :

— J'ai longtemps attendu la fortune, mais je crois qu'elle frappe enfin à ma porte.

V

Le lendemain, le roi venait à peine d'ouvrir les yeux et M. de Chamillac avait l'honneur de lui passer la chemise, lorsqu'un page entra, dit que le sieur Porion, que Sa Majesté avait chargé la veille d'une mission importante, sollicitait la faveur d'être reçu pour rendre compte de cette mission.

— Qu'il entre! dit vivement le roi.

Porion fut introduit.

Il avait l'air orgueilleusement modeste d'un homme qui a réussi.

— Eh bien? fit le roi.

— Sire, répondit Porion, j'ai des choses si mystérieuses, si confidentielles à raconter à Votre Majesté, que je la supplie de congédier les personnes qui l'entourent.

— Mais, fit le roi, tous ces messieurs assistaient hier à mon coucher.

Porion s'inclina.

— Ils savent tous le commencement de l'histoire.

— D'accord, sire.

— Et il nous serait agréable d'en apprendre la fin.

— C'est que, dit Porion, ce n'est pas la fin de l'histoire que j'apporte à Votre Majesté.

— Ah!

— C'est un chapitre de plus, voilà tout.

— Mais le dénoûment?

— Je ne puis le garantir à Votre Majesté, que si ce que je vais avoir l'honneur de lui dire est tout à fait entre elle et moi.

— Vous l'entendez, messieurs, dit le roi en souriant.

Et d'un geste il congédia tous ceux qui l'entouraient.

Alors Porion, demeuré seul avec le roi, lui dit :

— Sire, j'ai retrouvé le procureur.

— Tu veux dire sa maison.

— Non, sire.

— Ou son fils?

— Son fils et sa fille sont morts depuis longtemps.

— A plus forte raison, il doit être mort lui-même, attendu qu'il aurait au moins cent vingt ans.

— Cent vingt-cinq, sire.

— Te moques-tu de moi, drôle?

— Non, sire. Ce que je dis est l'exacte vérité, et je supplie Votre Majesté, qui ne pourrait m'accompagner, de me donner un des hommes en qui elle a le plus de confiance.

— Pourquoi faire?

— Pour me suivre à Paris et voir de ses yeux le procureur Dumas.

— Un homme de cent vingt-cinq ans?

— Qui en paraît trente à peine, sire.

Le roi fit un haut-le-corps; mais Porion ne se découragea point et continua :

— Maître Dumas était alchimiste.

— Bon!

— Il a trouvé l'élixir de longue vie.

— Quelle plaisanterie!

— Votre Majesté ne peut cependant avoir oublié le comte de Saint-Germain.

— Non, certes; c'était un fin charlatan.

— Il se vantait d'avoir vécu une douzaine d'existences déjà, continua Porion et il disait vrai!

— Oh!

— J'en suis convaincu, sire, depuis que j'ai vu le procureur Dumas.

Le roi se mit à rire.

— Quel rapport peut-il donc y avoir, dit-il, entre le comte de Saint-Germain et le procureur Dumas?

— La connaissance du même secret.

— Plaît-il?

Et le roi regarda Porion avec plus d'étonnement que de scepticisme.

— Sire, reprit l'agent de police, le comte de Saint-Germain a trouvé le moyen de vivre plusieurs existences.

— Il le dit du moins.

— Le procureur Dumas a trouvé le même moyen.

— Ta! ta! ta! fit le roi; entendons-nous, drôle!

Porion attendit.

— Tu dis que le procureur n'est pas mort?

— Oui, sire.

— Ce qui fait que si l'on pouvait trouver des gens assez vieux pour l'avoir connu, ils ne le reconnaîtraient pas?

— Cela est vrai.

— Alors, reprit Louis XV, ou tu es un fripon et tu te moques de moi...

Porion leva les yeux et les mains au ciel.

— Ou tu es un imbécile, victime d'un intrigant.

— Je l'ai cru d'abord, sire; mais...

— Mais? fit le roi.

— Cet homme m'a dit qu'il y avait une marque certaine pour s'assurer de son identité.

— Et cette marque?...

— Il ne la peut donner qu'au roi ou à un homme que le roi aura investi de toute sa confiance.

— Parole d'honneur! murmura Louis XV, je ne sais plus si je dois rire ou me fâcher.

Porion ne sourcilla point.

— Où est cet homme? demanda le roi.

— A Paris.

— Ce n'est pas une indication. Paris est si grand!...

— Sire, dit Porion avec un calme imperturbable, si Votre Majesté daignait m'écouter.

— Parle.

— Cette nuit, muni de la lettre que Votre Majesté m'avait donnée pour M. de Sartine, je suis allé à Paris.

— Après?

— Au lieu d'aller chez M. de Sartine, je me suis rendu rue de l'Hirondelle. Je voulais d'abord m'assurer que la maison du procureur était toujours debout.

— Et elle existe?

— Elle a été remise à neuf à la mort du fils, qu'on a enterré voici douze ans.

— Et vendue?

— Oui, sire, vendue et achetée.

— Par qui?

— Par un marchand drapier qui se nomme Ulysse Carnot, lequel n'est autre que le procureur Dumas.

— Voilà qui est trop fort, dit le roi.

— Sire, reprit Porion, je suis un être chétif que Votre Majesté peut briser en faisant un signe, et si Votre Majesté ne me croit pas, je suis perdu!

Le roi ne dit rien.

— Votre Majesté peut me chasser, pis que cela, me faire donner le fouet; pis encore, me faire pendre.

— Continue.

— C'est donc avec cette perspective que je suis venu ici, décidé d'avance à tout dire au roi, quitte à être branché haut et court, comme on disait autrefois. Donc, si j'ose parler, c'est que je suis convaincu.

— Après ça, fit le roi, comme tout cela m'amuse fort, tu peux continuer.

Porion s'inclina.

— Je disais donc à Votre Majesté que j'étais allé rue de l'Hirondelle.

— Oui. Eh bien?

— Il était alors plus de minuit, et ce quartier-là est silencieux comme une tombe. Personne dans la rue, pas une lumière aux fenêtres. Je me trompe, il y en avait une... une seule...

— Ah!

— Vers le milieu de la rue, derrière les volets d'une fenêtre du rez-de-chaussée. Comme j'approchais, cette fenêtre s'est ouverte, et un homme qui paraissait jeune s'est penché vers moi :

— Hé! monsieur Porion, m'a-t-il dit, vous venez un peu tard.

Vous pensez, sire, que je restai un instant de voir un homme que je ne connaissais pas, que je n'avais même jamais vu, m'appeler par mon nom.

Je me suis approché, et mon étonnement a redoublé quand il m'a dit :

— Vous cherchez la maison du procureur Dumas?

Comment pouvait-il savoir cela?

J'ai balbutié quelques mots au hasard, et il a continué :

— La maison que vous cherchez est celle-ci. Le roi, qui vous envoie, en demeurera convaincu comme vous, lorsque vous lui direz que cette maison est dite de François Ier, car il sait bien que c'est celle qu'habitait le procureur.

— C'est ma foi vrai! interrompit le roi; j'avais oublié ce détail.

— Cet homme a continué :

— Même avant vous, car il n'y a pas plus de deux heures que le roi vous a mandé, je savais que vous viendriez.

— Monsieur, lui ai-je dit, je vois que vous voulez vous moquer de moi.

Il s'est mis à rire.

— Eh! non, de par Dieu! m'a-t-il répondu. Je savais cela, parce que je sais tout : le passé, le présent et l'avenir. Je savais que le roi ouvrirait un tiroir, qu'il y trouverait un vieux papier, que ce vieux papier lui rememorerait des événements depuis longtemps oubliés; qu'enfin, il vous ferait venir et vous chargerait de savoir le mot de l'énigme touchant la mystérieuse disparition de maître Dumas, le vieux procureur.

J'étais stupéfait en écoutant cet homme.

— Et aussi, poursuivit-il, je n'ai pas voulu me mettre au lit et je vous ai attendu, car il n'y a que moi qui puisse vous donner les renseignements que vous cherchez.

— Ah! m'écriai-je, complètement bouleversé par l'audace de cet homme, vous m'attendiez?

— Oui.

— Depuis longtemps?

— Depuis que je sais que vous devez venir.

Ce disant, il referma sa fenêtre et me cria ensuite au travers :

— Attendez donc, je vais vous ouvrir la porte.

Et il m'ouvrit, en effet, deux minutes après.

Je ne suis ni poltron ni superstitieux, sire; cependant, j'avoue à Votre Majesté que j'hésitais à entrer dans cette maison, tant ce que j'avais entendu me paraissait extraordinaire, lorsque l'inconnu ajouta :

— Si vous vous défiez de moi, allez-vous-en et revenez demain après avoir pris des renseignements. Je m'appelle Ulysse Carnot; je suis marchand drapier; j'ai trois enfants et je compte parmi les notables commerçants du quartier.

Il avait une figure ouverte, avenante, paraissait être âgé de trente-cinq à quarante ans, et sa voix avait un accent de franchise qui prévenait en sa faveur.

J'eus honte de mon hésitation et j'entrai.

Il m'introduisit dans une petite salle au rez-de-chaussée, et me dit :

— Voilà où maître Dumas se tenait d'ordinaire.

Et il m'offrit un siège.

La lampe qu'il avait posée sur la cheminée éclairait cette salle, dont l'ameublement simple et coquet n'avait absolument rien de diabolique.

— Quand je suis entré ici, me dit-il, j'ai fait remettre à neuf toute la maison.

— Je le pense bien.

— Il n'y a que mon observatoire que j'ai laissé dans son état primitif.

— Votre... observatoire?

— Oui.

— Qu'appelez-vous ainsi?

— Cette pièce qui est située tout en haut de la maison et dans laquelle je recevais l'homme à la mule quand il me venait faire visite.

— Qui? fis-je stupéfait.

— Ah! me dit-il en souriant, pour un homme de mon âge, je suis vraiment un peu étourdi. J'ai oublié de vous dire que le procureur Dumas, c'est moi.

Vous pensez, sire, dit Porion avec un accent humble et naïf, que d'abord j'ai pris cet homme pour un fou.

— Telle est mon opinion, dit le roi.

— Mais Votre Majesté pensera tout autrement tout à l'heure.

— Bah!

— Quand je lui aurai raconté la confidence de cet homme.

— Voyons? fit le roi, que cette absurde histoire amusait de plus en plus.

Et Porion continua :

VI

— La physionomie de cet homme s'était singulièrement modifiée depuis que j'étais entré dans la maison.

Son air débonnaire avait fait place à une expression froide et hautaine, et une flamme sombre brillait dans son regard.

— Mon cher monsieur Porion, me dit-il, l'homme à la mule, sur lequel vous trouverez bon que je garde un silence prudent, m'avait donné le secret de ne pas mourir.

— Il faut bien, repartis-je d'un ton railleur, que vous ayez possédé ce secret, si réellement vous êtes maître Dumas.

— Je le suis.

— Quel âge avez-vous donc maintenant?

— Cent cinquante ans environ.

— Peste!

Il ne se fâcha pas de mon incrédulité et poursuivit :

— Ce secret consistait en un élixir renfermé dans une petite bouteille. Je devais, quand je sentirais la mort approcher, me frotter tout le corps avec cette liqueur.

— Et c'est ce que vous avez fait?

— Attendez. L'élixir devait me procurer un sommeil de dix ou quinze ans, après lequel je m'éveillerais à l'âge qu'il me plairait d'avoir. Vous pensez bien que je me souciais peu de revenir à l'avance. Je choisis donc sur-le-champ le plus bel âge de la vie, selon moi, vingt ans.

— Vous aviez raison.

— Je m'enfermai donc dans mon laboratoire et je me frottai avec l'élixir de longue vie; mais j'étais si pressé de me retrouver à vingt ans, que j'oubliai une des parties de mon corps, ma jambe gauche.

— Ah!

— Je m'endormis donc, et quand je m'éveillai, il y avait quinze ans qu'on ne parlait que de la mystérieuse disparition du procureur Dumas. J'avais vingt ans, j'étais rose et frais. Seulement, ma jambe gauche, qui avait été privée de l'élixir régénérateur, était restée celle d'un vieillard.

— Allons donc !

— Vous allez voir, me dit-il.

Et il releva ses chausses, déboucla ses jarretières et mit d'abord à nu sa jambe droite.

Celle-là était forte, vigoureuse, bien musclée, et un sang jeune circulait dans ses veines.

Puis il baissa son bas gauche, et je vis un faux mollet tomber sur le parquet.

En même temps je vis un affreux tibia maigre, décharné, couvert d'une sorte de parchemin jaune et ridé.

C'était bien la jambe d'un vieillard.

— Ah çà ! drôle, s'écria le roi, interrompant enfin Porion, te moques-tu décidément de moi?

— Sire, répondit le père Cannelle, Ulysse Carnot, c'est-à-dire celui que je crois fermement avoir été le procureur Dumas, pourra montrer sa jambe soit à Votre Majesté, soit à telle personne que le roi désignera, et alors...

— Continue, dit le roi. C'est un conte à dormir debout que tu me fais là, mais il m'amuse.

Porion reprit :

— Quand il eut rajusté son bas, le drapier me dit encore :

— Si cette preuve ne vous suffit pas, j'en puis donner une autre au roi.

— Ah! et laquelle?

— Le roi a peut-être oublié un détail important qui signala ma disparition.

— Voyons !

— Quand j'étais procureur, j'avais été chargé d'un procès très-important duquel dépendait toute la fortune de la famille de Bois-Rosé, qui est une famille noble de Saintonge.

Je perdis ce procès. Je le perdis parce que j'avais égaré une pièce importante.

Après ma mort, c'est-à-dire après ma disparition, les héritiers du baron de Bois-Rosé obtinrent la permission de faire une perquisition dans mes papiers. Mais ils ne trouvèrent rien.

— En effet, dit le roi interrompant une seconde fois Porion, je me souviens parfaitement de cela. Je crois même qu'il y a une dizaine d'années, le procès a été engagé de nouveau et que les Bois-Rosé ont gagné.

— Grâce à la pièce égarée qui a été retrouvée, sire.

— Comment sais-tu cela?

— Parce que celui qui dit être le procureur Dumas prétend que le jeune baron de Bois-Rosé, qui n'est plus jeune aujourd'hui, et qui doit bien avoir cinquante ans, prouvera à Votre Majesté que feu le procureur Dumas et Ulysse Carnot ne font qu'un.

— Oh! par exemple !

— Monsieur Porion, m'a dit cet homme en terminant, je vous ai dit tout ce que je pouvais vous dire.

— Ah! pardon, lui dis-je, vous oubliez une chose.

— Laquelle?

— C'est que le procureur Dumas, étant monté dans son laboratoire, disparut.

— Certainement.

— Et qu'on aurait pu le retrouver frotté d'élixir et endormi, si ce que vous dites là n'était une pure invention.

Mon objection ne le déconcerta point.

— Mon cher monsieur Porion, me dit-t-il, vous pensez bien que l'homme à la mule ne m'a pas fait cadeau de son secret.

— Il vous l'a vendu?

— Et très-cher, puisque la dernière fois qu'il vint, il emporta un gros sac plein d'or. Mais, en outre, il m'imposa certaine condition...

— Ah! voyons?

— Je lui fis le serment, sous peine de perdre la vie sur-le-champ, de ne jamais révéler, pendant ma nouvelle existence, le lieu où se serait accompli ma métamorphose.

— Vous avez réponse à tout, lui dis-je en riant, car je tenais à lui prouver que je n'étais pas sa dupe.

Il ne sourcilla point et continua :

— Il est fâcheux que M. le comte de Saint-Germain ait quitté Paris.

— Pourquoi?

— Parce qu'il aurait pu vous dire, à vous ou au roi, ce que vous désirez savoir.

— Plaît-il ?

— Il vous aurait indiqué d'une manière si précise l'endroit où j'ai dormi et attendu ma seconde jeunesse, qu'il vous aurait été impossible de ne point le trouver.

— C'est possible, répondis-je; mais enfin, M. de Saint-Germain n'est plus à Paris.

— Oui, mais il y a un homme qui est aussi savant que lui sur les mystères de la vie prolongée indéfiniment.

— Ah !

— Cet homme vous dira tout ce que M. de Saint-Germain aurait pu vous dire.

— Et quel est cet homme, demandai-je.

— C'est un prince tartare.

— Son nom.

— Trespatki.

A ce nom le roi tressaillit.

— L'homme à la dartre ?

— Justement lui. C'était de lui que voulait parler le prétendu procureur rajeuni.

— Il n'y a qu'un malheur à cela, lui dis-je, le Tartare n'est plus à Paris.

— C'est vrai, il a quitté Paris voici six mois. Mais il doit arriver demain matin.

— Comment le savez-vous?

— Ne vous ai-je pas dit que je savais tout?

Et peu soucieux de mon attitude incrédule, Ulysse Carnot ajouta :

— Trouvez-vous, à sept heures du matin, à la porte Saint-Antoine; vous verrez arriver un carrosse, et dans ce carrosse le prince, qui revient d'Allemagne. Voilà, cher monsieur Porion, tout ce que je puis vous dire; le reste vous sera expliqué par le prince.

Et sur cela, il se leva du siège où il s'était assis, comme un grand seigneur qui donne audience, et fait comprendre que l'audience est terminée.

J'aurais voulu le questionner encore, mais une force invincible et mystérieuse me poussa vers la porte.

Je me trouvai dans la rue sans savoir comment j'y étais arrivé.

Il ne voulut pas entendre les excuses de M. de Pomponne. (Page 62.)

et la porte de celui qui doit être le procureur Dumas s'était refermée, que je n'étais pas encore revenu de ma surprise.

Le roi regarda de nouveau Porion.

— Sais-tu, drôle, fit-il, que si jamais j'ai la preuve que tu t'es moqué de moi, je te ferai périr sous le fouet.

— Sire, répondit Porion avec calme, je n'ai point fini.

— En vérité !

— Il faut que je parle maintenant à Votre Majesté du prince tartare.

— Tu l'as donc vu !

— Sans doute !

— Où et quand ?

— J'ai suivi les indications du drapier, je suis allé à la porte Saint-Antoine.

— Bon !

— A sept heures précises, comme il était jour à peine, un nuage de poussière s'est élevé dans le faubourg, et j'ai vu apparaître un carrosse de voyage traîné par quatre chevaux couverts de grelots qui faisaient un bruit assourdissant.

Quatre laquais à cheval précédaient le carrosse.

Quatre autres le suivaient.

Ce qui n'a pas empêché que les préposés aux taxes de MM. les fermiers généraux aient fait arrêter le carrosse pour voir ce qu'il y avait dedans.

Alors un homme en est sorti, parlant très-haut et d'un ton peu endurant.

C'était le prince.

— Ah ! vraiment, fit le roi. Et tu n'as pas eu peur ?

— Pourquoi aurais-je eu peur, sire ?

— Mais, parce qu'il est horrible à voir, dit le roi.

Porion sourit.

— Couvert d'une lèpre immonde...

— C'est, au contraire, un fort bel homme, sire, un très-joli garçon même, et qui a la peau très-blanche.

— Et pas de dartre ?

— Pas plus que sur ma main.

— Il est donc guéri ?

— Radicalement, sire.

Le roi fronça le sourcil.

— Ah çà ! dit-il, tous les rapports qui m'ont été faits sont donc vrais !

— Sur le prince ?

— On m'a dit qu'il se traitait en prenant des bains de sang humain.

Porion se mit à rire de nouveau.

— Sire, dit-il, à l'époque où cette rumeur a couru à Paris, M. de Sartine m'employait encore, et j'étais mieux renseigné que qui que ce fût pour être au courant de la vérité.

— Eh bien ?

— Eh bien ! il n'y a pas un mot de vrai dans tout cela.

Le prince s'est guéri, grâce aux soins de son médecin, un Tartare comme lui.

— Cependant, dit encore le roi, on a vu disparaître des enfants ?

— Cela est vrai.

— Que sont-ils devenus ?

— Voilà ce que j'ignore. Tout ce que je puis dire à Votre Majesté, c'est qu'on a constaté de ces disparitions-là bien après le départ du prince.

— Mais enfin, dit le roi, comment cet homme peut-il savoir ce que M. de Saint-Germain savait ?

— Ah ! voilà, sire...

Et Porion prit un air mystérieux.

Puis il jeta un furtif regard sur la pendule.

— Je crains, dit-il, que ce ne soit l'heure où Votre Majesté travaille avec ses ministres...

— Mes ministres attendront, dit le roi.

— Bon ! pensa Porion, voici que je deviens un personnage d'importance. Pour moi on fait attendre les ministres !

Et il attendit une nouvelle question du roi.

VII

Louis XV demeura pensif un moment.

Puis, regardant Porion :

— Ainsi on croit réellement, dit-il, que le drapier Ulysse Carnot n'est autre qu'une nouvelle incarnation du procureur Dumas ?

— Je le crois fermement, sire, après tout ce que j'ai vu.

Et, prenant la main de Mme de Pompadour, il y mit un baiser respectueux. (P. 64).

— Et tu as vu le Tartare guéri ?

— Oui, sire.

— Je ne veux pas m'amuser, poursuivit le roi, à faire venir ici le drapier, avant que nous n'ayons éclairci toute cette histoire. Mais je vais mander auprès de moi le Tartare.

— Voilà qui est impossible, sire.

— Impossible !

— Le Tartare ne viendra pas.

— Pourquoi ?

— Parce qu'il est sujet russe.

— Eh bien ?

— Et que la cour de France est en grande froideur avec l'empereur Yvan.

— Oh ! c'est juste, dit le roi. Ce Tartare a donc des fonctions auprès du czar ?

— Il est aide de camp.

— Fort bien, dit le roi. Alors je lui enverrai Richelieu.

Le roi prononçait à peine ce nom qu'on gratta doucement à la porte et qu'un page, montrant au travers sa mine éveillée, dit :

— Monseigneur le maréchal de Richelieu attend le moment de venir faire sa cour au roi.

— Quand on parle du loup, c'est qu'il n'est pas loin, dit le roi en riant. Qu'il entre donc, le maréchal.

Richelieu parut.

En voyant Porion, il fit une légère grimace.

Porion lui rappelait une de ses mésaventures.

En effet, l'agent de police avait fait ce que lui, Richelieu, n'avait pu faire : il avait retrouvé cette fillette dont le roi s'était tant énamouré quelques mois auparavant.

Mais, comme le roi paraissait de charmante humeur, ce qui était rare, Richelieu crut devoir être souriant, et il rendit à Porion son salut.

— Maréchal, dit le roi, vous souvenez-vous du Tartare ?

— Certes, oui, sire ; il s'en est retourné mourir dans son pays de cette horrible dartre qui lui couvrait tout le corps.

— Vous vous trompez, maréchal.

— Il n'est pas mort ?

— Il se porte à ravir.

— Avec une dartre ?

— Sans aucune dartre, attendu qu'il est complétement guéri.

— Sire, dit Richelieu, s'il en est ainsi, je supplie Votre Majesté de faire la paix avec le czar et de me nommer ambassadeur auprès de lui, à moins toutefois que je ne m'en aille à Pétersbourg ou à Moscou voir le Tartare, car il me sera impossible de croire auparavant à sa guérison.

— Mon cher maréchal, répondit le roi, vous n'aurez pas besoin d'aller si loin.

— Ah ! fit Richelieu étonné.

— Le Tartare est à Paris.

— Depuis quand ?

— Depuis ce matin, et je vous vais donner une mission auprès de lui.

Richelieu, stupéfait, considérait tour à tour le roi et Porion, et paraissait chercher le mot d'une énigme.

— Maître Porion, dit le roi, contez donc au maréchal le singulier récit que vous venez de me faire.

Et le roi sonna et demanda son chocolat, qu'on lui apporta aussitôt sur une petite table qui fut placée devant la cheminée.

Tandis que le roi prenait son chocolat, Porion racontait succinctement à Richelieu son aventure avec le drapier de la rue de l'Hirondelle, et ce qui s'en était suivi.

Pendant ce récit, le duc haussa plus d'une fois les épaules. Mais Porion sut donner à son visage une telle expression de naïveté et de bonhomie que l'homme le plus sceptique de France et de Navarre se serait senti envahi par une sorte de terreur mystérieuse mêlée de curiosité.

Quand Porion eut fini, Richelieu se tourna vers le roi :

— J'attends, dit-il, les ordres de Votre Majesté.

— Où est descendu le Tartare ? demanda le roi à Porion.

— Rue du Pas-de-la-Mule, sire, aux environs de la place Royale, dans un hôtel qui appartenait à M. le comte d'Auvergne.

— Eh bien, maréchal, dit le roi, vous allez prendre Porion avec vous.

— Oui, sire.

— Vous passerez chez le drapier.

— Et je me ferai montrer sa jambe ?

— Précisément. Ensuite, vous irez chez le Tartare de ma part, et vous lui direz que s'il possède réellement les merveilleuses qualités divinatoires de M. de Saint-Germain, il me fera personnellement un grand plaisir en jetant quelque lumière sur cette étrange affaire du procureur Dumas.

Richelieu s'inclina.

— Allez, dit le roi, faites-vous mener bon train et revenez le plus tôt possible.

Porion et le maréchal sortirent.

Après leur départ, le roi se dit :

— Tout cela m'amuse fort. Voici qu'il est midi, et je n'ai pas bâillé une seule fois depuis ce matin. Richelieu a une dent contre Porion. Si Porion m'a menti, Richelieu le démasquera. Je ne pouvais pas trouver un meilleur accouplement.

Et le roi, sur cette réflexion, avala sa dernière gorgée de chocolat.

Le page reparut :

— Sire, dit-il, M. le duc de Choiseul, le premier ministre de Votre Majesté, sollicite la faveur de venir travailler une heure avec le roi.

Cette fois le roi eut un bâillement, mais il prit bravement son parti du travail.

— Faites entrer M. de Choiseul, dit-il.

Et M. de Choiseul étant entré, le roi se mit à travailler consciencieusement et courageusement pendant deux grandes heures.

Cependant, de temps à autre, Louis XV regardait la pendule, faisant cette réflexion :

— Il me semble que Richelieu ne peut tarder d'arriver.

M. de Choiseul était non-seulement un grand ministre, mais encore un courtisan plein d'esprit.

Il savait qu'avec le roi il ne fallait pas abuser du travail. A un moment donné, il reunit toutes ces paperasses dans son portefeuille, et dit au roi :

— Sire, je vais avoir l'honneur de prendre congé de Votre Majesté.

Cependant, il ne fit point un pas de retraite.

— Avez-vous quelque chose à me demander, duc ? dit le roi.

— Oui, sire.

— Une faveur ?

— Non, un acte de justice.

— Parlez, dit le roi.

— Sire, dit M. de Choiseul, Votre Majesté se souvient-elle qu'à la bataille de Fontenoy elle dut la vie à un pauvre capitaine qu'on appelait...

— Le comte de Pierrefeu, pardine ! dit le roi, je le crois bien. Un brave gentilhomme, ce pauvre Pierrefeu, et qui n'était pas riche ; je lui ai fait une pension de cent louis. Est-ce qu'on ne le payerait pas exactement, par hasard ?

— On ne la paye plus, sire.

— Et pourquoi cela, monsieur ?

— Parce que M. de Pierrefeu est mort il y a plusieurs années, sire, dans sa modeste terre de Bourgogne.

— Ah ! le pauvre homme ! dit le roi ; il m'a certes bien sauvé la vie à Fontenoy.

— Le comte est mort, reprit M. de Choiseul, mais il a laissé deux fils.

— Il faut me les envoyer, duc, je m'occuperai d'eux.

— Sire, dit M. de Choiseul, que Votre Majesté me permette d'abuser un moment de ses loisirs. Ce que j'ai à dire est assez compliqué.

— Voyons, dit le roi.

— Il y a six mois, les deux fils de M. de Pierrefeu se sont mis en route pour Paris; l'aîné avait vingt-cinq ans, le cadet quatorze ou quinze, je crois.

L'aîné était porteur d'une lettre écrite par le vieux comte à son lit de mort et adressée à Votre Majesté.

Dans cette lettre, il sollicitait un emploi de garde du corps pour son fils aîné, et une veste de page pour le cadet.

Les deux jeunes gens arrivèrent à Paris vers le soir et descendirent rue des Enfants-Rouges, à l'auberge du *Dragon-Bleu*.

— Et il y a de cela six mois ?

— Oui, sire. Le soir, le plus jeune se coucha ; l'aîné fut attiré dans un piège amoureux. A partir de ce moment, les deux frères ne se sont plus revus.

— Comment cela, duc ?

— Attiré dans une maison mystérieuse, l'aîné fut attaqué par des estafiers qui en voulaient à sa vie :

— Un mari jaloux, sans doute ?

— Non, sire.

— Des voleurs ?

— Pas davantage.

— Pourquoi donc en voulait-on à sa vie ?

— Pour faire un bain avec son sang.

Le roi tressaillit.

— A cette heure même, poursuivit le duc de Choiseul, à cette heure où le jeune Hector de Pierrefeu se défendait vaillamment et, percé de dix coups d'épée, parvenait à se soustraire à ses bourreaux...

— Ah ! fit le roi avec un soupir de soulagement, il n'est donc pas mort ?

— Non, sire, il a survécu, mais il a été fou pendant plusieurs mois. Que Votre Majesté daigne me permettre d'achever.

— Parlez.

— A cette heure-là, poursuivit le duc, dans l'auberge du *Dragon-Bleu*, on égorgeait le frère, et un grand personnage prenait voluptueusement un bain dans son sang.

— Dieu ! s'écria le roi, que me dites-vous là ? Mais cela est donc vrai... on a donc en France, sous mon règne, pris des bains de sang humain ?

— Oui, sire, et on en prend encore...

— Mais M. de Sartine m'a juré...

— J'ignore, dit froidement M. de Choiseul, ce que le lieutenant de police a pu dire à Votre Majesté, mais je supplie le roi de donner audience aujourd'hui même à M. le comte Hector de Pierrefeu, qui lui racontera mieux que moi des choses épouvantables et qui ne sauraient demeurer impunies.

— Duc, répondit le roi, justice sera faite. Où est M. de Pierrefeu ?

— A Paris.

— Envoyez-le-moi, je le recevrai.

— Il sera ici à quatre heures, sire.

— C'est bien ! dit le roi.

Et il congédia M. de Choiseul.

A peine le premier ministre était-il parti, que M. de Richelieu arriva.

— Sire, dit-il, j'apporte à Votre Majesté une bonne nouvelle.

— Sachez bien, maréchal, répondit le roi, que, après ce que vient de me raconter M. de Choiseul, j'ai joliment besoin de me distraire.

VIII

Les dernières paroles du roi intriguèrent quelque peu M. de Richelieu.

Il regarda Louis XV et parut attendre que son gracieux souverain voulût bien s'expliquer.

Mais le roi lui dit brusquement :

— Voyons, quelle est cette bonne nouvelle ?

— J'ai vu le prince tartare.

— Après ?

— Il consent à se présenter devant Votre Majesté.

— Ah ! vraiment !

— Mais à la condition que l'entrevue sera secrète, tant il a peur de déplaire à son souverain, le farouche czar.

— C'est tout simple, dit le roi, je le recevrai chez la marquise.

— J'y ai pensé, dit Richelieu.

— Ah !

— Aussi ai-je amené le prince dans mon carrosse.

— Où est-il ?

— En bas, dans la cour. On a baissé les stores et nul ne le voit.

— Eh bien ! dit le roi, rien ne s'oppose à ce que je voie ce vilain personnage tout de suite. Je vais faire prévenir la marquise.

— C'est inutile, sire.

— Pourquoi ?

— Porion est chez elle. Votre Majesté n'a qu'à passer chez madame de Pompadour par le couloir dont elle seule a la clef. Dans cinq minutes le prince tartare y sera.

Et Richelieu fit un pas vers la porte.

— Un instant ! dit le roi.

Le maréchal s'arrêta et attendit.

— Avez-vous vu le drapier ?

— Oui, sire.

— Et sa jambe ?

— Une vraie jambe de vieillard, dit le maréchal.

— Croyez-vous à ce qu'il raconte ?

— Hum ! dit Richelieu, j'en aurais la tentation, sire, en dépit de mon scepticisme.

— En vérité ?

— Et le prince tartare y croit tout à fait.

— Mais, dit le roi, ce prince tartare est donc décidément un adepte de M. de Saint-Germain ?

— Oui, sire.

— Il prétend avoir déjà vécu ?

— Naturellement.

— Et sa dartre ?

— La dartre a disparu dans le naufrage de sa dernière existence.

— Comment! il est donc mort et ressuscité ?

— Il le dit, du moins, sire; et, dans tous les cas, c'est un bien curieux personnage. Votre Majesté sera ravie de l'avoir vu.

— Fort bien, dit le roi, j'y vais.

Richelieu sortit.

Le roi appela ses pages, se fit mettre un œil de poudre, passa un peu de carmin sur ses lèvres, rétablit les plis de son jabot et ouvrit une porte qui se trouvait au fond de l'alcôve royale.

Cette porte, que masquait une draperie et dont le roi avait seul la clef, donnait dans un corridor étroit et obscur qui aboutissait aux petits appartements de madame la marquise de Pompadour.

Le roi avait fait si souvent ce chemin, qu'il s'engagea sans lumière dans le corridor, arriva à une seconde porte, et l'ayant ouverte, se trouva au seuil du boudoir de la favorite.

Quatre personnes y étaient déjà :

Madame de Pompadour, le prince tartare, Richelieu et Porion.

Celui-ci se tenait respectueusement debout auprès de la porte.

Les yeux du roi s'arrêtèrent sur le Tartare avec une avide curiosité.

C'était, ma foi, un fort bel homme, de grande taille, presque un colosse, mais admirablement proportionné, avec de belles mains où brillaient des bagues d'un prix fabuleux, et un pied relativement petit.

Son visage accusait le type des races caucasiennes bien plus que celui de la race tartare.

Il avait de grands yeux bleus, des dents admirables, une peau blanche et fine, un front large et une magnifique chevelure d'un châtain foncé, tandis que sa barbe était presque rouge.

Il était mis avec l'élégance d'un grand seigneur moscovite, et sa pelisse de renard bleu, dont les agrafes étaient en diamants, lui seyait à ravir.

A la façon dont il salua le roi et s'inclina devant lui en lui baisant la main, on devinait un homme élevé dans la familiarité des souverains.

— Monsieur, lui dit le roi, je vous sais beaucoup de gré d'être venu.

Le prince tartare s'inclina de nouveau.

— Asseyez-vous, monsieur.

Le prince s'assit sans mot dire.

— Monsieur, continua le roi, on m'a raconté sur vous des choses réellement extraordinaires.

Le prince sourit.

— Et pourtant bien faciles à expliquer, dit-il.

— Comment cela, monsieur ?

— Sire, monsieur Trespatki, monsieur de Richelieu m'a fait l'honneur de venir me voir tout à l'heure, et m'a affirmé que Votre Majesté ne pouvait croire à ma guérison.

— J'y crois à présent, monsieur, et vous me paraissez du bois dont on fait les centenaires.

Trespatki fit un sourire un peu dédaigneux.

— Sire, dit-il, ne vivre que cent ans, c'est bien peu. Si je n'étais borné à ce modeste chiffre, je serais mort depuis longtemps.

Le roi fit un véritable soubresaut sur son siège.

— Quel âge prétendez-vous donc avoir, monsieur ? dit-il.

— Sire, répondit le Tartare, j'ai fait la première expédition de Suède avec le czar Yvan le Terrible.

— Vous plaisantez, monsieur.

— C'était en l'an de grâce mil cinq cent quarante-cinq, et j'avais alors vingt ans. Que Votre Majesté daigne compter. Je n'ai pas moins de deux cent quarante ans.

— Bah ! dit le roi, stupéfait, vous en paraissez trente à peine.

— C'est que, dit le Tartare sans se déconcerter, je suis mort et ressuscité sept fois depuis ce temps-là.

Cette fois, le roi, abasourdi, se leva :

— Mais, dit-il, en vérité, je crois entendre M. de Saint-Germain.

— C'est un de mes bons amis, dit froidement le Tartare.

— Ah ! vraiment ?

— Nous sommes venus en France tous deux au commencement du règne du roi Henri IV, le glorieux aïeul de Votre Majesté.

Et comme le roi regardait tour à tour la marquise, Richelieu et Porion, qui étaient muets et paraissaient confondus, le Tartare poursuivit :

— Si Votre Majesté veut bien écouter ce que je vais avoir l'honneur de lui raconter, tout ce qui lui semble extraordinaire maintenant lui semblera limpide comme de l'eau de roche.

— Ma foi ! monsieur, répondit le roi, je ne vous ai pas fait venir pour autre chose que pour vous écouter. Par conséquent veuillez parler.

Le Tartare reprit :

— C'était précisément pendant cette expédition de Suède, entreprise par le czar Yvan le Terrible, dont je parlais tout à l'heure à Votre Majesté.

Le soir d'une bataille sanglante, nous nous trouvâmes sept égarés dans les montagnes qui séparent la Suède de la Norvége.

Des sept que nous étions, trois seulement étaient Russes, moi compris.

Les quatre autres étaient l'un Portugais, l'autre Allemand, le troisième Français et le quatrième Italien.

Le czar avait réuni sous ses drapeaux des aventuriers de tous les pays, ayant coutume de dire que ses sujets avaient besoin d'apprendre des étrangers l'art de la guerre.

Nous étions fatigués, nous mourions de faim, et nous cherchions un souper et un gîte.

Tout à coup une lueur brilla au travers des sapins gigantesques d'une forêt séculaire.

C'était une cabane de bûcheron.

Nous nous approchâmes. La porte était fermée. Nous frappâmes, mais une voix cassée nous répondit de passer notre chemin. Comme Votre Majesté le pense bien, la porte fut enfoncée d'un coup d'épaule.

Alors nous nous trouvâmes en présence d'un petit vieillard, si vieux qu'il en était devenu diaphane.

Nous lui demandâmes à manger et à boire.

Il nous répondit qu'il n'avait ni pain, ni eau-de-vie, ni boisson d'aucune sorte.

Nous fouillâmes la maison, mais ce fut en pure perte.

Alors, furieux, nous résolûmes de pendre le vieillard.

Mais il se jeta à nos genoux et nous dit :

— Si vous me voulez faire grâce, je vous donnerai un secret qui vaut mieux que tous les trésors de la terre.

— Et quel est ce secret ? demandâmes-nous.

— Celui de ne jamais mourir, répondit-il.

Nous nous mîmes à rire, comme riait tout à l'heure Votre Majesté, et l'un de nous lui dit :

— Mais, puisque tu possèdes ce secret-là, tu ne dois pas avoir peur de nous ?

— Oh ! non, répondit-il ; si vous me voulez laisser un quart d'heure de répit et me donner le temps de me frotter d'une certaine huile que j'ai enterrée ici près au pied d'un arbre, vous pourrez me pendre après en toute liberté. Je ne serai pas plutôt mort que je ressusciterai.

La curiosité qui s'empara de nous triompha de notre colère de gens affamés.

Nous consentîmes à ce que demandait le vieillard, et nous le conduisîmes à une centaine de pas dans la forêt.

Il s'était armé d'une bêche, et avec cette bêche il se mit à faire un trou au pied d'un arbre.

Au bout d'un instant, il déterra une énorme fiole en terre qui pouvait bien contenir une dizaine de bouteilles. Elle était même si lourde qu'il ne put la porter et que ce fut moi qui m'en chargeai.

Nous revînmes à la cabane.

Alors, le vieillard se déshabilla et se mit nu comme un rat. Puis, ayant débouché la dame-jeanne, il y puisa dans une soucoupe de bois la valeur d'un demi-verre d'une liqueur brune dans laquelle il trempa ensuite un morceau de laine.

Après quoi, avec cette laine imbibée de la mystérieuse liqueur, il se frotta par tout le corps. Quand ce fut fait, il nous regarda en souriant et nous dit :

— Maintenant, vous pouvez me pendre, si tel est votre bon plaisir.

De plus sages que nous n'eussent pas résisté à la tentation nous passâmes une corde au cou du vieillard, et nous le branchâmes en haut d'un sapin, à la porte même de sa cabane.

Dix minutes après il était mort.

Nous le dépendîmes alors et le couchâmes auprès d'un grand feu que nous avions allumé, décidés à passer la nuit dans la cabane et à dormir le ventre creux.

Pendant trois ou quatre heures, le cadavre alla se refroidissant.

Quand le jour parut, il était roide de froid.

— Il faut l'enterrer, dit l'un de nous.

— Bah ! dit un autre, les loups ont faim, peut-être, ils en feront un bon repas.

Mais soudain le cadavre s'agita, poussa un soupir, étendit les bras, et se leva sur ses jambes, et se trouva sur ses pieds ; en même temps ses yeux se rouvrirent et nous regardèrent d'un air aimable.

— Vous êtes bien gentils, mes enfants, nous dit le mort ressuscité.

En même temps aussi ses cheveux blancs devinrent noirs, ses membres amaigris se remplirent de chair à vue d'œil, sa bouche dégarnie se meubla de dents magnifiques, et tout à coup nous eûmes devant nous un homme aussi jeune que nous.

— Mes bons amis, nous dit-il encore, vous avez tenu votre parole, je vais tenir la mienne, et vous donner à chacun une petite bouteille de l'élixir de longue vie.

— Monsieur, s'écria le roi, interrompant le Tartare, si je mourais, me ressusciteriez-vous ?

— Parfaitement, dit froidement le prince Trespatki.

— Continuez, dit le roi.

IX

Le prince Trespatki reprit :
— J'ai eu l'honneur de le dire à Votre Majesté, nous étions sept, dont trois Russes, un Français, un Allemand, un Italien et un Portugais.

Le vieillard, redevenu jeune, nous donna à chacun une petite fiole contenant la valeur d'environ trois verres de son élixir.

Après quoi il nous dit :
— Maintenant, vous allez boire et manger.

Il nous conduisit au pied d'un autre sapin et se mit à creuser avec sa bêche, non plus, comme la veille, péniblement, mais avec toute la force et l'ardeur de la jeunesse, cette fois.

Bientôt il eut mis à découvert une sorte de cachette construite en bois et qui lui servait de grenier à provisions.

Le paysan norvégien, quand vient l'hiver, enterre ses vivres, afin qu'ils ne deviennent pas la proie des bêtes fauves qui peuplent les forêts et contre lesquelles il est impuissant à se défendre.

Cette cachette contenait son pain, ses viandes salées et du genièvre en abondance.

Nous bûmes et nous mangeâmes avec avidité.

Puis le vieillard, redevenu jeune, nous dit :
— Vous êtes des hommes, et je vous dois un bon conseil.
— Parlez! nous écriâmes-nous.
— Je vous ai fait un don qu'aucune puissance humaine n'eût pu vous faire. Je vous ai donné le moyen de vivre des milliers d'années ; mais, si vous n'y prenez garde, ce don vous peut devenir funeste.
— Comment cela? demanda le Français.
— Nous vivons en un temps de superstitions, reprit notre hôte, où le diable joue un grand rôle. Cet élixir, dont vous avez pu apprécier le pouvoir, n'est point son œuvre cependant; je suis un savant, un alchimiste, et je n'ai fait aucun pacte avec l'enfer. Mais, si je me vantais d'avoir le secret de ressusciter, croyez bien que les prêtres et les docteurs ne manqueraient pas de crier au sacrilège, d'affirmer que je suis possédé du démon, et de me brûler vif ensuite. Or, comme ils ne me laisseraient point le loisir de me frictionner avec mon élixir, je serais mort pour tout de bon.
— Cela est probable, observai-je.
— Vouloir faire du bien aux autres, c'est quelquefois se faire du mal à soi-même, poursuivit le ressuscité. Je vous engage donc à garder votre secret pour vous et, quand, devenus vieux, vous éprouverez le besoin de rajeunir, ne manquez pas de changer de pays et de changer de nom : c'est le moyen d'éviter les persécutions et le bûcher.

Le conseil du ci-devant vieillard nous parut sage, et quand nous le quittâmes, nous fîmes le serment de garder religieusement notre secret.

Le soir, nous avions rejoint l'armée moscovite.

Le lendemain, il y eut une bataille meurtrière. Les deux Russes et moi, nous fûmes tués.
— Ah! ah! fit le roi.
— Mais moi seul ressuscitai.
— Et les deux autres?
— Les deux autres avaient négligé de se frotter avant le combat avec la précieuse liqueur.

De sept, nous n'étions plus que cinq.

L'Allemand regagna son pays et se fit médecin.

C'était un philanthrope; il se servit de son élixir si bien pour ressusciter tout le monde, qu'il l'épuisa jusqu'à la dernière goutte.
— Ce qui fit qu'il mourut et ne ressuscita point.
— Votre Majesté l'a dit.
— Restait à quatre, dit le roi.
— Les quatre autres, moi compris, furent plus sages; ils tinrent le serment que nous nous étions fait.
— Et les trois autres sont-ils en vie?
— Oui, sire. L'Italien est retiré à Naples depuis deux cents ans et se porte à merveille.
— Et qu'est devenu le Portugais?
— Votre Majesté l'a admis dans son intimité; c'est le comte de Saint-Germain.
— Et le Français?
— Il y a bien une cinquantaine d'années que je l'ai perdu de vue; mais tout me porte à croire que c'est maître Dumas, le procureur.
— Par conséquent, aujourd'hui le drapier Ulysse Carnot?
— Oui, sire.

Le roi redevint pensif, et ni le Tartare, ni Richelieu, ni madame de Pompadour ne soufflèrent mot.

Quant à Porion, il se tenait toujours auprès de la porte et ne bougeait pas plus qu'une statue.

Enfin, le roi releva la tête :
— Monsieur, dit-il, votre récit est certainement fort clair, et je suis fort tenté d'y ajouter foi. Seulement, permettez-moi de vous faire quelques questions.
— Je suis prêt à répondre à Votre Majesté.
— Le vieillard duquel vous tenez l'élixir ressuscita dix ou douze heures après sa mort?
— Oui, sire.
— Et vous?
— Moi pareillement.
— Et vos compagnons aussi?
— Sans doute.
— Alors expliquez-moi comment maître Dumas a mis si longtemps, quinze ans, je crois?

Le Tartare sourit.
— C'est que, sans doute, il avait trop attendu.
— Comment cela?
— Passé quatre-vingts ans, la vie est beaucoup plus difficile à rappeler. Et puis, cela dépend peut-être de la dose d'élixir. Enfin...

Le Tartare s'arrêta et prit un air mystérieux.
— Enfin? dit le roi.
— Enfin, répondit le Tartare, comme il dépend absolument de nous de prolonger notre sommeil de mort...
— Ah! cela dépend de vous?
— Oui, sire. Maître Dumas avait peut-être ses raisons pour ne point reparaître tout de suite.

Et le Tartare attendit une nouvelle question du roi.
— Mais l'homme à la mule? dit enfin Louis XV.
— Sire, répondit le Tartare, dois-je tout dire à Votre Majesté?
— Oui, certes.
— Je crois que l'homme à la mule était un compère.
— Comment!
— Maître Dumas avait éveillé les soupçons des jésuites, qui l'accusaient hautement de sorcellerie.
— Bien.
— Il aura sans doute payé quelque pauvre diable qui aura joué ce rôle, amusé l'esprit superstitieux des bonnes gens, à la seule fin de mourir et de ressusciter en paix.
— Ah! vous croyez cela, monsieur?
— Oui, sire; moi-même, l'année dernière, j'ai laissé s'accréditer à Paris un bruit absurde me concernant.

Le roi tressaillit.
— Quel est donc ce bruit? demanda-t-il.
— J'avais une dartre, on a pu le dire à Votre Majesté, qui était mortelle et me donnait un aspect horrible. Hermann, mon médecin, ne m'avait pas dissimulé que je devais en mourir.
— Ah!
— Il m'avait même fixé le jour et l'heure de ma mort.
— Voilà un médecin habile, observa le roi.
— Mais, reprit le Tartare, Hermann ne savait pas que j'avais le pouvoir de ressusciter, et quand je disais que je me guérirais, il haussait les épaules.

Comme il entrait dans mes plans qu'on crût à la possibilité de ma guérison, j'ai laissé dire les bons Parisiens.
— Et les bons Parisiens, que disaient-ils? dit le roi.
— Que je faisais enlever des enfants, sire, et que je me baignais dans leur sang.
— En effet, monsieur, on a prétendu cela, dit le roi, qui attacha sur le Tartare un œil sévère.
— Et on a eu tort, dit froidement le prince. Quand je n'ai plus eu, d'après les conseils d'Hermann, que quinze jours à vivre, je suis parti pour mes terres du Caucase, où je suis arrivé mourant.

Le dernier jour, je me suis fait frictionner avec mon élixir.

Quelques heures après, ma dartre m'avait tué; quelques heures plus tard, je ressuscitais plein de vie et de santé. Voilà mon histoire, sire, et, comme vous voyez, acheva impudemment le Tartare, elle est bien simple.
— Soit, dit le roi; mais elle ne jette aucune lumière sur celle du procureur Dumas.
— Que désire savoir Votre Majesté?
— La vérité.
— Si Votre Majesté me veut faire donner une aiguière pleine d'eau, je pourrai lui répondre sur des choses que j'ignore en ce moment, mais que je saurai dans quelques secondes.

Madame de Pompadour se leva et passa dans un cabinet de toilette attenant au boudoir; puis elle revint avec une aiguière en vermeil remplie d'eau jusqu'au bord.

Alors le Tartare prit l'aiguière, la plaça sur une table, puis plongea ses deux mains dedans.

Pendant quelques instants, il eut les yeux fixés sur l'eau, qui perdit peu à peu sa couleur naturelle et devint d'un rose tendre, puis d'un violet foncé, et enfin arriva au bleu indigo.

Le roi était stupéfait.

Décidément, le Tartare jouissait d'un pouvoir surnaturel.

— Sire, dit alors le prince, le procureur Dumas est bien le Français dont je parlais à Votre Majesté.

— Ah!

— Il n'a pas voulu ressusciter tout de suite, parce qu'il voulait attendre la mort de ses enfants.

— Fort bien; mais où son corps est-il demeuré pendant quinze ans?

— Dans un souterrain de sa maison, où l'on retrouvera encore sa souquenille de procureur et la fiole, qui ne contient plus que quelques gouttes d'élixir.

— Mais par où arrive-t-on dans ce souterrain?

— En descellant une feuille du parquet de ce qu'il appelait son laboratoire, et au centre de la croisée et tout contre le mur, on trouvera un escalier secret.

— Bon!

— Cet escalier, pratiqué dans l'épaisseur du mur, descend jusqu'au souterrain.

Le roi se tourna vers Richelieu.

— Maréchal, dit-il, vous irez voir cela.

— Oui, sire.

En ce moment, on gratta doucement à la porte et un page se montra.

— Sire, dit-il, un jeune gentilhomme, porteur d'une lettre de M. le duc de Choiseul, attend dans l'antichambre de Votre Majesté.

Le roi fronça le sourcil.

— Ah! c'est juste, dit-il, il est quatre heures. Mais je n'ai pas l'humeur à m'attrister en ce moment. Prie ce jeune homme, mon mignon, de revenir demain à mon petit lever. Tu l'introduiras avant tout le monde.

— Oui, sire.

— Quel est ce jeune homme? demanda la marquise.

— Le comte Hector de Pierrefeu, répondit le page.

A ce nom, Porion et le Tartare tressaillirent, et ils échangèrent un furtif regard, tandis que le page sortait pour exécuter les ordres du roi.

— Je crois que nous l'échappons belle! murmura Porion, qui se tenait toujours dans l'ombre.

X

Abandonnons maintenant le château de Versailles, le roi Louis XV et le Tartare, et faisons un pas en arrière, à la seule fin d'expliquer comment notre pauvre ami Hector de Pierrefeu avait trouvé un protecteur dans l'homme le plus puissant de France, après le roi.

Nous avons laissé notre héros, six mois avant les événements que nous racontions naguère, dans cette mansarde où Cécile Robert avait logé, dans laquelle elle avait vécu pauvrement et honnêtement du fruit de son travail, près de Firmin, le chirurgien, pour voisin, adorée sans le savoir de messire Mardochée de Mardoche, artiste peintre, lequel demeurait dans la maison en face, de l'autre côté de la rue.

On doit se souvenir qu'en revoyant Robert Damiens, Hector de Pierrefeu, que Cécile et Firmin avaient soigné, mais qui n'avait pas recouvré la raison, avait eu tout à coup un éclair de lucidité.

La mémoire lui était revenue, en reconnaissant l'homme qui avait aidé la duègne et à l'arracher à ses bourreaux.

Le retour de Cécile mourante, déshonorée, avait complété cette scène de morne désespoir.

Que s'était-il passé depuis?

On le devine.

La nouvelle de la mort du jeune André son frère, dont le sang avait servi de bain au Tartare, avait replongé Hector de Pierrefeu dans une folie sauvage.

Pendant trois autres mois, le malheureux s'était trouvé de nouveau entre la vie et la mort.

Cécile, qui d'abord avait voulu mourir, s'était rattachée à la vie, en voyant Hector si près de la tombe.

La pauvre enfant avait oublié son propre désespoir pour ne songer qu'au désespoir sans limites de celui qu'elle aimait.

Firmin, l'ami dévoué, avait prodigué ses soins à Hector.

Robert, le père de Cécile, s'était installé auprès d'eux.

Sombre, taciturne, cet homme ne prononçait pas dix paroles par jour.

Il lisait la Bible du matin au soir, et paraissait, lui aussi, vivre dans un monde imaginaire.

Quelquefois de sinistres paroles lui échappaient:

— La justice de Dieu est lente, disait-il, mais elle arrive inexorable tôt ou tard.

Auprès du pauvre fou, de la fille déshonorée, du pauvre médecin dont le travail opiniâtre soutenait toutes ces misères; auprès de cet homme sombre et fatal qui en avait appelé à la justice divine, une autre figure s'était groupée.

C'était celle de messire Mardochée de Mardoche.

D'abord le malheureux peintre s'était montré inconsolable.

— C'est moi, disait-il souvent, qui suis la cause innocente de l'enlèvement de Cécile; c'est moi qui ai servi d'instrument à ce misérable père Cannelle.

Et vingt fois par jour Mardochée levait le poing vers le ciel et disait:

— Ah! si jamais je le retrouve! Il ne mourra pas d'une autre main que la mienne.

Mais Mardochée avait vainement couru et fouillé Paris dans tous les sens pendant plusieurs jours.

Le père Cannelle, — il ne lui connaissait pas d'autre nom, — avait disparu.

Au bout de quelques semaines, la fièvre s'était calmée chez Hector de Pierrefeu.

La fièvre partie, la raison revint.

Un soir, ces trois jeunes gens et le père de Cécile causaient à voix basse.

Cécile, qui s'était remise à travailler, était allée reporter son ouvrage.

Robert Damiens parlait de vengeance.

Firmin secoua la tête.

— On ne se venge pas du roi, dit-il.

Un fauve éclair passa dans les yeux de l'ancien laquais.

— Qui sait? dit-il.

On avait bien raconté à Hector le malheur de Cécile, mais Hector ne voulait pas y croire.

— Non, non, disait-il, le roi a été servi et trompé par des misérables: mais le roi vous fera justice, comme il me fera justice à moi.

— Ah! ricana Robert Damiens, vous croyez à la justice du roi?

— Oui, dit Hector, qui se souvint en ce moment qu'il était gentilhomme.

Et, s'adressant à Firmin:

— Quand pourrai-je sortir?

— Dans huit jours.

— C'est bien, dit Hector avec un accent résolu.

— Eh bien! que ferez-vous? demanda Mardochée.

— J'irai trouver le roi.

— Bon!

— Je lui dévoilerai la vérité.

— Après?

— Et le roi réparera ses torts envers vous, et il punira les assassins de mon frère.

Robert Damiens haussa les épaules et ne répondit pas.

Mais Mardochée secoua la tête.

— On n'arrive pas ainsi auprès du roi, fit-il.

— J'arriverai, moi.

Puis un souvenir traversa son esprit; il demanda son habit.

Cet habit de gros drap qu'il portait en arrivant à Paris, et avec lequel il était allé au mystérieux rendez-vous dans lequel il avait failli trouver la mort.

Dans la poche de cet habit était encore la lettre que son père, le vieux comte de Pierrefeu, avait adressée au roi à son lit de mort.

— Voilà, dit-il, en la montrant à ceux qui l'écoutaient, voilà qui m'ouvrira toutes les portes.

— J'en doute, murmura Mardochée.

Ces huit jours s'écoulèrent, et Firmin déclara qu'Hector, qui ne gardait plus le lit depuis longtemps déjà, pouvait sortir.

La veille, Mardochée avait fait deux portraits au cabaret de la Pomme-Verte et rapporté deux pistoles. Il força Hector à en prendre une.

Hector monta dans un carrosse de louage et se rendit à Versailles.

Il se présenta successivement à tous les guichets.

Partout il trouva des sentinelles qui le repoussèrent en lui disant que le roi ne donnait pas ainsi audience au premier venu.

Enfin, un officier suisse parut, s'intéressa à lui et lui dit:

— Mon gentilhomme, vous êtes de province, je vois cela, et vous ignorez les usages de la cour. Souffrez que je vous donne un bon conseil.

— Parlez, dit Hector.

— Voulez-vous que votre lettre parvienne au roi?

— Je ne suis pas venu ici pour autre chose, dit Hector.

— Alors écoutez-moi. Je vais vous faire traverser cette cour.

— Bien!

— Vous voyez cette porte à gauche?

— Oui.

— C'est le cabinet des placets.

— Ah! fit Hector.

— Vous entrerez; vous trouverez un vieux gentilhomme très-aimable, M. de Pomponne, qui est chargé de recevoir tout ce qu'on adresse au roi.

— Et je lui remettrai ma lettre?

— Oui. Et si vous lui plaisez, car il est fort bizarre d'humeur, je ne doute pas que vous n'obteniez ce que vous me demandez...

— Je vous remercie, dit Hector.

Grâce à l'officier de service, il avait pu franchir le premier guichet.

Il traversa donc la cour et arriva sans encombre au cabinet des placets.

Un laquais aux couleurs du roi l'introduisit auprès de M. de Pomponne, un des gentilshommes ordinaires de la chambre.

M. de Pomponne était souriant et de belle humeur; cela tenait à une chose bien simple.

Il avait, une heure auparavant, traversé l'Orangerie et s'y était croisé avec madame la marquise de Pompadour, qui avait daigné lui sourire.

Il reçut donc Hector fort gracieusement, se chargea de sa lettre, et lui promit qu'avant trois jours il obtiendrait une réponse.

Hector s'en alla ravi et revint à Paris.

Mais l'espérance qu'il avait au cœur ne fut point partagée par ses amis.

En vain le jeune homme disait-il que son père, à la bataille de Fontenoy, avait sauvé la vie au roi, Robert, Mardochée et Firmin lui-même hochaient la tête et disaient :

— Le roi ne recevra pas la lettre.

Les trois jours s'écoulèrent, puis trois autres encore.

Aucun message ne parvint à Hector.

Alors le jeune homme retourna à Versailles.

Cette fois, il n'y avait pas d'argent dans le pauvre domicile de la rue Saint-André-des-Arts, et force lui fut d'aller à pied.

A force de parlementer avec les sentinelles du premier guichet, il finit par entrer dans la cour.

Le cabinet des placets était toujours là, et M. de Pomponne s'y trouvait comme à l'ordinaire.

Mais l'humeur du gentilhomme de la chambre n'était plus la même.

Dans la matinée, M. de Pomponne avait eu une mésaventure.

M. de Richelieu était monté chez lui assez brusquement et lui avait dit :

— Vous faites parvenir au roi une foule de placets, de demandes d'argent ou de secours qui l'ennuient fort. Je vous engage à y mettre bon ordre.

Et le maréchal était sorti sans même écouter les excuses de M. de Pomponne.

Celui-ci, furieux, ordonna à ses laquais de jeter à la porte quiconque se présenterait.

Hector fut donc rudoyé de la belle manière et mis dehors sans plus de cérémonie.

Quand il revint à Paris, désespéré, brisé de fatigue, il ne trouva que Cécile et Firmin.

Robert était sorti depuis le matin.

Quant à Mardochée, il y avait trois ou quatre jours qu'on ne l'avait vu.

Le peintre avait peu à peu repris ses habitudes nomades et noyé son désespoir dans le vin un peu aigrelet du cabaret de la Pomme-Verte.

Mais tandis qu'Hector racontait tristement à ses amis ses démarches infructueuses, Mardochée arriva.

L'artiste était rayonnant; il avait même une légère pointe d'ébriété.

— Eh bien! dit-il à Hector, avez-vous vu le roi?

— Hélas! non.

— Et M. de Pomponne?

— Il m'a fait jeter à la porte.

— J'en étais sûr.

— Il faut pourtant, murmura Hector avec un accent de rage, que j'arrive jusqu'au roi.

— Vous y arriverez, dit Mardochée d'un ton protecteur.

— Comment cela?

— Parce que je me suis mêlé de la chose.

— Ah!

— Mon cher ami, dit le peintre, je vous ai trouvé un protecteur.

— Vous?

— Moi.

— Et... ce protecteur?

— Ah! dit Mardochée, c'est toute une histoire. Laissez-moi respirer d'abord, et puis vous verrez.

Et Mardochée s'assit tout essoufflé.

XI

Mardochée prit alors un air suffisant et dit :

— Je suis devenu l'ami d'un ami du valet de chambre de M. le duc de Choiseul.

— Le duc de Choiseul? dit Hector.

— Oui, le premier ministre.

Firmin et Cécile se regardèrent avec un air de doute.

D'ailleurs, Mardochée avait une pointe d'ébriété, et, dans ces moments-là, il était quelque peu vantard.

— Soit, dit Hector, vous êtes l'ami...

— De l'ami du valet de chambre, dit Mardochée.

— A quoi cela nous mènera-t-il?

— Je vous présente ce soir même...

— Oh! ce soir?

— Oui, au cabaret de la Pomme-Verte.

— Bon.

— Je vous présente à mon ami.

— Fort bien.

— Qui vous présente au sien.

— Toujours au même cabaret?

— Non, dans un autre.

— Ah!

— Ce dernier vous présente au valet de chambre du premier ministre, le valet de chambre vous présente au ministre, et celui-ci vous présente au roi.

— Mais, fit Hector avec un triste sourire, le valet de chambre n'est pas le ministre.

— C'est le seul homme qui ait de l'influence sur lui.

— Comment cela?

— Eh! le sais-je? parce que cela doit être, que ce ne peut être autrement, puisque qu'il n'y a pas de héros pour son valet de chambre, il ne saurait y avoir de premier ministre pour ce même valet. On voit bien que vous êtes de province, mon cher ami, poursuivit Mardochée; vous ne savez rien du monde de la cour et de la ville.

Et comme Hector ne paraissait pas convaincu, Mardochée lui dit encore :

— Je vous assure que vous parviendrez au roi d'ici huit jours, à moins que vous ne me vouliez pas accompagner au cabaret de la Pomme-Verte.

Mardochée parlait avec un tel accent de conviction, qu'Hector consentit à le suivre.

Il était bien las cependant et il mourait de faim.

Mais Mardochée lui dit à l'oreille :

— J'ai crédit là-bas, nous souperons à merveille.

Ils quittaient donc tous deux la rue Saint-André-des-Arts avant que Robert Damiens, ne fût revenu, et passant les ponts, traversant la place du Châtelet, ils se mirent à longer la rue Saint-Martin.

Mardochée décrivait par-ci par-là quelques arabesques; mais il parlait avec tant de feu, il était si convaincu du succès, que notre pauvre ami Hector se laissa aller à partager ses espérances.

Ils arrivèrent au cabaret de la Pomme-Verte.

Il y avait, ce soir-là, nombreuse compagnie.

Le ban et l'arrière-ban des habitués s'y trouvaient.

— Voici M. Mardochée! cria-t-on; vive M. Mardochée!

— De Mardochée, ajouta le peintre, qui tenait plus que jamais à son titre de gentilhomme.

Et il fendit la foule, en regardant Hector avec curiosité, et distribua à droite et à gauche quelques poignées de main.

Tout au fond du cabaret, il y avait un homme qui buvait seul à une table.

— Voilà notre homme, dit Mardochée en poussant le coude à Hector.

Et tous deux s'approchèrent de ce personnage.

Ce dernier était un petit homme obèse, tout à fait chauve, vêtu d'un habit de bouracan gris et ayant dans sa mise et sa personne l'aspect d'un petit rentier qui a fait sa fortune dans un commerce de détail.

— Mon ami, dit Mardochée, je vous présente mon ami M. Samuel.

— Mon ami le comte de Pierrefeu, ajouta Mardochée, qui tenait à ce que la présentation eût lieu dans toutes les règles.

Hector salua à son tour.

— Monsieur le comte, dit M. Samuel, M. Mardochée a daigné me faire espérer que vous passeriez sur l'irrégularité de nos conditions, et que, bien que je sois un homme de petit état, vous me feriez l'honneur d'accepter à souper.

Hector eut un sourire triste et s'assit.

Il n'avait plus ni faim ni soif; il songeait à son malheureux frère, dont le fantôme se dressait devant lui et demandait vengeance.

Sur un signe de M. Samuel, le garçon cabaretier apporta trois couverts, du vin et des viandes froides.

Alors le bourgeois reprit :

— J'ai fait ma petite fortune dans l'épicerie. Cela m'a permis d'acheter une maison. Au nombre de mes locataires est un brave homme, ancien laquais de la duchesse de Ph..., qui est l'ami intime de M. Vénault.

— Qu'est-ce que M. Vénault? demanda Hector.

— C'est le valet de chambre du grand personnage dont vous a parlé M. de Mardochée.

— Ah! fort bien, dit Hector.

— Mon locataire, poursuivit M. Samuel, a une fille de dix-sept ans que M. Vénault courtise pour le bon motif. Ce dernier fera tout ce que le père, qui s'appelle Jean Mordu, voudra.

Hector commença à comprendre que la filière indiquée par Mardochée n'était pas si mauvaise.

M. Samuel continua :

— Quand nous aurons soupé, je vous prierai de m'accompagner chez moi. Nous monterons chez Jean Mordu, et il y a gros à parier que nous y trouverons M. Vénault.

Et, en effet, les choses allèrent toutes seules, et Mardochée se trouva avoir eu raison.

Une heure après, Mardochée, Hector et le singulier protecteur de celui-ci quittaient le cabaret de la *Pomme-Verte* et gagnaient la rue des Marais-Saint-Martin.

C'était dans cette rue que M. Samuel était propriétaire.

Jean Mordu, l'ancien valet de chambre, était chez lui. Sa fille et lui attendaient la visite quotidienne de M. Vénault ; car, depuis qu'il était fiancé à la jeune fille, M. Vénault venait tous les soirs.

Hector raconta son horrible aventure et la mort tragique de son frère.

Il intéressa la fille de Jean Mordu, et quand M. Vénault arriva, il se trouva converti en quelques secondes à la cause d'Hector, auquel il dit :

— Monseigneur part demain pour Chanteloup. Il y passera la journée et ne reviendra à Paris que le soir. Mais je trouverai bien d'ici deux jours l'occasion de lui parler de vous, et je vous promets qu'il consentira à vous recevoir.

Ce soir-là, Hector revint plein d'espoir au pauvre logis de la rue Saint-André-des-Arts.

Qu'il vit ou non le roi maintenant, peu lui importait.

Le premier ministre ne vengerait-il pas la mort du petit André ?

Deux jours s'écoulèrent.

Le soir du second, Mardochée revint.

Il était monté en courant et il était encore tout essoufflé.

— Venez, dit-il à Hector, venez vite.

— Où me conduisez-vous?

— Il y a en bas un carrosse.

— Ah!

— Dans ce carrosse est M. Vénault.

Hector tressaillit.

— Et M. Vénault va vous conduire chez le ministre.

— O mon frère! pensa Hector, qui eut un battement de cœur terrible.

Et il suivit Mardochée.

En effet, à la porte de la pauvre maison, il y avait un carrosse sans armoiries, mais à la forme duquel on reconnaissait la voiture d'un homme de qualité, et le populaire s'était attroupé à l'entour.

Dans ce carrosse était le valet de chambre du duc.

Il fit signe à Hector de monter.

— Nous allons à Versailles, dit-il.

— Bonne chance! cria Mardochée.

Et le carrosse partit.

En effet, le valet de chambre avait tenu parole, et M. de Choiseul, qui se plaisait parfois à l'écouter, pensant que la vérité vient d'en bas souvent que d'en haut, M. de Choiseul, disons-nous, avait prêté une oreille attentive à l'histoire du malheureux jeune homme.

Et quand son valet de chambre eut terminé, il s'écria :

— Enfin, j'ai donc une main une preuve vivante de ces crimes mystérieux qui se commettent dans Paris depuis plus d'un an, et auxquels le roi ne veut pas croire!

Le duc avait donc consenti à recevoir Hector.

Il était même si pressé de le voir, qu'il avait envoyé son valet de chambre à Paris, avec ordre de l'en ramener Hector.

Le jeune homme, avec sa tristesse digne et concentrée, plut à M. de Choiseul.

Il le reçut avec bonté, l'écouta attentivement, se fit raconter par lui, dans tous ses détails, cet horrible drame de la rue des Enfants-Rouges et de l'hôtel du Tartare, et quand Hector eut fini, il lui dit :

— Je dois travailler demain avec le roi, et je vous promets qu'il saura tout. Il y a mieux, le roi vous recevra, et vous lui direz ce que vous venez de me dire. Revenez me voir demain à trois heures.

En même temps, le ministre ouvrit le tiroir, y prit un rouleau d'or et le tendit à Hector :

— Voici un à-compte sur la pension que le roi doit vous faire et qu'il vous fera.

Hector sourit.

— Prenez, dit M. de Choiseul, c'est pour votre équipement. Vous ne sauriez, en ces habits fripés, paraître devant le roi.

Comme on le pense bien, Hector quitta Versailles plein d'espoir.

Et puis, cet or qu'il emportait, n'était-ce pas du bien-être pendant de longs mois pour les amis de la rue Saint-André-des-Arts?

Comme il sortait de Versailles dans le carrosse du duc, et toujours en compagnie de M. Vénault, un vieillard se rangea pour laisser passer le carrosse, mais, en se rangeant, il jeta un regard à l'intérieur et tressaillit.

Ce vieillard, qui avait reconnu Hector, n'était autre que Porion, dit le père Cannelle.

XII

Or, le jour où Hector avait été présenté au duc de Choiseul était précisément ce même jour où le roi Louis XV, retrouvant au fond d'un tiroir, sur un carré de papier jauni, ce nom de maître Dumas, avait raconté aux personnes qui assistaient à son coucher la singulière histoire du vieux procureur, et envoyé chercher Porion, que nous l'avons vu investir de sa confiance.

Porion n'avait pas eu le temps d'examiner le carrosse qui emportait Hector; mais, en le voyant en cet équipage, il en avait conclu que le jeune homme avait trouvé un protecteur et qu'il finirait par arriver jusqu'au roi.

Car, il faut bien le dire, quoique le père Cannelle ne fût plus attaché à la police et qu'il fût devenu la bête noire de M. de Sartine, bien qu'il ne fût plus chargé par madame de Pompadour que de surveiller les intrigues des ennemis de la favorite, il obéissait néanmoins à ce besoin qu'ont les gens de police de savoir tout ce qui se passe.

Ainsi, il avait eu connaissance des démarches et des tentatives infructueuses d'Hector pour arriver jusqu'au roi.

Ce soir-là, — c'était une heure deux avant que le roi ne l'envoyât chercher, — ce soir-là, disons-nous, en apercevant Hector dans un carrosse qui évidemment appartenait à quelque grand personnage, Porion s'était adressé le petit monologue suivant :

— Cela ne me regarde pas, mais je crois que M. de Sartine aura à se repentir de n'avoir pas surveillé ce jeune homme.

S'il parvient au roi, il lui dira tout.

Le Tartare n'est plus ici, mais M. de Clermont n'a pas quitté la cour, et les choses pourraient mal tourner pour lui.

Mais cela ne me regarde pas, avait ajouté Porion en se frottant les mains et songeant que M. de Sartine, en dépit de la protection de madame de Pompadour, pouvait bien être disgracié au premier jour.

Porion pensait ainsi à six heures du soir ; à minuit, comme on a pu le voir, ses opinions étaient singulièrement modifiées ; et, à deux heures du matin, ayant fait la paix avec M. de Sartine, il avait tout intérêt à empêcher, par tous les moyens possibles, Hector de Pierrefitte d'arriver jusqu'au roi.

Or donc, le lendemain, Hector, que Mardochée avait conduit chez un fripier à Versailles, arriva à Versailles, tout habillé de neuf, et fut introduit chez M. le duc de Choiseul.

Le premier ministre partait pour Chanteloup.

— Mon ami, dit-il à son protégé, le roi vous recevra aujourd'hui même, à quatre heures.

En même temps, il prit une plume et écrivit sur un papier ces mots :

« *De la part de M. le duc de Choiseul.* »

Puis, remettant ce papier à Hector :

— Vous n'avez guère qu'une heure à attendre, lui dit-il ; mon valet de chambre vous conduira jusqu'aux grands appartements.

Et M. de Choiseul était parti pour Chanteloup avec la conviction qu'Hector verrait le roi le jour même.

En effet, M. Vénault, qui était un personnage important par ses fonctions, avait conduit Hector à l'antichambre royale.

Toutes les portes s'ouvraient devant M. Vénault.

Un page avait pris le papier et était entré chez le roi.

Mais le roi, en ce moment, était chez madame de Pompadour, où il écoutait le singulier récit du prince tartare, et quand le page, arrivant par le passage secret, était venu lui dire que le protégé de M. de Choiseul était là, le roi, qui s'amusait fort et ne voulait point attrister l'audience au lendemain.

Alors Hector avait dit à Hector :

— Il est presque nuit, ne retournez pas à Paris, couchez à Versailles. Je vous conduirai en une hôtellerie où vous passerez la nuit ; et j'irai vous y prendre demain à l'heure du petit lever du roi.

Hector avait suivi le conseil de M. Vénault.

Il s'était laissé conduire tout auprès du château, à l'hôtellerie du *Singe-Vert*, où descendaient les gentilshommes qui venaient solliciter à Versailles.

M. Vénault l'avait quitté en lui disant :

— A demain.

Mais M. Vénault ignorait que c'était précisément à l'hôtellerie du *Singe-Vert* que, pour des raisons à lui connues, Porion, dit le père Cannelle, habitait une mansarde sous les toits.

Les Flamands sont froids, mais le vin leur délie facilement la langue. (Page 68.)

Or, tandis qu'Hector de Pierrefeu prenait son parti de ce contre-temps et avait la conviction que le lendemain il aurait son au-dience, car le page lui avait fidèlement rapporté les paroles du roi, le prince tartare prenait congé de Sa Majesté et sortait de chez madame de Pompadour.

Comme il arrivait dans l'escalier, en compagnie de Porion, un page courut après lui.

— Monseigneur, lui dit-il, madame la marquise vous prie de remonter.

Un sourire vint aux lèvres du Tartare :

— Je sais pourquoi, dit-il.

Et il suivit le page.

Le roi et M. de Richelieu étaient partis. La marquise était seule.

— Monsieur, dit-elle au prince, vous avez trempé vos mains dans cette aiguière?

— Oui, madame.

L'aiguière était encore sur un guéridon.

Seulement l'eau, qui, au contact des mains du prince, avait plusieurs fois changé de couleur, était redevenue claire.

— Vous avez laissé tomber cette bague dans l'eau? dit madame de Pompadour.

Et elle retira de l'aiguière un magnifique diamant de la gros-seur d'une noisette.

— En effet! dit le prince, qui joua l'étonnement.

— Reprenez-la, dit la marquise.

— Madame, dit le prince, vous me voyez dans un grand em-barras.

— Bah! pourquoi donc?

— A cette bague est attachée une prophétie. Une bohémienne m'a prédit un jour qu'elle ne quitterait ma main que pour une main de reine.

— Je ne suis pas reine, dit la marquise.

— Permettez-moi de croire le contraire, répondit le prince.

Et prenant la main de madame de Pompadour, il y mit un bai-ser respectueux et passa le diamant à son doigt.

La marquise sourit.

— Vous êtes digne d'être Français, dit-elle.

Le prince fit la révérence et sortit.

— Je crois, murmura le Tartare à l'oreille de Porion, que la marquise sera pour nous désormais.

— Je le crois, dit Porion. Un diamant de trente mille écus.

— A peu près, dit le prince.

— Mais nous l'avons échappé belle, monseigneur.

— Plaît-il?

— Si ce jeune homme dont vous avez entendu prononcer le nom tout à l'heure avait vu le roi...

— Le roi ne le croira pas.

— C'est égal, dit Porion, il vaut mieux que le roi ne le voie point.

— Comment faire, alors?

— Je ne sais pas. Mais je trouverai bien un moyen d'ici à de-main.

Et, dans la cour, le Tartare et Porion se séparèrent.

Le premier remonta dans son carrosse pour retourner à Paris. Porion s'en alla à pied par les rues de Versailles, se disant :

— J'ai bien une lettre de cachet en blanc, dans ma poche, que M. de Sartine m'a donnée à tout hasard, mais le moyen est mau-vais. Je sais maintenant le nom du protecteur, et M. de Choiseul ne manquerait pas de s'inquiéter de ce qu'est devenu son protégé.

Tout en cheminant, Porion se disait encore :

— Il est peu probable que mon homme soit retourné à Paris. Son audience étant renvoyée à demain matin, il va rester à Ver-sailles. Cherchons-le.

Et il se dirigea vers l'hôtellerie du Singe-Vert.

La nuit était venue. On était, nous l'avons dit, en novembre, le mois du brouillard et du froid.

La terrible rapière venait de le clouer contre le mur. (Page 68.)

Au lieu d'entrer dans l'hôtellerie, Porion resta dans la rue et s'approcha des croisées de la grande salle.

À travers les vitres, il aperçut Hector, qui s'était assis devant une table, et s'était fait servir à souper.

— Bon, se dit-il, je ne m'étais pas trompé.

Puis, se frappant le front :

— Une fameuse idée qui me vient là, murmura-t-il.

Et au lieu d'entrer dans l'hôtellerie, il rebroussa chemin et remonta vers le château.

Il y avait tout auprès une sorte de cabaret fréquenté par les Suisses, les gardes du corps et les officiers de fortune en quête d'un emploi.

Porion y entra.

Personne ne fit attention à lui.

Personne, si ce n'est un jeune homme qui portait un uniforme gris et appartenait au corps des lansquenets.

Ce jeune homme avait un long nez, des lèvres minces, quelque chose d'anguleux dans sa personne et un mauvais regard.

Il était gentilhomme, mais gentilhomme pauvre et de petite noblesse alsacienne.

Incorporé dans les lansquenets, il avait eu toutes les peines du monde à devenir sergent.

Néanmoins, on le traitait avec une certaine considération, et les officiers eux-mêmes étaient d'une grande politesse avec lui.

Pourquoi?

C'est que M. d'Erishem, c'était son nom, passait pour un bretteur formidable.

Il s'était battu dix fois, et dix fois il avait tué son homme.

Porion s'approcha de lui et lui dit tout bas :

— Où en sont les finances?

— Elles agonisent. Ma bourse est vide.

— Que diriez-vous de cent pistoles?

Le bretteur tressaillit et regarda attentivement Porion.

— Si vous le voulez, lui dit celui-ci d'un air bonhomme, nous allons causer un brin.

XIII

Porion s'assit à côté de M. d'Erishem et appela le garçon.

— Qu'oserai-je vous offrir? demanda-t-il au gentillâtre alsacien.

— Un verre de vin de Chypre, répondit celui-ci; je meurs de soif.

— Du vin de Chypre et de grands verres! commanda Porion.

L'agent de police, depuis qu'il était à Versailles, avait repris son masque inoffensif de père Cannelle.

On le rencontrait dans les cabarets, dans les auberges, aux promenades, vieux, cassé, bonhomme, vêtu comme un petit bourgeois à son aise.

Personne, excepté peut-être M. d'Erishem, n'avait soupçonné sa véritable profession.

Parmi les militaires qui se trouvaient alors dans le cabaret où il entra, il n'en était aucun d'assez haut grade pour être mêlé à la vie intime du château.

Par conséquent, nul ne savait ce qui s'était passé la veille chez le roi, et on eût fort étonné ces braves gens en leur disant que ce brave homme à l'air niais sortait de chez madame de Pompadour, où il avait familièrement causé avec le roi et le maréchal de Richelieu pendant plus d'une heure.

Porion n'attira donc l'attention de personne.

Seul, M. d'Erishem avait tressailli en le voyant entrer.

Cela tenait à ce que Porion l'avait employé une fois déjà pour une ténébreuse besogne, il y avait un mois environ.

Un soir, un soldat ivre se permit un propos inconvenant sur madame de Pompadour.

Ce soldat était un mauvais sujet, appartenant à une grande famille apparentée aux Choiseul et aux Praslin.

La marquise fit venir Porion et lui dit :

— Mon cher Porion, M. de B... n'est qu'un soudard. Je ne veux pas importuner le roi en lui demandant une lettre de cachet; je ne veux pas davantage mêler à cette affaire M. de Sartine, qui ménage la chèvre et le chou, et ne manquerait pas de m'objecter qu'il est cousin du premier ministre.

Enfin, je ne voudrais pas être personnellement désagréable à M. de Choiseul.

Cependant je veux châtier l'insolent. Trouvez-moi donc un moyen de le faire sans bruit et sans même que je sois en cause?

Porion avait demandé un crédit de cinquante pistoles.

Puis, il s'était mis en rapport avec M. d'Erishem.

Le lendemain, comme M. de B..., à moitié ivre, pérorait dans un cabaret, le gentilâtre alsacien était entré, et, en passant, l'avait coudoyé.

Une querelle s'en était suivie.

Comme il était nuit, les deux gentilshommes étaient sortis du cabaret et s'étaient battus sous le premier réverbère.

A la troisième passe, M. de B... était tombé mortellement frappé.

En apprenant sa mort, M. de Choiseul avait dit simplement:

— C'est un fameux débarras pour sa famille et pour moi!

Et nul ne s'était douté que madame de Pompadour et Porion fussent pour quelque chose dans cette mort.

Voilà pourquoi M. d'Erishem, qui n'avait plus un sou vaillant, avait tressailli d'espoir en voyant entrer Porion dans le cabaret.

Quand on eut apporté le vin de Chypre, le père Cannelle baissa la voix:

— Ainsi, vous êtes sans argent?

— J'ai dépensé mon dernier écu, et la solde est loin encore.

— En conséquence, cent pistoles ne vous déplairaient pas?

— Certes, non.

— Je vous ferai observer, dit Porion en clignant de l'œil, que c'est juste le double de la somme que je vous ai offerte dans la première affaire.

— C'est que probablement, dit froidement M. d'Erishem, le personnage est plus important.

— Vous vous trompez...

— Ah! bah!

— C'est un petit gentilhomme de province, inconnu à Versailles, et dont la mort ne préoccupera personne.

— Pourquoi donc m'offrez-vous cent pistoles?

— Bah! dit Porion, à la seule fin de vous encourager.

— Vous êtes plaisant, papa Cannelle.

— Du tout.

— Et si ce gentilhomme est si inconnu, qui donc a intérêt à ce qu'il disparaisse?

— Ah! ça, c'est une autre histoire.

— Plaît-il?

— La marquise n'y est pour rien.

— En vérité!

— C'est M. de Richelieu qui le voit d'un mauvais œil.

— Pourquoi donc?

— Parce que ce petit jeune homme le tourmente pour avoir une audience du roi. Le roi est de bonne humeur. Ce jeune homme l'attristera.

— Comment?

— En lui racontant je ne sais quelle sotte histoire, et les rayons du soleil sont trop rares à Versailles pour qu'on laisse ainsi le ciel se couvrir. Voici trois jours que le roi n'a pas bâillé une seule fois.

— C'est superbe!

— Mais, si le jeune homme en question parvient jusqu'à lui demain matin...

— Ah! c'est demain matin?

— Oui.

— Il faut donc qu'il disparaisse auparavant?

— Dame! et c'est pour cela que je vous offre cent pistoles au lieu de cinquante. C'est M. le maréchal qui paye, du reste.

L'Alsacien se gratta l'oreille.

— Diable! dit-il.

— Quoi donc? demanda Porion.

— Le maréchal est bien endetté.

— D'accord.

— Serai-je payé?

— Sur-le-champ, dit Porion; j'ai l'argent.

Et Porion, après avoir jeté un regard rapide autour de lui pour s'assurer que personne ne faisait attention à lui, tira de sa poche un portefeuille graisseux et fit voir au fond de ce portefeuille une liasse de billets de caisse.

— On payera même d'avance, dit-il.

— Alors, je suis prêt.

— Encore un verre de chypre, dit Porion.

— Volontiers, car il fait froid.

Et M. d'Erishem but à la santé du maréchal.

— Maintenant, dit Porion, allons.

— Où trouverai-je mon homme?

— A l'hôtellerie du Singe-Vert?

— Bon! C'est à deux pas d'ici.

L'Alsacien et Porion sortirent du cabaret sans éveiller l'attention.

Il faisait très-froid et le brouillard était épais.

— Brr! dit M. d'Erishem, le maréchal a choisi un vilain moment pour ce jeune homme. Mourir de ce temps-là, c'est mourir deux fois.

Ils allongèrent le pas, et, quelques minutes après, ils arrivaient à la porte du Singe-Vert.

Porion prit l'Alsacien par le bras et l'attira vers une des fenêtres de la grande salle.

On voyait à l'intérieur, au travers des carreaux barbouillés par le froid, une vingtaine de gentilshommes de province, pour la plupart mangeant à différentes tables, par groupes de deux, quatre ou six personnes.

Hector de Pierrefeu était seul.

— Le voilà, dit Porion.

— Ce pourpoint noir?

— Oui.

— Est-ce qu'il porte déjà le deuil de sa mort? ricana l'Alsacien. Car, en achetant ses habits, Hector avait pris le deuil de son frère.

— Voyez-vous l'effet qu'il produirait demain, avec ce costume d'enterrement, sur l'esprit du roi, qui, en ce moment, voit tout couleur de rose?

— Vous avez raison, dit l'Alsacien.

Porion ouvrit son portefeuille.

— Vous êtes un homme d'honneur, dit-il, et on peut se fier à vous.

L'Alsacien salua.

En même temps, Porion lui glissa les billets de caisse dans la main.

— Est-ce que vous vous en allez? demanda M. d'Erishem en empochant les billets.

— Non, mais je reste en dehors.

— Pour voir la provocation?

— Sans doute.

— Oh! ce ne sera pas long, vous allez voir.

Et l'Alsacien entra dans l'hôtellerie.

En le voyant, le maître du Singe-Vert ne put se défendre d'une légère grimace.

M. d'Erishem payait mal et même il ne payait pas du tout; mais on n'osait lui refuser crédit, tant il s'était fait une réputation redoutable.

Cette grimace de l'hôtelier ne lui échappa point, et il en comprit le sens.

Aussi, comme il avait de l'argent, au lieu d'entrer tout droit dans la grande salle, alla-t-il à la cuisine, et, montrant un de ses billets:

— Donnez-moi de la monnaie, dit-il.

La vue du billet de caisse amena sur les lèvres de l'hôtelier le plus gracieux des sourires.

— Et puis servez-moi à souper, ajouta M. d'Erishem.

Sur ces mots, il entra dans la grande salle et se dirigea vers le fond.

C'était là que soupait Hector.

Auprès de sa table, il y avait une table vacante.

L'Alsacien y prit place.

Puis il promena autour de lui un regard insolent.

Les gentilshommes qui se trouvaient là regardèrent ce personnage aux allures de matamore, et quelques-uns échangèrent à voix basse des réflexions peu obligeantes. M. d'Erishem surprit même ce sourires et entendit des demi-mots qui lui déplurent, mais ce n'était pas pour chercher querelle aux autres qu'il venait au Singe-Vert, et il ne dit rien.

Hector seul n'avait fait aucune attention à lui.

Le pauvre jeune homme mangeait du bout des dents et paraissait absorbé en de douloureuses pensées.

M. d'Erishem commença à souper.

D'abord il se borna à regarder fixement Hector.

Mais Hector ne le vit pas.

Puis il toussa.

Hector ne leva point la tête.

Alors, impatienté, le soudard se leva et s'approcha de lui.

— Hé! monsieur? dit-il.

Cette fois, Hector tressaillit, regarda son interlocuteur et lui dit:

— Que désirez-vous, monsieur?

— Vous êtes vêtu de noir.

— Je suis en deuil, monsieur.

— Je le vois bien, et c'est pour cela que je vous prie d'aller souper ailleurs. La vue d'un vêtement noir me porte à une mélancolie fort désagréable.

Hector le regardait stupéfait.

— Allons! dit l'Alsacien d'un ton hautain, dépêchons-nous de décamper!

Cette fois, le rouge monta au visage d'Hector de Pierrefeu, et il porta instinctivement la main à la garde de son épée.

XIV

L'Alsacien avait parlé à mi-voix. Néanmoins, quelques-uns des gentilshommes qui se trouvaient dans la salle avaient entendu.

Les autres avaient flairé une querelle.

Ce fut unanime. Toutes les conversations s'arrêtèrent, tous les regards se concentrèrent sur cette table dont l'Alsacien venait de s'approcher.

Hector, vêtu de noir, avec son joli visage empreint de tristesse et de distinction, avait quelque chose qui prévenait aussitôt en sa faveur.

M. d'Erishem, avec sa mine insolente, sa tenue négligée, son linge douteux et le nœud de rubans fanés qu'il portait à son épée, déplaisait à première vue.

Cette aversion instinctive s'était manifestée au moment même où il pénétrait dans la salle.

Quand il se vit le point de mire de l'attention générale, l'Alsacien se crut obligé d'élever la voix et de devenir plus insolent encore.

— Allons, vite, dit-il, décampons.

Mais Hector était gentilhomme.

De plus, il avait bu, en guise de lait, le vin généreux qui ruisselle sous le soleil béni de la Bourgogne et qui fait les hommes braves et forts.

Tout son sang afflua à son cœur; tout l'orgueil de sa race éclata soudain sur son visage.

— Monsieur, dit-il, vous êtes un fou, un sot ou un faquin.

— Prenez garde! dit M. d'Erishem, pâle de colère.

Et il arracha un gant de sa main, prêt à en frapper Hector au visage.

Mais Hector était jeune et fort.

Il se rua sur l'Alsacien, qui était maigre, petit et chétif, lui arracha le gant et lui dit :

— Si c'est une querelle que vous voulez, je suis votre homme!

— Ah! dit M. d'Erishem, à la bonne heure! je trouve à qui parler.

— Pensiez-vous donc que je prendrais la fuite? fit Hector avec ironie.

— Non... mais...

L'Alsacien avait senti la rudesse du poignet d'Hector. Il était sûr de le tuer, l'épée à la main, mais il n'était pas sûr de n'être point assommé d'un coup de poing.

Aussi se tenait-il prudemment à distance.

— Monsieur, lui dit froidement Hector, Dieu m'est témoin que je vous vois pour la première fois. J'ignore donc pour quel motif vous me cherchez querelle.

— Je vous cherche querelle parce que vous êtes vêtu de noir.

— Que vous importe?

— Cela me déplaît.

— Ah! dit Hector. Vraiment?

— Et vous vous battrez avec moi, dit l'Alsacien, qui était honnête dans les transactions et tenait à gagner ses cent pistoles.

— Oh! de grand cœur.

— Alors, marchons!

Et M. d'Erishem fit un pas de retraite.

— Monsieur, dit Hector avec calme, excusez-moi, j'arrive de province, et...

— Cela se voit bien, ricana l'Alsacien.

— Je ne connais rien aux usages de la cour.

— En vérité!

— Et je ne savais pas qu'on se battait la nuit.

— C'est l'usage à Versailles, monsieur.

— Comment! dans l'obscurité?

— Non, sous un réverbère.

— Vous avez réponse à tout, monsieur, mais...

— Mais quoi?

— Malgré tout le plaisir que j'aurais à croiser le fer avec vous ce soir, cela me paraît impossible.

— Et pourquoi cela, mon petit monsieur? fit M. d'Erishem avec ironie.

— D'abord, parce que je n'ai pas fini de souper, répondit Hector avec calme.

— Fort bien, j'attendrai.

— Ensuite, parce que demain, entre neuf et dix heures du matin, je dois avoir l'honneur de voir le roi.

— Je lui ferai vos excuses.

— Non pas, dit Hector. A midi, je serai votre homme. Mais, d'ici là, j'ai un devoir sacré à remplir et je n'y faillirai pas.

— Même si je vous soufflette de mon gant? dit M. d'Erishem furieux.

Et il déganta sa main gauche, car Hector s'était emparé du gant de la main droite.

Mais son bras levé ne retomba point, car une main vigoureuse le saisit, tandis qu'une voix de Stentor lui disait :

— A nous deux, monsieur le spadassin!

L'Alsacien se retourna stupéfait et jeta même un cri de douleur, car son bras était pris dans un étau.

Il se trouva alors en présence d'un de ces gentilshommes de province qui soupaient aux tables voisines.

C'était une sorte de colosse, haut de près de six pieds et large à proportion.

Un bon gros homme à visage épanoui et rougeaud, aux cheveux blonds et à l'œil bleu.

On eût dit quelque divinité guerrière du vieux paganisme.

— Monsieur, dit-il à l'Alsacien, aussi vrai que je m'appelle le vicomte Gontran de Mauroy, que je suis né à Saint-Omer, que j'ai été nommé capitaine d'arquebusiers de ma ville natale; aussi vrai que je pourrais vous assommer d'un coup de poing, je vais vous casser les reins et vous mettre en pièces si vous ne faites pas vos excuses à ce jeune homme.

— Monsieur! dit l'Alsacien pâlissant.

— Demain, à midi, dit Hector, je serai aux ordres de monsieur.

Et il regardait M. d'Erishem.

— Non, dit celui-ci, ce n'est pas demain. C'est tout de suite.

— Ah! vous voulez vous battre la nuit? dit le colosse.

— Oui, répondit l'Alsacien.

— Eh bien! dit le vicomte Gontran de Mauroy, soyez satisfait, alors.

Et il appliqua un soufflet retentissant sur la joue pâle du bretteur.

M. d'Erishem jeta un cri.

— A moi! s'écria-t-il, il me faut du sang!

— Vous m'en tirerez si vous pouvez, dit le Flamand avec le flegme des gens de sa race. Allons, venez, il y a un réverbère à deux pas d'ici.

Et comme M. d'Erishem ne sortait pas assez vite et concentrait ses regards haineux sur Hector, abasourdi de cette subite intervention, le Flamand le prit par les épaules et le poussa rudement devant lui.

— On m'a dit qui vous êtes, dit-il. Vous êtes une fine lame, paraît-il, et vous tuez votre homme à coup sûr; nous allons bien voir.

Ce disant, il lui appliqua une seconde poussée, et le jeta tout meurtri hors de la salle, aux applaudissements de tous ceux qui s'y trouvaient.

Il y avait, en effet, un réverbère à la porte, tout au coin de l'hôtellerie.

Tout le monde était sorti en tumulte sur les pas du Flamand, qui poussait toujours son adversaire devant lui.

A l'air frais de la nuit, l'Alsacien reprit tout son sang-froid.

Après tout, ce n'était qu'un contre-temps fâcheux et de courte durée.

Il était sûr de lui; il savait bien qu'au bout d'une épée, la force brutale ne peut plus rien contre l'adresse.

— Je vais tuer celui-ci, pensa-t-il; puis, je saurai bien forcer l'autre à dégainer.

Arrivés sous le réverbère, les deux adversaires mirent flamberge au vent.

— Prenez garde! avait soufflé une âme charitable à l'oreille du Flamand, c'est un tireur dangereux.

— Nous allons bien voir, avait répondu le vicomte Gontran de Mauroy.

Alors commença un combat singulier, bizarre, inouï peut-être.

Le Flamand se campa droit devant son adversaire, l'épée à la main et le bras tendu.

L'Alsacien commença par quelques feintes grossières, puis son jeu acquit de la finesse, puis son épée de cour voltigea comme un serpent autour de la lourde rapière du colosse.

Mais le bras ne plia point, et cette épée qu'il tenait ressemblait à une barre de fer plantée dans un mur.

Comme elle était plus longue d'au moins un pied que celle de l'Alsacien, et que le vicomte la lui tenait toujours au corps, le bretteur se consumait en vains efforts.

Si le vicomte avait plié le bras, si son épée eût dévié, certes celle de l'Alsacien aurait facilement trouvé le chemin de sa poitrine.

Mais il avait affaire à une statue, qui ne bougeait pas plus que ce colosse de bronze sous les jambes duquel passaient, toutes voiles dehors, les vaisseaux à trois ponts.

Aussi, perdant patience, l'Alsacien s'écria :

— Ah çà, monsieur, sommes-nous ici jusqu'à demain? je suis pressé d'en finir.

— Comme vous voudrez, répondit le Flamand.

Alors, le bras toujours tendu, son épée menaçant toujours son adversaire au corps, il fit un pas en avant.

L'Alsacien rompit.

Le Flamand fit un pas encore, puis un autre.

L'Alsacien rompit encore.

Le Flamand continua à marcher.

L'Alsacien rompait toujours devant cette épée qui semblait arriver sur lui, immuable et rigide comme le destin.

Ils firent comme cela cinquante ou soixante pas, l'un avançant, l'autre reculant.

La rue était étroite, et d'ailleurs les personnes qui étaient sorties de l'hôtellerie du *Singe-Vert* l'avaient envahie.

Depuis longtemps les deux combattants étaient sortis du cercle de lumière décrit par le réverbère.

A présent, l'Alsacien, pris d'une secrète épouvante, rompait dans les ténèbres.

La rue décrivait une courbe, presque un angle droit.

L'Alsacien, qui marchait toujours à reculons, ne vit pas cette courbe, et tout à coup il se heurta à un obstacle.

C'était une maison qui se trouvait dans l'axe de la courbe.

Alors le Flamand allongea le bras et son adversaire jeta un cri, tandis que l'épée échappait de sa main.

La terrible rapière, le perçant d'outre en outre, venait de le clouer contre le mur.

Le Flamand retira alors son épée, et n'ayant plus de soutien, M. d'Erishem tomba sur le sol comme une masse.

— Brrr! dit le Flamand avec son flegme ordinaire, il fait un froid de loup. Est-il possible de déranger ainsi d'honnêtes gens qui sont chaudement installés autour d'une table bien servie!

Il essuya son épée sur son genou et la remit au fourreau.

Alors de véritables applaudissements éclatèrent parmi les gentilshommes qui l'avaient suivi.

Mais à ces applaudissements, à l'autre bout de la rue, répondit un cri sourd, un cri de rage et de désespoir.

C'était Porion, qui venait de voir s'écrouler l'échafaudage de ses combinaisons machiavéliques, et ne pouvait concentrer plus longtemps sa fureur.

XV

Le Flamand était un homme simple.

Quand il eut essuyé son épée et l'eut remise au fourreau, il reprit tranquillement le chemin de l'hôtellerie.

Mais, sur son passage, il trouva Hector, grave et triste, qui lui tendit la main et lui dit ce simple mot :

— Merci !

Le vicomte prit sa main et lui dit :

— Ne me remerciez pas, monsieur, j'ai fait ce que tout autre et vous-même eussiez fait à ma place. Il suffit de vous voir pour ne point douter de votre courage, et j'ai tout de suite compris les motifs qui vous forçaient à ajourner à demain une rencontre avec ce misérable, qui vous avait insulté. C'est moi qui vous ai fait du tort en la forçant, car il vous appartenait un peu.

Et le colosse secoua cordialement la main d'Hector.

Puis, l'entraînant dans l'hôtellerie :

— Ce drôle nous a interrompus dans notre souper, ce qui est toujours mauvais pour l'estomac, continua-t-il. Remettons-nous à table, et veuillez me permettre de m'asseoir auprès de vous.

— Volontiers, dit Hector.

Et tous deux se remirent à souper.

Les Flamands sont froids, mais le vin leur délie facilement la langue.

Alors ils deviennent expansifs.

Quand il eut vidé un troisième flacon de vin de Bourgogne, le vicomte Gontran de Mauroy mit les coudes sur la table et éprouva le besoin de parler un peu de ses affaires.

— Voici quinze ans, dit-il, que je ne suis venu à Versailles, mais je vois que rien n'y est changé.

Il y a quinze ans, le roi s'ennuyait comme il s'ennuie aujourd'hui; les gentilshommes d'antichambre étaient insolents comme aujourd'hui; les grands seigneurs endettés; et, comme aujourd'hui on se jetait à genoux devant madame de Pompadour, on était alors aux pieds de madame de Châteauroux.

Il n'y a que les gens de changés, mais c'est la même chose.

— Ah! vraiment! fit naïvement Hector.

Le Flamand reprit :

— Je ne suis pas solliciteur de mon métier; j'ai même une certaine horreur pour l'état de courtisan, et je préfère de beaucoup le pourpoint de grosse bure et les bottes en peau de vache que je porte dans mon château, à un habit de cour et à des bas de soie bien tirés. Mais je n'aime pas non plus qu'on se moque de moi.

— Qui ose se moquer de vous? demanda timidement Hector.

— Le ministre des finances, l'abbé Terray.

— Ah!

— D'abord, reprit le Flamand, je vous le demande, y a-t-il du bon sens à prendre un abbé pour un financier? Mais ça ne me regarde pas; c'est l'affaire du roi et non la mienne.

Ce qui me regarde, c'est que, dans la dernière guerre avec la Hollande, un corps d'armée tout entier a passé sur mes terres, s'y est installé, bêtes et gens, et qu'il y a vécu près d'un mois.

Mes fourrages, mes récoltes, tout y a passé.

Naturellement, je me suis adressé au gouverneur de la province. Celui-ci a envoyé ses officiers pour estimer le dommage.

Entre gens d'épée, on s'entend toujours, et nous sommes tombés d'accord sur le chiffre de l'indemnité. Six mille livres!

— Un joli chiffre, murmura Hector.

— Le roi a approuvé la somme, et on m'a renvoyé au ministre des finances.

— Qui a payé?

— Non; qui, depuis trois ans, car il y a trois ans que ça dure, remet mon intendant de trois mois en trois mois.

Comme mon intendant en était à son dixième voyage à Paris, j'ai pris le parti de venir moi-même. Je suis arrivé ce soir, et il n'y avait pas une heure que j'étais à Versailles, quand j'ai eu le plaisir de vous rendre le petit service que vous savez.

Hector s'inclina.

— Ah çà! reprit le Flamand, quelle mouche piquait donc ce pauvre diable, — soyons indulgents puisqu'il est mort, — et l'a poussé à vous venir chercher querelle?

— Je ne sais pas.

— Cependant...

— Je ne l'avais même jamais vu.

— Vrai?

— Je vous le jure.

Le Flamand fronça le sourcil.

— Voilà, dit-il, qui me semble louche.

Il appela l'hôtelier.

Le brave homme, qui présidait aux destinées du *Singe-Vert*, accourut avec d'autant plus d'empressement qu'il venait d'éprouver une grande considération pour le Flamand, celui-ci l'ayant débarrassé à tout jamais d'un homme qui d'abord ne le payait pas, et ensuite faisait constamment du tapage chez lui.

— Ah çà! maître, lui dit le vicomte Gontran de Mauroy, vous seriez bien aimable de nous donner quelques renseignements sur cet homme que je viens de tuer.

— C'était un bas officier de lansquenets, comme Votre Seigneurie a pu le voir, répondit l'hôte.

— Oui. Son nom?

— M. d'Erishem.

— Allemand?

— Non, Alsacien.

— Peut-être était-il ivre?

— Oh! non, dit l'hôtelier; il n'avait pas mangé encore, et il était parfaitement de sang-froid.

— Monsieur, dit le Flamand en désignant Hector, le voyait pour la première fois.

— Il n'y a rien d'étonnant.

— Comment! dit naïvement le Flamand, il n'y a rien d'étonnant de voir un homme à jeun, qui par conséquent a toute sa raison, chercher querelle à un homme qu'il ne connaît pas et n'a même jamais vu auparavant?

— Étonnant chez tout autre, dit l'hôtelier, mais tout naturel chez l'Alsacien.

— Ah!

— Il a tué plus de dix personnes en cinq ans.

— Mais pourquoi?

L'hôtelier hésitait à parler; puis, baissant la voix :

— Cela lui rapportait de belles pistoles ou de beaux billets.

— Hein?

— Comme il était d'une force remarquable à l'épée et était presque toujours sûr de tuer son homme, c'était à lui qu'on s'adressait.

— Mais qui?

— Les gens qui avaient intérêt à se débarrasser de quelqu'un.

Le Flamand et Hector tressaillirent et se regardèrent avec un profond étonnement.

L'hôte continua, s'adressant directement à Hector :

— Croyez bien, monsieur, qu'il s'était engagé à vous tuer.

— Ah!

— Et qu'il avait même touché d'avance le prix de votre sang.

— Oh! dit le Flamand.

— Ce matin, poursuivit l'hôte, il n'avait pas un écu.

— Et ce soir?

— Il m'a montré, en entrant, une liasse de billets de caisse.

— Mais, s'écria Hector stupéfait, je ne connais personne à Versailles.

— Vraiment? dit le Flamand.

En même temps, le vicomte congédia l'hôte d'un geste.

Puis, baissant la voix et se penchant à l'oreille d'Hector :

— Mon jeune ami, lui dit-il, je ne vous connaissais pas il y a une heure, et voici que vous m'inspirez une véritable sympathie.

— Vous êtes trop bon, dit Hector.

— Vous êtes jeune; vos habits de deuil m'apprennent que vous avez éprouvé un grand malheur.

— Très-grand, murmura Hector, dont les yeux s'emplirent de larmes.

— Je m'intéresse donc à vous, poursuivit le Flamand, et, si vous le permettez, je vous prends sous ma protection.

— Monsieur... fit Hector avec effusion, qu'ai-je fait pour mériter tant de bontés?

— Voilà comme je suis, reprit le bon Flamand; quand les gens me plaisent, je me jetterais au feu pour eux.

Et il secoua la main d'Hector une seconde fois.

Puis, comme ils avaient fini de souper :

— Venez donc prendre l'air un moment, dit-il; on cause mieux dehors que dedans, par l'excellente raison qu'il n'y a pas de murs, et que les murs ont souvent des oreilles.

Sur ces mots, il se leva.

Puis Hector, un peu étonné, le vit tirer une pipe de sa poche, la charger méthodiquement et l'allumer à la chandelle, au grand scandale des gentilshommes qui se trouvaient dans la salle.

On fumait si peu alors, qu'il n'y avait guère qu'un soudard ou un Flamand qui pût se permettre une semblable incongruité.

Le vicomte Gontran de Mauroy ne parut pas s'apercevoir du petit scandale qu'il occasionnait, et, prenant Hector par le bras, il sortit, laissant derrière lui un magnifique tire-bouchon de fumée bleue.

— Ah çà! mon ami, dit-il quand ils furent dans la rue, causons sérieusement à présent.

— Je vous écoute, monsieur.

— L'homme qui devait vous tuer est mort, ne nous occupons plus de lui, reprit le Flamand; mais, si le bras n'est plus à craindre, la tête qui le dirigeait existe toujours.

— Voilà où ma raison se perd, dit Hector.

— Ah!

— Je ne me connais pas d'ennemis à Versailles.

— Mais vous pouvez en avoir à Paris.

— Je ne sais pas.

— Voyons, confiez-vous à moi, mon pauvre ami, et dites-moi ce que vous venez demander au roi.

— Justice et vengeance! dit Hector.

Cette fois, le Flamand regarda Hector avec une sorte de stupeur.

— Justice et vengeance pour mon malheureux frère assassiné! acheva le jeune homme.

— Parlez, dit le Flamand en lui secouant le bras, c'est peut-être la Providence qui m'a mis sur votre chemin!

Et il attendit qu'Hector s'expliquât.

XVI

M. le vicomte Gontran de Mauroy était bien un de ces Flamands gigantesques à l'œil bleu, au visage aimable, au visage ouvert, à qui Dieu semble avoir accordé la force physique à la seule fin de donner aux hommes une leçon de sagesse et de modération.

Un homme moins jeune et moins confiant qu'Hector de Pierrefeu se serait senti entraîné vers lui par une mystérieuse sympathie.

Au bout d'une heure à peine, Hector se sentait à l'aise avec lui comme avec un vieil ami.

Aussi ne lui cacha-t-il rien de sa vie ni de ses malheurs. Il lui raconta son enfance simple et naïve à l'ombre des tourelles grises du vieux manoir paternel; puis son départ pour Paris avec son jeune frère, dont il avait juré d'être le mentor, et sa rencontre dans la forêt avec le Tartare, enfin son arrivée à l'auberge du Dragon-Bleu.

Il n'omit aucun détail.

Sa mémoire, en ce moment, le servait avec une lucidité parfaite.

Il se rappelait les moindres détails de cette soirée funeste où il avait failli tomber sous le poignard des assassins, peut-être à la même heure où son frère était égorgé.

Il se rappela même certaines circonstances qui avaient marqué le temps de sa folie et qu'il avait oubliées.

Ainsi il se souvint avoir quitté son lit et s'être opposé vainement à l'enlèvement de Cécile Robert.

A cet endroit de son récit, le Flamand arrêta Hector, qu'il n'avait interrompu jusque-là que par des gestes d'horreur et des exclamations indignées.

— Avez-vous jamais revu cet homme? dit-il, faisant allusion à Porion.

— Jamais. Oh! mais son visage est gravé là...

Et Hector posa la main sur son front.

— Ainsi vous le reconnaîtriez?

— Entre mille, fût-il perdu dans une foule, passât-il au galop précipité d'un cheval.

— C'est bien, dit le Flamand, continuez.

Et lorsque Hector eut achevé son récit, le bon gentilhomme lui dit :

— Maintenant, mon ami, vous vous étonnez qu'on ait voulu vous faire assassiner?

— Mais...

— Vous pensez bien que trop de gens ont intérêt à ce que vous n'abordiez pas le roi.

— C'est juste, ce que vous dites là; cependant...

— Cependant quoi? fit le Flamand.

— Le Tartare a quitté Paris.

— Qu'en savez-vous?

— Le père de la malheureuse Cécile, ne vous l'ai-je pas dit, était à son service.

— Eh bien?

— Et il s'est séparé de lui en Hollande. Le Tartare retournait en Russie, disait-il, où il allait achever de se guérir, ajouta Hector.

Un sourire vint aux lèvres du vicomte.

— Cher enfant, dit-il, vous savez aussi bien et mieux que moi la vérité là-dessus.

— Vous croyez que le Tartare n'est point parti?

— Il ne s'agit point du Tartare, mais de tous ceux qui l'ont servi : ceux-là certainement n'ont point quitté Paris; ceux-là, bien certainement encore, savent que vous avez échappé au sort qui vous attendait...

— Oh! croyez-vous?

— J'en ai la conviction, et ils vous ont surveillé peut-être sans relâche.

Hector cheminait aux côtés de son compagnon, le front pensif, et il se disait que ce dernier avait raison.

— Votre audience est pour demain matin? reprit le vicomte.

— Oui.

— Il est donc tout naturel qu'on ait voulu votre mort ce soir.

— Oh! fit Hector en serrant de sa main la garde de son épée, quand j'aurai vu le roi, ils pourront m'assassiner alors, je mourrai sûr de ma vengeance.

— Ne laissez-vous donc plus personne en ce monde?

A cette question, Hector tressaillit; un nom monta de son cœur à ses lèvres : Cécile.

Le Flamand poursuivit :

— Mon ami, vous vous fiez au roi, comme c'est notre devoir à tous, nous autres gentilshommes. Ah! si le roi se nommait Henri IV, ou même Louis XIV, je vous dirais : Vous avez raison.

— Le roi est toujours le roi, dit Hector.

— Sans doute, mais celui-là règne et ne gouverne pas... du moins pas toujours.

— Que voulez-vous dire?

— Le roi Louis le Bien-Aimé, comme on l'appelle, un peu par dérision peut-être, s'occupe moins de ses sujets que de ses maîtresses, et plus de ses plaisirs que du bien du royaume. Il vous écoutera, mon ami, il vous croira, il sera ému, il vous promettra prompte et sévère justice, et il sera certainement sincère dans ses promesses.

— Eh bien?

— Mais quand vous serez parti, on lui parlera d'autre chose, et alors...

— Alors, il m'oubliera?

— Je le crains.

— Il faut pourtant que mon frère soit vengé, dit Hector.

— Sur qui? puisque le Tartare est parti.

— Sur les misérables qui ont aidé à sa mort.

— Vous voulez parler des deux hôteliers?

— Sans doute.

— Et ne pensez-vous pas que le Tartare eût d'autres complices, par hasard?

— Je ne sais pas.

— Voyons, ne m'avez-vous pas dit que le jour où cet homme était dans la forêt de Sénart, il chassait avec un grand seigneur?

— Oui, le comte de Clermont.

— Un prince du sang, mon ami, et un prince sur lequel courent d'étranges bruits.

— Ah! fit Hector.

— Le comte ne vous avait-il pas offert sa protection?

— Sans doute.

— Eh bien! au lieu de vous adresser à M. de Choiseul, pourquoi n'êtes-vous point allé frapper à l'hôtel de Clermont?

— Oh! je ne sais pas... mais ce nom seul, à présent, m'inspire une certaine aversion.

— Vous voyez donc, dit le Flamand, dont le raisonnement triomphait, vous voyez bien que malgré vous vous accusez le comte de Clermont de la mort de votre frère.

— Oh! taisez-vous, monsieur, de grâce... fit Hector tout tremblant.

— Et c'est contre de pareils adversaires que vous voulez lutter, mon pauvre ami.

— Je veux venger mon frère.

Et le jeune homme prononça ces mots avec un accent de résolution farouche.

— Et Cécile Robert, reprit le Flamand, cette jeune fille que vous aimez, peut-être sans vous l'être avoué, mais que vous aimez sûrement, car je l'ai compris à l'accent d'enthousiasme avec lequel vous parliez d'elle tout à l'heure, Cécile, que le roi a déshonorée, la vengerez-vous?

Un cri de douleur échappa à Hector.

— Oh ! mon Dieu ! dit-il.

— Tenez, poursuivit le vicomte, voulez-vous que je vous donne un bon conseil ?

— Parlez...

— Avez-vous de quoi vivre ? Non, peut-être. Alors, il vous faut vous tailler un coin de place au soleil, et pour cette besogne, un gentilhomme n'a que son épée. Venez-vous-en avec moi demain. Je vous garderai un bon mois dans mon château, et je vous demanderai la permission de vous prêter une centaine de pistoles. Avec cet argent, vous vous en irez en Hollande, et vous prendrez du service dans l'armée des Pays-Bas.

— Et Cécile ?

— Vous l'emmènerez, et vous en ferez votre femme.

— Mais il faut que je venge mon frère !...

— Eh bien ? dit encore le Flamand, tâchez de vous trouver un soir, au coin d'une rue déserte, dans Paris, face à face avec le comte de Clermont. La chose est facile ; car, en mauvais sujet qu'il est, il court les femmes du petit monde, les grisettes et les bourgeoises.

— Et... alors ? fit Hector, dont la voix trembla subitement de colère.

— Alors, portez-lui la pointe de votre épée au visage, et s'il refuse de croiser le fer avec vous, tuez-le comme un chien.

— Après ? dit Hector.

— Quand vous aurez tué le comte de Clermont, vous vous mettrez à la recherche du Tartare. Le monde n'est pas si grand qu'on n'y puisse retrouver un homme quand on a la haine pour flambeau et le devoir pour guide.

— Ce que vous me conseillez, dit Hector, je le ferai ; mais auparavant je veux voir le roi. Il ne sera pas dit qu'un gentilhomme, avant de se faire justice lui-même, ne se sera point adressé à celui qui est placé au-dessus de tous.

— Et qui donc vous fera justice du roi, pour l'honneur de celle que vous aimez ?

— Dieu, dit gravement Hector, Dieu, qui est au-dessus des rois, et les châtie au besoin !

Et il leva les mains vers le ciel.

— Comme vous voudrez, dit le Flamand avec un soupir ; mais en attendant, permettez-moi d'être votre compagnon jusqu'à demain.

— Oh ! de grand cœur.

— Les nuits sont longues en hiver, et il n'est pas dit que vous ne courrez pas d'ici à demain quelque nouveau danger. Si vous le voulez bien, nous coucherons dans la même chambre, et nous placerons notre épée sous notre traversin.

— Je ferai ce qui vous plaira, dit Hector.

Cette conversation, nous l'avons dit, avait eu lieu en plein air, dans la ruelle qui longeait l'hôtel du Singe-Vert.

Le ciel était noir, et il y avait du brouillard.

Le froid et l'obscurité ne contribuaient pas peu, comme on le pense, à rendre la rue déserte.

Cependant, un homme avait suivi le Flamand à une distance respectueuse.

Avait-il entendu ce qu'ils disaient ?

Ce n'était pas probable, car ils parlaient à voix basse, et, en tout cas, il n'avait pu saisir que quelques lambeaux de leur conversation.

Mais assurément il les épiait ; car le Flamand s'étant retourné tout à coup, cet homme s'arrêta.

Le vicomte Gontran de Mauroy était un grand chasseur, comme la plupart des gentilshommes de province, et les chasseurs ont la vue perçante.

Il aperçut une forme noire dans le brouillard, et s'arrêtant brusquement, il saisit le bras d'Hector :

— Voyez-vous ? dit-il tout bas.

— Oui... un homme...

— Le drôle nous écoutait peut-être...

— C'est possible.

— Au fait ! nous le saurons bien.

Et le Flamand rebroussa chemin et marcha droit à cet homme qui paraissait vouloir se dissimuler dans le brouillard.

Comme le vicomte et Hector avançaient, l'homme se mit à reculer.

Ce que voyant, le vicomte allongea le pas.

L'homme en fit autant.

— Hé ! l'ami ! cria le Flamand, attendez-moi donc un peu.

Mais l'inconnu ne tint aucun compte de l'injonction et se mit à courir.

Comme il prenait ainsi la fuite, il passa sous ce même réverbère à la lueur duquel M. de Mauroy et l'Alsacien avaient tiré l'épée.

Soudain son visage qu'il ne cherchait pas, du reste, à dissimuler, se trouva en pleine lumière.

Hector et le Flamand n'étaient plus qu'à dix ou quinze pas de lui.

Cela eut la durée d'un éclair, mais ce fut assez.

Hector jeta un cri.

— C'est lui ! dit-il.

— Qui, lui ? fit le vicomte stupéfait.

— L'homme qui a enlevé Cécile, s'écria Hector.

Et il s'élança à la poursuite de l'homme, qui fuyait toujours dans le brouillard.

XVII

Lui, c'était Porion.

Hector ne s'était pas trompé.

Le père Cannelle, qui, de loin, avait assisté au duel du Flamand et de l'Alsacien, duel si malheureusement terminé pour ce dernier, avait deviné dans le colosse qui se faisait le protecteur d'Hector de Pierrefeu un dangereux ennemi.

Aussi s'était-il promis de ne point le perdre de vue un seul instant, et quand le Flamand était sorti avec Hector, s'était-il mis à les suivre.

Mais Porion était un homme prudent, et il s'était tenu à distance respectueuse, comme on a pu le voir.

Ce qui fait que, lorsque le Flamand le somma de s'arrêter, il prit ses jambes à son cou et se sauva.

Hector s'était donc élancé à sa poursuite.

Peut-être qu'à Paris, dans un dédale de ruelles obscures, Porion aurait pu lui échapper.

Mais, à Versailles, au milieu de ces grandes rues tirées au cordeau, l'issue de cette lutte à la course ne pouvait se soutenir.

Porion était vieux ; Hector était jeune et alerte.

En quelques minutes, Hector eut atteint Porion et l'eut saisi au collet en disant :

— Ah ! misérable ! je te tiens enfin !

— Qu'est-ce que vous me voulez ? répondit Porion en essayant de se dégager. Je ne vous connais pas... je suis un pauvre vieillard... le père Cannelle... tout le monde me connaît à Versailles... informez-vous... Je vous jure que vous vous trompez et me prenez pour un autre.

En parlant ainsi, il avait pris un aspect chétif et débile, rendu sa voix chevrotante, courbé son dos et donné à son visage une expression de piteux effroi.

Mais Hector ne le lâchait pas et disait :

— Je te reconnais bien... oh ! je te reconnaîtrais entre mille, coquin !

Sur ces entrefaites, le Flamand, qui courait moins vite qu'Hector, arriva.

— Eh bien ! qu'est-ce donc ? fit-il.

— C'est lui, dit Hector, qui étreignait toujours Porion à la gorge.

— L'homme qui vous épiait ?

— Oui, d'abord ; ensuite c'est l'homme qui a enlevé Cécile et m'a donné un coup de couteau.

— Ce jeune homme est fou, disait Porion d'un ton lamentable.

Et s'adressant au Flamand :

— Mon bon monsieur, je vous en prie, venez à mon aide ! ajoutait-il en joignant les mains.

Mais Hector parlait avec un accent de conviction qui avait frappé le vicomte Gontran de Mauroy.

— Mon bonhomme, dit-il à Porion, il est possible que mon jeune ami M. de Pierrefeu se trompe ; mais s'il n'y a pas grand mal à cela, attendu que ni lui ni moi ne voulons vous assassiner, au moins pour le moment.

Porion respira.

Mais Hector le tenait toujours au collet.

— On s'explique mal dans la rue, reprit le vicomte. D'abord on n'y voit pas, et puis il fait froid.

Porion eut la courtoisie de frissonner.

— Venez donc à notre hôtellerie, là-bas, au Singe-Vert. Nous verrons bien si mon ami se trompe ou non.

Et le Flamand prit le bras de Porion et le mit sous le sien.

Alors Porion se sentit pris comme dans un étau.

— L'hôtellerie du Singe-Vert ? dit-il, mais c'est la mienne, monsieur.

— Ah ! c'est là que vous logez ?

— Sans doute.

— Alors on vous y connaît ?

— Très-certainement.

— Fort bien. Mais pourriez-vous m'expliquer pourquoi tout à l'heure vous nous suiviez ?

— Je ne vous suivais pas ; je prenais l'air.

— Mauvaises raisons, mon bonhomme.

— Mais je vous jure...

— Si vous ne nous suiviez pas, pourquoi avez-vous pris la fuite quand je vous ai appelé ?

Porion retrouva sa voix chevrotante et cassée :

— Mes bons messieurs, dit-il, je sais bien que les apparences sont contre moi, mais quand je vous aurai dit qu'il n'y a pas de jour où on ne me moleste et ne me fasse quelque mauvais tour, vous comprendrez... que je sois timide... et que...

— Marchons, dit le vicomte, nous verrons si tout cela est vrai... Venez, Hector, et fiez-vous à moi... J'ai la poigne solide, et le drôle ne nous échappera pas !

Hector et le Flamand ramenèrent donc Porion, qui paraissait résigné, à l'hôtellerie du *Singe-Vert*.

Et le Flamand l'ayant poussé devant lui dans la cuisine, appela l'hôtelier.

— Connaissez-vous cet homme ? fit-il.

— Certainement qu'il me connaît, répondit Porion.

— Eh ! fit l'hôtelier, c'est le père Cannelle.

— Qu'est-ce que le père Cannelle ?

— Un brave homme qui prend sa pension ici, dit l'hôtelier, étonné de voir Porion prisonnier des deux gentilshommes.

— Vous voyez bien, dit Porion.

Mais Hector dit avec un accent de conviction :

— Je vous jure que c'est lui.

— Alors, dit le Flamand, ce bonhomme loge ici ?

— Oui.

— A quel étage ?

— Tout en haut.

— Fort bien ! Donnez-moi mon flambeau.

Porion se crut libre et voulut payer d'audace.

— Vous voyez bien que je ne suis pas un voleur, ni un donneur de coups de couteau, fit-il. Par conséquent, bonsoir, messieurs, et sans rancune.

Et il voulut se dégager de l'étreinte du vicomte de Mauroy, mais le Flamand ne le lâcha point.

— Je crois tout ce que vous me dites, mais je désire causer un brin avec vous.

— Ah !

— Et nous allons monter dans votre chambre.

— Pourquoi ne causerions-nous pas ici ?

— Nous serons beaucoup mieux chez vous.

— Comme vous voudrez, dit Porion, de plus en plus inquiet.

— Passez devant, dit le Flamand quand ils furent au pied de l'escalier, et ne cherchez pas, comme tout à l'heure, à vous échapper, ou je vous plante mon épée dans les reins.

Porion se mit à gravir l'escalier de l'hôtellerie d'un pas chancelant.

En ce moment, le Flamand se retourna et vit l'hôtelier qui lui faisait un signe mystérieux.

— Hector, dit le vicomte, ne perdez pas cet homme de vue un seul moment, et attendez-moi en haut de l'escalier.

Hector monta derrière le père Cannelle.

Quant au Flamand, il redescendit.

L'hôte cligna de l'œil d'une façon très-significative.

Quand il vit que le vicomte redescendait, il gagna un coin dans sa cuisine.

Le vicomte l'y suivit.

Alors l'hôtelier lui dit tout bas :

— Prenez garde !

— A quoi donc ? dit le Flamand.

— Vous ne connaissez pas cet homme ?

— Non certes, puisque je vous ai demandé qui il était.

— Si vous le voulez, je vais vous donner un bon conseil, reprit l'hôte.

— Parlez.

— Ce vieillard d'apparence chétive et débonnaire est un homme des plus dangereux.

— Ah ! vraiment.

— J'aimerais mieux avoir tous les seigneurs de la cour pour ennemis que lui, mon gentilhomme.

— Il possède donc quelque pouvoir magique ?

— Non, mais il est l'agent secret de madame de Pompadour.

— Ah ! fort bien.

— S'il lui plaisait de faire tomber une tête...

— Bah !

— Personne ne sait cela à Versailles, continua l'hôtelier en baissant de plus en plus la voix, mais je le sais, moi. Il a fait tuer par l'Alsacien un gentilhomme qui avait mal parlé de la marquise.

— Est-ce par cet Alsacien que j'ai cloué tout à l'heure contre un mur ?

— Oui, mon gentilhomme, et c'est parce que vous m'avez rendu un vrai service en nous en débarrassant que je vous veux du bien et me permets de vous donner ce conseil.

— Je vous en remercie, dit le vicomte.

— Si vous m'en croyez, acheva l'hôtelier, vous ferez vos excuses au bonhomme, au lieu de le molester, et vous ne flânerez pas longtemps à Versailles. Vous pensez bien, si je vous dis cela qu'il n'est pas de mon intérêt de renvoyer mes pratiques ; mais je vous le répète, le bonhomme a le bras long, et il est plein de rancune.

Le Flamand tendit la main à l'hôtelier.

— Vous êtes un brave homme, dit-il, et je vous remercie. Aussi vais-je profiter de votre conseil.

Et il regagna l'escalier, qu'il se prit à gravir quatre à quatre.

Porion et Hector l'avaient précédé.

Arrivés au dernier étage, Hector avait repris Porion par la main en lui disant :

— Attendons ici !

Porion avait essayé de protester encore, mais Hector lui avait répondu :

— C'est vous, c'est bien vous qui avez enlevé Cécile Robert.

Le Flamand les rejoignit.

— Mon cher papa Cannelle, dit-il, montrez-nous donc votre logis.

— C'est par ici, dit Porion, qui prit un corridor faiblement éclairé par une lanterne.

Puis il s'arrêta devant une porte, tira une clef de sa poche et l'ouvrit.

Alors le Flamand et Hector se trouvèrent au seuil d'une pièce assez vaste, mais complétement mansardée et garnie d'un mobilier des plus chétifs.

— Mon cher monsieur Cannelle, dit le Flamand, nous serions trop mal ici pour causer ; nous n'aurions pas de chaises pour tous. Venez chez moi, mon logis est beaucoup mieux.

— Mais enfin, qu'avez-vous à me dire ? fit Porion, de plus en plus effrayé.

— Ceci d'abord : Si vous élevez la voix, si vous jetez un cri, si vous refusez de marcher, je vous tue !

Et, joignant la pantomime à la menace, le Flamand fit prendre l'air à son épée.

Porion se résigna.

Il referma sa porte, et toujours suivi du Flamand et d'Hector, il redescendit à l'étage inférieur.

C'était là que le vicomte Gontran de Mauroy, qui était riche, s'était fort luxueusement installé.

Il avait un véritable appartement complet.

Une fois entrés, le vicomte ferma sa porte.

— Mon cher ami, dit-il à Hector, vous voyez cet homme ! Eh bien ! c'est non-seulement celui qui a enlevé Cécile Robert, c'est encore l'homme qui a payé l'Alsacien pour vous faire tuer.

Porion recula stupéfait.

Le Flamand poursuivit :

— L'hôtelier, que je crains fort, m'a donné le conseil de me méfier de lui et de lui faire des excuses ; aussi vais-je suivre ce conseil.

En même temps, il donna un croc-en-jambe à Porion, le jeta par terre, lui mit sa main sur la bouche pour l'empêcher de crier, et dit à Hector :

— Nous allons le garrotter, et je vous jure que ce n'est pas lui qui nous empêchera demain de vous présenter au petit lever du roi.

— Je me suis fait rouler comme un écolier, pensait Porion avec désespoir.

Mais le bonhomme était trop prudent pour risquer sa vie, et comme le vicomte était homme à le tuer, il se laissa garrotter sans la moindre résistance.

Quand ce fut fait, le Flamand le prit à bras-le-corps et le porta sur son propre lit.

Puis il dit à Hector :

— Il ne faut pas avoir demain la mine d'un déterré, mon ami. Placez-vous dans ce fauteuil et dormez. Moi, je veillerai sur ce drôle !

XVIII

La nuit s'avançait.

Hector de Pierrefeu avait suivi le conseil de son nouvel ami, le vicomte Gontran de Mauroy.

Il s'était assis dans un grand fauteuil, avait croisé ses jambes et n'avait point tardé à fermer les yeux.

Le Flamand, lui, avait bourré sa pipe, jeté une brassée de bois dans le feu et s'était dit :

— Une mauvaise nuit est bientôt passée.

Quant à Porion, garrotté comme il l'était, il lui était impossible de faire un mouvement.

Un moment, le bonhomme fut pris d'une sorte de désespoir concentré.

— Je suis pris, se dit-il, pris et réduit à l'impuissance. Par conséquent, ce que j'ai de mieux à faire, c'est de me résigner. Évidemment ces deux hommes me tueront.

Mais Porion n'était pas homme à se désespérer et à se lamenter longtemps.

Porion était un homme d'énergie chez lequel l'audace avait bientôt repris le dessus.

Il était garrotté.

Eût-il été libre, que le Flamand aurait pu l'assommer d'un coup de poing.

Il s'arrêta un moment et promena un regard investigateur. (Page 75.)

Néanmoins Porion songea à une évasion.

Il se dit, après avoir ruminé un quart d'heure :

— Si je puis sortir d'ici, de deux choses l'une : ou j'irai avertir le Tartare, ou je m'arrangerai avec madame de Pompadour pour que notre jeune homme n'ait pas son audience demain matin.

Mais il fallait sortir de cette chambre, où il était prisonnier pieds et poings liés, et dont le Flamand, après avoir fermé la porte à double tour, avait mis la clef dans sa poche.

Pour tout autre que Porion, la chose eût semblé invraisemblable et impossible.

Le Flamand avait tiré de sa poche un journal qui n'entrait pas facilement en France, la *Gazette de Hollande*.

Ce journal, qui était une injurieuse diatribe contre la France, le roi et la cour, qui attaquait avec véhémence madame de Pompadour et la royale institution du Parc-aux-Cerfs, avait été sévèrement prohibé.

Il suffisait d'être trouvé nanti d'une pareille feuille pour être gravement compromis, et il y avait à la Bastille de pauvres diables de gentilshommes dont l'unique crime était d'avoir colporté ce pamphlet, qui renfermait presque toujours une épigramme ou un couplet sur la toute-puissante marquise.

Mais M. le vicomte Gontran de Mauroy, homme riche et indépendant, élevé en province dans le mépris des courtisans et de la cour, et dont les terres, du reste, touchaient à la frontière, ne se faisait aucun scrupule d'être abonné à la *Gazette de Hollande*.

L'administration, du reste, se chargeait, à ses risques et périls, de la lui faire parvenir, et elle lui arrivait fort régulièrement.

Le dernier numéro lui était parvenu juste au moment où il montait à cheval pour se rendre à Versailles.

Il l'avait donc fourré dans sa poche sans le lire et s'était mis en selle.

Pendant les quatre jours qu'avait duré son voyage, M. le vicomte Gontran de Mauroy s'était toujours couché trop tard pour lire, et cela expliquait comment il était arrivé à Paris sans avoir ouvert son journal.

L'obligation où il était cette nuit-là de ne point fermer l'œil et de surveiller Porion, lui créait donc ce loisir.

Aussi le vicomte avait-il approché un guéridon de sa cheminée, pris sur sa cheminée un flambeau et roulé un fauteuil auprès.

Puis, sa pipe à la bouche, il s'était mis à lire fort tranquillement, interrompant quelquefois sa lecture pour voir si Porion ne bougeait pas.

Porion feignait de dormir.

Mais, quand le vicomte reportait ses yeux sur son journal, Porion ouvrait un des siens.

Et cet œil, qui était perçant, était parvenu, au bout d'un quart d'heure de persistante attention, à déchiffrer le titre du journal.

Alors Porion s'était dit :

— Supposons qu'au lieu d'être garrotté, je sois libre, qu'au lieu d'être prisonnier je puisse sortir d'ici, et que, pendant une heure ou deux, ni l'un ni l'autre de mes deux gardiens ne s'aperçoive de mon évasion... je cours au château... il est minuit... mais peu importe !... j'ai le moyen de pénétrer chez la marquise à toute heure... Oh ! alors... je crois que M. de Pierrefeu n'aura pas son audience... et que l'indemnité de M. Gontran de Mauroy ne sera pas réglée de sitôt.

Les pauvres têtes, les cervelles étroites qui se heurtent à un obstacle, ne vont pas au delà.

Les esprits forts suppriment l'obstacle par la pensée et méditent ce qu'ils feront quand cet obstacle aura réellement disparu.

Tandis que le Flamand lisait, Porion dressait petit à petit son plan de bataille.

Ce plan de bataille arrêté, il songea au plan d'évasion.

Le choix, nous l'avons dit et on le voit, n'était pour ainsi dire pas praticable.

Un Hercule n'eût pas brisé les cordes qui serraient les poignets et les jambes de Porion.

Et Porion n'était qu'un pauvre vieillard sans force.

Néanmoins, Porion songea sérieusement à s'évader.

Un moment il espéra que le Flamand finirait par s'endormir.

Quand le sommeil s'empare de ces sortes d'hercules, il tient bien et longtemps.

Il faudrait un coup de canon ou le bruit d'une cloche pour les réveiller.

J.A. BEAUCÉ

L'ABBÉ TERRAY.

Mais le Flamand ne paraissait nullement avoir envie de dormir.

Le fourneau de sa pipe brûlait toujours, et d'énormes spirales de fumée bleue montaient lentement vers le plafond et se coloraient en rose en passant devant la flamme du flambeau.

— Oh ! se disait Porion, si, au lieu de fumer, il prisait, et s'il me demandait une prise, comme les choses iraient toutes seules ensuite !

Pour faire une semblable réflexion, il fallait que Porion eût son idée.

Le Flamand continuait à lire, et tout à coup Porion l'entendit rire bruyamment.

— Par la sambleu ! murmura-t-il, voilà de jolis vers et galamment tournés. M. de Maurepas est vraiment un homme de beaucoup d'esprit.

La *Gazette de Hollande* reproduisait un quatrain fameux qui avait valu l'exil à son auteur quelques mois auparavant.

En entendant rire le Flamand, Porion feignit de s'éveiller.

— Brrr ! dit-il, quel froid de loup !

Le Flamand leva la tête.

— Ah ! tu as froid, drôle? fit-il.

— Mon gentilhomme, dit Porion humblement, puisque vous persistez dans votre erreur et demeurez convaincu que je suis un espion, alors que je ne suis qu'un pauvre bourgeois inoffensif, ne vous montrez pas inhumain.

— Que veux-tu donc que je fasse pour toi, drôle ?

— Jetez-moi votre manteau sur les épaules.

— Merci bien, dit le Flamand, mon manteau est sur mes épaules et il y tient bien son emploi. Cependant je suis bon diable, et quoique tu n'en vailles guère la peine, je veux bien faire quelque chose pour toi.

Sur ses mots, le Flamand posa sa gazette à côté du flambeau, et sans quitter sa pipe, il se leva, s'approcha du lit, prit Porion à bras-le-corps, l'enleva comme une plume et le porta auprès du feu, où il le coucha tout de son long.

— Maintenant, dit-il, prends garde d'avoir trop chaud, car je n'aime pas à me déranger.

Porion voulut le remercier, mais son remerciment fut coupé en deux par un éternument formidable.

— Puisque vous n'aimez pas à vous déranger, dit-il enfin, quand l'éternument fut passe, poussez la bonté jusqu'au bout, monseigneur.

— Que veux-tu encore? dit le Flamand.

— Je voudrais prendre une prise de tabac.

— Ouais !

— Après quoi, je me tiendrai bien tranquille... bien tranquille... je vous le promets.

— Pour cela, il faudrait te délier les mains.

— Vous les rattacherez après.

— Soit. Mais je n'ai pas de tabac, je prise rarement.

— J'en ai, moi.

— Après ça, dit le Flamand, moi qui suis fumeur, je sais ce que je souffrirais si on m'ôtait ma pipe. J'ai pitié de toi, drôle.

Et comme il aurait pu d'un coup de poing assommer Porion s'il avait voulu profiter du moment de liberté qu'il allait lui donner, le Flamand lui délia les mains et l'aida ensuite à se mettre sur son séant. Alors Porion poussa un soupir de soulagement, fourra sa main dans la poche de sa veste et en retira une fort belle tabatière en écaille, qu'il ouvrit et dans laquelle il plongea le pouce et l'index de la main droite avec une ineffable volupté.

Le tabac était du tabac d'Espagne.

C'était un véritable luxe alors, et il n'y avait que les gens de cour qui en fissent usage.

Ce tabac était parfumé, et l'arome qui s'échappa de sa tabatière chatouilla fort agréablement le nerf olfactif du bon Flamand.

— Peste ! dit-il, tu as de bon tabac, drôle, il me semble.

Porion avait fermé sa tabatière, et, par un mouvement si rapide que le Flamand ne put s'en apercevoir, il l'avait retournée sens dessus dessous.

— Monseigneur, dit-il humblement, il n'est pas d'usage qu'un pauvre homme offre une prise à un homme de qualité, sans cela...

— Oui, dit le Flamand, mais un homme de qualité peut toujours demander une prise à un inférieur. Par conséquent, donne-m'en une. Ton tabac fleure comme baume.

— Oh! de grand cœur, dit Porion.

Et il ouvrit sa tabatière de nouveau, et le Flamand ne s'aperçut pas qu'elle avait un double fond et s'ouvrait des deux côtés.

— Excellent tabac! répéta le Flamand en se barbouillant le nez avec complaisance.

Porion remit sa tabatière dans sa poche.

Après quoi le Flamand reprit la corde et dit :

— Donne-moi tes mains.

— Oh! tout ce que vous voudrez, maintenant, dit Porion, mon nez est garni, je suis au chaud et je me résigne à être votre prisonnier jusqu'à l'heure où vous reconnaîtrez votre erreur.

Et il se laissa lier les mains de bonne grâce et s'allongea de nouveau devant le feu.

Alors le Flamand rechargea sa pipe, l'alluma avec un charbon, puis reprit la gazette et se remit à lire.

Mais au bout de quelques minutes les yeux du vicomte commencèrent à papilloter.

Il se secoua et continua à lire; mais il cessa de fumer et sa pipe s'éteignit.

Enfin la gazette lui échappa des mains.

Alors il voulut lutter contre le sommeil et s'accrocha à son fauteuil.

Mais une force invincible l'y cloua.

En même temps ses yeux se fermèrent et sa tête, comme si on eût posé tout à coup dessus un poids immense, s'inclina sur sa robuste poitrine.

Le Flamand dormait.

Alors Porion murmura :

— Maintenant, il s'agit de briser mes liens. Si j'y parviens, ce n'est pas celui-là qui m'empêchera de sortir d'ici.

Hector, lui aussi, vaincu par la fatigue, dormait de ce bon et pesant sommeil qui est l'apanage de la jeunesse.

XIX

Porion était cependant garrotté de main de maître, et la corde qui lui serrait les pieds et les mains était épaisse comme le petit doigt.

Pour qu'il parvînt à s'échapper, il fallait trois choses, même en admettant que le narcotique mélangé au tabac renfermé dans le double fond de la tabatière fût assez puissant pour empêcher désormais le Flamand de s'éveiller.

Il fallait d'abord qu'il parvînt à se délier.

Il fallait ensuite qu'il pût reprendre dans la poche du vicomte Gontran de Mauroy la clef de la chambre.

Il fallait enfin qu'il pût marcher vers cette porte et l'ouvrir sans réveiller Hector, qui dormait d'un sommeil très-naturel.

Ces trois difficultés, qui paraissaient insurmontables, ne rebutèrent point Porion.

Il avait les mains liées derrière le dos, et tout effort pour briser la corde eût été infructueux.

Mais le feu était ardent, et Porion se trouvait à deux pas de la cheminée.

Un tison qui roula jusqu'auprès de lui vint lui suggérer une idée. Au lieu de rouler sur lui-même, le seul mouvement qui lui fût permis, et de s'éloigner ainsi du tison, il s'en approcha, en exécutant le mouvement en sens inverse, et parvenant à tourner la tête de façon à voir derrière lui, il rapprocha ses deux mains du tison et mit la corde en contact avec lui.

Alors, avec un courage héroïque, sans jeter un cri de douleur, car le feu était si près de ses mains que sa peau se rissolait peu à peu, cet homme attendit que la corde eût pris feu.

Le chanvre prit.

Quand il vit que la corde brûlait, Porion s'éloigna par petits soubresauts du tison.

Ce fut l'affaire de quelques minutes, pendant lesquelles Porion supporta stoïquement les morsures du feu.

Puis, quand la corde fut à demi consumée, il fit un violent effort et elle se brisa.

Porion avait les mains horriblement brûlées, mais elles étaient libres.

— Ouf! dit-il, voilà une belle ligne à ajouter au mémoire de Son Altesse le prince Trespatki. Je me suis brûlé pour mille écus de chair.

Les mains une fois libres, il eut bientôt délié ses jambes et il se trouva sur ses pieds.

La première difficulté était vaincue.

Restaient les deux autres.

Il se fit un abat-jour de sa main et regarda Hector.

Le jeune homme dormait, et un sourire glissait sur ses lèvres. Peut-être rêvait-il que le roi l'écoutait avec bonté et ordonnait le châtiment des meurtriers d'André.

Le Flamand, après avoir garrotté Porion, n'avait pas pris ses précautions à moitié.

Il avait placé sur la table, à côté des flambeaux, non-seulement son épée, mais encore deux beaux pistolets à crosse luisante, chargés et amorcés avec soin.

— Voilà toujours de quoi protéger ma retraite, se dit maître Porion.

Et il prit un des pistolets, appuya son doigt sur la gâchette et l'arma sans bruit.

— Si l'autre s'éveille, pensa-t-il, je lui aurai cassé la tête avant qu'il ait eu le temps de se lever.

Et tenant le pistolet de la main droite, il employa la main gauche à fouiller dans les poches du Flamand, qui ronflait comme l'orgue d'une cathédrale.

En cherchant la clef, Porion rencontra des papiers.

Porion était curieux.

Il retira ces papiers en même temps que la clef, et, tenant toujours le pistolet et surveillant du coin de l'œil Hector, qui continuait à dormir, il se mit à les feuilleter et à les parcourir.

C'étaient des lettres qui avaient trait à cette fameuse indemnité que réclamait le vicomte.

Parmi elles, il en était une qui émanait du ministère de la guerre.

Porion la parcourut d'abord assez légèrement, mais à la troisième ligne il tressaillit, courut à la signature et lut ce nom : Normand.

Or, nous l'avons déjà dit, Porion savait tout, ou à peu près tout. Autant par goût que par métier, il aimait à avoir des intelligences partout.

Il en avait au ministère de la guerre, dont le portefeuille était alors confié à un homme qui devait laisser un renom de parcimonie et d'avarice, l'abbé Terray.

Or, par ces intelligences secrètes, Porion savait que l'abbé n'était pas aimé de ses commis, qu'il le leur rendait bien, et que parmi ceux-ci, il y avait un chef de bureau nommé Normand, qui avait essayé très-souvent de faire parvenir au roi des rapports contre son ministre.

Porion prit donc connaissance de la lettre du sieur Normand.

Le chef de bureau écrivait, et c'était sans doute cette lettre de date récente qui avait déterminé le voyage du Flamand :

« Mon cher vicomte,

« C'est tout à fait confidentiel.

« On ne vous payera pas votre indemnité.

« Le ministre s'est fait transmettre le rapport, il a examiné les pièces à l'appui de votre réclamation et a reconnu que vous réclamiez fort justement.

« Mais, ceci convenu, il a dit que le trésor était obéré, qu'on avait besoin d'argent, et qu'il en était bien fâché, mais que tant qu'il serait ministre, il éluderait si bien la question, que vous n'auriez pas un sou.

« Je crois qu'il est non-seulement inutile, mais encore imprudent que votre intendant revienne, car cette c... d'abbé, pour qui tous les moyens sont bons, serait capable d'user envers lui d'une de ces nombreuses lettres de cachet qu'il a toujours dans son portefeuille.

« Suivez donc mon conseil, venez à Versailles et tâchez d'obtenir une audience du roi.

« C'est le seul moyen pour que votre réclamation ne tombe pas dans l'eau.

« J'ai l'honneur d'être, etc.   « Normand. »

Porion replia la lettre et la mit dans sa poche,

Puis il jeta un coup d'œil sur la *Gazette de Hollande*.

Le fameux quatrain eut bientôt attiré son attention.

— Allons! allons! se dit-il avec un sourire de satisfaction, je crois que les choses iront mieux que je ne le pensais tout d'abord.

Et il remit la *Gazette de Hollande* dans la poche du Flamand.

Ensuite, toujours le pistolet au poing, prêt à faire feu si Hector s'éveillait, il marcha vers la porte.

Il y avait un tapis dans la chambre.

L'épaisseur de ce tapis permit à Porion d'assourdir si bien le bruit de ses pas qu'il arriva jusqu'à la porte sans qu'Hector eût fait un seul mouvement.

Introduire sans bruit la clef dans la serrure et ouvrir, ce n'était plus qu'un jeu pour Porion.

La porte tourna sur ses gonds sans crier.

Alors Porion enleva la clef avec la même précaution, et, du dedans, la mit en dehors dans la serrure.

Une fois dans le corridor, il tira la porte lentement et la ferma avec la même dextérité silencieuse.

— A présent, murmura-t-il, ce sont eux qui sont mes prisonniers. Allons voir s'il y a de la place à la Bastille.

Hector dormait toujours paisiblement dans son fauteuil, comme Porion put s'en assurer en collant son œil au trou de la serrure.

Nous l'avons dit, il était alors plus de minuit.

Tout le monde était couché au *Singe-Vert*, à l'exception de l'hôtelier, qui dans un coin de la cuisine, assis devant une petite table, comptait sa recette de la journée.

Porion, qui était familier avec les êtres de l'hôtellerie, descendit sans bruit jusqu'à la cuisine.

Alors l'hôte leva la tête et fit un geste d'étonnement.

— Vous! papa Cannelle, dit-il.

Porion posa un doigt sur ses lèvres.

— Chut! fit-il.

Et il s'approcha de l'hôte en grand mystère, prit une chaise, s'assit à côté de lui et lui dit :

— Il faut que je cause avec vous, monsieur Aubert.

C'était le nom de l'hôtelier du *Singe-Vert*.

— Ah çà! dit maître Aubert, comme on l'appelait dans son auberge, que vous est-il donc arrivé ce soir avec ces deux gentilshommes, papa Cannelle?

Porion prit une mine de plus en plus mystérieuse :

— Mon ami, dit-il, vous savez qui je suis...

— Oui certes, dit l'hôtelier, qui réprima un léger frisson.

— Il vaut mieux être bien que mal avec moi...

— Oh! certainement.

— Depuis que je loge chez vous, il ne vous est arrivé aucune méchante aventure, n'est-ce pas?

— Aucune.

— Et votre maison continue à prospérer, hein?

— On joint les deux bouts, papa Cannelle.

— Vous avez une grande fille que vous songez à établir, pas vrai ?

— Dame! elle a tout à l'heure dix-huit ans.

— Vous aimez bien votre femme?

— C'est une bonne nature, une travailleuse, mon cher monsieur. Comment ne l'aimerais-je pas?

— Enfin, dit encore Porion, ça va comme vous voulez, hein ?

— A peu près, du moins.

— Eh bien! mon pauvre ami, dit Porion, tout cela peut dégringoler en un rien de temps.

— Que voulez-vous dire? reprit l'hôtelier, qui fit un soubresaut sur son siège, et dont le visage accusa soudain une légère pâleur.

— Avez-vous entendu parler du maître de l'hôtellerie du *Lion-d'Or*, rue Saint-Martin?

— Oui.

— Vous savez ce qui lui est arrivé?

— Non.

— On a fermé son auberge et on l'a mis en prison.

— Pourquoi ?

— Parce qu'il avait logé des conspirateurs.

— Pauvre homme !... Mais...

— Eh bien! dit Porion, vous vous trouvez justement dans le même cas, mon pauvre ami.

— Moi! exclama l'hôte effrayé.

— Vous, et sans moi, vous pourriez aller à la Bastille.

Maître Aubert joignit les mains avec épouvante.

— Savez-vous quels sont ces deux hommes qui sont là et qui me malmenaient tout à l'heure?

— Mais... ce sont...

— Ce sont des misérables qui introduisent en France des pamphlets contre madame de Pompadour.

— Seigneur Dieu! exclama maître Aubert, mais je vais les chasser tout de suite.

— Gardez-vous-en bien.

— Que faire, alors? demanda l'hôte, dont l'épouvante allait croissant.

— Si vous voulez qu'on ferme votre auberge et qu'on vous emprisonne avec votre femme et votre fille, vous n'avez qu'à monter les prévenir.

— Mon Dieu !

— Si vous voulez qu'il ne vous arrive rien, il faut au contraire prendre votre fusil de chasse...

— Bon !

— Aller vous embusquer dans le corridor...

— Et puis?

— Je les ai enfermés et ils dorment; mais il est possible qu'ils s'éveillent et flairent le danger. Alors s'ils enfoncent la porte pour sortir, tirez dessus.

— Mais vous, monsieur Cannelle, où allez-vous?

— Chercher des soldats pour les arrêter, dit Porion.

Et il sortit, bien convaincu que l'hôte lui appartenait désormais corps et âme de par la toute-puissance de la peur.

XX

Porion ne fit qu'un saut de la petite rue où était l'hôtellerie *Singe-Vert* au château.

Cependant, avant de s'approcher d'une des poternes par où l'on entrait quand les grilles étaient fermées, il s'arrêta un moment et promena un regard investigateur sur la façade du palais, que moucletaient çà et là les lueurs de quelques lampes tardives.

L'abbé Terray logeait à Versailles.

D'abord le roi aimait assez, pour ne pas se déranger, avoir ses ministres autour de lui.

Ensuite l'abbé, qui était fort avare, préférait avoir un logis gratis que louer ou se faire construire un hôtel.

C'était, du reste, un vaillant ministre; que ce petit homme d'église, qui avait tour à tour restauré les deux départements de la guerre et des finances.

Il se couchait à huit heures du soir, mais à trois heures du matin, été ou hiver, il était levé et se mettait au travail, la plupart du temps sans feu, enveloppé dans une vieille souquenille dont son valet de chambre n'aurait pas voulu.

Ce que cherchait Porion, c'était la lampe de l'infatigable ministre.

Il n'était pas encore trois heures du matin, mais il en était plus de deux.

Passé une certaine heure, les portes du château ne s'ouvraient plus que pour quelques grands seigneurs qui avaient des permissions spéciales.

Ces permissions consistaient en une carte ronde, de couleur brune, au milieu de laquelle il y avait une fleur de lis d'or.

Madame de Pompadour avait donné une de ces cartes à Porion.

Mais Porion en faisait si rarement usage, que la sentinelle qui ouvrit le guichet de la poterne fut fort étonnée de l'en voir muni.

L'apparence chétive et les habits râpés de Porion juraient avec cette faveur de haut lieu.

Néanmoins, on lui ouvrit; mais la sentinelle éprouva le besoin de le conduire au chef du poste de la grand'porte. Le chef était un officier, qui regarda Porion du haut en bas d'abord et lui demanda comment il se faisait qu'un croquant comme lui fût muni d'une pareille carte.

— Monsieur, lui dit Porion, je vais chez la marquise de Pompadour, et, si vous me voulez accompagner, vous serez peut-être un peu étonné de voir que la marquise me donne audience en pleine nuit.

L'officier était un homme prudent, qui tenait à demeurer bien en cour.

Il laissa donc passer Porion.

Porion se mit en route, et, comme il traversait la cour, il leva de nouveau les yeux sur la façade.

La fenêtre, naguère dans l'ombre, du cabinet de travail de l'abbé Terray venait de s'éclairer.

Le ministre se levait une demi-heure plutôt qu'à l'ordinaire.

— A merveille ! pensa Porion; je n'aurai pas besoin de réveiller la marquise.

Et il entra dans le château.

Les gens de service, répandus çà et là dans les corridors et les escaliers, étaient plus familiers avec la carte brune fleurdelisée.

Porion passa partout.

Il arriva jusqu'à l'antichambre du ministre, où il trouva un vieux domestique couché sur une banquette.

Le domestique fit d'abord quelques difficultés pour introduire ce visiteur matinal, mais Porion lui dit :

— Il s'agit d'une somme de dix mille écus que vous feriez perdre à votre maître.

Le laquais n'en demanda pas davantage.

Il arriva à une porte, et Porion se trouva au seuil du cabinet de l'abbé Terray.

L'abbé était en caleçon et en pantoufles, et paraissait se soucier fort peu de la rigueur de la température, car il n'avait pas de feu.

Assis devant une table chargée de papiers, il commençait à travailler quand Porion entra.

Il leva le nez, aperçut le bonhomme, qu'il voyait pour la première fois, et lui dit brusquement :

— Qui êtes-vous?

— Je me nomme Porion, répondit humblement celui-ci.

— Que me voulez-vous?

— Je désire que Votre Excellence m'écoute un moment.

— Si vous êtes un solliciteur, dit brutalement l'abbé, vous pouvez vous en aller : ni l'État, ni le roi, ni moi n'avons d'argent.

— Au lieu de venir demander de l'argent à Votre Excellence, dit Porion, je lui en apporte.

Ces paroles firent faire un véritable bond au ministre.

Il regarda cet homme chétivement vêtu et se demanda s'il n'était pas en présence d'un fou.

Mais Porion mit sa carte sous les yeux du ministre.

— Cela, dit-il, explique à Votre Excellence comment j'ai pu parvenir jusqu'ici.

— Qui vous a donné cette carte?

— Madame de Pompadour.

— Ah!

Et le ministre regarda Porion avec une curiosité dédaigneuse.

— Monseigneur, reprit Porion, je vous dirai sur-le-champ qui je suis. Je suis agent de police au service de madame de Pompadour.

— Après? dit l'abbé, dont les lèvres accentuèrent le dédain.

— En faisant mon service, j'ai trouvé l'occasion d'être agréable et utile à Votre Excellence.

— Vraiment? dit l'abbé avec une pointe d'ironie.

— Et, si Votre Excellence daigne m'écouter...

— Parlez.

— Votre Excellence, paraît-il, est fatiguée, tourmentée des réclamations d'un certain gentilhomme flamand, le vicomte Gontran de Mauroy...

L'abbé tressaillit.

— Comment savez-vous cela? dit-il.

— Ne suis-je pas agent de police?

— C'est juste. Continuez.

Porion reprit :

— Ce gentilhomme réclame dix mille écus d'indemnité.

— Ce n'est pas moi qui les lui payerai, dit le ministre.

— Peut-être...

— Oh! par exemple!

— Ce gentilhomme a l'intention de s'adresser au roi.

— Au roi! dit l'abbé.

— Il est venu à Versailles.

— Quand?

— Mais il y est, monseigneur.

Tout abbé qu'il était, le ministre ne put retenir un gros juron.

— Et il a une lettre d'audience pour ce matin même.

— Ah! celle-là est trop forte! dit l'abbé, qui frappa du poing sur la table.

— J'ai bien pensé que cette nouvelle chagrinerait Votre Excellence, poursuivit Porion, et c'est pour cela que je suis venu.

— Eh bien! dit brusquement le ministre, qu'y pouvez-vous faire ?

— Pour peu que Votre Excellence s'y prête, je puis empêcher l'audience.

— Comment cela?

— En supprimant le vicomte.

— Hein? dit l'abbé, qui se méprit au sens des paroles de Porion.

— Rassurez-vous, monseigneur, dit celui-ci, il ne s'agit que d'une simple lettre de cachet.

Le ministre haussa les épaules.

— On ne met pas les gens à la Bastille sans raison, dit-il.

— Permettez, dit Porion, et que Votre Excellence daigne m'écouter jusqu'au bout.

— Voyons.

— Si le vicomte Gontran de Mauroy n'était coupable d'autre crime que de réclamer ses dix mille écus, il serait, en effet, absurde de demander une lettre de cachet contre lui; mais...

— Mais quoi?

— Si je prends un carrosse, dit Porion; si je vais à Paris et que je raconte certaine chose à M. de Sartine, il me donnera la lettre de cachet.

— Que lui raconterez-vous donc?

— Que le vicomte est à Versailles en compagnie d'un de ses amis, et que ces deux gentilshommes ont introduit dans le royaume un abominable pamphlet, la *Gazette de Hollande*, qui renferme des vers épouvantables contre madame la marquise de Pompadour.

— En vérité! dit le ministre.

— Oui, monseigneur.

— Ah! reprit l'abbé Terray, qui se mit à se frotter les mains ; je sais qu'on va à la Bastille pour moins que cela.

— Sans doute.

— Par conséquent, mon cher monsieur, je vous engage bien à courir à Paris, et à demander à M. de Sartine une lettre de cachet pour embastiller ces deux gentilshommes. Et vous avez raison : en agissant ainsi, vous m'aurez rendu un vrai service, car les réclamations de ce Flamand m'agacent horriblement. Je vous promets même une petite gratification.

— Mais, monseigneur, dit Porion, Votre Excellence oublie...

— Quoi donc?

— Qu'avant que je sois revenu de Paris et que M. de Sartine ait donné des ordres, le gentilhomme en question aura eu son audience.

— Diable!

Et l'abbé Terray demeura un moment pensif.

Puis son front se rasséréna :

— C'est parfaitement vrai, ce que vous dites là, fit-il; mais le mal est moins grand que vous ne le pensez, monsieur Porion.

— Comment cela, monseigneur?

— Le roi n'a pas dix mille écus dans sa poche.

— Oh! je le pense bien.

— S'il les avait, ce serait madame de Pompadour qui les toucherait.

Porion se prit à sourire.

— Par conséquent, le roi se bornera à me donner ses ordres.

— Bon!

— Des ordres qu'il rétractera lorsqu'il saura sous quel motif le vicomte est à la Bastille.

— Oui, dit Porion; mais il peut se faire que d'ici là la *Gazette* disparaisse et que le vicomte la jette au feu. Alors, bonsoir!

L'abbé Terray tressaillit.

— Tandis qu'à présent, continua Porion, le vicomte est couché. Il s'est grisé hier soir, et il dort comme une toupie. Supposons que j'aie une lettre de cachet, que je pénètre chez lui avec des agents de police, je commence par mettre la main sur la *Gazette*.

— Ah! vous m'en direz tant! dit le ministre.

Et il ouvrit un tiroir et y prit une lettre de cachet.

Mais, au moment de la tendre à Porion, il hésita.

— Ah çà! dit-il, quelle preuve me donnerez-vous que le gentilhomme que vous allez arrêter est bien le vicomte de Mauroy? Car, si ce n'est pas lui, je ne veux pas faire les affaires de madame de Pompadour.

Porion tira de sa poche la lettre écrite par le sieur Normand au vicomte Gontran de Mauroy, et il la mit sous les yeux du ministre.

Celui-ci pâlit de colère après l'avoir lue.

— Voilà un homme que je chasserai aujourd'hui même, murmura-t-il.

Puis, regardant Porion :

— Ma foi! dit-il, vous avez réponse à tout.

Et il lâcha la lettre de cachet, que Porion saisit tout frémissant de joie.

XXI

Hector de Pierrefeu aurait dormi longtemps encore, sans doute, s'il n'avait été brusquement réveillé par un certain vacarme.

Il s'agita dans son fauteuil, étira ses membres, ouvrit ses yeux et se trouva debout.

Le flambeau brûlait toujours sur la table.

M. le vicomte Gontran de Mauroy, renversé dans son fauteuil, dormait bruyamment.

Hector, encore engourdi par le sommeil, prêta l'oreille pour reconnaître d'où provenait le bruit qu'il avait entendu et quelle était sa nature.

Le pas lourd et mesuré d'une ronde de nuit s'était arrêté à la porte de l'hôtellerie.

Puis ce pas s'était fait entendre dans les corridors, et paraissait se diriger vers la porte de la chambre qu'il occupait avec le vicomte.

Un secret pressentiment assaillit Hector.

— Hé! monsieur? cria-t-il, afin de réveiller le Flamand.

Mais le Flamand ne bougea pas.

Alors Hector tourna les yeux vers le lit sur lequel, la veille au soir, ils avaient déposé Porion garrotté.

Porion n'y était plus.

— Monsieur? répéta Hector.

Et il s'approcha du fauteuil et se mit à secouer le vicomte; mais le colosse continua à ronfler de plus belle.

Hector courut alors à la porte et voulut l'ouvrir.

La porte était fermée et la clef n'était pas dans la serrure. Le jeune homme crut se souvenir qu'après avoir fermé cette porte, le vicomte avait mis la clef dans sa poche. Il revint donc à lui et le secoua de plus belle, mais toujours inutilement.

Placé comme il l'était, il faisait vis-à-vis à la fenêtre, et il put voir les premières clartés de l'aube glisser au travers des persiennes.

Pourquoi Porion n'était-il plus là?

Pourquoi le vicomte dormait-il si profondément qu'il ne pouvait parvenir à l'éveiller?

Enfin comment, au lieu de deux, n'y avait-il plus qu'un pistolet sur la table?

Hector se posa bien successivement ces trois questions, mais il n'eut pas le temps de les résoudre.

La clef tourna dans la serrure, la porte s'ouvrit, et la chambre se trouva envahie par des soldats.

Etonné plutôt qu'effrayé, Hector fit un pas en arrière.

Il avait débouclé son épée en s'étendant la veille dans le fauteuil, et il l'avait placée sur une chaise, à la portée de sa main.

Mais il ne songea point à reprendre cette épée et à se mettre sur la défensive.

Evidemment ces soldats ne pouvaient avoir affaire à lui, et il y avait là-dessous quelque méprise.

A leur tête marchait un exempt.

L'exempt ne fit qu'un bond vers le Flamand endormi.

En même temps, un des soldats fit un pas vers Hector, lui posa la main sur l'épaule et lui dit :

— Au nom du roi, je vous arrête!

— Vous m'arrêtez, moi? s'écria Hector.

Il voulut rétrograder jusqu'au fauteuil et s'emparer de son épée. Mais deux autres soldats se jetèrent sur lui, et il se trouva réduit à l'impuissance.

L'exempt s'était approché du vicomte, qui dormait toujours bruyamment, et il fouillait dans ses poches.

Il eut bientôt mis la main sur l'exemplaire de la *Gazette de Hollande.*

— Ah! dit-il, voici le corps du délit. Maintenant nous pouvons agir sans scrupule.

Puis, secouant à son tour le Flamand :

— Mais il ne s'éveillera donc pas!

— Oh! nou, pas encore! dit une voix qui fit tressaillir Hector de Pierrefeu.

Et le jeune homme vit apparaître Porion, qui jusque-là s'était prudemment tenu à l'écart.

Porion regarda Hector en souriant.

— Je crois, dit-il, que je prends ma revanche, mon jeune seigneur, qu'en dites-vous?

— Misérable! dit Hector.

— Oh! dit Porion avec calme, vous pouvez me dire autant d'injures qu'il vous plaira. J'en ai entendu bien d'autres! Ne vous gênez pas, mon gentilhomme. Cela glisse sur moi comme la pluie sur un toit.

L'exempt alla droit à Hector.

— Monsieur, dit-il, en vertu de la lettre de cachet que voici, au nom du roi, je vous arrête.

— Vous m'arrêtez, moi?

— Oui, dit l'exempt.

— Quel crime ai-je donc commis?

— Vous êtes le complice de cet homme.

Et il désigna le Flamand, qui ronflait toujours et rêvait sans doute qu'on lui payait son indemnité de dix mille écus.

— Quel est son crime? demanda encore Hector.

— On vous le dira à la Bastille.

A ce nom terrible, les cheveux d'Hector se hérissèrent.

— A la Bastille! ajouta-t-il d'une voix étranglée.

— On y est fort bien, dit Porion d'un ton moqueur.

Puis le drôle s'adressa à l'exempt :

— Allons, monsieur, dit-il, faites votre devoir.

L'exempt dit à Hector :

— Il me répugne, monsieur, de faire attacher les mains à un gentilhomme et de me porter sur lui à des violences. Voulez-vous me suivre de bonne volonté?

Hector s'inclina.

Alors deux soldats se placèrent auprès de lui.

Puis, sur un signe de l'exempt, deux autres s'emparèrent du vicomte endormi, le soulevèrent à bras-le-corps et le chargèrent sur leurs épaules.

Le bruit qu'avaient fait les soldats avait mis toute l'hôtellerie en rumeur.

Domestiques, marmitons s'étaient levés à la hâte.

Les gentilshommes qui étaient couchés dans l'auberge, sautant à bas de leur lit, avaient entr'ouvert leurs portes pour savoir de quoi il s'agissait.

Mais l'aubergiste, maître Aubert, pérorait tout haut dans le corridor, et, encore armé de son fusil de chasse, il disait :

— C'est une lettre de cachet qu'on met à exécution.

Ces mots suffisaient pour personne ne songeât à prendre le parti des deux malheureux gentilshommes.

Aussi Hector entre deux soldats, et le vicomte porté sur les épaules de deux autres, traversèrent-ils le corridor, prirent l'escalier, et arrivèrent-ils à la porte de l'hôtellerie sans que personne songeât à les délivrer.

Muni de la fameuse lettre de cachet, Porion avait fait les choses dans toutes les règles.

Il avait requis un agent, qui s'était mis aussitôt à ses ordres.

L'exempt avait pris des soldats avec lui et s'était fait accompagner par quatre hommes de la maréchaussée.

Ces derniers étaient en bas, à cheval, rangés deux par deux à la portière d'une de ces voitures qu'on appelait alors pots-de-chambre.

Sur l'ordre de Porion, on y porta le vicomte, puis on fit asseoir Hector à côté, et l'exempt se plaça vis-à-vis.

Porion monta sur le siége à côté du cocher.

— A la Bastille! dit-il.

Le pot-de-chambre s'ébranla et partit, escorté par les quatre hommes de la maréchaussée.

Deux heures et demie après, il arrivait aux portes de la Bastille.

. . . .

Cependant, l'action d'un narcotique n'est pas éternelle. Environ six heures après avoir absorbé la prise de tabac qui devait amener une pareille catastrophe, le vicomte Gontran de Mauroy ouvrit brusquement les yeux.

Mais, quand il les eut ouverts, il se mit à les frotter, croyant dormir toujours.

En effet, il n'en pouvait croire ses regards.

Il était dans une petite salle aux murs nus, éclairée par une seule fenêtre garnie d'épais barreaux de fer et si haute qu'un homme de haute taille ne pouvait y atteindre.

Il était couché sur un lit de camp, avait en face de lui une table et une chaise.

Une chaise de paille, une table de bois blanc supportant une cruche pleine d'eau.

— Par la sambleu! s'écria le Flamand, où suis-je donc?

Et tournant la tête de gauche à droite, il aperçut un autre lit semblable au sien, et, couché sur ce lit, Hector de Pierrefeu, qui le regardait tristement.

Le vicomte se leva tout d'une pièce et répéta d'une voix de Stentor :

— Ah çà! où sommes-nous donc?

— A la Bastille, mon ami, répondit Hector.

— A la Bastille?

— Oui!

Le Flamand fit deux pas en avant, comme un sanglier blessé qui revient sur le coup de fusil.

Puis, comme il y avait une porte entre les deux lits, il se rua sur elle.

Mais la porte était doublée de fer et garnie de trois gros verrous et d'une énorme serrure.

— Je ne sais pas si nous sommes à la Bastille, hurla le colosse, mais ce que je sais bien, c'est que nous sommes en prison!...

Il quitta la porte, courut à la fenêtre, et avec une agilité qu'on n'aurait pas soupçonnée chez ce gros homme, il bondit et s'accrocha des deux mains aux barreaux de fer.

Puis, avec sa force herculéenne, il se fit un levier de ses bras, et se souleva assez haut pour que son visage pût atteindre les barreaux.

Il aperçut alors devant lui la porte Saint-Antoine et les noires maisons qui l'entouraient.

Alors, lâchant les barreaux, il retomba sur le sol en disant :

— Oui... nous sommes bien à la Bastille... mais pourquoi?... comment?... je dormais donc bien fort?

Porion, durant le trajet, s'était donné la satisfaction de raconter, par la portière laissée ouverte, à son prisonnier son ingénieuse évasion.

— Vous avez délié les mains de notre Flamand? dit Hector.

— Oui, une minute, pour qu'il prît une prise de tabac.

— Et vous en avez pris une autre?

— Ah! tonnerre! s'écria le Flamand, je me souviens, à présent. Je me suis endormi comme une brute!

— Et notre homme en a profité.

— Mais...

— Il a obtenu une lettre de cachet contre nous.

— Une lettre de cachet?

— Oui, sans cela serions-nous ici?

— Mais comment? fit le Flamand.

— N'avez-vous pas en votre possession un numéro de la *Gazette de Hollande?*

Cette question fut un trait de lumière pour le Flamand.

— Mille millions de tonnerres! s'écria-t-il, il n'y a que moi à qui ces choses-là adviennent!

— Vous n'aurez pas votre audience du roi, ni moi la mienne, dit tristement Hector.

— Bah! fit le Flamand, c'est un mauvais tour de l'abbé Terray. Oh! le gredin... mais...

— Mais quoi? fit Hector.

— Mais il ne suffit pas de me mettre à la Bastille, reprit le Flamand, qui avait subitement retrouvé tout son calme; il faut m'y garder.

— Oh! dit Hector en hochant la tête, quand on est à la Bastille en vertu d'une lettre de cachet, on y reste.

— Ou l'on s'évade, dit le Flamand.

Et comme Hector le regardait d'un air stupéfait :

— Ah çà, dit-il, croyez-vous donc que nous avons le temps de rester ici?

Il parlait avec tant de flegme et d'assurance, qu'un rayon d'espérance pénétra dans le cœur désolé d'Hector de Pierrefeu.

XXII

Laissons maintenant notre ami Hector et son compagnon d'infortune à la Bastille, et suivons Porion.

L'agent de police, après avoir fait admettre ses deux prisonniers à la Bastille et reçu les félicitations du gouverneur, M. de Launay, lequel était toujours charmé de voir arriver chez lui des gens qui avaient su déplaire à la toute-puissante marquise; l'agent de police, disons-nous, s'en alla rue du Pas-de-la-Mule.

C'était là que le prince tartare Trespatki logeait en un hôtel qui appartenait à son ami le comte de Clermont. Il pouvait être alors neuf heures du matin.

Porion fut reçu par un domestique kalmouk qui ne savait pas un mot de français, et fut obligé d'aller chercher le petit vieillard allemand qui était le médecin du prince et qu'on appelait Hermann.

Hermann accourut, et, comme il connaissait Porion, il lui dit :

— Vous voulez voir le prince ?

— Oui.

— Vous venez trop matin.

— Oh !

— Le prince a passé la nuit à souper; il s'est grisé; il dort encore.

— Eh bien! dit froidement Porion, il faut l'éveiller.

— Oh !

— Il le faut.

— Vous avez donc quelque chose de bien important et de bien pressé à lui dire ?

— S'il en était autrement, insisterais-je ?

Néanmoins, Hermann hésitait encore.

— Eh bien! dit-il, puisqu'il faut tout vous dire, le prince prend un bain.

— Oui, un bain de sang, dit Porion.

Le petit vieillard tressaillit.

— Vous savez cela ? dit-il.

— Je sais tout.

— Alors, venez.

Hermann prit Porion par la main, lui fit traverser un large vestibule, ouvrit une porte et mit à découvert un escalier qui paraissait descendre dans les caves de l'hôtel.

Une lanterne suspendue à la voûte l'éclairait.

Porion se laissa conduire par le petit vieillard, qui marchait le premier.

Au bout d'une trentaine de marches, celui-ci poussa une seconde porte.

Alors Porion se trouva au seuil d'une petite salle voûtée d'où s'échappait une forte odeur de sang.

Au milieu il y avait une baignoire, et dans cette baignoire le Tartare paraissait en proie à une volupté sans égale.

— Ah! ah! dit le prince en voyant entrer Porion, Hermann a bien fait de vous amener. Je n'ai pas de secret pour vous. D'ailleurs, c'est du sang de bœuf. Je n'ai pas besoin de l'autre.

Porion, si misérable et si criminel qu'il fût lui-même, ne put se défendre d'un léger frisson.

Le Tartare continua :

— Asseyez-vous. Il paraît que nous avons à causer ?

— Oh ! intimement, dit Porion.

Il prit un escabeau et s'assit.

Alors le prince fit un signe au petit vieillard, qui sortit.

— Monseigneur, dit alors Porion quand ils furent seuls, vous et moi l'avons échappé belle cette nuit.

— Comment ! dit le Tartare, tu n'as pas trouvé moyen de me débarrasser de ce petit jeune homme ?

— Si fait, mais ce n'a pas été sans peine.

Et Porion raconta ce qui s'était passé.

Le Tartare frissonna en songeant qu'Hector avait failli arriver jusqu'au roi.

Puis il rit à gorge déployée, quand Porion eut dit comment il était parvenu à mettre Hector à la Bastille.

— Ah çà, lui dit-il, combien te faut-il pour cette belle équipée, drôle ?

— Monseigneur, répondit Porion, avec un seigneur de la cour de France, j'aurais par avance fait mes conditions; mais avec vous...

— Tu t'en rapportes à ma générosité ?

— Oui, dit-il.

— Tu auras deux mille écus, dit le Tartare.

Porion s'inclina et parut satisfait.

Puis, après un court silence :

— Monseigneur, dit-il, il ne faut pas nous endormir, malgré cela.

— Parle...

— Le duc de Choiseul, qui, vous le savez, est premier ministre, ne manquera pas de s'inquiéter de son protégé.

— Bon !

— Peut-être le fera-t-il sortir de la Bastille, et ce sera alors à recommencer.

— Que faut-il donc faire ?

— Continuer à amuser le roi avec cette petite histoire du procureur Dumas.

— Ah ! fort bien.

— Et vous en aller à Versailles aujourd'hui faire votre cour à madame de Pompadour.

— J'y songeais.

. . . .

Porion demeura assez longtemps en conférence mystérieuse avec le Tartare, et il était plus de midi lorsqu'il sortit de la rue du Pas-de-la-Mule.

Il s'en alla du côté de la place Royale, et se mit à humer l'air en homme satisfait de lui-même.

Le Tartare avait payé les deux mille écus et Porion avait de l'argent plein ses poches, partie en numéraire, partie en billets de caisse.

La fortune est quelquefois chose gênante, ou tout au moins elle engendre de nombreux soucis.

Se sentant autant d'argent sur lui, l'agent de police eut peur des voleurs.

— Je ferai bien de m'en retourner promptement à Versailles et d'y arriver avant la nuit, se dit-il.

Mais il n'avait pas déjeuné, et son estomac commençait à éprouver certains tiraillements.

Sur la place Royale, dans laquelle il venait d'entrer, il y avait un rôtisseur que Porion avait fréquenté jadis.

— Après ça, se dit-il, je ne suis pas si richement vêtu qu'on puisse supposer que j'ai mes poches pleines d'or. Et puis, en plein jour, il n'y a rien à craindre des voleurs.

Et il entra chez le rôtisseur.

Après la cuisine, dans laquelle on pénétrait d'abord et où la broche tournait du matin au soir, il y avait une salle où se trouvaient rangées de petites tables.

Une vingtaine de personnes y prenaient leur repas.

Porion alla s'asseoir dans un coin et appela la servante, à laquelle il commanda un déjeuner des plus modestes.

Les personnes qui se trouvaient dans la salle causaient bruyamment.

C'étaient de petites gens pour la plupart, des courtauds de boutique, des employés aux écritures, des laquais sans place.

Porion se mit à déjeuner, et, par la force de l'habitude, il écouta ce qui se disait autour de lui.

Un grand diable de laquais se frottait les mains et disait :

— C'est bien fait pour M. le duc, cela lui apprendra à ne pas congédier ses bons serviteurs.

— Que lui est-il donc arrivé ?

— Ses chevaux se sont emportés hier soir.

— Où cela ?

— Sur la route de Chanteloup.

Ce nom fit tressaillir Porion.

Le laquais continua :

— Les chevaux se sont emportés, le cocher est tombé de son siége, le carrosse a versé, et M. le duc s'est foulé le pied et s'est meurtri tout le corps.

— Ah ! vraiment ?

— Il a été transporté à Chanteloup, et on doute qu'il puisse en bouger avant quinze jours.

Un courtaud de boutique, qui se mêlait de politique à ses moments perdus, dit avec ironie :

— Les affaires de l'État n'en iront pas plus mal.

Dès lors, Porion fut fixé.

Le carrosse qui avait versé était celui du duc de Choiseul, et c'était bien du premier ministre qu'il était question.

— Bon! pensa le drôle, voici encore une bonne nouvelle. M. de Choiseul, en quinze jours, aura le temps d'oublier son protégé. D'ailleurs, nous avons quinze jours devant nous. C'est toujours ça.

A une table voisine de celle où pérorait l'ancien laquais du duc de Choiseul, d'honnêtes bourgeois avaient à mi-voix une conversation qui attira bien autrement l'attention de Porion.

Les mots enfants rouges avaient frappé son oreille.

Un vieux brave homme disait :

— Il est impossible que le roi sache tout cela.

— Comment le roi ne le saurait-il pas ? dit une autre personne.

— On lui cache ce qui se passe; car, moi, je ne puis pas croire qu'un roi de France laisse de gaieté de cœur égorger de pauvres enfants.

— Mais est-ce bien vrai cela ? fit un troisième interlocuteur.

— Vous ne pouvez pas en douter, vous qui demeurez au coin de la rue des Enfants-Rouges.

— Je sais bien que l'auberge du *Dragon-Bleu* a une mauvaise réputation.

— C'est un coupe-gorge.

— Cependant la police y a fait plusieurs descentes.

— Je ne dis pas non.

— Et on n'y a jamais rien trouvé.

— C'est que la police a mal cherché.

— Bah !

— Je suis sûr, moi, qu'il y a des cadavres d'enfants enterrés dans les caves.

— Oh ! par exemple !

— Dame ! vous ne m'ôterez pas ça de l'idée, reprit le vieux bonhomme.

Puis, clignant de l'œil :

— Mais ce n'est pas l'aubergiste et sa femme qui sont les plus coupables.

— Ah ! vous croyez ?

— C'est pour le compte de gens très-haut placés qu'ils travaillent, croyez-le bien.

— Et ces gens ?...

— Ces gens sont assez puissants pour que la vérité n'arrive pas jusqu'au roi.

— Mon ami, dit tout bas un autre bourgeois, voulez-vous un bon conseil ?

— Parlez...

— Vous avez soixante ans et j'en ai soixante-six. Ce n'est ni vous ni moi qui serons égorgés à l'auberge du *Dragon-Bleu*. Vous êtes célibataire et moi aussi ; nous n'avons donc rien à craindre pour nos enfants.

— Eh bien ?

— Tenons-nous donc tranquilles, et ne nous mêlons pas de tout ça.

— Vous avez peut-être raison.

— Eh bien ! moi, dit un homme plus jeune, en brandissant son couteau, si le peuple se veut porter à l'hôtel du lieutenant de police et y mettre le feu, j'en suis !

Et cet homme parvint à faire partager son indignation à toute la salle.

— Diable ! pensait Porion, si l'on savait qui je suis, on pourrait bien me faire un mauvais parti. Hâtons-nous de déjeuner.

Mais comme Porion se disait cela, un nouveau personnage entra dans la salle.

A sa vue, Porion changea de visage et tout son corps eut la chair de poule.

Il avait reconnu messire Mardochée de Mardoche, peintre et gentilhomme.

XXIII

Comment notre ami Mardochée se trouvait-il ainsi si loin de son quartier, et dans un établissement où rien certainement ou ne faisait pas crédit ?

Ses affaires n'étaient peut-être pas très-brillantes, et, depuis longtemps, Mardochée tirait plus que jamais le diable par la queue.

La veille, il avait embarqué Hector pour Versailles dans le carrosse de M. de Choiseul, et le premier valet de chambre de ce dernier lui avait glissé dans la main deux pistoles.

Quand Mardochée avait deux pistoles, il se croyait plus riche qu'un financier.

Aussi s'en allait-il l'épée en verrouil et la plume au vent, sa boîte de couleurs à la main, cherchant des types dans Paris, peu soucieux du lieu où il s'arrêtait, entrant dans un cabaret quand il avait soif et en sortant plus altéré que lorsqu'il y était entré.

Il n'était pas rentré la veille rue Saint-André-des-Arts.

Une jolie grisette qu'il avait rencontrée sur le Pont-Neuf en avait été la cause innocente.

La grisette en question logeait rue des Lions-Saint-Paul, en une chambrette, sous les toits.

Elle avait partagé avec lui cet humble logis, et Mardochée s'y était oublié pendant vingt-quatre heures.

Quand le peintre se sépara de sa conquête, les deux pistoles étaient réduites à un petit écu.

De la rue des Lions à la place Royale, il n'y avait qu'un pas. Mardochée la traversa avec l'intention de gagner la rue Saint-Louis, puis le faubourg Saint-Martin, et de s'en aller ainsi à son cher cabaret de la *Pomme-Verte*.

Mais l'homme propose et l'estomac dispose.

En passant sous les arcades, Mardochée fut pris à la gorge par les parfums plantureux qui s'échappaient de la boutique d'un rôtisseur.

— Bah ! dit-il, j'aurai toujours le temps d'aller souper à crédit au cabaret de la *Pomme-Verte*. Déjeunons ici, et à la mort de mon dernier écu !

Cette résolution prise, il était entré.

La salle était assez obscure. Quand on venait du dehors, il fallait quelques minutes pour bien voir où l'on était.

Mardochée, qui avait grand'faim, alla s'asseoir à une table voisine de celle de Porion et ne le vit pas.

Porion en profita pour rabattre le plus possible sa casquette sur ses yeux.

Il aurait volontiers pris la fuite, mais pour cela il fallait passer devant Mardochée, et un pareil cas était dangereux.

Mardochée, qui s'était mis à dévorer une cuisse de poulet arrosée de moutarde, buvait à petits coups et écoutait cette conversation bruyante qui avait eu pour point de départ les crimes mystérieux commis dans l'auberge du *Dragon-Bleu*, et pour point d'arrivée un *tollé* général contre le lieutenant de police.

La police !

Mardochée était payé pour l'aimer moins que personne.

Aussi, avec le sans-façon qui le caractérisait se mêla-t-il à la conversation générale.

— Hé ! mes amis, dit-il, tournant toujours le dos à Porion, qui ne bougeait pas plus qu'un saint de pierre dans sa niche ; hé ! mes amis, vous ne savez pas contre qui je suis ?

On le regarda avec curiosité.

— Je m'appelle Mardochée de Mardoche, reprit-il. Je suis peintre et gentilhomme, et, vous pouvez m'en croire, si je tenais le lieutenant de police au collet, je l'étranglerais.

— Que vous a-t-il donc fait ? dit une voix.

— Il a un agent qui ne mourra que de ma main, un certain Porion, dit le père Cannelle... Ah ! le brigand.

Porion tremblait de tous ses membres.

Mardochée continua en se versant à boire :

— Ce Porion, voyez-vous, est un misérable de la pire espèce. Il enlève les jeunes filles pour les honteux plaisirs du roi.

Ces paroles furent accueillies avec un murmure d'indignation.

— Partout où il passe, poursuivit Mardochée, il sème la désolation et le deuil.

— Le père Cannelle ? fit une voix ; il me semble que je connais ça.

Mardochée se retourna et aperçut un courtaud dont le visage évoqua chez lui un vague souvenir.

— Eh ! dit-il, il me semble que je vous ai déjà vu quelque part.

— Oui, à la *Pomme-Verte*.

— C'est cela, dit Mardochée. Alors vous le connaissez comme moi, le père Cannelle ?

— Oui, un petit vieux tout courbé.

— C'est bien cela. Oh ! le brigand ! si je le tenais !...

Et Mardochée, qui avait le vin communicatif, se mit à raconter à tous ces gens qu'il ne connaissait pas l'histoire lamentable de Cécile Robert, et comment lui, Mardochée, avait été l'instrument inconscient de l'enlèvement.

Porion, en ce moment, eût donné les deux mille écus qu'il avait dans sa poche pour être dehors.

Le malheureux ! avant l'arrivée de Mardochée, il avait demandé un morceau de boudin.

Ce boudin devait le perdre.

La servante traversa la salle portant le boudin sur une assiette et se dirigea vers la table du père Cannelle.

Comme la servante était jolie, Mardochée la suivit du regard.

Et tout à coup il jeta un cri :

— Ah ! misérable ! dit-il.

Et il se leva, et en deux bonds il fut sur Porion, qu'il saisit au collet, disant :

— Le voilà ! le voilà !

Porion essaya de se débattre.

Mais le courtaud l'avait pareillement reconnu.

— C'est le père Cannelle ! disait-il.

— Ah ! brigand ! coquin ! hurlait Mardochée, ta dernière heure est venue.

Et il secouait Porion si fort que l'habit du bonhomme se déchira et qu'une poignée de pièces d'or roula bruyamment sur les dalles.

Tous les gens qui étaient dans la salle s'étaient joints au tumulte et entouraient Porion et Mardochée.

Porion essayait de se soustraire à sa rude étreinte.

— Cet homme se trompe, disait-il.

— Je ne me trompe pas, répondait Mardochée, c'est bien toi, misérable !

Et le courtaud, venu au secours de Mardochée, répondait pareillement :

— Pour le père Cannelle, c'est bien le père Cannelle.

— Messieurs, disait Mardochée, cet homme a commis assez de crimes. Je vous en prie, laissez-moi me faire justice.

Et Mardochée tira sa longue colichemarde toute rouillée, qui n'avait jamais tué un poulet.

Ce qui n'empêcha point Porion de croire qu'il était arrivé à sa dernière heure et de jeter un cri d'épouvante suprême.

Quelques-uns des bourgeois s'étaient baissés et avaient ramassé les pièces d'or tombées de sa poche.

La *Gazette de Hollande* était tombée sous les yeux de la marquise de Pompadour. (P. 85.)

— Il a de l'or, disaient-ils.

— C'est le prix de quelque nouveau forfait, répliqua Mardochée. C'est l'argent du crime !

— Mes amis, mes bons messieurs, hurlait Porion, arrachez-moi à ce forcené, et cet or est à vous.

L'indignation qu'avait excité le récit des malheurs de Cécile Robert était trop grande pour que Porion pût espérer trouver des libérateurs parmi tout ce monde.

Cependant celui-là même qui, tout à l'heure, parlait de disparitions d'enfants arrêta le bras de Mardochée, qui s'apprêtait consciencieusement à fourrer tout entière la lame de son épée dans le corps de Porion.

— Un instant ! dit-il.

— Est-ce que vous voudriez m'empêcher de tuer ce misérable ? exclama Mardochée.

— Non.

— Alors, lâchez mon bras.

Mais au lieu d'obéir, le bourgeois continua :

— Ecoutez-moi une minute.

— Parlez.

— Vous êtes gentilhomme ?

— Je m'en vante.

— L'épée d'un gentilhomme ne se doit point souiller du sang de ce misérable.

— Alors, dit Mardochée, donnez-moi un couteau.

— Non, ce n'est pas ça, reprit le bourgeois, la corde est préférable pour un tel homme. Il faut le pendre.

— Oui ! oui ! répétèrent en tumulte tous les gens qui étaient dans la salle. C'est cela, il faut le pendre !

— Mais où ? demanda Mardochée.

— Il y a une lanterne à la porte de l'établissement.

— Ah ! fort bien.

— Pendons-le ! pendons-le ! hurlait la foule.

Porion s'était jeté à genoux, il suppliait qu'on lui fît grâce de la vie :

— Prenez mon argent, disait-il, mais laissez-moi m'en aller...

On lui répondait par des cris de fureur.

Quand le bourgeois de Paris s'y met pour tout de bon, il est féroce et rien ne saurait l'attendrir.

Comme un pendu n'a pas besoin d'argent, on fouilla Porion, on lui prit tout ce qu'il avait, y compris les billets de caisse.

Puis, au grand scandale du pauvre rôtisseur, qui tremblait que les sergents ne vinssent et qu'on ne le rendît responsable de cette exécution sommaire, ils le dépouillèrent de son habit et le traînèrent dehors.

Alors comme aujourd'hui, la place Royale était à peu près déserte à toute heure de jour et de nuit.

Depuis que la cour était à Versailles, les grands seigneurs qui y logeaient avaient déserté leurs hôtels.

Sous les arcades, il n'y avait que quelques rares boutiques.

Dans le jardin, quelques enfants et quelques écoliers prenaient leurs ébats.

Quand on vit cette foule furieuse qui sortait en tumulte du cabaret, poussant devant elle un malheureux vieillard qui jetait des cris horribles, quelques personnes du voisinage s'approchèrent, et les enfants, curieux, cessèrent leurs jeux, mais personne ne songea à intervenir.

Il y avait, ainsi que l'avait affirmé l'un des bourgeois, une lanterne à la porte.

On sait que la place Royale a des arcades, au-dessus desquelles les maisons font saillie.

Cette lanterne était donc plantée dans le mur, à un pied au-dessous des croisées du premier étage, à une hauteur de douze à quinze pieds.

On apporta une échelle, qu'on dressa contre un des piliers ; on se procura une corde, et le plus leste de la bande monta la fixer à la lanterne.

En même temps, Mardochée faisait un nœud coulant et le passait autour du cou de Porion.

Porion n'avait même plus la force de crier. Il était à moitié mort par avance.

Un bourgeois robuste, quand Porion eut la corde au cou, le prit dans ses bras et le monta jusqu'au milieu de l'échelle.

— Grâce ! balbutia une dernière fois Porion.

J'ai l'honneur de vous répéter, monseigneur, que je me charge de ramener le duc de Richelieu. (Page 91.)

— Dépêchez-vous ! cria une voix, voici les sergents.

En effet, à l'autre extrémité de la place, du côté de la rue Saint-Antoine, on voyait accourir, au pas précipité, une douzaine de sergents du guet.

Le bourgeois lança Porion dans l'espace, et Porion se trouva suspendu par le cou, les pieds dans le vide...

En même temps, l'exécuteur improvisé redescendit de l'échelle, et la foule prit la fuite, laissant Porion se débattre dans les suprêmes convulsions de l'agonie.

La place était longue à traverser, et les sergents avaient beau courir, avant qu'ils eussent coupé la corde, Porion eût été notoirement mort, si en ce moment le ciel ou plutôt l'enfer n'eût fait un miracle.

Une fenêtre s'ouvrit au-dessus de la lanterne, un homme se pencha, saisit la corde à deux mains, et corde et pendu hissés brusquement disparurent par la fenêtre, qui se referma sur-le-champ.

Mardochée avait pris la fuite un des premiers, et il n'avait point vu ce dénoûment imprévu apporté à la petite tragédie dont il était l'auteur.

XXIV

Comment ce secours inespéré, quoique tardif peut-être, arrivait-il à Porion ?

C'est ce que nous allons vous dire en rétrogradant de quelques minutes.

A ce premier étage de la place Royale demeurait un vieillard et une jeune fille.

Le vieillard, — on pouvait lui donner ce nom à cause de sa barbe et de ses cheveux blancs, — était de haute taille et robuste encore.

La jeune fille était frêle, mignonne, jolie à croquer.

Tous deux sortaient rarement. A peine les connaissait-on de vue dans le quartier.

Le dimanche, on voyait la jeune fille, vêtue simplement, mais néanmoins comme une fille de qualité, se rendre dévotement à la messe de l'église voisine.

Le vieillard l'accompagnait, mais il ne portait ni épée en verrouil, ni boucles d'argent à ses souliers, ni poudre sur ses cheveux, et son costume était tout noir, comme celui d'un tabellion.

Les voisins avaient conclu de cette différence de vêtements que ce n'était pas le père et la fille, mais bien le serviteur et la maîtresse.

Une vieille femme vaquait aux soins de la maison.

Le vieillard sortait rarement, et s'il sortait, c'était le matin, de bonne heure, et alors ceux qui l'auraient suivi, l'auraient vu se diriger vers l'île Saint-Louis, le quartier de la basoche par excellence, et, sous le bras, un volumineux portefeuille, bourré de dossiers, monter chez les juges, des avocats et des procureurs.

Il n'eût pas été difficile à des gens plus curieux que les paisibles habitants de la place Royale de pénétrer le petit mystère qui semblait envelopper la jeune fille et le vieillard.

La jeune fille se nommait mademoiselle Espérance de Beaulieu.

C'était une orpheline du pays blaisois, venue à Paris, il y avait un peu plus d'un an, sous la conduite de maître Patureau, — tel était le nom du vieillard, — qui était une manière d'intendant.

Mademoiselle Espérance de Beaulieu était venue à Paris pour soutenir un procès duquel dépendaient toute sa fortune et celle de son frère, un enfant de quatorze ans.

Fille d'un officier tué dans la dernière guerre des Flandres, elle avait perdu sa mère quelques mois après la naissance de son frère.

Patureau était le seul homme qui s'intéressât aux deux orphelins.

Une branche cadette de la famille de Beaulieu contestait l'héritage d'une vieille tante, et c'était pour défendre cet héritage que la jeune fille était venue à Paris.

En arrivant, elle avait placé son frère chez les pères jésuites de la rue de l'Oratoire, et s'était installée elle-même dans un grand et triste appartement de la place Royale.

C'était une fille d'énergie que mademoiselle Espérance en dépit de son apparence fluette.

6

Elle défendait son droit et celui de son frère, et elle avait juré de triompher.

Mais alors les procès allaient moins vite encore qu'ils ne vont aujourd'hui, et ses adversaires obtenaient remise sur remise. Mademoiselle Espérance, qui comptait retourner au plus tôt dans son cher pays blaisois, se voyait indéfiniment retenue à Paris.

Aussi les journées lui paraissaient-elles fort longues, et les passait-elle en partie derrière ses persiennes bien closes, regardant au travers avec la curiosité de toute jeune fille qui n'a pas d'amoureux et qui s'ennuie, par conséquent.

Ce jour-là, comme à l'ordinaire, elle s'était assise auprès de la fenêtre, un livre à la main, interrompant parfois sa lecture pour suivre les ébats joyeux de la bande d'enfants qui jouait sur la place, lorsque tout à coup elle avait entendu des vociférations.

Puis elle avait vu cette foule en tumulte sortir de chez le rôtisseur en poussant devant elle Porion.

Elle avait frissonné en voyant le vieillard demander grâce et ses bourreaux préparer la corde, apporter l'échelle et la dresser contre le mur.

Invisible derrière ses persiennes, elle avait vu tous ces sinistres apprêts.

Et elle avait appelé le vieux serviteur.

— Ne le sauverons-nous pas ? lui dit-elle.

Patureau fronça le sourcil.

— Ça ne nous regarde pas, dit-il.

— Mais nous ne pouvons pas laisser mourir ainsi ce malheureux ? dit-elle avec angoisse.

— Comment le sauver ?

— Je ne sais pas.

— D'abord c'est impossible, dit le vieillard.

— Non, non, dit Espérance, il me vient une idée, mon ami.

— Laquelle, mademoiselle ?

— La lanterne n'est pas à un pied de la fenêtre.

— Bon ! Après !

— Quand ils l'y auront suspendu, si tu ouvrais brusquement les persiennes...

— Et puis ?

— Si tu te penchais et si tu tirais la corde à toi ?

— D'abord il est probable qu'il sera déjà mort.

— Qu'importe ! il faut essayer.

— Ensuite ces gens envahiront la maison... ils nous feront un mauvais parti...

— Qu'importe encore ? dit la jeune fille avec un accent d'autorité.

Patureau secoua la tête :

— Mademoiselle, dit-il, je veux bien vous obéir, mais quelque chose me dit que nous allons faire une besogne qui nous portera malheur.

— Je le veux ! répéta Espérance.

Patureau s'inclina.

A peine le corps de Porion se balançait-il dans l'espace, que les persiennes de la fenêtre s'ouvrirent brusquement et que, tandis que la foule prenait la fuite, le vieillard attirait à lui la corde et le pendu.

Tout cela fut fait si rapidement, que ni les bourgeois, qui se sauvaient à toutes jambes, ni les sergents qui arrivaient au pas de course, n'eurent le temps de se rendre un compte exact de ce qui était arrivé.

Ces derniers hésitèrent un moment à pénétrer dans la maison ; mais ils renoncèrent à ce dernier parti et se mirent à la poursuite des bourgeois.

Ce qui fit que Porion, qui ne donnait plus signe de vie, mais dont le cœur avait encore quelques faibles battements, fut porté sur un lit, et que le vieillard et la jeune fille, après s'être empressés de couper la corde et de le débarrasser du nœud coulant, se mirent à lui donner des soins.

La résurrection fut longue à obtenir.

Il fallut plus de deux heures avant que Porion reprît ses sens. On lui avait frotté les tempes et les narines avec du vinaigre ; on lui avait enveloppé les pieds avec des serviettes brûlantes.

Enfin le pendu poussa un soupir, puis il rouvrit les yeux, crut un moment qu'il s'éveillait dans l'autre monde, et ne se convainquit qu'il était encore dans celui-ci que lorsqu'il eut vu, penché sur lui, l'adorable et frais visage de mademoiselle Espérance de Beaulieu.

— Si j'étais dans l'autre monde, pensa-t-il, je ne serais certainement pas au paradis et je verrais des démons et non des anges. Il était trop faible encore pour parler ; mais il eut, à l'adresse de ses sauveurs, un sourire de reconnaissance, ce sourire bonhomme et un peu niais avec lequel le père Cannelle avait si longtemps trompé son monde et prouvé qu'il était essentiellement inoffensif.

Enfin, quand il eut repris ses forces, quand il put parler, il prit la main de la jeune fille et la porta à ses lèvres.

Puis il murmura :

— Comment donc suis-je ici ? Dieu a-t-il envoyé un de ses anges pour m'arracher à mes bourreaux ?

— Je ne suis pas un ange, répondit la jeune fille en souriant, mais j'ai pu vous sauver et j'en suis bien heureuse.

Et elle lui raconta simplement comment s'était opéré le sauvetage.

Patureau continuait à froncer le sourcil et murmurait à part lui :

— Quelque chose me dit que nous avons eu tort... et que nous nous en repentirons.

Quelques heures après, Porion était hors de tout danger et ses forces lui étaient revenues.

Grâce à sa féconde imagination, il avait trouvé une petite fable très-ingénieuse pour expliquer les violences dont il avait été l'objet.

— Figurez-vous, ma bonne demoiselle, disait-il, que je suis un homme bien malheureux d'avoir un frère, allez !

— Vous avez un frère ?

— Oui, mademoiselle, un frère qui a quelques années de moins que moi, mais qui me ressemble si parfaitement qu'on nous prend l'un pour l'autre.

— Ce frère a mal tourné. Tandis que j'étais tout bêtement épicier-droguiste rue des Lombards, à l'enseigne du Pilon-d'or, mon frère a follement dissipé sa part de notre modeste héritage ; puis il s'est fait joueur, puis voleur, puis agent de police ; il a fait des tours pendables à tout le monde, et je ne m'étonne pas que ces braves gens aient voulu me pendre, me prenant pour lui.

— Ah ! ils vous ont pris pour lui ?

— Oui, mademoiselle.

Et Porion compléta la fable par une foule de petits détails qui achevèrent de lui gagner la sympathie de mademoiselle Espérance.

Patureau, au contraire, mouvait toujours la tête et se disait :

— C'est peut-être bien lui qui est l'agent de police, et j'ai bien peur que nous n'ayons fait une vilaine besogne.

Porion demeura caché le reste du jour dans cette maison, où il était si miraculeusement revenu à la vie.

Ce ne fut que le soir, à la brune, quand il eut la presque certitude de pouvoir quitter la place Royale sans courir le risque de rencontrer ses ennemis du matin, qu'il prit congé de mademoiselle Espérance de Beaulieu.

Mais il lui demanda de revenir le lendemain lui faire une visite de remerciements, et cette permission lui fut gracieusement accordée.

Il se glissa hors de la maison, son chapeau sur les yeux, le collet de son habit relevé de façon à dissimuler son visage le plus possible, et lorsqu'il eut atteint la rue Saint-Antoine, il avisa un carrosse de louage qui passait, fit signe au cocher, s'arrêta, monta dedans et se fit conduire à l'hôtel de M. de Sartine.

Porion avait repris tout son sang-froid et son infernale présence d'esprit.

— Allons ! murmura-t-il en montant l'escalier du lieutenant de police, si je n'avais pas perdu mes deux mille écus dans la bagarre, tout serait pour le mieux, car j'ai fait la connaissance d'une fort jolie fille.

Qui sait ? Un jour où le roi s'ennuiera, nous pourrons l'utiliser peut-être.

Et le misérable entra dans l'antichambre de M. de Sartine, et, dit à un laquais :

— Affaire pressée... Il faut que monseigneur me reçoive sur-le-champ.

Tandis que le laquais allait l'annoncer, Porion pensait encore :

— Un homme qui sera bien étonné de se voir fourrer à la Bastille et d'y recevoir ma visite, ce sera messire Mardoché de Mardoche, mon bon ami.

Le laquais revint.

— Monseigneur est à vous dans quelques secondes, dit-il. Il est en conférence avec M. le maréchal de Richelieu.

A ce nom Porion fronça le sourcil.

— Ne serais-je point encore au bout de mes mésaventures ? se dit-il en réprimant un léger frisson.

XXV

Pourquoi M. de Richelieu était-il chez M. de Sartine ?

Il nous faut, pour le savoir, retourner à Versailles et nous reporter à l'heure du petit lever du roi.

Sa Majesté s'était éveillée plus tôt qu'à l'ordinaire.

Son capitaine des gardes, le prince de Bénavent, qui se trouvait de service ce matin-là, était entré chez le roi au premier coup de sonnette.

Le roi avait mal dormi.

Les histoires extraordinaires du prince tartare, qui l'avaient si fort amusé le soir, lui avaient procuré, pendant la nuit, cauchemars sur cauchemars.

Il avait rêvé qu'il usait du merveilleux élixir, et, comme on va le voir, il en avait pu apprécier les inconvénients.

Le prince de Bénavent était un jeune seigneur que le roi aimait fort, et il l'aimait pour des qualités tout à fait contraires à celles qui, d'ordinaire, réussissaient auprès du roi.

Le prince avait le courage de dire la vérité au roi; et quand tout le monde, à Versailles, prétendait que le royaume n'avait jamais été plus prospère et le peuple plus heureux, le prince, avec une brutale franchise, affirmait que l'on trompait le roi, que le peuple mourait de faim, que l'armée était désorganisée et que les coffres de l'État étaient vides.

Tout autre eût été disgracié sur-le-champ.

Cependant il y avait plusieurs années que le prince tenait ce langage, et le roi ne se fâchait point.

Le capitaine des gardes était le premier qui entrât chez le roi, le matin, après les pages.

Il prenait les ordres et avait coutume de faire à Sa Majesté un rapport sommaire sur ce qui s'était passé durant la soirée précédente au château.

Le roi, en le voyant entrer, lui dit :

— J'ai bien mal dormi cette nuit, mon pauvre Bénavent; j'ai fait des rêves absurdes.

— Votre Majesté a peut-être soupé trop tard, dit le prince. Rien ne pousse au cauchemar comme une mauvaise digestion.

Mais le roi secoua la tête :

— Ce sont, dit-il, les histoires du Tartare.

— Ah! fit le prince.

Et le roi raconta brièvement à son capitaine des gardes la singulière prétention que le prince Trespatki avait affichée, la veille, chez madame de Pompadour, d'avoir usé déjà plusieurs existences, grâce à son merveilleux élixir.

Le prince de Bénavent écouta le roi en souriant, et dit :

— Est-ce que Votre Majesté n'a pas fait jeter à la porte cet impudent menteur?

— Non, dit le roi, et peut-être ai-je été puni de ma modération, car j'ai rêvé cette nuit que je me servais de son élixir.

— Ah! vraiment?

Le roi se mit sur son séant, s'adossa à une pile d'oreillers, prit une prise de tabac et poursuivit :

— Dans mon rêve, j'avais vingt ans de plus, et mon petit-fils, le duc de Berri, qui a trois ans à peine, en avait vingt-trois, par conséquent.

Dans vingt ans, je ne serai certainement pas jeune, mon cher prince; mais, dans mon rêve, j'étais horriblement vieux, si vieux, mon pauvre Bénavent, qu'un tas de médecins que je ne connaissais pas, mais qui, paraît-il, étaient attachés à ma personne, me prédisaient que j'allais mourir.

Parmi eux, il en était un dont le visage me frappa. Il me semblait que je l'avais déjà vu quelque part.

— Je gage, dit en souriant le prince de Bénavent, que c'était le Tartare.

— Justement! dit le roi.

— Et il proposa son élixir à Votre Majesté?

— En grand mystère, quand nous fûmes seuls.

« — Sire, me dit-il, vous êtes vieux, cassé, et vous serez mort dans huit jours. Fiez-vous-en à moi, consentez à mourir tout de suite, et vous ressusciterez jeune et fort. »

Il parlait un si beau langage, que je consentis à tout ce qu'il voulut.

— Votre Majesté mourut?

— C'est-à-dire que le soir même je trépassai, une heure après que mon mystérieux médecin m'eut mis par tout le corps de son baume miraculeux.

Quoique les yeux fermés, le cœur éteint, le corps immobile et froid, j'entendais tout ce qui se passait autour de moi. Quelques-uns de mes courtisans pleuraient, d'autres parlaient déjà d'aller saluer mon successeur.

Je ne crus distinguer de bien sincères que les sanglots des princesses mes filles.

Pendant trois jours, je fus exposé sur un lit de parade dans cette même chambre où nous sommes, et comme j'entendais, quoique mort, j'appris qu'on allait proclamer roi mon petit-fils, le duc de Berri, lequel régnerait sous le nom de Louis, seizième du nom.

Tout cela m'inquiétait légèrement déjà, je dois l'avouer, mon cher prince.

Je ne voyais pas, mais j'entendais... et ce que j'entendais ne me plaisait qu'à demi.

— Mais, dit le prince en souriant, que disait la marquise?

— Ma foi, dit le roi, je crois bien que la marquise était morte, car je n'en entendais pas parler, et je ne songeais nullement à elle.

Le prince de Bénavent s'inclina. Le roi poursuivit :

— Vint le jour de mes funérailles; ce fut en grande pompe que je fus transporté à Saint-Denis.

Le cercueil de mon bisaïeul le roi Louis XIV était toujours en haut des marches du caveau; car, vous le savez, prince, la tradition veut que le dernier roi mort attende son successeur à la porte du caveau.

On descendit donc Louis XIV dans l'intérieur, et je pris sa place en haut de l'escalier.

La cérémonie fut longue, mais elle s'acheva enfin, et quand on eut dit les dernières prières et jeté l'eau bénite sur mon cercueil, tout le monde s'en alla.

J'entendis même le bruit que fit la porte du caveau en se refermant.

Le Tartare m'avait inspiré une telle confiance dans son élixir, que je ne m'effrayai nullement de cet abandon, et fis la réflexion que j'allais, en ressuscitant, déranger une foule de petits calculs.

Plusieurs heures s'écoulèrent, puis un bruit frappa mon oreille.

C'était la clef du caveau qui tournait dans la serrure. En même temps, il me sembla que mon cœur battait.

Des pas retentirent, puis une voix arriva à mon oreille :

— Sire, disait-elle, c'est moi.

Je reconnus la voix du Tartare.

Le Tartare ouvrit les différentes serrures de mes quatre cercueils, comme il avait ouvert celle du caveau, et l'air extérieur frappa mon visage.

En même temps le Tartare me dit :

— Sire, voici l'heure de la résurrection, ouvrez les yeux.

Soudain mes yeux s'ouvrirent, et je pus voir le Tartare debout devant moi, une lampe à la main.

— Levez-vous! me dit-il encore.

Et je me levai sans effort.

Je lis jouer mes membres les uns après les autres, et je leur trouvai toute l'élasticité de la jeunesse.

Alors le Tartare, sa lampe à la main, se mit à marcher devant moi.

Il marchait d'un pas rapide; mais j'avais retrouvé mes jambes de vingt ans, et je n'avais aucune peine à le suivre.

Nous traversâmes ainsi la vieille basilique de Saint-Denis et nous sortîmes par une petite porte.

Je m'aperçus alors qu'il était nuit.

Les étoiles brillaient au ciel, les environs de la place étaient déserts.

Je me tournai vers le Tartare :

— Où sont mes gens? lui dis-je.

— A Versailles, sire.

— Comment! vous n'avez prévenu personne?

— Non, me dit-il; j'ai pensé que Votre Majesté ne serait point fâchée de surprendre son monde.

— Mais au moins avez-vous amené un carrosse?

— Non, sire.

— Où voulez-vous donc que nous allions?

— A Versailles, sire.

— A pied?

— Oh! c'est une course insignifiante pour Votre Majesté, qui est jeune à présent.

Il avait peut-être raison, car je tendais le jarret et me sentais dispos comme aux beaux jours de ma jeunesse.

— Eh bien! lui dis-je, partons...

— Voilà votre chemin, sire : c'est la route de la Révolte, que Votre Majesté a fait construire, et qui, évitant Paris, mène droit à Versailles.

— Comment! vous ne venez pas avec moi?

— Non, sire, cela est impossible.

— Pourquoi?

— Parce que je vais ressusciter un pauvre diable de juif allemand qui était mon valet de chambre, et à qui j'ai promis la vie nouvelle.

— Mais au moins vous reverrai-je?

— Oui, sire, dans soixante années, à la fin de votre nouveau règne.

Et, ayant ainsi parlé, le Tartare me parut devenir diaphane tout à coup et s'effaça devant moi à peu à peu, comme un brouillard devant le soleil.

Mais, me dit-il! cela m'était bien égal, j'étais ressuscité, et, m'avait-il dit, j'avais soixante années de règne devant moi. Je me mis donc en route d'un pas gaillard.

Chose surprenante! il me semblait que jamais je n'avais marché aussi vite.

En chemin, je me mis à songer à une foule de choses qui jadis ne m'étaient jamais venues à l'esprit.

Ainsi, par exemple, je songeai très-peu à mes courtisans et beaucoup à mon peuple, que je me promis de rendre aussi heureux que possible.

— Ah! Votre Majesté songea à cela? fit le prince de Bénavent avec un sourire.

— Sans doute; mais laisse-moi continuer.

— J'écoute, sire.

— Il y a près de six lieues de Saint-Denis à Versailles; mais je fis ce trajet-là en moins de trois heures, tellement j'avais de bonnes jambes.

Quand j'arrivai à Versailles, il n'était pas encore jour; à peine une légère lueur bleuâtre luisait-elle à l'horizon.

J'avais conservé une clef du parc, dont je me servais souvent la nuit pour sortir incognito du château et me rendre au Parc-aux-Cerfs.

Grâce à cette clef, j'entrai sans bruit ni trompette.

Une fenêtre, que je reconnus pour être celle de mon cabinet, était éclairée.

— Peste! me dis-je, il paraît qu'on se lève matin depuis que je suis mort.

Un jardinier que je rencontrai me salua.

— Mon ami, lui dis-je, qui donc est là-haut?

Et je lui montrais la croisée éclairée.

— C'est le roi qui travaille, me dit-il.

— Le roi?

— Oui, monsieur.

Ce brave homme ne me reconnaissait pas.

— Et pourquoi travaille-t-il la nuit?

— Le roi vient de se lever, monsieur.

— Ah! il se lève si matin que cela?

— Oui, monsieur, pour le bonheur de son peuple.

— Voilà comment je vais faire désormais, me dis-je.

Puis, tout haut:

— Et avec qui travaille-t-il?

— Avec M. de Maurepas, le premier ministre.

— Ah! fort bien.

Et je continuai mon chemin, me demandant comment il se faisait que j'eusse exilé M. de Maurepas et que mon successeur en eût fait son premier ministre.

Je gagnai l'orangerie, je montai les degrés d'un petit escalier et j'arrivai à la porte de mon cabinet sans avoir rencontré âme qui vive.

Bien que je fusse chez moi, je jugeai convenable de frapper deux coups discrets à la porte de mon propre cabinet.

— Entrez, dit une voix que je reconnus pour être celle du duc de Berri, mon petit-fils.

Je poussai la porte et entrai.

Je m'attendais à voir le duc de Berri jeter un cri et s'élancer vers moi les bras ouverts.

Il n'en fut rien. Le nouveau roi me regarda avec étonnement, et, se tournant vers Maurepas:

— Quel est cet homme? dit-il.

XXVI

A cet endroit de son récit, le roi prit une nouvelle prise de tabac, et, remettant sa boîte d'or sous son oreiller, il continua:

— Te figures-tu mon étonnement et ma colère, mon pauvre Bénavent?

Le duc de Berry avait pleuré sur mon corps, la veille, au moment où l'on me mettait dans le cercueil; il avait même manifesté une bruyante douleur, et voici qu'il feignait de ne pas me reconnaître! Il ne voulait donc pas me rendre ma couronne!

— Ah! vous demandez quel est cet homme? m'écriai-je; cet homme, c'est votre aïeul et votre roi, mort hier et ressuscité aujourd'hui, grâce à un puissant élixir...

Le duc de Berry regarda Maurepas en souriant et lui dit:

— Cet homme est fou!

Je fis un pas en arrière, et, la colère qui me dominait augmentant, je voulus porter la main à la garde de mon épée.

Hélas! j'oubliais que je n'avais pas d'épée.

En me couchant dans mon cercueil, on m'avait passé le grand cordon du Saint-Esprit, mis la couronne en tête et posé mon épée auprès de mes bras.

Epée et couronne étaient restés dans le cercueil et je n'avais emporté que mon cordon.

— Monsieur, me dit le nouveau roi avec bonté, que me voulez-vous?

— Je veux que vous me reconnaissiez, lui dis-je.

— Insolent! fit M. de Maurepas, qui se leva et voulut me prendre par le bras.

Je levai la main.

— Misérable, lui dis-je, oserais-tu porter la main sur ton roi?

Mais, en ce moment, je ne sais comment cela se fit, mes yeux tombèrent sur une glace qui me reflétait tout entier.

J'eus alors le secret de l'étonnement de mon petit-fils.

Je n'étais plus moi.

Entre le roi Louis XV enterré à Saint-Denis et le roi Louis XV qui ressuscitait, il y avait un abîme.

Le premier était vieux et cassé; l'autre était jeune et paraissait n'avoir pas vingt ans.

Je compris qu'il me fallait donner au duc de Berry des preuves certaines de mon identité pour qu'il consentît à me rendre ma couronne.

— Je vous en supplie, lui dis-je, écoutez-moi.

— Parlez, fit-il avec bonté.

Alors je lui racontai mon aventure en tous ses détails; j'allai même jusqu'à lui parler de certain secret d'Etat que je lui avais confié quelques jours avant ma mort, et que moi et lui savions seuls.

Il m'écouta en souriant et me dit:

— Si les princesses mes tantes vous reconnaissent pour leur père, je suis prêt à vous rendre le trône; mais, pour moi, je vous avoue que ma religion me défend de croire aux pratiques infernales dont vous venez de me parler.

— Oh! certainement, m'écriai-je, mes filles me reconnaîtront!

Et je courus chez les princesses.

Madame Adélaïde, qui est la meilleure dévote de mon royaume, se levait pour aller entendre la première messe, et elle se levait sans feu, par esprit de contrition et d'humilité.

J'entrai brusquement.

A ma vue la sainte fille jeta un cri.

Elle était à peine vêtue, et jamais on n'était entré chez elle à pareille heure.

— Ma fille! m'écriai-je, tu ne me reconnais donc pas?

Et je voulus lui faire le même récit qu'au duc de Berry.

Mais elle se signa avec épouvante, cria que le diable était entré chez elle, alla prendre un flacon d'eau bénite et m'en aspergea.

Cette fois je jetai un cri à mon tour, et ce cri m'éveilla.

Voilà mon rêve, mon cher prince, dit le roi. Je règne toujours, mais je n'ai plus vingt ans, et je crois bien que si je mourais, l'élixir du Tartare n'aurait pas la vertu de me ressusciter.

— Je le crois comme vous, sire, dit M. de Bénavent.

— Mon rêve m'a fait faire une foule de bonnes réflexions, continua le roi.

— Tant mieux, sire.

— Ainsi, ce Tartare est un charlatan.

— Oh! sans aucun doute.

— Et il aura envoyé quelque parure d'un grand prix à madame de Pompadour pour qu'elle l'ait pris ainsi en affection.

M. de Bénavent se prit à sourire.

— Cependant, reprit le roi, il y a une chose qui m'étonne singulièrement dans ce personnage.

— Ah! fit le prince.

— Est-il vrai que l'an dernier il était couvert de dartres et de lèpre...?

— Oui, sire.

— Que tous les médecins prétendaient être mortelles?

— Oui, sire.

— Et cependant il s'est guéri...

— Sire, dit froidement le prince, Votre Majesté est-elle d'humeur ce matin à entendre la vérité?

Le roi tressaillit.

— Comme tu me dis cela, Bénavent! fit-il.

— Votre Majesté ne m'a jamais réprimandé sur ma franchise, reprit le prince, et je me suis accoutumé à tout dire. Si Votre Majesté n'est pas d'humeur à m'écouter, je vais simplement prendre ses ordres et me retirer.

— Non, non, reste.

— Votre Majesté m'écoutera?

— Oui, dit le roi. Le rêve que j'ai fait a modifié une foule de choses dans mon esprit. Je veux savoir ce qui se passe dans mon royaume et m'occuper de mon peuple. Parle, Bénavent.

— Sire, dit le capitaine des gardes, M. le duc de Choiseul a recommandé un jeune gentilhomme à la bienveillance de Votre Majesté.

— Oui, certes, qu'il soit admis ce matin... J'ai donné l'ordre qu'on l'introduisît...

M. de Bénavent secoua la tête.

— Il ne viendra pas, sire.

— Pourquoi donc?

— Parce qu'il est à la Bastille depuis cinq heures du matin.

— A la Bastille?

— Oui, sire.

— Et pourquoi?

— En vertu d'une lettre de cachet signée de Votre Majesté.

— Tu es fou, Bénavent!

— Que Votre Majesté daigne m'écouter, et elle verra que j'ai toute ma raison.

— Parle.

— M. de Choiseul partait hier pour Chanteloup. Fort de la promesse de Votre Majesté, mais se défiant d'une foule d'intrigants qui ont intérêt à tromper le roi, il m'avait recommandé son protégé, sachant que j'étais de service aujourd'hui.

— Eh bien!

— Votre Majesté, que les contes du Tartare amusaient fort, avait remis à ce matin l'audience promise.

— Oui, certes.

— Il y avait des gens à Versailles qui redoutaient fort cette audience, sire.

— Pourquoi donc?

— Parce que M. le comte Hector de Pierrefeu, dont on a égorgé le frère, aurait eu le courage de vous dénoncer de grands coupables.

— Ah! fit le roi fronçant le sourcil.

— Et ces gens ont mis tout en œuvre pour qu'il n'arrivât point jusqu'à Votre Majesté.

Mais comment est-il à la Bastille ?

— Votre Majesté va le voir...

— J'écoute.

— Il y avait un bas officier, assez mauvais sujet, qu'on appelait M. d'Erishem.

— J'en ai entendu parler, fit le roi ; c'est un duelliste fort dangereux, n'est-ce pas?

— Oui, sire, M. d'Erishem a reçu de l'argent pour tuer M. de Pierrefeu. Il s'est rendu à l'hôtellerie du *Singe-Vert* et lui a cherché querelle.

— Je devine, dit le roi, au lieu d'être tué, c'est lui qui a tué M. d'Erishem et on l'a mis à la Bastille.

— Non, sire. Cependant M. d'Erishem est mort. Il a même été tué d'un fort beau coup d'épée qui l'a cloué contre un mur, mais ce n'est pas M. de Pierrefeu qui le lui a donné.

— Qui donc alors?

— Un gentilhomme de province, un Flamand, qui se trouvait là par hasard et ne connaissait nullement M. de Pierrefeu. Ce gentilhomme, qui est une manière de géant, a souffleté M. d'Erishem et l'a tué cinq minutes après.

— Bon! fit le roi. Et puis?

— Naturellement, le Flamand et M. de Pierrefeu se sont liés et ils sont rentrés le soir, à l'auberge, les meilleurs amis du monde, à telle enseigne qu'ils ont couché dans la même chambre.

Que s'est-il passé alors? Voilà ce que je ne sais pas au juste. Tout ce qu'on a pu m'apprendre ce matin, quand je me suis enquis de mon protégé, c'est-à-dire du protégé de M. de Choiseul, c'est qu'à cinq heures du matin, un agent de police nommé Porion, un exempt et des soldats de la maréchaussée avaient envahi l'hôtellerie du *Singe-Vert* et arrêté le Flamand et M. de Pierrefeu.

— Mais sous quel prétexte? demanda le roi.

— Sous le prétexte que le Flamand avait dans sa poche un numéro de la *Gazette de Hollande*.

— Un vilain pamphlet, Bénavent.

— Je ne dis pas non, sire.

— Et qui outrage continuellement cette pauvre marquise, à ce point qu'elle en pleure toutes les larmes de son corps, en grince des dents et en perd la tête. Si je l'écoutais, je ferais une nouvelle guerre en Hollande, à la seule fin d'exterminer les rédacteurs de ce maudit journal.

Et le roi soupira.

— Mais enfin, reprit-il après un silence, cela n'est pas une raison pour que l'on emprisonne M. de Pierrefeu.

— Il a été considéré comme complice.

— Ah! vraiment? Et qui donc a délivré la lettre de cachet ?

— Voilà ce que je n'ai pu savoir jusqu'à présent.

— Il faut le savoir.

— Que Votre Majesté me donne deux heures, et je le lui apprendrai.

— Mais, dit le roi, l'agent de police qui a procédé à l'arrestation se nomme Porion ?

— Oui, sire.

— Le drôle! fit le roi. Il a donc un bien grand intérêt à ce que je ne voie pas M. de Pierrefeu?

Le prince de Bénavent était en veine de franchise.

— Sire, dit-il, Votre Majesté n'a-t-elle pas entendu parler du Tartare par lui?

— C'est ma foi vrai !

— Eh bien! le Tartare a pris un bain dans le sang de M. de Pierrefeu.

— Tu crois à ces choses-là, Bénavent?

— Oui, sire.

— Mais cet homme alors est un misérable?

— Oui, sire.

— Que ferais-tu à ma place?

— Je le ferais arrêter.

— Bon!

— Juger par le Parlement et rouer en place de Grève.

— Mais c'est un sujet du czar?

— Sans doute. Seulement, il commet des crimes en France, et c'est à la France à le punir.

— Hum ! murmura le roi, tout cela est un peu ma faute.

— Comment donc, sire?

— C'est cette sotte histoire du procureur Dumas qui m'est revenue en mémoire. J'ai alors envoyé chercher ce Porion, et je crois qu'il s'est moqué de moi. Il m'a amené le Tartare... Le Tartare est au mieux maintenant avec madame de Pompadour. Si je le fais juger, la marquise jettera les hauts cris... Que ferais-tu à ma place, Bénavent ?

Le capitaine des gardes n'eut pas le temps de répondre.

On gratta à la porte, et un page annonça M. le duc de Richelieu.

— Ah! dit le roi, voici le maréchal, qui va nous tirer une fort jolie épine du pied. — Entrez, duc.

M. de Bénavent se mordit les lèvres, mais il ne souffla mot.

M. de Richelieu entra.

XXVII

Le maréchal était souriant et guilleret, ce qui ne lui arrivait pas tous les jours, et ce qui fut un indice pour le roi qu'il avait quelque méchanceté à raconter.

Courtisan modèle, le maréchal avait si bien étudié les goûts et les caprices du maître, qu'il en était arrivé à deviner par avance les revirements subits qui s'opéraient dans l'esprit de Louis XV.

La veille chez madame de Pompadour, le maréchal avait vu le roi tout à fait épris de ce Tartare qui mettait sa guérison merveilleuse sur le compte d'un élixir de longue vie.

Aussi n'aurait-il pas voulu contredire le Tartare, ni le battre en brèche pour tout l'or du monde.

Mais, le lendemain, les dispositions d'esprit du maréchal étaient changées, comme on va le voir.

Dans l'antichambre royale, il avait trouvé le page qui, pendant la nuit, couchait dans un cabinet ouvert sur l'alcôve du roi.

Il avait échangé quelques mots avec lui, demandant comment le roi avait dormi.

— Mal, lui avait-il répondu.

— Ah ! vraiment.

— Sa Majesté a eu le cauchemar, dit le page.

— Toute la nuit ?

— A peu près.

— Ah ! Ah !

— Je me suis même levé plusieurs fois, car le roi parlait tout haut, poursuivit le page, et paraissait très-effrayé.

— Bon! pensa M. de Richelieu, les contes à dormir debout de ce Tartare auront bouleversé l'esprit du roi, et il est probable que, ce matin, il serait fort mal reçu s'il se présentait.

Par conséquent, M. de Richelieu qui était arrivé au château résolu à s'extasier sur la guérison du prince Trespatki et à croire à son élixir, changea de résolution dans l'antichambre et pénétra chez le roi cuirassé du plus beau scepticisme.

— Hé ! maréchal, fit Louis XV en le voyant entrer, comment avez-vous dormi cette nuit?

— Fort mal, sire.

Richelieu n'était pas homme à faire une autre réponse : du moment où le roi ne dormait pas, aucun de ses sujets n'avait le droit de dormir.

— Ah ! vraiment ! vous avez mal dormi, mon cher maréchal ?

— Oui, sire.

— Et pourquoi cela?

— J'ai eu le cauchemar.

— Est-ce que vous avez rêvé du Tartare ?

— Toute la nuit.

— Et de son élixir ?

— Naturellement, sire.

— Ah! ah ! fit le roi triomphant. Eh bien! y croyez-vous, à son élixir ?

Richelieu eut un sourire muet. Sans doute il attendait que le roi formulât sa propre opinion.

Le roi reprit :

— Je crois, mon pauvre maréchal, que le drôle s'est moqué de nous, hier.

— Je le crois aussi, sire.

— Cependant, il y a un fait...

— Lequel ?

— Celui de sa guérison.

— Hum ! hum ! dit le maréchal, cela dépend... il faut savoir...

Et il regarda le prince de Bénavent comme pour le supplier de lui tendre une perche.

Le capitaine des gardes saisit la balle au bond :

— Sire, dit-il, je crois beaucoup plus à l'efficacité des bains que le Tartare a pris qu'à celle de son élixir.

— Et moi aussi, dit Richelieu, qui, par cette adhésion, passait avec armes et bagages dans le camp ennemi.

— Ah ! vous y croyez aussi, maréchal? fit le roi.

— Dame, sire, c'est la rumeur publique.

— Eh bien! que feriez-vous à ma place ?

Une seconde fois, le maréchal regarda le prince de Bénavent.

— Je ferais arrêter et juger le Tartare, sire, dit le prince.

— C'est mon avis, maréchal?

— Ah ! c'est votre avis, maréchal ?

— Oui, sire, seulement...

Et le maréchal s'arrêta.

— Voyons votre restriction, maréchal? dit Louis XV.

— Je voudrais mettre à cela une certaine forme et une certaine discrétion.

— Comment ?

— Votre Majesté a envoyé chercher le Tartare ?

— C'est vrai.

— Parce qu'un drôle, un agent de police affirmait que le Tartare donnerait des renseignements certains sur le sort du procureur Dumas, disparu il y a plus de trente ans.

— Oui, dit le roi, et c'est là le point de départ de toute cette histoire.

— Or, poursuivit Richelieu, que Votre Majesté suive bien mon raisonnement.

— Parlez, maréchal.

— Le Tartare n'a pas plus connu le procureur Dumas qu'il n'a connu M. de Saint-Germain, et c'est un imposteur audacieux; mais encore faut-il lui prouver son imposture, sire.

— Comment la lui prouverez-vous ?

— Ne vous a-t-il pas dit que le procureur Dumas avait fait creuser un escalier mystérieux dans sa maison ?

— Oui.

— Et qu'on retrouverait cet escalier, par lequel le procureur était descendu dans une cave où il avait dormi quinze ans ?

— C'est ma foi vrai !

— Eh bien ! je me charge de faire raser sa maison, sire, et on verra que l'escalier n'existe pas.

— Oh ! fort bien.

Alors le Tartare trouvera tout naturel que s'étant moqué de Votre Majesté, Votre Majesté prenne sa revanche et l'abandonne au châtiment qu'il a mérité.

— Vous parlez d'or, maréchal.

— Ah ! par exemple, reprit le maréchal, si j'obtiens ce résultat, je demanderai une faveur à Votre Majesté.

— Laquelle ?

— De châtier un drôle dont l'impudence n'a plus de limites.

— Porion ?

— Justement.

— En effet, dit le roi, si le Tartare nous a mystifiés, c'est Porion qui a été l'instigateur de la mystification, et je suis de votre avis, maréchal, le drôle mérite une sévère correction.

— Votre Majesté me donne alors ses pleins pouvoirs.

— Certainement.

L'animosité du maréchal contre cet être infime qu'on appelait Porion s'expliquait par le succès qu'avait obtenu ce dernier en retrouvant Cécile Robert, que Richelieu avait en vain cherchée pendant plusieurs semaines.

La vengeance n'est pas seulement le plaisir des dieux, elle est encore le bonheur des grands seigneurs.

M. de Richelieu n'en voulait aucunement au Tartare, mais il avait une si grande haine contre Porion, qu'il sacrifiait le Tartare au plaisir d'immoler l'agent de police.

— Ainsi, dit-il, Votre Majesté me donne ses pleins pouvoirs ?

— Oui, dit le roi.

— J'aurai certainement besoin de M. de Sartine.

— M. de Sartine vous obéira.

Et le roi se fit apporter une plume et du papier et écrivit ces mots :

« Faites ce que M. de Richelieu vous ordonnera.

« Louis. »

— Sire, dit alors le prince de Bénavent, puisque M. de Richelieu va à Paris, ne se pourrait-il charger d'un supplément de besogne ?

— Hein ? fit le roi.

— Et faire élargir le jeune homme qu'on a envoyé à la Bastille ?

— Quel jeune homme ? demanda Richelieu.

— Celui-là même que je devais recevoir ce matin, dit le roi.

— Comment donc est-il à la Bastille, sire ?

— C'est Porion qui l'y a mis de son autorité privée.

— Ah ! le gredin ! mais sous quel prétexte ?

— Sous prétexte qu'il avait un ami qui lisait la *Gazette de Hollande*.

— Hum ! fit Richelieu. Alors la marquise n'est pas étrangère à cette arrestation ?

— Peut-être...

— Sire, dit Richelieu, Votre Majesté pourrait écrire à M. de Launay et charger M. de Bénavent de la lettre.

— Pourquoi pas vous, maréchal ?

— C'est que la marquise est susceptible... elle s'est déjà brouillée une fois avec moi parce que, disait-elle, je m'étais mêlé de ses affaires.

— Soit, dit M. de Bénavent, que Votre Majesté veuille bien me donner cette lettre, et ce soir, en quittant mon service, je me rendrai à Paris.

— Ainsi, dit le roi, voilà qui est convenu, maréchal.

— Oui, sire.

— Vous allez à Paris et vous faites faire des perquisitions dans la maison de la rue de l'Hirondelle.

— Oui, sire, et attendu que cet escalier n'existe pas, le Tartare se trouve convaincu d'imposture.

— C'est cela. Allez, maréchal.

Et le roi lui donna sa main à baiser.

Richelieu sortit en murmurant :

— Je ferai pourrir ce Porion dans les cachots.

A peine Richelieu était-il parti, qu'on gratta avec une certaine violence à cette porte qui, s'ouvrant au fond de l'alcôve royale, donnait sur le corridor mystérieux qui conduisait aux appartements de madame de Pompadour.

Le roi ouvrit et se trouva face à face avec la marquise.

Celle-ci était en robe du matin et paraissait en proie à une grande agitation.

Elle avait même des larmes dans les yeux.

— Ah ! sire, sire ! disait-elle, me laisserez-vous donc perpétuellement outrager ?

Et elle se laissa tomber presque défaillante sur un siége.

— Qu'avez-vous donc, ma belle amie ! dit le roi tout ému, et que se passe-t-il ?

Pour toute réponse, la marquise mit sous les yeux du roi ce même numéro de la *Gazette de Hollande* qui avait été saisi par l'exempt sur la personne du Flamand.

Le roi fronça le sourcil, mais, résolu à tenir tête à l'orage de larmes dont il était menacé :

— Que voulez-vous que j'y fasse, ma belle amie ? dit-il, nous ne pouvons cependant pas être en guerre perpétuelle avec la Hollande.

— Soit, dit la marquise, mais ces misérables qui colportent ces infamies par le royaume, Votre Majesté ne les punira-t-elle point ?

— C'est fait, dit le roi, ils sont à la Bastille.

— Mais y resteront-ils au moins ?

— Certainement, dit le roi.

En même temps il fit un petit signe à M. de Bénavent, qui voulait dire :

— Ce qui n'empêchera pas de faire relâcher votre protégé.

Et comme la marquise paraissait dans un état affreux, le roi pensa qu'il la fallait consoler à tout prix.

— Prince, dit-il à son capitaine des gardes, laisse-nous un moment. Ce soir, en quittant ton service, tu me rappelleras ce que je t'ai promis.

— Oui, sire.

Et M. de Bénavent sortit à son tour, laissant le roi au pouvoir de sa terrible et dominante maîtresse.

XXVIII

M. de Richelieu, une fois dehors de chez le roi, se dit :

— Je crois que j'ai bien fait d'abandonner le Tartare. D'ailleurs, il y a déjà assez de gens qui ont sur le roi une influence fâcheuse, sans que nous laissions encore de nouvelles créatures s'impatroniser auprès de lui. Une seule chose m'inquiète, c'est de savoir comment la marquise prendra la chose.

Le hasard se chargea de répondre au maréchal.

Dans l'escalier, il rencontra le vieux Lebel qui revenait du Parc-aux-Cerfs.

— Eh bien, mon cher Lebel, dit le maréchal, quoi de nouveau ?

Lebel prit un air mystérieux :

— La marquise est furieuse, dit-il.

— Ah bah !

— Elle parle de déclarer la guerre à la Hollande.

— Ah ! bon ! fit le maréchal, j'y suis, c'est une question de *Gazette*.

— Justement.

— Qu'a-t-elle donc encore dit, cette terrible *Gazette?*

— Elle a publié le quatrain de M. de Maurepas.

— N'est-ce que cela ?

— C'est bien assez.

— Non, dit Richelieu, car elle n'a rien appris de neuf, attendu que tout le monde connaît ce quatrain.

— Oui, mais la marquise ne le connaissait pas.

— Pauvre marquise ! dit Richelieu avec un sourire de commisération comique.

Et il serra la main à Lebel, et continua son chemin, sans avoir songé à demander par quels moyens la *Gazette de Hollande* était tombée sous les yeux de madame la marquise de Pompadour.

— Bon ! se dit-il, la marquise ne va plus songer qu'à une chose, exciter le roi contre la Hollande, contre M. de Maurepas et contre tous les amis de ce dernier. Elle ne pensera même pas au Tartare.

Et le maréchal monta dans son carrosse et dit au valet de pied :

— A Paris !

Rien ne porte à la méditation comme le voyage.
En chemin, le maréchal se dit :

— M. de Sartine est certainement l'ennemi de ce drôle de Porion, qui a rêvé de le remplacer, mais il est peut-être l'ami du Tartare. Si, au lieu de m'adresser à M. de Sartine, je ne m'en fiais qu'à moi-même de démontrer au roi que le Tartare est un imposteur ?

Richelieu savait par cœur l'histoire du procureur Dumas, et Porion avait raconté avec une foule de détails son entrevue avec le drapier de la rue de l'Hirondelle qui disait être le procureur Dumas ressuscité.

Le maréchal eut alors l'idée d'aller lui-même rue de l'Hirondelle et d'interroger le drapier.

Pour cela, il se fit d'abord conduire à son hôtel de la rue de Hanovre, y mit pied à terre une demi-heure, et employa cette demi-heure à faire venir son intendant et un valet de chambre qui ne quittait jamais Paris et était chargé de recevoir les maîtresses du maréchal.

L'intendant était un homme jeune encore, d'une taille élevée et d'une apparence herculéenne.

Le valet de chambre était pareillement un solide gaillard.

Avec de semblables gardes du corps, le maréchal pouvait aller partout et se passer des gens de M. de Sartine.

Ce n'était pas d'ailleurs la première fois que le maréchal les emmenait avec lui.

Souvent, épris de quelque femme de la menue bourgeoisie, le maréchal, déguisé, s'en était allé rôder sous les fenêtres de sa belle, en compagnie de ces deux hommes, assez solides tous deux pour préserver leur maître de toute mauvaise rencontre.

Le maréchal leur ordonna donc de quitter ses couleurs et de prendre des habits sombres. Lui-même, il se vêtit comme un gentilhomme de province de passage à Paris, et cette triple métamorphose ainsi accomplie, le maréchal envoya chercher un *pot-de-chambre* et y monta avec eux, enjoignant au cocher de les conduire rue de l'Hirondelle.

De la rue de Hanovre à cette ruelle sans air et sans lumière, le trajet était long.

Le maréchal mit ce temps à profit et fit à ses deux gardes du corps leur leçon.

Au coin de la rue de l'Hirondelle, il mit pied à terre et renvoya le pot-de-chambre.

La maison n'était pas difficile à trouver ; elle était au beau milieu de la rue, et une boutique ouverte au rez-de-chaussée avait pour enseigne une paire de ciseaux.

C'était la boutique du drapier.

Ce dernier avait même écrit son nom sur la porte :

Ulysse Carnot.

— Il y a toujours cela de vrai dans le récit de Porion, pensa le maréchal.

Et, suivi du valet de chambre et de l'intendant, il s'avança vers la boutique.

Le drapier était sur sa porte.

D'abord, il prit le maréchal et ses deux compagnons pour des clients et s'empressa de les faire entrer dans sa boutique, en leur demandant ce qu'ils désiraient.

— Mon cher monsieur Carnot, lui dit le maréchal, je désire causer avec vous.

Le drapier parut quelque peu inquiet ; mais la taille herculéenne de l'intendant lui imposa.

Sur un signe de Richelieu, le valet ferma la porte de la boutique.

Alors le maréchal regarda le drapier et lui dit :

— Je viens de la part du roi.

Le drapier tressaillit.

— Pour voir votre jambe desséchée, ajouta le maréchal.

— Ma jambe ?

— Oui.

— Mais, monsieur....

— Mon cher monsieur Carnot, dit froidement le maréchal, le roi n'aime pas à être mystifié, et c'est pour cela qu'il m'envoie vers vous.

— Mais, monseigneur...

— Depuis combien de temps possédez-vous cette maison ?

— Depuis environ douze ans, monseigneur.

— Ah ! vraiment ?

— Depuis que je suis ressuscité, reprit le drapier.

Cette fois, le maréchal regarda cet homme plus sévèrement encore.

— Ainsi, vous avez la prétention d'être le procureur Dumas ? dit-il.

— Mais... sans doute...

— Alors, montrez-moi votre jambe que vous avez oublié de frotter d'élixir de longue vie, et qui resta celle d'un vieillard, alors que tout votre corps redevenait jeune.

Le drapier hésitait toujours.

Mais la stature colossale de l'intendant, l'air déterminé du valet de chambre et l'aspect sévère du maréchal lui imposaient.

— Est-ce bien vrai, dit-il, que vous venez de la part du roi ?

— Oui, certes. En voulez-vous une preuve ?

— Oui, balbutia-t-il.

Soudain, le maréchal ouvrit son manteau de couleur brune, et le drapier recula ébloui.

Il avait aperçu sur la poitrine du maréchal le cordon bleu du Saint-Esprit.

En même temps, la porte de l'arrière-boutique s'ouvrit et une femme parut.

C'était la femme du drapier.

Une jolie brune de trente-cinq ans peut-être, grassouillette, mignonne, aux yeux vifs.

— Mais, malheureux, dit-elle, tu ne reconnais donc pas M. le maréchal de Richelieu !

Le drapier jeta un cri d'étonnement et d'effroi, et voulut tomber aux genoux du maréchal.

Celui-ci l'arrêta d'un geste.

— Ulysse, dit encore la jolie brune, tu n'es pas de force à jouer le rôle qu'on a voulu t'imposer. Jette-toi aux genoux de M. le maréchal et demande-lui pardon.

— Mais cette femme est folle ! balbutia le drapier.

Richelieu se mit à rire.

— Je vois ce que c'est, dit-il : on devait vous prévenir le jour où le roi enverrait voir votre jambe, on ne l'a pas fait, ce qui est cause que votre jambe n'a pu subir cette toilette préparatoire dont les gens de la cour des Miracles ont si bien le secret.

— Ce que vous dites là, monsieur le maréchal, dit la jolie brune, est la pure vérité. Mon mari est un imbécile qui s'est laissé entortiller par un certain Porion, lequel lui a promis deux mille livres s'il consentait à prétendre qu'il est le procureur Dumas.

— Mais, malheureuse, s'écria le drapier, tu veux donc me perdre !

— Non, reprit madame Carnot, qui, on le voit, était une femme d'énergie, M. le maréchal a pitié des imbéciles, mais à la condition qu'ils se repentiront. N'est-ce pas, monsieur le maréchal ?

Et la jolie brune faisait les doux yeux à Richelieu.

— Oui, certes, dit le maréchal, et je suis prêt, madame, à pardonner à votre benêt de mari et à intercéder pour lui auprès du roi, qui est furieux.

— Tu le vois, dit madame Carnot, le roi est furieux.

— Il est même probable, reprit Richelieu, enchanté de voir que les choses prenaient semblable tournure, que si, à ma place, le roi eût envoyé un autre seigneur de la cour, votre mari aurait fort bien pu aller à la Bastille.

— A la Bastille ! exclama le drapier avec un accent d'épouvante indicible.

— Oui, mon ami, dit Richelieu.

Puis le maréchal se tourna encore vers la jolie brune :

— Ainsi, dit-il, c'est un certain Porion qui a décidé votre mari à se prêter à cette comédie ?

— Oui, monseigneur.

— En lui promettant deux mille livres ?

— Mon Dieu ! oui.

Richelieu fronça le sourcil.

— Est-ce lui seul ? dit-il encore.

— Oui. Mais il paraît que c'est un homme à M. le lieutenant de police, ce Porion.

— Ah ! vraiment ?

— C'était à lui que mon mari s'était adressé quand il était allé lui parler de l'escalier secret.

— Quel escalier ?

— Celui que nous avons découvert quand nous avons acheté la maison.

— Cet escalier existe donc ?

— Oui, monseigneur.

— Je voudrais bien le voir, dit Richelieu.

— Je suis prête à vous y conduire, monseigneur, répondit la jolie brune.

Richelieu regarda le drapier.

— Mon ami, dit-il, je vais vous laisser mon intendant avec ordre de ne point vous perdre de vue. La peur vous dominant, vous pourriez prendre la fuite, ce qui aggraverait singulièrement votre position.

— Monseigneur a raison, dit la jolie brune ; il est si bête !

Et après cette singulière apologie de son mari, elle ouvrit la porte qui donnait de la boutique dans le corridor où était l'escalier principal de la maison, lequel conduisait à ce mystérieux laboratoire où, trente années plus tôt, le vieux procureur Dumas avait disparu.

Richelieu laissa son intendant dans la boutique et fit signe à son valet de chambre de le suivre.

XXIX

Madame Ulysse Carnot était quelque peu bavarde.
Tout en montant l'escalier, elle se prit à jabotter.

— C'est vraiment fort heureux, disait-elle, que je me sois trouvée à la maison quand vous êtes venu, monseigneur ; mon mari est un niais cupide, à qui l'amour de l'argent ferait faire les plus grandes sottises.

— En vérité ! fit le maréchal.

— Quand nous avons acheté cette maison, reprit la drapière, on nous a naturellement entretenus de toutes les billevesées qui couraient sur son compte.

Il est si bête, mon mari, qu'il ne voulait pas conclure le marché. Mais moi, qui voyais une bonne affaire, attendu que nous l'avons eue presque pour rien, j'ai tenu à l'acquisition.

Mais une fois entré, voilà que des terreurs sans nombre se sont emparées de lui. Il ne dormait pas, ou, s'il dormait, il avait le cauchemar.

Au moindre bruit, il sautait hors du lit, se mettait à crier comme un possédé et disait que, pour sûr, c'était l'âme du procureur qui revenait.

Jamais il n'avait voulu entrer dans cette chambre qui était tout en haut et dans laquelle le vieux bonhomme, disait-on, entretenait commerce avec le diable.

— Et nous y êtes entrée, vous ? dit le maréchal, qui prit dans ses mains la taille rondelette de la jolie brune.

— Oui, certes, dit-elle en se dégageant et jetant un petit cri qui n'avait rien de farouche.

— Et vous avez découvert l'escalier ?

— Oui, monseigneur.

Ce disant, la jolie brune était arrivée tout en haut de la maison et se trouvait à la porte de cette chambre qui avait fait tant de bruit.

La clef était dans la serrure.

Madame Carnot tourna la clef, la porte s'ouvrit, et le maréchal se trouva au seuil du réduit.

C'était une petite pièce carrée, prenant jour sur la rue par une seule fenêtre.

La tenture de cuir repoussé, les vieux meubles, les vieux bahuts remplis de cornues et de fioles, l'alambic dans lequel le procureur avait sans doute distillé son élixir, tout y était.

On n'avait touché à rien, et on aurait pu croire que c'était la veille que maître Dumas avait revu pour la dernière fois, l'homme à la mule.

— Tout cela est assez bizarre, murmura le maréchal, qui jeta sur ces vieilleries un regard investigateur. Mais où est l'escalier ?

Et la question du maréchal était certes fort naturelle, car on ne voyait aucune porte, aucune ouverture autre que celle par où il était entré.

En même temps, il s'assit devant une sorte de grand fauteuil à dossier sculpté qui, bien certainement avait été le siège de prédilection de maître Dumas.

Ce que voyant, la jolie brune se planta tout debout devant lui et lui dit :

— Monsieur le maréchal, je vous montrerai l'escalier tout à l'heure, mais permettez-moi de vous donner quelques détails auparavant.

— Parlez, ma tonte belle, répondit le maréchal, qui, pour la seconde fois, prit la taille à la séduisante drapière.

— Il faut vous dire, monseigneur, reprit-elle, que, pendant plusieurs années, je suis venue toute seule ici. Mon mari ne me voulait pas accompagner et les deux commis de la boutique encore moins.

Mais moi, qui n'ai pas peur du diable, j'étais mordue par toutes ces histoires bizarres qu'on racontait, et je voulais avoir le fin mot de la disparition du vieux Dumas.

— Ah! ah! fit le maréchal.

— A force de passer des heures entières ici, sondant les murs, ouvrant les bahuts, j'ai fini par découvrir l'escalier.

— Où est-il donc?

— Attendez, monseigneur.

Et la belle drapière continua .

— L'escalier découvert, j'ai forcé mon mari à venir ici. Quand il l'a vu, il m'a dit : « Je vais aller avertir la police.» Et quoique j'aie pu faire pour le retenir, il y est allé. M. de Sartine l'a reçu...

— Ah! fort bien, dit le maréchal.

— Et après l'avoir écouté, poursuivit madame Ulysse Carnot, il l'a mis à la porte en lui disant : « Mon ami, personne à Paris ne se souvient du procureur Dumas et des mystères de la rue de l'Hirondelle. Si vous m'en croyez, vous vous en retournerez tranquillement chez vous, et vous méditerez sur les inconvénients qu'il peut y avoir à déranger inutilement la police. »

— Ah! vraiment! fit le maréchal, M. de Sartine a dit cela?

— Oui, et il a même vertement semoncé cet homme appelé Porion qui l'avait introduit.

— Et combien y a-t-il de temps de cela? demanda le maréchal de Richelieu.

— Deux ans, monseigneur.

— Ah! fort bien.

— J'ai donc été fort étonnée, reprit madame Carnot, de voir arriver avant-hier ce Porion.

— Je devine le reste, interrompit le maréchal. Maintenant, ma chère dame, où est donc l'escalier?

La jolie brune se dirigea alors vers un coin de la chambre, déplaça une table qui s'y trouvait, prit à sa ceinture une paire de gros ciseaux et en introduisit le bout entre deux feuilles de parquet.

Le maréchal entendit alors un petit bruit sec.

En même temps la feuille du parquet obéissant à un ressort caché, se souleva, et Richelieu, qui s'était avancé, put voir une ouverture d'environ trois pieds de large, ainsi que les marches d'un escalier.

— Où cela conduit-il? demanda-t-il.

— Vous allez voir, monseigneur.

La drapière s'approcha alors d'un bahut sur lequel il y avait une grosse bougie de cire brune et un briquet, elle l'alluma.

— Maintenant, dit-elle, si Votre Seigneurie veut me suivre...

— De grand cœur, dit Richelieu.

Le valet de chambre s'apprêtait à descendre derrière le maréchal.

Mais ce dernier, à qui la perspective d'un tête-à-tête avec la drapière, même dans une cave, ne déplaisait nullement, lui fit signe de rester.

Ce qui fit que la drapière et lui s'engouffrèrent seuls dans l'escalier.

La drapière passait la première.

L'escalier, c'était facile à voir, avait été pratiqué dans l'épaisseur d'une muraille-maîtresse, et il était construit en tournevis.

Le maréchal fut obligé de se courber pour ne se point heurter la tête contre la voûte.

La drapière descendait d'un pas leste, et ne crut pas nécessaire de crier de nouveau à un certain moment où les lèvres du maréchal effleurèrent son cou.

L'escalier était long.

Le maréchal compta plus de cent marches; mais enfin il sentit la dernière sous son pied et, tout à coup, il se trouva au seuil d'un petit caveau voûté, encombré, comme le laboratoire, de fioles et de cornues.

C'était là qu'aboutissait l'escalier tournant.

De quelque côté que le regard se portât, à la clarté de la grosse bougie que madame Carnot portait à la main, il rencontrait la voûte ou le mur.

Pas d'autre issue, en apparence du moins.

— Est-ce là tout ce que vous avez découvert? demanda le maréchal,

— Oui, monseigneur.

— Alors vous n'avez rien découvert du tout, ma chère amie,

— Mais, monseigneur...

— Sans doute, reprit Richelieu. Car, écoutez-moi bien...

— Parlez, monseigneur.

Et la drapière fixa ses grands yeux pétillants sur M. de Richelieu.

Celui-ci continua :

— Que dit la légende? Que le vieux procureur Dumas s'enferma dans son laboratoire?

— Oui.

— Qu'au bout de plusieurs heures, ses enfants, s'étant décidés à enfoncer la porte, ne l'y trouvèrent plus.

— C'est bien cela, dit la drapière.

— Or donc, ma belle, poursuivit le maréchal, quand vous m'avez dit que vous aviez trouvé un escalier, j'ai pensé que cet escalier nous mettrait sur la trace du procureur.

— Ah!

— Je ne crois nullement à l'histoire inventée par Porion, et si le procureur est mort ici, il faut que nous trouvions trace de son corps.

Ce disant, le maréchal se mit à faire le tour du caveau, frappant de son poing fermé sur le mur, de distance en distance.

Tout à coup il lui sembla que le mur, au lieu de rendre un son mat, devenait sonore.

Il frappa de nouveau, et il crut entendre comme une vibration métallique.

On eût dit qu'il avait frappé sur une plaque de fer.

— Oh! oh! fit-il, qu'est-ce que cela? Eclairez-moi donc, ma mignonne.

La drapière s'approcha avec sa bougie.

Alors le maréchal lui prit les gros ciseaux qui pendaient toujours à sa ceinture, et se mit à gratter le mur, qui était couvert d'une vieille couche de mortier que le temps avait noirci.

A mesure que le plâtre tombait, les ciseaux rendaient un son plus clair et plus sonore.

Mais en ce moment un bras vigoureux le saisit et le ramena au milieu du pont. (Page 95.)

Bientôt le maréchal eut mis à découvert une plaque de fer.

Il gratta encore, et le mortier, se détachant par larges morceaux, laissa tout à coup voir une porte.

La drapière assistait, palpitante, à cette opération.

La porte avait une serrure.

Mais une de ces serrures, communes au moyen âge, qui s'ouvraient, non à l'aide d'une clé, mais grâce à un ressort.

Ce ressort, dont le secret variait à l'infini, était généralement imperceptible et perdu dans une foule de ciselures et d'arabesques en relief.

Tout autre que Richelieu se fût trouvé impuissant en face de cette porte.

Mais, pour le maréchal, ce ne pouvait être qu'un jeu.

En effet, dans sa jeunesse, le duc, qui était curieux comme une femme, ayant fait un voyage en Italie, s'était amusé, pendant plusieurs jours, à étudier la serrurerie florentine et milanaise.

Guidé par un célèbre armurier de Milan, il avait visité toutes les portes mystérieuses, ouvert tous les coffrets des quinzième et seizième siècles.

Aussi, promenant de nouveau la pointe des ciseaux sur la serrure, eut-il bientôt trouvé le ressort, qui joua aussitôt, et la porte tourna vivement sur ses gonds.

Alors le maréchal et la drapière se trouvèrent au seuil d'un nouvel escalier, qui s'enfonçait profondément sous leurs pieds.

— Donnez-moi votre bougie, dit le maréchal, je vais descendre le premier.

— Non, non, répondit-elle; je veux avoir l'honneur de vous éclairer, monseigneur.

— Vous n'aurez pas peur?

Elle répondit par un éclat de rire, et le maréchal en profita pour lui prendre un second baiser.

La bougie à la main, la drapière s'aventura dans ce nouvel escalier.

Le maréchal la suivit.

Ils descendirent ainsi une trentaine de marches.

Mais, tout à coup, la drapière s'arrêta brusquement et jeta un cri d'épouvante.

En même temps la bougie échappa à sa main, tomba et s'éteignit.

XXX

L'obscurité la plus profonde enveloppait M. de Richelieu et la jolie drapière.

Celle-ci s'était vivement rejetée en arrière et le maréchal l'avait prise dans ses bras.

Il la sentait frissonner, et son cœur, qui battait à outrance, battait sur sa propre poitrine.

— Mais qu'avez-vous donc vu? lui dit-il.

— Oh! balbutia-t-elle, je l'ai vu... lui!...

— Qui?

— Le procureur.

— Vivant?

— Non... mort...

— Lui! dit le maréchal, y pensez-vous? Avez-vous donc peur quand je suis près de vous?

Et il la pressait doucement dans ses bras et lui effleurait le visage de ses lèvres.

— Ah! dit-elle, la torche est éteinte.

Et sa voix tremblait moins fort.

— Oui, dit le maréchal.

— Comment donc sortirons-nous d'ici?

— Et sa voix se raffermissait, et le maréchal comprit qu'elle se rassurait tout à fait.

— Ne vous effrayez pas, dit-il, je suis un homme de précaution, et tandis que vous preniez la bougie, là-haut, j'ai mis le briquet dans ma poche.

Ce disant, il fit jaillir une gerbe d'étincelles qui lui permirent de voir la bougie sur la première marche de l'escalier.

Il se baissa, la ramassa, battit de nouveau le briquet, et la bougie se trouva rallumée.

Alors, passant devant la drapière, dont la terreur était revenue avec la clarté, il marcha le premier.

L'escalier aboutissait à un deuxième caveau à peu près semblable au premier.

Seulement, il était vide de fioles, de cornues et d'alambics.

Mais au beau milieu, il y avait un homme étendu.

Cet homme était vêtu d'une robe noire, et ce ne pouvait être, si la légende était fidèle, que maître Dumas, le vieux procureur.

— Voyons, mon enfant, dit le maréchal, quand on est protégé par les vivants, on ne saurait avoir peur des morts.

Et il prit la drapière dans ses bras, l'assit sur la dernière marche de l'escalier, et lui déposa un nouveau baiser sur le cou.

Puis il s'approcha du cadavre et se mit à l'examiner attentivement.

A vrai dire, ce n'était plus qu'une momie jaune et sèche comme du parchemin.

Les chairs avaient disparu et la peau s'était collée sur les os.

Le maréchal voulut la soulever et s'aperçut qu'elle était aussi roide que du bois.

Les doigts de la main droite étaient crispés autour d'un objet qui attira l'attention de Richelieu.

Cet objet était une petite fiole veuve de tout liquide.

— Bon! dit-il en riant, je comprends tout maintenant.

La drapière avait fini par se faire à la vue de ce cadavre.

Voyant rire le maréchal, elle lui demanda pourquoi.

Le maréchal répondit :

— Le brave homme croyait à l'élixir de longue vie.

— Vraiment? fit la drapière.

— Je gage que l'homme à la mule n'était autre qu'un habile filou qui s'était fait passer pour le diable. Croyez-vous au diable, ma mignonne ?

— Pas beaucoup, dit la jolie brune.

— Suivez-moi bien, alors. L'homme à la mule, — je gage que cela a dû se passer ainsi, — a vendu à maître Dumas, pour un gros sac plein d'or, le secret de vivre toujours.

— Ah ! vous croyez?

— Ils seront descendus ici. Alors l'homme à la mule, en possession de l'argent, lui aura remis cette fiole.

— Bon!

— En lui enjoignant d'en boire le contenu.

— Et puis?

— Au lieu d'un élixir de longue vie, la fiole contenait très-certainement du poison. Le bonhomme sera tombé foudroyé, si j'en juge par sa main crispée autour de la fiole.

— Et l'homme à la mule?

— Il s'en sera allé tranquillement, en emportant la valise pleine d'or.

Petit à petit, madame Carnot s'était familiarisée avec la vue de ce cadavre.

Elle avait quitté la dernière marche de l'escalier, s'était approchée, et avait fini par poser sa petite main sur l'épaule du maréchal.

— Mais, lui dit-elle, songez-vous à une chose, monseigneur.

— Laquelle ?

— C'est que la porte qui masquait l'escalier qui descend ici était recouverte de plâtre.

— Oui.

— L'homme à la mule n'était donc pas seul ?

— J'avoue, dit Richelieu, que c'est là le dernier coin mystérieux de l'aventure. Mais nous en aurons peut-être aussi l'explication. Venez avec moi, mignonne, nous allons remonter.

— Est-ce que nous ne ferons pas donner la sépulture à ce cadavre? demanda la drapière.

— A quoi bon? l'absence d'air l'a momifié. Il est très-bien ici. D'ailleurs, j'ai des idées que je vous exposerai tout à l'heure.

Et le maréchal, passant un de ses bras sous la taille de la drapière, et tenant toujours la grosse bougie de cire brune, s'engagea de nouveau dans le petit escalier tournant.

Ils arrivèrent ainsi dans le premier caveau, et là, après avoir refermé la porte de fer, le maréchal se livra à une nouvelle inspection.

Il eut bientôt découvert dans un coin une auge de maçon et une truelle.

L'auge était encore emplie de mortier desséché.

— Voilà l'explication que je cherchais, dit-il. L'homme à la mule a muré la porte avant de s'en aller.

— Mais si vous expliquez cela, monseigneur, dit la drapière, qui, en s'éloignant du cadavre de maître Dumas, avait retrouvé son enjouement, comment expliquerez-vous cette plaie toujours saignante que la mule avait en haut du flanc ?

— Oh ! dit le maréchal en riant, je ne me l'explique pas du tout, mignonne.

— Cependant. .

— D'abord les voisins qui avaient vu ou prétendaient avoir vu la blessure sont morts.

— Oh ! très-certainement.

— Ensuite, il y a trente ans de cela...

— Pour le moins.

— Or, depuis trente ans, ajouta le maréchal en riant toujours, ou la mule est morte ou elle est guérie. Par conséquent, ne nous occupons plus d'elle.

Et il embrassa de nouveau la drapière.

Cependant le valet de chambre du maréchal était demeuré tout en haut de la maison, dans le laboratoire de feu maître Dumas, en face de ce trou béant où aboutissait l'escalier.

Une grande heure s'était écoulée, et le maréchal ne revenait pas.

Le valet commençait à être quelque peu inquiet.

Enfin, des pas se firent entendre dans l'escalier et Richelieu reparut, donnant la main à la jolie drapière un peu rouge, un peu chiffonnée et qui se plaignait de ce que cet escalier n'en finissait plus.

Elle referma soigneusement la feuille du parquet et le maréchal lui dit :

— Ainsi, mignonne, c'est bien convenu ?

— Oui, monseigneur.

— Votre mari est un imbécile !

— Oh ! dit-elle.

— Et il faut toujours se méfier des imbéciles...

— Je le crois bien.

— Par conséquent, il est inutile qu'il sache rien.

— Absolument rien, monseigneur.

— Alors, venez.

Et suivis du laquais, tous deux redescendirent.

Maître Ulysse Carnot se promenait de long en large dans la boutique, visiblement inquiet.

L'intendant s'était fait un malin plaisir, pendant la longue absence de sa femme, de lui raconter les nombreuses bonnes fortunes du maréchal.

Le drapier, qui était jaloux, écumait.

Aussi Richelieu, en réapparaissant et, devinant ce qui se passait dans l'esprit étroit du bonhomme, se fit-il encore un front plus sévère.

— Maître Carnot, lui dit-il sèchement, remerciez Dieu d'avoir une femme moins naïve, moins sotte et moins crédule que vous. Grâce à elle, je veux bien vous pardonner la mystification à laquelle vous vous êtes prêté de si bonne grâce ; mais ne recommencez jamais, car je me verrais alors obligé de vous faire arrêter et vous pourriez bien aller finir vos jours à la Bastille.

Le drapier eut un geste d'effroi, mais la femme répondit par un regard menaçant.

Et M. de Richelieu baisa fort galamment la main de la jolie drapière et s'en alla en riant, laissant le mari épouvanté.

« Pauvre homme ! se dit-il, pourquoi diable aussi écoutait-il ce Porion ? »

Au bout de la rue de l'Hirondelle, le maréchal trouva un fiacre, y monta, et, renvoyant son intendant et son laquais, il se fit conduire chez M. de Sartine.

La journée s'était écoulée et il était presque nuit.

Le jeune lieutenant de police procédait à une minutieuse toilette et s'apprêtait à aller souper chez une belle présidente qui se trouvait fort de son goût, lorsqu'on annonça M. de Richelieu.

Le maréchal entra.

A sa vue, M. de Sartine recula de surprise.

En effet, Richelieu était vêtu comme un homme du tiers-état, et on l'eût pris pour un croquant, si la pointe de son épée n'eût relevé par un coin son manteau couleur de muraille.

— Je vois ce qui vous fait sourire, dit-il en entrant.

— En effet, balbutia M. de Sartine.

— C'est que je viens de faire de la police, moi aussi.

— De la police amoureuse, sans doute, fit de Sartine, qui crut comprendre.

— Non, de la police pour le roi.

— Ah ! dit le lieutenant, qui regarda Richelieu et tressaillit.

— On mystifiait le roi, reprit le maréchal ; je viens de découvrir les mystificateurs.

Et Richelieu s'assit, tandis que M. de Sartine sentait quelques gouttes de sueur perler à son front.

XXXI

Il y eut alors un moment de silence entre M. de Sartine et le maréchal.

Le premier se posait avec inquiétude cette question :

— De quoi diable veut-il parler?

Le second jouissait méchamment de l'angoisse qu'il avait fait naître.

Enfin, M. de Sartine reprit :

— Daignerez-vous, monsieur le maréchal, vous expliquer plus clairement?

— Volontiers, monsieur.

Et le maréchal croisa ses jambes l'une sur l'autre.

— On mystifie le roi? fit M. de Sartine.

— Oui, certes.

— Mais comment? à quel propos?

— Mon cher lieutenant, poursuivit le maréchal, le roi a en fantaisie, il y a deux jours, d'exhumer une vieille histoire, celle du procureur Dumas.

— Ah! fit M. de Sartine, qui joua le plus profond étonnement, qu'est-ce que cela?

— Un homme qui, il y a trente ans, possédait, disait-il, l'élixir de longue vie.

— Bon.

— Et qui disparut.

— Ah! dit M. de Sartine, je crois me souvenir, en effet.

— Le roi, qui s'ennuie toujours un peu, poursuivit Richelieu, et qui demande indifféremment des distractions au ciel ou à l'enfer, le roi, dis-je, s'est adressé, pour connaître la suite de cette histoire, à un drôle que vous n'aimez guère, j'en suis sûr.

— Qui donc?

— Un certain Porion.

— En effet, c'est un intrigant.

Et M. de Sartine joua si bien l'impassibilité et l'ignorance la plus parfaite, que Richelieu, pris au piége, lui raconta tout ce qu'il ne savait que trop bien, c'est-à-dire ce qui s'était passé à Versailles dans ces deux derniers jours, depuis le premier départ de Porion jusqu'à la présentation du Tartare.

— Tout ce que vous me racontez là, monsieur le maréchal, dit le lieutenant de police, m'indigne et me confond.

— Attendez, fit Richelieu.

Et après avoir raconté ce que M. de Sartine savait, il lui apprit ce qu'il ne savait pas, à savoir, la venue à Versailles de M. Hector de Pierrefeu, le désir qu'avait eu le roi de le recevoir, et l'audace de Porion, qui, après avoir inutilement essayé de le faire tuer, avait pris le parti d'arrêter le jeune homme et de le conduire à la Bastille.

M. de Sartine commençait à froncer le sourcil; mais ce fut bien pis lorsque Richelieu continua par le récit de ses propres aventures depuis le matin, et raconta la visite qu'il venait de faire à messire Ulysse Carnot, le drapier de la rue de l'Hirondelle.

M. de Sartine avait littéralement froid dans le dos.

— Vous le voyez, dit Richelieu, la situation est grave.

— Très-grave, en effet, murmura le lieutenant de police comme un écho.

— Le roi est dans une de ses veines d'honnêteté et de repentir, reprit le maréchal.

— Je le vois bien.

— Il veut punir les coupables et faire justice aux victimes.

— Enfin, monsieur le maréchal, dit le lieutenant de police, vous m'apportez des ordres?

— Oui, certes.

— Lesquels?

— D'abord, il faut relâcher ce jeune homme qui est à la Bastille.

— Ensuite?

— Et faire arrêter le prince tartare Trespatki.

— Fort bien.

— En même temps, vous jetterez dans quelque cul de basse-fosse ce misérable Porion, et vous l'y laisserez jusqu'à ce que le roi ait statué sur son sort.

Comme le maréchal disait cela, un des valets de M. de Sartine entra et dit :

— Le père Cannelle demande à être introduit auprès de M. le lieutenant de police.

Richelieu ne connaissait pas le sobriquet de Porion.

— Qu'est-ce que cela? fit-il.

— Un de mes agents, dit M. de Sartine, qui joua l'indifférence la plus complète. Qu'il attende!

Le valet sortit.

Alors Richelieu continua :

— Je rentre pour quelques heures à mon hôtel de la rue de Hanovre, où j'attendrai que vous me fassiez connaître le résultat des instructions que j'ai l'honneur de vous donner, monsieur.

Et le maréchal se leva.

M. de Sartine avait fait appel à toute sa présence d'esprit.

— Monsieur le maréchal, dit-il, je vous demande quatre heures pour exécuter les ordres du roi.

— Soit, monsieur.

Le maréchal se dirigeait vers la porte par laquelle il était entré.

— Par ici, dit M. de Sartine.

Et il ouvrit une autre porte dans le fond de son cabinet, laquelle porte donnait discrètement sur l'escalier d'honneur de l'hôtel.

Le lieutenant de police avait voulu, avant tout, empêcher le maréchal de rencontrer Porion dans son antichambre.

Richelieu sortit sans défiance par cette porte.

M. de Sartine l'accompagna avec force salutations et ne voulut le quitter que dans la cour où stationnait le *pot-de-chambre* dans lequel il était venu.

Puis, le maréchal parti, il remonta en toute hâte dans son cabinet et dit :

— Faites entrer le père Cannelle.

Porion arriva.

M. de Sartine avait eu le temps de remettre un masque de glace sur son visage.

— Monseigneur, dit Porion en entrant, la journée a été rude, mais Votre Seigneurie sera contente de moi!

En même temps, il regardait autour de lui et semblait se demander par où avait passé le maréchal.

— Voyons cette journée? dit froidement M. de Sartine.

Porion raconta ses exploits de la nuit et du matin, le danger qu'il avait couru place Royale, et conclut par ces mots :

— Il faut absolument que Votre Seigneurie me donne carte blanche.

— A l'endroit de qui?

— De ce misérable Mardochée.

— Maître Porion, dit alors M. de Sartine, vous n'êtes qu'un sot.

Ces paroles tombèrent comme la foudre sur la tête de Porion, qui jeta au lieutenant de police un regard éperdu.

Alors celui-ci mit une cruelle complaisance à raconter dans ses moindres détails à Porion son entrevue avec le maréchal.

Mais tandis qu'il parlait, Porion se remettait peu à peu de son émoi.

Porion était un de ces hommes qui grandissent avec les obstacles et s'élèvent au sublime là où d'autres perdraient complètement la tête.

— Eh bien, monseigneur, dit-il, quand M. de Sartine eut fini, que comptez-vous faire?

— Te jeter en prison, d'abord.

— Soit. Et puis?

— Faire élargir M. de Pierrefeu.

— A merveille! Ensuite?

— Et donner l'ordre d'arrêter le Tartare.

— Tout ceci est fort bien, dit Porion. Seulement, je vais donner un conseil à Votre Seigneurie.

— Ah! vraiment?

— M. de Richelieu est-il retourné à Versailles?

— Non; il restera rue de Hanovre jusqu'à ce que je lui apprenne que les ordres du roi sont exécutés.

— Ah! ah!

— Pourquoi me demandes-tu cela?

— Parce que je crois que Votre Seigneurie ferait bien d'aller à Versailles.

— Pourquoi faire?

— De voir madame de Pompadour et de lui demander un conseil.

— Mais...

— La marquise hait M. de Pierrefeu, s'intéresse au Tartare, et peut-être qu'elle a déjà retourné le roi comme un gant.

— Oh! par exemple!...

— En outre, poursuivit Porion, quand on est lieutenant de police et qu'on tient à son emploi...

— Eh bien?

— On ne se heurte pas à des gens qui vous peuvent disgracier.

— Je ne crains que le roi, dit M. de Sartine.

Porion eut un sourire insolent.

— Moi, dit-il, à la place de Votre Seigneurie, je ne craindrais que madame de Pompadour.

— Mais le maréchal...

— Ah! si vous vouliez, monseigneur, nous allons en causer un peu.

— Parle.

— Tout ce que le maréchal a fait depuis ce matin est moins dans le but d'être agréable au roi et à M. de Choiseul, que dans celui de m'être personnellement désagréable.

— Je le crois volontiers.

— Votre Seigneurie fera donc bien d'aller à Versailles et de prendre des ordres de la marquise.

— Mais c'est une brouille avec le maréchal.

— Je vous réconcilierai avec lui d'ici là.

— Plaît-il?

— J'ai l'honneur de vous répéter, monseigneur, que je me charge de ramener le duc de Richelieu.

— Toi?

— Moi.

— Mais comment?

— C'est mon secret.

Et comme M. de Sartine regardait Porion avec défiance :

— Je devine votre pensée, monseigneur, dit-il.

— Ah!

— Vous croyez que je veux me sauver. Eh bien, que Votre Seigneurie me fasse accompagner chez le maréchal par deux agents.

— Je préfère cette combinaison, dit naïvement M. de Sartine; mais que diras-tu au maréchal?

— C'est mon secret, répéta Porion.

Et il refusa de s'expliquer.

— Soit, dit M. de Sartine.

Et il sonna pour donner des ordres.

XXXII

Richelieu était, en effet, rentré chez lui.

Il était radieux, le bon maréchal, et il voyait déjà Porion gémissant sur la paille humide d'un affreux cachot.

Mais il n'est pas de félicité parfaite en ce monde, et chaque chose heureuse est presque aussitôt contrebalancée par un petit malheur.

Les gentilshommes de petite naissance qui encombraient les antichambres de Versailles, voyant passer le maréchal, disaient, avec un soupir d'envie :

— Voilà un homme heureux!

Mais le maréchal avait cependant parfois de cruels soucis.

Le roi l'aimait fort; toutes les belles dames de la cour raffolaient de lui, bien qu'il eût plus de cinquante ans; les courtisans l'enviaient.

Ce qui n'empêchait pas le maréchal d'être souvent aussi contrarié que le plus simple des mortels.

Les ennuis du maréchal étaient, du reste, fort prosaïques.

Il s'était endetté.

Pas un de ses châteaux, pas une de ses terres qui ne fussent hipothéqués.

Pas un fermier général qui ne fût son créancier.

Pas un juif qui ne lui eût prêté de l'argent à gros intérêts, et qui ne lui refusât d'aller plus loin.

Pas un fournisseur, enfin, qui ne se plaignît hautement de n'être pas soldé.

Le roi avait plusieurs fois payé les dettes du maréchal; mais le roi n'avait pas toujours de l'argent, à telle enseigne qu'il lui avait dit tout dernièrement :

— La marquise est une gaspilleuse qui me met sur la paille. Je n'ai pas cent pistoles dans ma cassette.

Richelieu, qui avait besoin de cent mille livres, n'avait pas osé demander les cent pistoles.

Cependant il avait, dans ces derniers temps, nourri une secrète espérance.

Cette espérance reposait sur la tête d'un brave gentilhomme de province, un petit-cousin, à qui il avait fait obtenir la survivance d'un fermier des gabelles.

Le matin même, Richelieu, pressé par ses créanciers, s'était dit :

— Mon cousin sera trop heureux de me prêter cinquante mille écus.

Il avait donc mis à cheval M. Lépaule, son secrétaire, et lui avait commandé de courir à Chartres, où le cousin demeurait; de ne pas perdre de temps en route, et de lui rapporter les cinquante mille écus en or ou en billets de caisse.

Il était même tellement sûr du succès, qu'il était entré radieux chez le roi, et que nous l'avons vu toute la journée s'occuper de ses affaires comme un homme qui a mis cinquante mille livres dans ses coffres.

Aussi, en rentrant chez lui, demanda-t-il avec empressement :

— Lépaule est-il arrivé?

— Oui, monseigneur, répondit le gigantesque intendant.

— Où est-il?

— Dans la salle de billard.

— A-t-il rapporté de l'argent?

— Je ne sais pas.

Richelieu fronça le sourcil.

Puis il se dirigea en toute hâte vers la salle de billard, où M. Lépaule, qui était un tout jeune homme, s'occupait à apprendre tout seul le jeu, que M. de Chamillard avait mis à la mode.

Richelieu ne prononça qu'un mot :

— Eh bien?

— Monseigneur, répondit Lépaule, qui se hâta de laisser sa queue de billard, je suis allé à Chartres, mais j'ai fait un voyage inutile.

— Inutile!

— Oui, monseigneur.

— Ce croquant a osé refuser?

— Non, monseigneur; mais le cousin de Votre Seigneurie n'est plus à Chartres; il est parti depuis trois jours pour Toulouse, où il a des biens, et il n'en reviendra que le mois prochain.

Richelieu frappa du pied avec colère et laissa échapper une assez jolie collection de jurons.

En ce moment, l'intendant entra.

Celui-ci avait son franc parler avec le maréchal :

— Monseigneur, dit-il, a renvoyé son pot-de-chambre?

— Sans doute.

— Monseigneur a eu tort...

— Plaît-il? fit Richelieu.

— Et si monseigneur veut retourner ce soir à Versailles...

— Certainement, j'y retourne!

— Je ne sais pas comment fera monseigneur.

— Imbécile! et mon carrosse?

— Pour traîner un carrosse, il faut des chevaux.

— N'ai-je pas les miens?

— Les chevaux ne marchent que lorsqu'ils ont mangé.

— Ah çà! maroufle! s'écria Richelieu, qui n'était pas d'humeur à se montrer patient, qu'est-ce que tout cela signifie?

— Cela signifie, monseigneur, que les chevaux n'ont pas mangé.

— Pourquoi?

— Mais parce que le grainetier refuse de faire crédit plus longtemps.

— Diable! fit Richelieu; quel est le fournisseur qui fait encore crédit?

— Il n'y a plus que le rôtisseur, monseigneur.

— Eh bien! dit froidement Richelieu, qu'on donne des poulets à mes chevaux.

Il passa dans son cabinet de toilette pour se débarrasser de son singulier costume.

Cinq minutes après, l'intendant revint.

— Qu'est-ce encore? fit le maréchal.

— C'est un homme envoyé par M. de Sartine.

— Ah! ah!

— Qui demande à être introduit sur-le-champ.

— Fais entrer.

L'intendant s'effaça pour laisser le passage libre, et le maréchal, stupéfait, vit entrer Porion.

Un homme à qui on vient de dire que ses chevaux n'ont pas d'avoine, que l'argent sur lequel il comptait n'arrivera pas, ne saurait être de bien belle humeur.

Le maréchal, en reconnaissant Porion, fut pris d'un tel accès de colère, qu'il saisit sa canne et la leva, disant :

— Que viens-tu faire ici, misérable?

Porion ne recula point.

— Frappez, monseigneur, dit-il, si tel est votre bon plaisir; j'ai les reins solides. Frappez, mais écoutez-moi.

Ce sang-froid désarma Richelieu.

— Que veux-tu? dit-il.

— Monseigneur, répondit Porion, on a souvent besoin d'un plus petit que soi, et je suis convaincu que si je pouvais prêter ce soir même à Votre Seigneurie une bagatelle de cent mille écus...

La canne échappa aux mains de Richelieu.

Porion poursuivit :

— Votre Seigneurie me pardonnerait.

L'intendant était demeuré sur le seuil.

— Va-t'en, dit Richelieu.

Puis il regarda Porion.

— Ah çà! drôle, me prends-tu pour le roi, et oses-tu te moquer de moi?

— Cela dépend de vous, monseigneur.

— Plaît-il?

Porion avait retrouvé toute son audace.

— Que Votre Seigneurie daigne m'écouter, dit-il.

— Peuh!

— Je me suis moqué du roi, en effet, reprit Porion.

— Tu l'avoues, misérable!

— Oui, monseigneur, mais c'était dans votre intérêt.

— Mon intérêt, à moi?

— Oui, dit Porion avec calme.

— Par exemple!

— En voici la preuve, dit Porion. Je me moquais du roi, c'est vrai. M. le maréchal de Richelieu se jette à la traverse, et, pour que je ne me moque plus du roi, il me fait mettre en prison.

— Sans préjudice de la corde qui t'attend, maraud!

— M. le maréchal a tort, répliqua froidement Porion; car, si je pouvais continuer à me moquer du roi, M. le maréchal trouverait ce soir même, dans une heure, cent mille écus dont il a besoin.

— En vérité! fit Richelieu; et où les prendrais-tu?

— Ceci me regarde. Mais, si vous voulez, monseigneur, me pardonner de vous avoir distancé dans l'affaire de la petite Cécile, vous aurez les cent mille écus, et de plus...

Porion s'arrêta.

— Et de plus? fit le maréchal.

— Le roi commence à s'ennuyer de nouveau, dit Porion.

— Bon! après?

— Le Parc-aux-Cerfs ne renferme plus que des beautés vulgaires.

— Hum! hum!

— Pour émoustiller l'esprit et le cœur du roi, il faudrait une beauté merveilleuse que je connais...

— Toi?

— Oui; mais je suis homme à donner sa revanche à Votre Seigneurie.

— Comment cela?

— Ce serait vous, monseigneur, qui parleriez de cette perle à Sa Majesté.

— Démon! reprit Richelieu, je crois que tu me tentes!

— J'essaye, monseigneur, répondit Porion avec effronterie.

— Ah! vraiment? Et tu me ferais avoir cent mille écus?

— Oui, monseigneur.

— Et... cette petite?

— Je conduirais Votre Seigneurie chez elle.

— Quand?

— Demain matin.

— Eh bien! maintenant, dit le maréchal, voyons tes conditions.

— Votre Seigneurie ne s'occuperait plus ni de l'affaire Dumas, ni du Tartare, ni du petit gentilhomme.

— Bon! Mais que dirai-je au roi?

— Rien, dit Porion.

— Comment! rien?

— C'est bien simple : demain, Votre Seigneurie arrive à Versailles en toute hâte.

— Bien.

— Elle se fait annoncer chez le roi.

— Et puis?

— Le roi, qui, peut-être, a déjà oublié la mission dont il avait chargé Votre Seigneurie, lui demande ce qu'il y a de nouveau.

— Ensuite?

— Et vous parlez au roi, monseigneur, d'un trésor d'innocence et de beauté.

— Ah! elle est innocente aussi?

— Comme une petite fille de province qu'elle est.

— Oh! oh! Et tu crois que le roi...

— Le roi, quand on lui parle d'un cotillon, ne pense plus à autre chose.

— Mais M. de Choiseul...

— M. de Choiseul s'est cassé la jambe, il est à Chanteloup pour longtemps.

— Est-ce vrai?

— Très-vrai, monseigneur.

— Mais... le Tartare...

— C'est le Tartare qui, sur mes instances, prêtera les cent mille écus.

— Il est donc bien riche?

— Si riche, dit Porion avec une pointe d'ironie dans la voix, que se brouiller avec lui serait une folie que monseigneur le duc de Richelieu a trop d'esprit pour faire jamais.

Le maréchal hésita un moment.

— Eh bien! dit-il enfin, va me chercher les cent mille écus; nous verrons!

Porion partit triomphant.

— En vérité, murmura-t-il en s'en allant et remontant en voiture, c'est bien le cas de dire qu'un bienfait n'est jamais perdu. Cette petite m'a sauvé la vie ce matin; je vais lui faire gagner son procès.

Et le misérable eut un rire effrayant de cynisme.

— A quoi pensez-vous donc, papa Cannelle? lui demanda un des agents commis par M. de Sartine à sa garde.

— Je pense, répondit Porion, que M. le lieutenant de police n'est qu'un pauvre homme, et qu'il n'y voit pas plus loin que le bout de son nez.

XXXIII

Porion se fit conduire directement rue du Pas-de-la-Mule, à l'hôtel du Tartare.

Il fut reçu par le docteur allemand, qui lui dit:

— Le prince vous attend avec impatience.

— Il pensait donc que je viendrais?

— Il n'en était pas sûr, mais il l'espérait.

— Ah! ah!

— Il est, du reste, d'une agitation extraordinaire et d'une colère dont rien n'approche.

— Pourquoi cela?

— Il revient de Versailles; il s'est présenté chez madame de Pompadour et il n'a pas été reçu.

— Bon! pensa Porion, voici une aventure qui va avancer les affaires d'argent du maréchal.

Et Porion entra chez le prince.

— Ah! te voilà, drôle, maraud, impudent menteur! s'écria le Tartare en voyant Porion.

Porion ne se déconcerta point.

— Monseigneur, dit-il, en tout autre temps je laisserais Votre Altesse m'injurier à l'aise; mais en ce moment ce serait lui laisser perdre un temps précieux.

— Plaît-il? fit le Tartare.

Porion tira de son gousset une grosse montre d'argent et regarda l'heure.

— Il est près de neuf heures, monseigneur, dit-il; nous sommes en hiver et les nuits sont longues.

— Eh bien?

— Avec de bons chevaux, poursuivit Porion, Votre Altesse peut avoir mis trente lieues entre elle et Paris au point du jour.

— Ah çà, maraud, te moques-tu de moi?

— Non, monseigneur.

— Alors, que veux-tu dire?

— Que demain, à pareille heure, si Votre Altesse reste à Paris, elle sera à la Bastille.

— Allons donc!

— C'est comme j'ai l'honneur de le dire à Votre Altesse.

Le prince pâlit légèrement.

— Voyons, dit-il, de quoi est-il question?

— Un revirement s'est opéré dans l'esprit du roi. Plus que jamais il croit aux enfants égorgés.

— Ah! vraiment.

— Et il a donné l'ordre de faire sortir de la Bastille notre plus terrible accusateur.

— M. de Pierrefeu?

— Lui-même.

— Et à qui a-t-il donné cet ordre?

— A M. de Sartine, par l'intermédiaire de M. de Richelieu.

— Lui, s'écria le Tartare, lui que je croyais dans mes intérêts!

Porion cligna de l'œil.

— On voit bien, dit-il, que Votre Altesse est étrangère aux choses de la cour.

— Comment cela?

— Quand on joue une grosse partie, le moyen d'avoir M. de Richelieu dans son jeu, c'est de l'intéresser.

— En vérité!

— Le maréchal a des dettes, et conséquemment des créanciers qui le tourmentent.

— S'il m'avait envoyé ses créanciers, je les aurais payés.

— C'eût été d'autant plus sage, reprit Porion, que le maréchal a tout pouvoir sur l'esprit du roi, et que lui seul est de force à contrebalancer l'influence de M. le duc de Choiseul.

— Et le maréchal est contre moi?

— C'est-à-dire qu'il est allé ce matin rue de l'Hirondelle, qu'il a menacé cet imbécile de drapier de la colère du roi, et que celui-ci lui a tout avoué.

— Et alors le roi sait tout.

— Le roi ne sait rien encore, car M. de Richelieu, qui mène de front les plaisirs et les affaires, restera ce soir à Paris, attendu qu'il a un rendez-vous galant. Mais demain, il sera au petit lever du roi, et il obtiendra une lettre de cachet à votre adresse.

— Oh! voilà qui est trop fort! dit le prince. Si j'avais su qu'il avait besoin d'argent!...

— Pour cinquante mille écus, soupira Porion, il était à nous.

— Et maintenant?

— Maintenant il est trop tard.

— Même en offrant le double de cette somme?

— Je le crains, monseigneur. Et, je le répète à Votre Altesse, ce qu'elle a de mieux à faire, c'est de demander des chevaux de poste.

Le prince frappa du pied avec colère.

— Et si je ne veux pas partir, moi! dit-il.

— Alors, monseigneur, vous irez à la Bastille.

— On en sort...

— Oui, pour aller à l'échafaud.

Le prince frissonna.

— Pourrais-tu arriver jusqu'au maréchal?

— Je ne sais pas, mais je le tenterai.

— Vas-y et dis-lui que j'ai cent mille écus à son service.

— Monseigneur, dit Porion, ce n'est point ainsi qu'il faut procéder.

— Ah! vraiment?

— Le maréchal me jetterait à la porte si je lui apportais une simple promesse.

— Et si tu lui apportais de l'argent?...

— Ah! dame! je ne sais pas...

— Essayons toujours, dit le Tartare.

Et il prit une plume et écrivit.

« A présentation, il plaira à M. Bœmer, caissier, payer au porteur, contre ce mandat, la somme de cent mille écus dont il débitera mon crédit.   « Paris, ce...

« Prince TRESPATKI. »

— Diable! dit Porion, il a une jolie caisse, le père Bœmer, il n'y a que les banquiers allemands pour avoir autant d'or.

— Il payera ce soir même, dit le prince.

— Comment! à neuf heures du soir?

— Il serait minuit, qu'il payerait.

Porion prit le mandat.

— Monseigneur, dit-il, je veux bien essayer; mais je ne réponds pas du succès, et, en mon absence, Votre Altesse fera bien de se tenir prête à tout événement et de demander des chevaux de poste.

— Va! dit le prince.

Porion reprit son chapeau graisseux, sa canne à pomme d'ivoire, et se dirigea à reculons vers la porte.

— Quand reviendras-tu?

— Peut-être dans une heure, peut-être dans deux. D'abord, il n'est pas dit que le maréchal se laisse tenter de suite...

— Bon!

— Puis, j'ai là un de ces affreux véhicules qu'on nomme pots-de-chambre et qui vont si lentement, si lentement...

— Prends mon carrosse.

Et le prince frappa sur un timbre.

Hermann accourut:

— Fais monter monsieur dans mon carrosse! lui ordonna le Tartare.

Porion sortit en murmurant :

— Si j'avais dit au Tartare que M. de Richelieu nous revenait pour cent mille écus et que c'était chose faite, il eût offert juste la moitié de cette somme. Tandis qu'il a eu peur de voir sa tête divorcer avec son corps, et il n'a pas marchandé. Porion, mon ami, tu es un diplomate d'une réelle valeur.

Et, s'étant fait à lui-même ce petit compliment, le drôle monta dans le carrosse du prince.

— Où allez-vous? demanda Hermann.

— Chez Bœmer, rue des Lombards.

Le joaillier Bœmer, dont les fils devaient trente ans plus tard vendre le fameux collier, Bœmer, disons-nous, était un riche banquier allemand chez lequel en venant à Paris le prince Trespatki s'était fait ouvrir un crédit illimité.

Le prince avait eu raison de dire que Bœmer payait à toute heure.

En effet, le prince l'avait habitué à frapper à sa caisse tantôt le jour et tantôt la nuit, selon ses besoins de joueur et d'homme à bonnes fortunes.

Comme tous les hommes d'argent, M. Bœmer était un homme rangé.

A neuf heures, il fermait son magasin, renvoyait ses commis, mettait ses comptes à jour, soupait frugalement et se couchait dans la pièce même où était sa caisse.

Porion arriva juste au moment où le financier terminait son repas.

Le bruit d'un carrosse s'arrêtant devant sa maison avait fait tressaillir ce dernier, qui se hâta de courir ouvrir la porte.

Il reconnut la voiture du prince et sut, dès lors, à quoi s'en tenir.

— Monsieur, lui dit Porion en lui présentant le mandat, je suis le nouvel intendant du prince et je viens chercher de l'argent.

M. Bœmer salua Porion et le fit entrer.

— Vous allez être payé tout de suite, lui dit-il, car ma caisse n'est pas encore fermée.

En même temps, il conduisit Porion dans sa chambre à coucher, fit glisser un rideau sur la tringle, et Porion aperçut au fond de l'alcôve un coffre monumental en acier dans la serrure duquel il y avait trois clefs.

— Voulez-vous beaucoup d'or? demanda M. Bœmer.

— Le prince m'a dit d'en prendre pour dix mille écus.

— Voilà, dit le joaillier, qui posa trois sacs de cuir sur une table.

Porion était trop bien élevé pour faire à M. Bœmer l'injure d'en vérifier le contenu.

En même temps M. Bœmer ouvrit un immense portefeuille et en tira une liasse de billets de caisse qu'il se mit à compter.

Un quart d'heure après, Porion, muni des cent mille écus, remontait en voiture et criait au cocher, tandis que M. Bœmer poussait lui-même la portière :

— A l'hôtel!

Mais lorsque le carrosse fut au coin de la rue des Lombards, Porion baissa la glace, tira le cocher par le pan de son habit et lui dit :

— A l'hôtel du maréchal de Richelieu, et rondement!

Vingt minutes après, Porion entrait dans la cour de l'hôtel de la rue de Hanovre.

Comme il descendait de voiture, il vit une tête à une croisée et reconnut le maréchal.

— Allons! se dit-il, je crois qu'on m'attend avec autant d'impatience que si j'étais une jeune et jolie femme.

Et il marcha vers le perron d'un pas aussi leste que le lui permit le poids des dix mille écus d'or.

— Monseigneur, dit-il en entrant, je tiens tout ce que je promets.

— Tu as les cent mille écus? dit le maréchal.

— Oui, monseigneur.

Et il posa les trois sacs de louis et le monceau de billets de caisse devant Richelieu, en lui disant :

— Comptez!

Le maréchal poussa un soupir.

— Ah! dit-il, voici longtemps que je ne me suis pas trouvé à pareille fête. Décidément, le prince est un homme charmant, et je suis tout à son service.

Porion salua.

— Mais, reprit Richelieu, qui se mit à entasser or et billets dans un petit secrétaire placé auprès de la cheminée, cette jeune fille dont tu m'as parlé, il faudrait que je la visse... si tu veux que j'en parle au roi.

— Rien n'est plus facile.

— Vraiment?

— Votre Seigneurie se lèverait-elle bien à huit heures, demain matin?

— Sans doute.

— Eh bien! monsieur le maréchal, je vous viendrai prendre à cette heure-là.

— Et tu me mèneras chez elle?

— Certainement, et vous verrez que c'est une perle.

— Drôle! dit Richelieu, qui achevait de compter son argent, donne-moi un conseil. Faut-il payer mes dettes?

— Monseigneur, répondit Porion, il y a un proverbe qui dit : Celui qui paye ses dettes s'enrichit, mais il est faux.

— Ah! tu crois?

— Il vaut mieux garder son argent, ajouta Porion.

— Ainsi ferai-je, dit Richelieu.

Et il ferma le secrétaire et mit la clef dans sa poche.

XXXIV

Tandis que Porion achetait les bons offices et la discrétion de M. le maréchal de Richelieu avec les cent mille écus du Tartare, la désolation était dans la maison de la rue Saint-André-des-Arts, où logeaient à la fois Robert Damiens, Cécile et le jeune chirurgien Firmin.

Ce grand désespoir provenait des mauvaises nouvelles que Mardochée venait de rapporter.

Nous avons vu le peintre gentilhomme s'enfuir le matin de la place Royale avec la conviction que Porion n'était plus qu'un cadavre au bout d'une corde, et les poches pleines de l'or que celui-ci avait laissé échapper pendant la lutte.

Si brave qu'il pût être, messire Mardochée de Mardoche avait trop grande peur des sergents pour tourner la tête en arrière, et il avait quitté la place Royale sans se douter le moins du monde que Porion eût été arraché à une mort presque certaine.

Puis, afin de dépister les gens du guet, il avait fait mille tours et mille détours dans les petites ruelles qui s'étendaient autour de la place, gagné la rue du Temple et traversé la place du Châtelet.

Une fois au pont au Change, Mardoche avait respiré. Mais il s'était complu à palper dans ses beaux louis tout neufs échappés de la poche de Porion, et comme il avait un excellent cœur, il avait songé aussitôt à ses amis de la rue Saint-André-des-Arts.

Selon lui, Hector devait être revenu de Versailles, et sans nul doute le roi l'aurait bien accueilli et lui aurait fait justice.

Il s'en alla tout droit rue Saint-André-des-Arts et monta, en fredonnant, au dernier étage.

La porte de Firmin était ouverte.

Mardoche entra.

Il vit Firmin tristement assis devant sa table de travail.

Auprès de Firmin, Cécile, qui tirait l'aiguille les yeux pleins de larmes.

Et tout dans le fond de la mansarde, Robert Damiens, la tête dans ses mains, ses coudes sur ses genoux, sombre, muet et farouche.

— Qu'avez-vous donc? s'écria Mardoche, et que vous arrive-t-il donc encore?

Ce fut Cécile qui répondit :

— Hector n'est pas revenu de Versailles.

— Depuis hier?

— Hélas! non.

Mardoche fronça le sourcil; néanmoins, il consola ses amis de son mieux.

— Eh bien, dit-il, qu'est-ce que cela prouve? Le roi lui aura donné audience fort tard, et il aura couché à Versailles.

Cécile secoua la tête.

— Oh! dit-elle, j'ai de funestes pressentiments.

— Pourquoi?

— Je ne sais pas, mais il me semble qu'un nouveau malheur nous menace.

Mardochée ne répondit pas; mais il reprit son chapeau, qu'il avait posé sur le lit de Firmin.

— Où vas-tu? lui dit celui-ci.

— A Versailles, parbleu!

Et Mardoche s'élança vers la porte et disparut dans l'escalier.

Cinq minutes après, il était dans la rue, courait au carrefour Buci, montait dans un pot-de-chambre, et, fort de son gousset garni, il disait au cocher :

— Si tu me mènes à Versailles en une heure et demie, je te donne un louis.

Le cocher, alléché par la promesse, fouetta son cheval d'importance, et le fouetta tant et si bien qu'il arriva dans le délai prescrit devant la grille du château.

Mais on n'entrait pas au château, même quand on avait une épée au côté et qu'on se disait gentilhomme.

Après avoir inutilement parlementé avec les sentinelles, Mardoche se dit tout à coup :

— Je suis un imbécile de m'obstiner ainsi. De deux choses l'une : ou Hector est encore au château et il finira par en sortir, où il est parti, et cela ne m'avancera pas à grand'chose d'y entrer.

Il se promena donc de long en large pendant une heure devant la grille, dévisageant tous les gens qui entraient ou sortaient.

Mais un homme aussi curieux que le peintre gentilhomme, et qui d'ailleurs avait toujours soif, ne pouvait être patient.

Lassé d'attendre, Mardochée de Mardoche remonta dans son pot-de-chambre et dit au cocher de le conduire à l'hôtellerie du Singe-Vert.

Quand il entra, il y avait beaucoup de monde dans la salle. La conversation était très-animée parmi les buveurs, et les événements de la nuit précédente en faisaient tous les frais.

Tout en buvant, Mardochée prêta l'oreille.

Un gentilhomme disait :

— Ce pauvre vicomte de Mauroy, il a son indemnité toute payée. Le roi va le garder à la Bastille jusqu'à la fin de ses jours, en se chargeant de sa nourriture et de son entretien.

— Bah ! dit un autre, le roi n'est pas immortel.

— Ni la marquise non plus, fit un troisième.

Mardochée s'approcha de ce dernier et lui dit :

— Pardon, monsieur, et veuillez m'excuser ; mais de quoi s'agit-il ?

— Monsieur, répondit courtoisement celui-ci, il s'agit de deux gentilshommes qu'on a mis ce matin à la Bastille.

— Ah !

— Pour avoir été trouvés possesseurs d'un numéro de la Gazette de Hollande.

— Est-ce donc là un crime? demanda naïvement messire Mardochée de Mardoche.

— Oui, car ce journal outrageait la marquise de Pompadour.

— Ah ! diable!... Et quels sont ces gentilshommes?

— L'un se nomme le vicomte Gontran de Mauroy.

— Et l'autre?

— L'autre est un pauvre petit gentilhomme qui, dit-on, avait une audience du roi.

Mardochée tressaillit.

— Savez-vous son nom? dit-il.

— Oui, dit un autre gentilhomme qui se trouvait à une table voisine; on le nomme Hector de Pierrefeu.

Mardochée jeta un cri.

— Vous le connaissez? dit-on à la ronde.

— C'est mon ami, répondit Mardochée d'une voix lamentable.

Et son visage exprima soudain une véritable désolation.

Le gentilhomme qui lui avait parlé le premier se pencha sur lui :

— Mon jeune ami, dit-il, voulez-vous un bon conseil?

Mardochée le regarda d'un air effaré.

— Il ne fait pas bon avoir ses amis à la Bastille, lui dit le gentilhomme, et encore moins de s'en vanter. Si vous m'en croyez, vous filerez sans bruit de Versailles. Il y a partout des gens qui font du zèle et se mêlent de ce qui ne les regarde pas. En outre, madame de Pompadour a une police qui...

Mardochée n'en entendit pas davantage.

Il se leva, tendit la main au gentilhomme, et sortit du pas d'un homme ivre, tant la nouvelle qu'il venait d'apprendre l'avait foudroyé.

Il remonta en voiture et reprit le chemin de Paris.

Le voyant revenir seul, Cécile, Firmin et Robert Damiens comprirent que leurs pressentiments étaient fondés.

Le peintre ne prononça qu'un mot :

— A la Bastille!

Et aucune de ces trois personnes ne jeta un cri d'étonnement, aucune ne trouva ce dénoûment invraisemblable.

C'était si simple, au contraire.

Hector, pauvre, chétif, sans argent et sans influence, était allé demander justice contre des hommes puissants.

Pour s'en débarrasser, on l'avait envoyé à la Bastille.

Cécile se prit à fondre en larmes.

Firmin parla de vengeance. Seul, Robert Damiens ne prononça pas un mot.

Mais il se leva et sortit brusquement.

— Mon père! où allez-vous? demanda Cécile éperdue.

Robert Damiens ne répondit pas.

Il descendit l'escalier, sombre et farouche, gagna la rue et s'en alla d'un pas lent et saccadé vers la rivière.

Quand il fut arrivé au Petit-Pont, il s'accouda sur le parapet et se mit à regarder l'eau noire et bourbeuse qui coulait en cet endroit rétréci.

Jamais, en aucun lieu de son parcours, la Seine n'a un plus sinistre aspect.

Elle attire ceux qui se penchent pour la regarder ; elle semble dire : « Venez à moi, l'oubli des maux de la terre est dans mon sein. »

Robert eut le vertige :

— Oh! dit-il, je crois que je ferais mieux d'en finir tout de suite, car, si je persiste à vivre, la tentation qui m'obsède finira triompher, et je commettrai un grand crime.

En ce moment, il était pâle, il était farouche, et une sueur abondante coulait de son front.

— O mon Dieu! dit-il, pardonnez-moi!

Et il enjamba résolûment le parapet.

Une seconde encore et c'en était fait de Robert Damiens; le flot noir s'ouvrait et se refermait pour toujours sur lui; mais en ce moment un bras vigoureux le saisit et le ramena au milieu du pont, en même temps qu'une voix grave et douce lui disait :

— Vous désespérez donc de la bonté de Dieu, vous qui voulez mourir?

Robert, éperdu, leva la tête et se trouva en présence d'un vieillard à barbe blanche.

— Qui donc êtes-vous? fit-il d'un air sombre, et de quel droit vous interposez-vous entre la destinée et moi?

— Mon nom ne vous apprendra pas grand'chose, répondit le vieillard; je me nomme Patureau, je suis un pauvre serviteur comme vous, si j'en juge par vos habits, et je suis au service de mademoiselle Espérance de Beaulieu, acheva-t-il.

Puis, passant son bras sous celui de Robert :

— Espérance! dit-il, n'est-ce pas là un beau nom?

— En effet, balbutia Robert avec amertume.

— Si vous manquez de pain, nous vous en donnerons, dit le vieillard; si vous êtes désespéré, nous vous consolerons... Venez avec moi, et quand vous verrez souffrir ma jeune maîtresse, vous comprendrez qu'elle mérite ce nom d'Espérance, et vous ne voudrez plus mourir !...

XXXV

Il y avait bien longtemps déjà que Robert Damiens traînait une vie misérable.

Il était du peuple, et le peuple de ce temps-là avait rarement des jours heureux.

Jamais peut-être une voix aussi consolante, aussi sympathique n'avait résonné à son oreille.

Il regarda le vieillard :

— Ne me trompez-vous pas, dit-il ; à la seule fin de m'empêcher de mourir, et y a-t-il réellement des gens comme vous dites?

Le vieillard lui tenait toujours le bras :

— Mon ami, dit-il, Dieu défend d'attenter à ses jours, quel que soit le fardeau qui nous pèse. N'aimez-vous donc plus personne en ce monde?

Cette question fit tressaillir Robert.

Il couvrit son visage de ses deux mains :

— O ma fille! murmura-t-il, pardonne-moi!...

— Votre fille! s'écria Patureau, vous avez une fille?

— Oui.

— Et vous voulez mourir?

— Ah! si vous saviez? murmura Robert.

Puis son visage reprit une expression farouche :

— Mais ces choses-là, dit-il, Dieu seul les doit savoir...

Patureau l'entraîna à l'autre bout du pont :

— Venez, dit-il, ne restez point exposé à la tentation.

Robert se laissa emmener avec la docilité d'un enfant.

Le vieillard lui fit ainsi traverser la Cité, gagna la rive droite de la Seine et l'entraîna du côté de la rue Saint-Antoine.

Robert le suivait machinalement.

— Voyons, reprit Patureau, vous êtes sans place, n'est-ce pas?

— Hélas! oui.

— Et vous n'en trouvez pas?

— Je n'ai pas cherché.

Cette réponse était au moins étrange; elle frappa l'intendant de mademoiselle de Beaulieu :

— Vous avez le regard égaré, dit-il; répondez-moi comme à un ami : pourquoi vouliez-vous mourir?

Robert se prit à frissonner :

— Oh! ne me le demandez pas aujourd'hui, dit-il; plus tard... plus tard...

— Soit, dit Patureau.

Et Robert, sous l'empire d'une terreur subite, se cramponna au bras du vieillard et lui dit :

— Emmenez-moi... Emmenez-moi où vous voudrez... mais ne me laissez pas seul, maintenant que vous m'avez empêché de mourir... car j'ai peur de moi-même...

Patureau doubla le pas.

Il ne fit plus une question à Robert, et Robert retomba dans un sombre silence.

Ils marchèrent ainsi jusqu'à l'entrée de la place Royale.

Là, Robert s'arrêta un moment :

— Ah! fit-il, c'est ici que demeure votre maîtresse?

— Oui.

— Et vous pensez qu'elle ne me chassera pas?

— Mademoiselle Espérance, répondit le vieillard, est la bonté même. Elle vous tendra la main, et, je vous l'ai dit, elle vous consolera.

On nous a enlevé tout ce que nous avions sur nous. (Page 99.)

Quelques minutes après, Robert pénétrait, sur les pas de Patureau, dans cette maison où, le matin même, Porion avait retrouvé la vie.

La jeune fille était assise devant une table sur laquelle était posée une lampe à abat-jour, et elle se livrait à un ouvrage d'aiguille.

Quand Patureau entra, elle ne leva pas même la tête.

— Est-ce toi, mon ami? dit-elle.

— Oui, mademoiselle.

— Eh bien! as-tu vu maître Tavernier?

— Oui, mademoiselle. J'ai attendu longtemps, par exemple. Tous ces gens de chicane, tous ces procureurs sont accablés d'affaires, et leur antichambre est pleine de solliciteurs; mais enfin j'ai eu mon tour.

— Que t'a-t-il dit?

— Qu'il avait examiné le dossier tout entier.

— Ah! et... qu'en pense-t-il?

— Il croit le procès excellent... imperdable même...

— O mon Dieu! murmura la jeune fille, puisse-t-il dire vrai!

— Mais il m'a demandé si mademoiselle ne connaissait personne à Paris.

— Tu le sais bien.

— Quelqu'un de haut placé, de bien en cour, qui puisse forcer le Parlement à abréger les délais et à juger l'affaire le plus tôt possible.

— Hélas! dit la jeune fille, qui ne voyait pas Robert, lequel se tenait discrètement au seuil de la chambre, derrière Patureau, hélas! tu sais bien que tous les amis et tous les parents que mon père avait à Paris sont morts ou dispersés.

— Je le sais bien, mademoiselle. Ah! m'a-t-il dit encore, si votre maîtresse pouvait faire tenir une supplique au roi...

A ce nom, Robert tressaillit, et si Patureau se fût retourné vers lui, il l'eût vu pâle comme un mort.

Mais Patureau ne se retourna point et continua :

— Le père de mademoiselle a loyalement servi le roi.

— Sans doute.

— Et mademoiselle pourrait faire valoir ses services.

— Mais par qui? mais comment?

— Maître Tavernier m'a dit encore, poursuivit Patureau, que, si mademoiselle ne connaissait personne, il tenterait une démarche personnelle auprès d'un très-grand seigneur qui a toute influence sur le roi, et qui est son client.

— Ah!

— Oui, acheva le vieil intendant, maître Tavernier a tout dernièrement gagné un gros procès, que tout le monde jugeait comme perdu d'avance, au bénéfice du maréchal duc de Richelieu.

— Le maréchal de Richelieu! exclama Espérance.

— Oui, mademoiselle.

— Mais il commandait la Maison-Rouge à Fontenoy?

— Précisément.

— Et tu sais bien que mon père était dans la Maison-Rouge.

— Oui, mademoiselle.

Espérance, en parlant, avait peu à peu tourné la tête à demi. Ses yeux rencontrèrent Robert, pâle, immobile, frémissant. Elle jeta un léger cri.

— Quel est cet homme? dit-elle vivement.

— Cet homme, dit Patureau, est un malheureux désespéré que j'ai arraché à la mort.

— Toi?

— Oui, mademoiselle, moi aussi, j'ai voulu sauver un homme, dit-il en souriant et faisant allusion à l'événement de la matinée, et j'ai arrêté ce malheureux au moment où il s'allait précipiter dans la Seine.

— Ah! mon Dieu! fit la jeune fille avec effroi.

— Alors, comme il se débattait et me suppliait de le laisser en finir avec la vie, je lui ai parlé de vous, mademoiselle, et je l'ai amené ici.

— Tu as bien fait, mon ami.

Et Espérance se leva et la lampe éclaira sa rayonnante beauté.

Elle tendit la main à Robert, et lui dit d'une voix harmonieuse et douce comme un frémissement de harpe éolienne :

— Vous étiez donc bien désespéré que vous vouliez mourir, mon ami?

— Oui, mademoiselle, répondit Robert Damiens, parce que je ne savais pas que Dieu eût laissé un de ses anges sur la terre.

Et il baisa respectueusement cette main que lui tendait la jeune fille.

— Vous vouliez mourir? reprit-elle; mais vous n'aimez donc plus personne en ce monde?

Robert cacha son visage dans ses mains.

— Il a une fille, dit Patureau.

— Et il voulait mourir!... Ah! mon ami... vous aviez donc perdu la raison?

— Oui, mademoiselle... mais je sens qu'en votre présence je reviens à des sentiments meilleurs... Je veux vivre, maintenant... vivre en travaillant...

— Quel âge a-t-elle, votre fille? demanda encore Espérance.

J. A. BEAUCE.

MINNE.

M. BŒMER.

— Seize ans, mademoiselle.

— Elle est malheureuse aussi, sans doute... Eh bien! vous me l'amènerez, n'est-ce pas?

— Oui, mademoiselle.

Et Robert Damiens, pénétré de reconnaissance, tomba à genoux devant la jeune fille.

— Mon ami, dit mademoiselle de Beaulieu en le relevant, Patureau est seul à me servir, et ses forces commencent à le trahir. Voulez-vous rester avec moi?... Si vous ne voulez pas vous séparer de votre fille, eh bien! amenez-la... Elle sait sans doute travailler à l'aiguille?

— Oh! certes oui, mademoiselle.

— Eh bien! vous partagerez notre vie... et si je gagne mon procès, je serai riche... Et alors je doterai votre fille, et je vous ferai une petite pension qui vous permettra de vivre dans l'aisance.

Robert Damiens pleurait à chaudes larmes.

. . . .

Le lendemain matin, ceux qui avaient vu Robert sombre et farouche ne l'auraient point reconnu.

Que s'était-il passé dans cette âme mystérieuse et sombre? Nul n'aurait pu le dire.

Mais il s'était fait en lui comme un subit apaisement.

A huit heures du matin, il vint saluer Espérance et lui dit :

— Mademoiselle, vous avez bien voulu me permettre de vous amener ma fille.

— Certainement, mon ami.

— Alors, dit Damiens, je vais la chercher.

Patureau entrait en même temps. Il avait sous le bras ce fameux sac de parchemins qu'il promenait dans Paris depuis bientôt deux mois.

— Je vais chez maître Tavernier, mademoiselle, dit-il.

— Va, répondit Espérance, et dis bien au procureur que s'il tente une démarche auprès de M. le maréchal de Richelieu...

— Il la tentera, mademoiselle, soyez-en sûre...

— Recommande-lui bien de dire à M. le maréchal que mon père était dans la Maison-Rouge, compagnie d'Estang.

— Oui, mademoiselle.

Patureau s'en alla et Robert le suivit, par la raison toute simple que le premier s'en allait au carrefour Buci, où demeurait le procureur, tandis que l'autre se dirigeait vers la rue Saint-André-des-Arts.

Ils firent donc à peu près tout le chemin ensemble.

Espérance, accoudée à sa fenêtre, les regarda s'éloigner et disparaître sous les arceaux.

Puis elle se remit à son ouvrage d'aiguille.

Cinq minutes après, la sonnette de la porte d'entrée de l'appartement résonna discrètement.

Mademoiselle de Beaulieu ne recevait jamais de visite, par la raison qu'elle ne connaissait personne à Paris.

Mais, à cette heure matinale, les fournisseurs venaient à la file, depuis le boulanger jusqu'à la laitière, qui apportait la tasse de lait dont la pauvre fille faisait son premier déjeuner.

Espérance se leva donc et alla ouvrir.

Ce n'était pas un fournisseur qui avait sonné, c'était cet excellent petit père Cannelle, qui salua la jeune fille et lui dit :

— Excusez-moi de venir vous déranger aussi matin, mademoiselle; mais, quand vous saurez ce qui m'amène, vous n'en serez pas fâchée.

Et le loup entra dans la bergerie.

XXXVI

Espérance laissa entrer le vieillard.

Porion paraissait encore plus cassé que le matin, et il s'était fait une bonne figure toute rayonnante de bonté et de reconnaissance.

Il avait un air si respectable, que mademoiselle de Beaulieu n'exprima aucun sentiment de défiance et lui dit :

— Quel que soit le motif qui vous amène, soyez le bienvenu.

Porion la suivit jusque dans cette chambre où elle travaillait le matin.

— Mademoiselle, dit-il, je suis un pauvre homme; j'ai bien de la peine à vivre, et certes si j'ai jamais souffert de ma pauvreté, c'est aujourd'hui, car je voudrais pouvoir vous témoigner ma reconnaissance.

— Vous me la témoignez assez, dit Espérance en souriant.

— Hier donc, poursuivit Porion, en m'en allant de chez vous, je me suis pris à chercher dans ma tête un moyen de vous être utile, et je crois que je l'ai trouvé.

— Vraiment?

— Au sujet de votre procès.

Espérance tressaillit.

— Comment, dit-elle, savez-vous que j'ai un procès?

— C'est votre intendant qui en a parlé devant moi.

— Ah!

— Les procès, voyez-vous, mademoiselle, ça se gagne et ça se perd. Ça se gagne surtout quand on a des protections.

— Hélas oui! dit Espérance.

— Eh bien! tel que vous me voyez, continua le père Cannelle, moi pauvre, moi chétif, moi pauvre vieillard, je me trouve avoir un protecteur.

— En vérité!

— Figurez-vous, mademoiselle, que défunt mon père a été intendant pendant quarante années dans une grande famille, et que le dernier rejeton de cette famille, en souvenir des bons services de mon père, me fait une petite pension de trente livres par mois que je vais toucher régulièrement, comme vous pensez.

— Pauvre homme! dit Espérance en souriant.

— Mon jour était hier. Je suis donc allé, en sortant de chez vous, chez monseigneur. Vous pensez bien que je n'ai, habituellement, affaire qu'à l'intendant. Mais justement monseigneur était à l'hôtel; il m'a aperçu par une croisée et m'a fait signe de monter.

Je ne me suis pas fait prier, comme bien vous pensez.

— Eh bien! m'a-t-il dit, comment vas-tu? — Bien, maintenant, monseigneur, ai-je répondu, mais je l'ai échappé belle, ce matin. On m'a pris une fois de plus pour mon gredin de frère. — Tu as été battu? — Mieux que cela, monseigneur, on a voulu me pendre. — Te pendre? — Oui, monseigneur.

Et je lui ai raconté mon aventure et ce que vous aviez fait pour moi.

Alors, acheva Porion, monseigneur m'a dit :

— Voilà une digne jeune fille, et je voudrais bien que le hasard me fournît l'occasion de lui être utile.

— Ah! il vous a dit cela? fit Espérance, dont le cœur se prit à battre.

— Oui, mademoiselle.

— Alors vous avez songé...

— Je lui ai tout de suite dit que vous étiez venue à Paris, pour soutenir un procès duquel dépendait votre fortune tout entière.

— A peu près, dit simplement Espérance.

— Alors, monseigneur m'a dit : Il faut l'envoyer à Tavernier, mon procureur. Je la recommanderai chaudement et...

— Tavernier! exclama Espérance.

— Oui, mademoiselle.

Espérance eut un nouveau battement de cœur.

— Mais, dit-elle, comment se nomme ce grand seigneur dont vous parlez, et qui vous fait une bonne petite pension?

Porion se rengorgea.

— Mademoiselle, dit-il, c'est monseigneur le maréchal duc de Richelieu.

Espérance pâlit d'émotion.

— Vrai! dit-elle, et vous le connaissez?

— Oui, mademoiselle.

— Et il vous a promis de s'intéresser à moi?

— Oui, mademoiselle.

— Oh! mon Dieu! fit Espérance palpitante, quel singulier hasard!

— Hein? fit Porion.

— Le procureur chargé de mon procès est précisément ce même Tavernier.

— Est-ce possible?

— C'est vrai.

— Alors, dit Porion, la chose ira toute seule.

— Ah! s'écria Espérance, pourquoi le bon Patureau n'est-il pas là?

— Il est sorti?

— Il est justement chez maître Tavernier.

— Eh bien! dit Porion, quand il rentrera, il sera content.

Puis il prit une prise de tabac, cligna de l'œil et poursuivit :

— Je ne vous dis pas tout encore, mademoiselle.

Espérance le regarda avec étonnement.

— Ne me grondez pas, continua Porion; mais quand monseigneur m'a eu dit tout cela, je me suis figuré une chose...

— Quoi donc?

— Que vous ne voudriez jamais croire qu'un grand seigneur, comme le maréchal, s'intéressât à un pauvre diable comme moi.

— Pourquoi ne le croirais-je pas, puisque vous le dites? dit ingénument Espérance.

— Alors, reprit Porion, j'ai dit cela au maréchal.

— Vraiment! Et qu'a-t-il dit?

— C'est qu'il a peur d'être grondé, mademoiselle.

— Parlez, mon ami.

Porion joua l'embarras :

— C'est que, dit-il, ce n'est peut-être pas très-convenable... Mais excusez-moi... je suis un pauvre homme ignorant des belles manières.

— Quoi que vous ayez fait, dit Espérance en souriant, je vous pardonne par avance.

— J'ai donc fait part de ma crainte à M. le maréchal, poursuivit Porion.

— Bon!

— Il s'est mis à rire et m'a dit : « Où demeure donc ta libératrice, mon ami? »

— Place Royale, monseigneur.

— Eh bien! je vais te tirer de peine, a-t-il dit en souriant. Je vais demain matin, place Royale, voir une vieille amie, la maréchale de Ph... Va voir mademoiselle de Beaulieu et prie-la de se mettre à sa fenêtre.

— Vraiment! dit Espérance en rougissant, il vous a dit cela?

— Oui, mademoiselle, et il a même ajouté : « Je passerai la tête hors de ma litière et je la saluerai, et elle verra bien alors que tu ne t'es pas vanté. »

Espérance était une fille de la province; elle ne savait rien de la terrible réputation de galanterie que s'était faite le maréchal. D'ailleurs, Porion avait un air si naïf, si respectable, qu'il n'y avait vraiment pas grand inconvénient à faire ce qu'il demandait.

Enfin, peut-être un sentiment de curiosité se glissa-t-il dans l'esprit de la jeune fille.

— Ainsi, dit-elle, le maréchal va passer par-là.

— Oui, mademoiselle.

— Sur la place?

— Sous votre croisée.

— Mais comment pourra-t-il me reconnaître et me saluer, puisqu'il ne m'a jamais vue?

— Il vous reconnaîtra, parce que je serai à la fenêtre à côté de vous.

— Ah! c'est juste.

Porion ouvrit la fenêtre.

— Ma foi! dit-il, j'ai eu tout juste le temps de vous faire ma petite confidence.

— Plaît-il?

— Voici la litière de M. le maréchal qui débouche là-bas sur la place.

Espérance se mit à la croisée.

Elle vit, en effet, une litière armoriée, dont les quatre porteurs étaient couverts d'une livrée blanche et rouge avec cocarde à leurs chapeaux, et que précédait un coureur aux mêmes couleurs, armé d'une longue canne et portant au bras un nœud de rubans.

En même temps, elle remarqua deux bons bourgeois assis sur un banc dans le jardin, et entendit l'un d'eux qui disait :

— N'est-ce pas la litière du maréchal de Richelieu?

— Ce sont bien ses couleurs toujours, répondit l'autre.

Espérance ne pouvait plus avoir l'ombre d'un doute.

La litière traversa la place et vint passer sous la croisée d'Espérance.

Alors une tête se montra à la portière et leva les yeux.

Espérance rougit.

Le maréchal ôta galamment son chapeau, et la litière continua son chemin et s'alla arrêter dix portes plus loin, devant l'hôtel de la maréchale de Ph...

Moins d'une heure après, la litière du maréchal remontait la rue du Faubourg-Saint-Antoine, et Porion courait après elle.

— Eh bien, monseigneur? demanda le misérable en abordant Richelieu.

— Je suis ébloui, dit le maréchal.

— Vraiment?

— C'est la plus belle personne du royaume.

— Alors, j'ai tenu ma promesse?

— Sans doute, va, cours à Versailles en parler au roi.

— Il n'est que temps, Porion, car le roi doit commencer à trouver votre absence un peu longue.

— Mon carrosse m'attend devant l'Hôtel-de-Ville. Je brûlerai le pavé pour arriver plus vite.

— Un mot encore, monseigneur.

— Parle...

— Si vous voulez que tout marche à ravir, il faut user de votre influence.

— Comment cela?

— Il faut que mademoiselle de Beaulieu gagne son procès.

— Elle sera reine de France si elle veut! dit le maréchal enthousiasmé.

— Amen! murmura Porion.

Et, tandis que le maréchal continuait sa route, l'agent de police se dit avec un malin sourire :

— Et M. de Sartine qui tremblait hier soir devant le maréchal! Ah! ah! ah!

Puis le misérable s'enfonça dans un dédale de petites ruelles et prit le chemin de l'hôtel de M. le lieutenant de police, qu'il allait informer que tout allait pour le mieux.

Maintenant, laissons Porion chez M. de Sartine et Richelieu sur la route de Versailles, et pénétrons à la Bastille, où le vicomte

Gontran de Mauroy et son jeune ami Hector de Pierrefeu étaient toujours détenus.

XXXVII

La colère d'un Flamand est de courte durée.

Quand le colosse qu'on appelait le vicomte Gontran de Mauroy, eut bien inauguré, bien tempêté, donné quatre ou cinq coups de pied dans la porte, qui ne bougea, et cherché à ébranler les barreaux de la fenêtre, qui résistèrent, il se calma.

Hector, abattu, en proie à une sorte de prostration, ne bougeait ni ne parlait.

Il s'était tristement assis sur son lit et, la tête dans ses mains, il songeait avec amertume aux jours heureux de sa jeunesse.

Le vicomte vint à lui et prit sa main.

— Allons, mon ami, dit-il, du courage !

— C'est de la résignation que vous voulez dire, murmura Hector.

— De la résignation ? jamais ! fit le Flamand.

— Je ne vois pas trop alors à quoi peut nous servir notre courage.

— Il en faudra pour sortir d'ici.

Un sourire de doute vint aux lèvres d'Hector :

— Vous savez bien, dit-il, qu'on ne sort pas de la Bastille.

— Non, si on attend sa grâce.

— Alors...

— Mais on s'évade.

— Comment ?

— Je n'en sais rien. Mais il doit y avoir un moyen, et nous le trouverons.

— Mais, monsieur, dit Hector, quand nous sommes entrés ici vous dormiez et vous n'avez pas vu ce que j'ai vu.

— Qu'avez-vous donc vu, morbleu ?

— D'abord un large fossé de plus de trente pieds de profondeur.

— Bah ! je le connais.

— Puis une douzaine de portes au moins qui se sont toutes ouvertes et refermées sur nous.

— Et puis ?

— Des sentinelles partout, dans toutes les cours, sous toutes les fenêtres.

— Est-ce tout ?

— Enfin, on nous a enlevé tout ce que nous avions sur nous, depuis mon couteau jusqu'à ma bourse.

Le Flamand avait repris son flegme superbe.

— Par conséquent, dit-il, nous n'avons ni instrument pour fabriquer une scie, ni or pour corrompre un geôlier.

— Hélas ! soupira Hector.

— Eh bien ! dit le Flamand, qu'est-ce que tout cela prouve ? Est-ce que M. l'abbé de Gondi, est-ce que M. de Beaufort ne se sont pas évadés ?

— Ils avaient des intelligences au dehors, et nous n'en avons pas.

— Nous nous en créerons, dit le Flamand, plein de confiance en lui-même.

Puis, regardant Hector :

— Avez-vous entendu dire, fit-il, qu'on fût jamais allé dans la lune ?

— Non, certes.

— Eh bien ! si je me le mettais en tête, j'irais. Par conséquent, prenez courage.

Or, comme Hector continuait à sourire :

— Je ne sais pas, dit-il, quand nous sortirons d'ici, mais nous en sortirons. Comment ? je l'ignore. Mais le moyen, nous le trouverons.

Et comme toutes ces assurances ne suffisaient pas pour dérider le front d'Hector, le vicomte ajouta :

— Et justice vous sera faite.

— Par qui ?.

— Par moi, dit froidement le colosse.

Cette conversation fut interrompue par un bruit de pas dans le corridor.

Puis une clef tourna dans l'énorme serrure ; on entendit glisser trois gros verrous sur leurs anneaux, et la porte s'ouvrit.

Un petit homme à tête chauve et à gros ventre, portant l'uniforme jaune et bleu des employés de la Bastille, un énorme trousseau de clefs à sa ceinture et une petite épée au côté, se montra sur le seuil.

— Messieurs, bonjour, dit-il, mille fois bonjour. Je viens voir si vous vous trouvez bien, si par hasard vous avez besoin de quelque chose. Si les règlements ne s'y opposent pas, messieurs, parlez. Je me ferai un vrai plaisir de vous être utile et agréable.

— C'est sans doute à monsieur le gouverneur que nous avons l'honneur de parler ? dit le Flamand, bien qu'il ne crût pas un mot de ce qu'il avançait.

— Hélas ! non, hélas ! non, répondit le petit homme. Je ne suis que le premier porte-clefs.

— Mon gentilhomme, dit courtoisement M. de Mauroy, vous avez si bonne façon et si bel air, que j'aurais juré que vous étiez M. Delaunay en personne.

— Hélas ! non, hélas ! non, répondit le gros petit homme. Je ne suis pas le gouverneur, et quand on a fait le relevé des titres de noblesse pour la seconde fois, voici une dizaine d'années, on n'a pas voulu me maintenir dans la mienne : une injustice criante, abominable, mes chers messieurs.

— De quelle province êtes-vous donc, cher monsieur le porte-clefs ? dit M. de Mauroy.

— De l'Artois.

— C'est presque mon pays, et je connais la noblesse ancienne comme ma poche.

— En vérité !

— Comment donc vous appelez-vous ?

— Duverger de Beauverger.

— Sang-Dieu ! exclama M. de Mauroy avec un grand sérieux. L'intendant qui a relevé les titres de votre province est un âne, mon cher monsieur.

— C'est ce que je me suis dit.

— Un âne et un cuistre... les Duverger sont nobles, très-nobles ; ils sont allés aux croisades, pas à la première ni à la seconde, mais à la troisième.

— C'est ce que je me suis tué de dire à l'intendant. Mais ces gens-là ne font rien que pour de l'argent.

— C'est un peu vrai... Et peut-être... n'en aviez-vous pas ?

— C'est la vérité pure, monsieur, nous avons été ruinés pendant la Fronde, et tel que vous me voyez, mon cher monsieur, j'ai été obligé d'accepter pour vivre le modeste emploi que j'occupe.

— Et qui vous rapporte ?

— La nourriture, le logement et douze cents livres.

— En effet, c'est moins que rien.

— C'est-à-dire, monsieur, que je suis dans la misère.

— Mais vous avez des gratifications ?

— Presque rien. Nous n'avons à la Bastille que des prêtres. Excusez-moi, je n'ai pas l'honneur de vous connaître, et, en aucune façon, je ne dis cela pour vous ; mais c'est la vérité pure. Le temps des grands seigneurs est passé, nous n'en avons plus !

— Vraiment !

— Le dernier est sorti ce matin, et vous m'en voyez inconsolable !

— Pourquoi donc ?

M. Duverger de Beauverger soupira.

— Voilà ce que je ne saurais dire nettement : mais qu'il vous suffise de savoir que s'il était resté deux jours de plus, ma fortune était faite.

— Ah ! bah !

— C'est comme j'ai l'honneur de vous le dire.

— Mais comment ?

Un fin sourire vint aux lèvres du gros petit homme.

— Mon cher monsieur, dit-il, si j'ajoutais un mot de plus et que ce mot tombât dans l'oreille du gouverneur, je pourrais bien changer de condition à la Bastille.

— Comment cela ?

— Je m'entends. Suffit, messieurs.

— Mon cher monsieur de Beauverger, dit le Flamand, qui tenait à se mettre dans les bonnes grâces du porte-clefs, et supprimait son nom patronymique à la seule fin de lui prouver qu'il était convaincu de sa noblesse, mon cher monsieur de Beauverger je ne suis pas un grand seigneur, mais vous pouvez vous renseigner sur mon compte, je suis riche.

Le porte-clefs ouvrit de grands yeux.

— Très-riche, continua le Flamand, et si j'avais voulu transiger avec mon droit, je ne serais pas ici.

— Il paraît, dit le porte-clefs, que vous avez outragé madame la marquise.

— Ceci est le prétexte.

— Ah !

— On m'a envoyé ici pour ne pas me payer dix mille livres qu'on me doit.

— Dix mille livres ! s'écria M. Duverger de Beauverger, un beau denier, ma foi !

— Une misère pour moi.

— Parlez-vous sérieusement ?

— J'en donnerais trente mille pour sortir d'ici, et je vous assure bien que cela ne me gênerait pas. Mais je suis ainsi fait, je tiens à mon droit.

— Trente mille livres ! murmurait M. Duverger de Beauverger dont les petits yeux s'écarquillaient outre mesure.

— Plutôt plus que moins. Mais, ajouta le Flamand, tout cela, comme on dit, n'est que pour causer, attendu qu'on ne sort de la Bastille qu'avec le bon plaisir du roi.

— Cela est vrai, monsieur, et cela plaît rarement à Sa Majesté.

— Le gouverneur, les guichetiers, les soldats, poursuivit M. de Mauroy, tout cela forme une armée tout à fait incorruptible.

— Incorruptible est le mot.

Et M. Duverger de Beauverger soupira pour la seconde fois.

— En sorte, reprit le vicomte, que j'attendrai le bon plaisir du roi.

— Il y a des exemples, monsieur.

— Que le roi ait fait grâce?

— Oui, témoin le grand seigneur qui est sorti ce matin.

— Comment le nommez-vous?

— M. de Nocé, le fils de l'ami de feu monseigneur le régent.

— Il était ici?

—Pour avoir chansonné madame de Pompadour. Il était même au cachot, dans le Trou-aux-Rats.

— Qu'est-ce que cela?

— Un cachot creusé à trente pieds sous terre, où l'obscurité est complète et où les rats vous rongent les pieds.

— Peste!

— Eh bien! le roi lui a fait grâce, et cela lui a paru extraordinaire à lui-même.

— Il ne s'y attendait pas?

— Nullement. M. le gouverneur en a jeté les hauts cris. Et moi... moi j'y ai perdu ma fortune.

Ici, il y eut un troisième soupir.

— Mais, reprit M. Duverger de Beauverger, ne parlons pas de tout cela, je bavarde et j'oublie mes devoirs. Ainsi vous vous trouvez bien ici?

— Fort bien, dit le Flamand.

— La nourriture est bonne, vous verrez. On vous a classé dans les prisonniers de quinze livres par jour; c'est raisonnable.

— A-t-on du vin à discrétion?

— On peut en acheter.

— A merveille! Peut-on lire et écrire?

— Sans doute.

— Est-ce qu'on ne se promène jamais?

— Mais si, deux fois par jour, à moins qu'on ne soit au cachot. Ainsi vous n'avez besoin de rien pour le moment?

— Nous vous dirons cela après déjeuner, monsieur. Quand déjeune-t-on?

— Dans une heure.

— Fort bien.

— Monsieur, dit encore M. Duverger de Beauverger, je me permettrai de vous faire une petite visite ce soir et de vous apporter mes titres. Vous verrez que l'intendant de la province d'Artois m'a fait une grande injustice.

— C'est un âne, dit le Flamand.

M. Duverger de Beauverger s'en alla.

Quand il fut parti, M. de Mauroy regarda Hector.

—Voilà un homme, dit-il, qui sera à nous corps et âme quand nous voudrons.

XXXVIII

Hector regarda M. de Mauroy avec étonnement.

— Vous êtes jeune, mon ami, dit le Flamand, vous ne connaissez pas les hommes. Celui que vous venez de voir a deux passions.

— Lesquelles?

— D'abord il a la passion d'être noble. J'ai conquis son amitié en lui disant que ses aïeux, qui étaient sans doute des cuistres comme lui, remontaient aux croisades.

— Et puis? fit Hector.

— En outre, il aime l'argent...

— Ce n'est pas une raison...

— Comment! enfant que vous êtes, dit le vicomte, vous n'avez donc pas compris.

— Quoi donc?

— L'histoire de M de Nocé, qui est sorti deux jours trop tôt?

— Ma foi non.

— Cette histoire est pourtant fort simple. Si M. de Nocé fût resté deux jours de plus à la Bastille, la fortune de Beauverger était faite.

— Oui, mais comment?

— Parce qu'il avait conçu probablement et qu'il allait mener à bonne fin un plan d'évasion.

— Vous croyez.

— J'en suis sûr.

— Bon! fit Hector; mais je ne vois pas trop ce qu'il y a de commun entre M. de Nocé et nous.

— Il y a d'abord la somme promise par M. de Nocé, et que je lui donnerai.

— Vous oubliez qu'à votre entrée ici, on vous a pris votre bourse, observa Hector.

— Ma bourse contenait une centaine de pistoles tout au plus, et vous pensez bien que je ne suis pas venu à Paris avec cette misérable somme seulement.

— Soit, mais...

— J'ai un correspondant à Paris, un joaillier du nom de Bœmer, et qui a des fonds à moi.

— Mais comment les lui réclamerez-vous?

— Toujours enfant, dit le Flamand. Ce n'est pas moi qui irai chercher de l'argent, chez Bœmer, c'est lui.

— Le porte-clefs?

— Eh! sans doute. Tenez-vous tranquille, ne désespérez de rien. Nous sortirons d'ici...

Hector n'avait pas grande foi dans les promesses du Flamand. Néanmoins, il ne chercha point à le contredire.

L'heure du déjeuner arriva.

Deux valets apportèrent une table toute servie.

— Le drôle n'a pas menti, dit le Flamand en se mettant à table, l'ordinaire est passable.

Il avala quelques bouchées d'une tranche de bœuf et vida son verre.

— Mais, ajouta-t-il, le vin est mauvais.

Et s'adressant à un des valets :

— Ah çà, dit-il, ne peut-on avoir d'autre vin?

— Oui, monsieur, répondit le valet, en payant.

— Et comment faire pour avoir l'argent qu'on m'a pris?

— Monsieur, dit encore le valet, on ne laisse jamais d'argent aux prisonniers, mais M. le gouverneur, s'il a de l'argent à eux, paye ce qu'ils achètent.

— Eh bien! dit le vicomte, tu m'achèteras un panier de vin de Bordeaux pour ce soir.

Le valet s'inclina.

Hector était trop triste, trop abattu pour avoir grand'faim.

En revanche, le vicomte Gontran de Mauroy mangea et but comme un vrai Flamand qu'il était.

Puis, son repas terminé, il bourra sa pipe aussi tranquillement que s'il eût été dans la salle à manger de l'hôtellerie du Singe-Vert, et se mit à fumer.

Hector était retombé dans sa sombre rêverie.

Il songeait à son frère mort, à Cécile, qu'il aimait, et qu'il ne reverrait plus peut-être.

L'avenir lui apparaissait plus noir et plus triste encore que n'était le présent, déjà si désolé et si noir.

Le vicomte, après avoir fumé, secoua la cendre de sa pipe, la remit dans sa poche, et, regardant son compagnon de captivité :

— Mon jeune ami, lui dit-il, comme il est hors de doute pour moi que nous sortirons d'ici au premier jour, laissez-moi vous parler un peu de l'avenir.

Hector leva les yeux vers lui avec tristesse :

— Je vous écoute, dit-il.

— Vous avez un devoir à remplir; il faut venger la mort de votre frère.

— Oui, dit Hector.

— Vous aimez Cécile?...

— Oui, dit encore le jeune homme.

— Malgré l'inégalité de condition qui vous sépare, vous en feriez votre femme?

— Certes, oui.

— Voilà donc les deux buts de votre vie, poursuivit le vicomte. Je vous aiderai à poursuivre le premier. Quant à l'autre...

— Eh bien? fit Hector.

— Une fois hors d'ici, mon ami, il faut aller trouver cette jeune fille et obtenir d'elle qu'elle consente à vous suivre.

— Mais où irons-nous? demanda le pauvre homme.

— Vous viendrez chez moi, dans mon château. De ma fenêtre on voit les frontières du royaume. Que la maréchaussée vous poursuive... elle vous poursuivra quand nous aurons vengé votre frère et vous êtes en un quart d'heure sur le sol brabançon, où le roi de France n'a rien à voir.

— Vraiment! dit Hector en souriant, je vous admire, monsieur.

— Pourquoi donc?

— Parce que vous parlez comme si nous avions déjà franchi les douze portes de la Bastille.

— Peuh! dit le Flamand; ceci est, croyez-le bien, un détail de mince importance.

— Soit! fit encore Hector, mais comment venger mon frère?

— Suivez bien mon raisonnement.

— Je vous écoute.

— Qu'êtes-vous allé faire à Versailles, hier? demander justice au roi?

— Sans doute.

— Si le roi vous eût accordé justice, qu'aurait-il fait? Il aurait fait arrêter le Tartare, l'aurait renvoyé devant le Parlement, et le Parlement l'eût jugé et condamné à mort, n'est-ce pas?

— Je l'espère, du moins.

— Que ferons-nous, vous et moi? Nous nous assemblerons en véritable parlement, nous jugerons cet homme et nous le condamnerons à mort.

— Mais qui exécutera la sentence?
— Nous, parbleu!
— Comment?
— Ne vous en inquiétez pas plus que de sortir d'ici, et fiez-vous à moi.

Ce flegme, cette assurance, cette confiance parfaite en l'avenir et en lui-même que montrait le Flamand, finirent par toucher Hector.

— Oh! monsieur, dit-il, quoi qu'il arrive, je bénirai l'étoile qui m'a placé sur votre chemin.
— Je porte bonheur, dit le Flamand.

Le reste de la journée s'écoula, et le dernier rayon du crépuscule disparut de la haute fenêtre qui éclairait la chambre des deux prisonniers.

Peu après, la porte se rouvrit, et les deux valets du matin reparurent.

Ils apportaient le souper de M. de Mauroy et de son compagnon.

L'un d'eux avait au bras un panier de six bouteilles cacheté vert.

C'était le bordeaux demandé par le Flamand.

— Le gouverneur a-t-il payé?
— Oui, monsieur, répondit le valet; il a même fait une réflexion.
— Laquelle?
— Il a dit qu'un prisonnier qui buvait de pareil vin devait être fort riche.
— Peuh! fit modestement le Flamand.

Et comme le matin, il se mit à table avec un excellent appétit.

Les valets se retirèrent; mais presqu'aussitôt la porte se rouvrit, et M. Duverger de Beauverger parut.

Il avait sous le bras une liasse de parchemins à faire fléchir sous le poids l'âne d'un procureur.

— Peste! dit M. de Mauroy, et cet imbécile d'intendant n'a pas voulu croire que vous étiez noble?
— Non, monsieur.
— Eh bien! asseyez-vous un moment, cher monsieur de Beauverger; nous examinerons cela tout à l'heure. Vous plairait-il accepter un verre de vin?
— Volontiers, dit le porte-clefs.

Le Flamand lui tendit son verre et prit celui d'Hector.
— A votre santé! dit-il et à la mémoire de vos aïeux qui sont morts aux croisades.

Le porte-clefs tressaillit d'orgueil.
— Vous devez avoir des merlettes dans vos armes, continua le Flamand.
— Je ne sais pas.
— Vous devez en avoir, vous en avez, vous dis-je. Tous ceux qui sont allés aux croisades en ont.
— Il est bien possible.

M. de Mauroy versa un verre de vin à M. Duverger de Beauverger, qui n'eut garde de refuser et reprit:
— Tout à l'heure, vous dis-je, nous examinerons ces parchemins; mais, pour le moment...

Il cligna de l'œil.
— Eh bien! fit le porte-clefs.
— Je voudrais causer un brin avec vous.
— Ah! dit M. Duverger.
— Connaissez-vous M. Bœmer?
— Le joaillier?
— Justement. C'est mon banquier. Il a beaucoup d'argent à moi. Sur ma simple signature, il payera tout ce que je voudrai.
— Fichtre! dit le porte-clefs, qui écarquilla de nouveau ses petits yeux.
— Or donc, reprit M. de Mauroy, supposons que vous me donniez une plume et du papier, et que j'écrive ceci: « Payer au porteur la somme de mille livres... »
— M. Bœmer payera?
— Naturellement.
— Oh! dit le porte-clefs, qui devint tout pensif, vous voudriez peut-être employer ce moyen pour faire venir de l'argent? Mais les règlements s'y opposent.
— Je le sais. Mais vous ne devinez pas... Je suis curieux, cher monsieur de Beauverger, très-curieux.
— Ah!
— Et je donnerais de bon cœur mille livres pour savoir comment la sortie précipitée de M. de Nocé vous a fait perdre une fortune.

Duverger tressaillit.
— Oh! non, dit-il enfin, il m'est impossible de vous dire cela.
— Bah!
— Il y va de mon emploi.
— Si nous étions indiscrets. Mais croyez bien que nous sommes si parfaits gentilshommes...
— Sans doute... sans doute... mais...
— Mais mille livres sont un beau denier.

— Je ne dis pas... mais encore...
— Je vois, dit le Flamand, vous avez peur que M. Bœmer ne paye pas... Vous connaissez-vous en diamants?
— Un peu.

Le Flamand prit une bague à son doigt.
— En voici un, dit-il, qui vaut trois fois le bon que je vous propose. Je vous le donne en garantie.
— Mais, monsieur...
— Mais il me faut l'histoire de votre fortune perdue parce que M. de Nocé est sorti trop tôt.
— Mais je puis me perdre.
— Vous ne vous perdrez pas. Nous sommes des gens discrets.
— Mais on me jetterait dans un noir cachot, si on savait...
— On ne saura rien.

Alors M. Duverger de Beauverger, fasciné par le regard du Flamand presque autant que par les feux du diamant, baissa la voix et dit d'un ton de mystère:
— Eh bien! si le roi n'eût pas fait grâce à M. de Nocé, je l'eusse fait évader, et il m'eût donné vingt mille livres.
— Ah! mon gaillard, pensa M. de Mauroy, maintenant que j'ai ton secret, il faudra que tu ailles jusqu'au bout.

XXXIX

A peine le porte-clefs eut-il fait cette confidence, qu'il manifesta une grande inquiétude.
— Ah! monsieur, dit-il, vous me paraissez si honnête que je me suis laissé aller à un moment d'oubli; mais, en vérité, je suis d'une imprudence dont rien n'approche.
— Bah! dit le Flamand, vous n'avez donc pas confiance en moi?
— Si je manquais de confiance, vous eussé-je fait un pareil aveu?
— Eh bien! alors, au lieu de trembler, contez-nous donc toute cette histoire en détail.

Et M. de Mauroy versa un troisième verre de bordeaux à M. Duverger de Beauverger, sachant bien que rien ne délie la langue comme le bon vin.

Celui-ci reprit:
— M. de Nocé était donc à la Bastille, sans espoir d'en sortir. Il savait combien madame de Pompadour s'irritait, et, quand il se vit dans le trou-aux-rats, il pensa que ce cachot serait son tombeau. Mais il avait des amis au dehors.
— Comme nous, observa M. de Mauroy.
— Ses amis finirent par se mettre en rapport avec un mien cousin, un petit parent, comme nous disons dans la noblesse, lequel a été obligé, pour vivre, de se mettre dans le commerce.
— Ah! ah!
— J'ai trois jours de congé par mois, du 5 au 10, habituellement.
— Et vous les passez chez votre cousin?
— C'est-à-dire que je lui fais l'honneur de lui demander à dîner, monsieur.
— C'était ce que je voulais dire. Et alors?...
— Les amis de M. de Nocé se rencontrèrent avec moi chez mon cousin. Je fis d'abord la sourde oreille, comme bien vous pensez; mais, lorsqu'ils eurent parlé de ce chiffre de vingt mille livres, je ne pus me défendre d'un petit calcul.
— Voyons le calcul, dit le Flamand, qui mit ses deux coudes sur la table.
— Si j'avais vingt mille livres, me dis-je, je pourrais aller vivre fort tranquillement dans mon pays, racheter le petit manoir de ma famille et tenir bonne table.
— C'était là raisonner sagement, cher monsieur de Beauverger.
— Mais, poursuivit le porte-clefs, comme il faut tout prévoir, je me dis que si M. de Nocé s'évadait et qu'on me soupçonnât d'avoir favorisé son évasion, je pourrais m'attirer une foule de désagréments, dont le moindre serait certainement de demeurer à la Bastille, non plus comme porte-clefs, mais comme prisonnier.
— Ce qui n'est pas très-agréable, en effet.
— Alors mon cousin, qui devait avoir son petit bénéfice dans l'affaire...
— Combien?
— Cinq mille livres.
— Un joli denier, monsieur de Beauverger.
— Mon cousin et moi, nous cherchâmes un moyen de faire évader M. de Nocé sans que je fusse soupçonné, et la date de son évasion fut fixée à demain, jour où je devais être en congé, par conséquent hors de la Bastille.
— Fort bien, dit le Flamand; mais ce moyen, quel était-il?
— J'oubliais de vous dire que la boutique de mon cousin est en face de la Bastille, tout au bout de la rue Saint-Antoine.
— Ah! vraiment?
— Entre la rue Saint-Antoine et la prison, on a creusé, au

siècle dernier. un chenal souterrain très-profond qui permet l'écoulement des eaux pluviales et les conduit jusqu'à la Seine. Ce chenal est au niveau des caves de la rue Saint-Antoine, et mon cousin savait qu'il ne serait pas difficile de percer un boyau qui mènerait de la sienne au chenal, lequel est sans eau en ce moment-ci.

— Mais le chenal n'est pas la Bastille, cher monsieur de Beauverger.

— Non, certainement, monsieur. Mais on n'a pas été vingt-cinq ans porte-clefs ici sans savoir les histoires mystérieuses de la prison.

— Que voulez-vous dire?

— Je possède un secret que M. le gouverneur croit avoir seul.

— Lequel?

— Vous avez ouï dire, n'est-ce pas, que le duc de Beaufort, bâtard du roi Henri IV, avait été enfermé jadis à la Bastille?

— Celui qu'on appelait le *Roi des Halles?*

— Précisément; ses partisans, et ils étaient nombreux, avaient creusé un souterrain, et ce souterrain devait aboutir sous les cachots de la Bastille. Il était aux trois quarts achevé, lorsque le duc, impatienté et ne sachant au juste, du reste, ce que faisaient ses amis, prit le parti de s'évader par une croisée dont il avait scié les barreaux.

Ce qui fait que le souterrain, qui partait précisément du chenal, demeura inachevé.

— Et M. de Launay en avait connaissance?

— Oui.

— Pourquoi n'a-t-il pas fait combler le souterrain?

— Parce que, selon lui, il aurait fallu un mois de travail pour le terminer, et qu'il n'y aura jamais à la Bastille de pensionnaire assez riche et assez bien servi par ses amis pour que ce moyen d'évasion soit praticable pour lui.

Ici, M. de Beauverger s'arrêta pour reprendre haleine et avala un quatrième verre de vin.

— Ah! dit M. de Mauroy, M. de Launay avait cette opinion?

— Oui, monsieur; mais il avait compté sans les amis de M. de Nocé, sans mon cousin et sans moi, qui leur ai appris l'existence du souterrain.

— Alors, qu'avez-vous fait?

— Mon cousin a réuni quatre ouvriers, desquels il était sûr, et il leur a fait creuser un boyau de la cave au chenal.

— Et puis?

— Une fois dans le chenal, nous avons retrouvé facilement l'issue de l'ancien souterrain, et les ouvriers se sont mis à l'œuvre.

Le souterrain n'avait alors que cinquante pieds de profondeur; il en a maintenant soixante-dix, et, si nos calculs sont justes, il est à six ou huit pieds verticalement au-dessous du trou-aux-rats. Ce qui fait que, en une heure ou deux et avec cent coups de pioche, on peut arriver jusqu'au sol du cachot.

Or, reprit M. de Beauverger après un nouveau silence, on devait attendre demain soir, jour où j'aurais été absent de la Bastille.

A dix heures, le gouverneur visite lui-même tous les prisonniers. A onze heures, ils sont certains qu'on ne les dérangera pas jusqu'au lendemain.

Le travail de jonction devait donc être commencé entre onze heures et minuit, et, ce travail terminé, le sol du cachot se fût effondré, et M. de Nocé fût tombé dans les bras de ses libérateurs. Quant à moi, je n'étais absolument pour rien dans son évasion, ce qui ne m'empêchait pas de toucher vingt mille livres.

— Et votre cousin, cinq mille?

— Oui, monsieur.

— Et les quatre ouvriers?

— Cent vingt-cinq livres chacun.

— Total, vingt-six mille livres, cher monsieur de Beauverger.

— C'est cela même, monsieur. Et au lieu de cela, nous n'aurons rien du tout.

Et le porte-clefs eut un soupir à fendre le cœur.

— Mais, dit encore le Flamand, vous n'aviez pas tout prévu, cher monsieur.

— Comment cela?

— Le lendemain, on se serait aperçu de l'évasion de M. de Nocé.

— Sans doute.

— On aurait fait une perquisition dans le souterrain d'abord, puis dans le chenal.

— Naturellement.

— Et on aurait trouvé la communication établie entre lui et la cave de votre cousin.

— Non, monsieur, parce que cette communication aurait été murée la nuit même, et qu'on aurait supposé que le prisonnier avait suivi le chenal jusqu'à la Seine et s'était bravement jeté à l'eau.

— Ainsi, vous sortez demain?

— A midi.

— Et cela pour trois jours?

— Oui, monsieur.

— Eh bien! je vais vous donner un conseil.

M. Duverger regarda le Flamand du coin de l'œil.

— Allez d'abord chez votre cousin.

— Bon!

— Et dites-lui que rien n'est changé, et qu'il ne perdra pas plus les cinq mille livres que vous ne perdrez les vingt mille sur lesquelles vous comptiez.

— Je crois, monsieur, dit le porte-clefs, que vous vous moquez de moi.

— Pas le moins du monde.

— Qui donc me donnera cet argent, puisque M. de Nocé n'a plus besoin de moi?

— Ceux qui ont encore besoin de vous.

Le porte-clefs tressaillit.

— Moi, par exemple, dit froidement le Flamand

M. Duverger regarda le Flamand.

— Vous, dit-il. vous?

— Du moins, M. Bœmer, sur ma signature.

— Est-ce possible?

— Donnez-moi du papier et une plume...

— Je n'ai pas de plume, mais un crayon...

Et M. Duverger de Beauverger tira de sa poche un petit carnet duquel il arracha une feuille de papier et dans lequel il prit un crayon à manche d'argent.

Puis il tendit le tout, d'une main tremblante d'émotion, à M. le vicomte Gontran de Mauroy.

Celui-ci prit le crayon, posa le feuillet sur son genou et écrivit ces mots :

« Mon cher Bœmer,

« En recevant ce billet, il vous plaira payer au porteur la somme de cinq mille livres.

« Une heure après que vous lui aurez remis ce premier argent, ledit porteur se représentera chez vous. Vous lui compterez alors vingt mille livres, qu'il mettra dans sa poche. Mais, au lieu de le laisser aller, vous l'enfermerez dans la pièce la plus sûre de votre maison, dussiez-vous veiller vous-même sur lui nuit et jour, jusqu'à ce que j'aille le délivrer en vous faisant visite.

« Je suis, mon cher Bœmer, votre dévoué client et ami,

« MAUROY. »

Le vicomte mit le billet sous les yeux de M. de Beauverger.

— Il y a une chose que je ne comprends pas, dit celui-ci.

— Je devine et je vais vous l'expliquer. Quand vous aurez les cinq mille livres, vous les porterez à votre cousin.

— Fort bien.

— Après quoi vous viendrez vous constituer prisonnier chez Bœmer jusqu'à ce que je sois sorti. C'est une petite garantie que vous trouverez toute naturelle, n'est-ce pas?

— Oh! certainement, dit M. Duverger. Mais, hélas! monsieur, il est une chose à laquelle nous n'avons songé ni vous ni moi.

— Bah! et laquelle?

— C'est que cette évasion, qui était si simple pour M. de Nocé, est impossible pour vous.

— Pourquoi donc?

— Parce que vous n'êtes pas dans le cachot du trou-aux-rats.

— Est-il donc impossible d'y aller?

— On n'y a que dans deux cas.

— Lesquels?

— Le premier, par ordre du roi.

— Et le second?

— Pour une grave infraction à la discipline de la maison.

— Alors, soyez tranquille, dit M. de Mauroy, mon ami et moi nous irons.

— Que ferez-vous donc pour cela?

— Cela me regarde. Ne vous inquiétez pas, et prenez mon billet.

— Mais enfin, si vous ne parvenez pas à y aller... et qu'on se mette à l'œuvre?

— Vous ne quittez la Bastille que demain à midi?

— Oui.

— Eh bien! nous y serons à dix heures. Par conséquent, avant de sortir, vous saurez.

— Vous êtes étonnant de calme, dit le porte-clefs.

Et il serra le billet dans son portefeuille et mit le portefeuille dans sa poche.

Puis, tirant sa montre :

— Ah! mon Dieu! dit-il, et moi qui m'oublie ici. M. le gouverneur va vous rendre visite à dix heures et il en est neuf et demie. Je me sauve.

— Eh bien! dit M. de Mauroy à Hector, quand le porte-clefs fut parti, croirez-vous maintenant qu'on sort de la Bastille?

— Mais comment nous faire mettre au cachot? dit-il.

— Ne me démentez en rien, faites et dites comme moi, et tout ira bien, acheva le vicomte.

XL

M. de Launay, le gouverneur actuel de la Bastille, était encore dans son cabinet au moment où le porte-clefs quittait M. de Mauroy et Hector.

Le gouvernement de la Bastille était depuis bientôt un siècle une sorte de royauté héréditaire dans la famille de Launay.

M. de Launay avait succédé à son père, et élevait son fils dans la pensée qu'il lui succéderait à son tour.

M. de Launay était seul dans son cabinet, les pieds sur les chenets devant un large feu, et il paraissait tout soucieux.

— Je n'y comprends rien, murmurait-il. Si on m'avait dit, il y a huit jours, que M. de Nocé sortirait de la Bastille par tout autre moyen qu'une évasion, je me serais mis à rire.

Quand on est ici pour avoir déplu à madame de Pompadour, on n'en sort plus.

Témoin M. le chevalier de Latude, qui occupe le cachot des chauves-souris, comme M. de Nocé occupait le trou-aux-rats.

Il y a donc quelque chose d'extraordinaire à Versailles?

La marquise n'est pas morte, puisque ce matin même on m'a amené deux prisonniers arrêtés sur sa requête.

Elle n'est pas en disgrâce non plus, car sans cela on ne m'eût point amené ces deux gentilshommes.

Vraiment, c'est à n'y rien comprendre?

Le bruit d'une clochette fit tressaillir M. de Launay.

Cette cloche était celle qui annonçait que la porte-maîtresse s'ouvrait, soit devant un visiteur, soit devant un prisonnier ou une personne attachée au service de la prison.

— C'est peut-être M. Lange qui revient, se dit le gouverneur.

M. Lange était le secrétaire intime du gouverneur.

C'était un homme entre deux âges, long et maigre, aux cheveux blonds, aux yeux bleus, au visage étriqué, et qui avait toujours possédé la confiance absolue de M. de Launay.

Mélange de jésuite et de diplomate, M. Lange était discret, prudent, excessivement poli, et possédait un flair exceptionnel.

M. de Launay, en voyant l'ordre de libération concernant M. de Nocé, avait été si étonné qu'il avait envoyé M. Lange à Versailles, lui enjoignant de ne revenir qu'avec le mot de cette étrange énigme.

Si M. de Launay ne s'était pas trompé en entendant résonner la cloche de la porte-maîtresse.

C'était bien M. Lange qui revenait.

— Oh! fit le gouverneur, en voyant entrer le secrétaire intime, je vous attends avec une impatience...

— Monseigneur, j'ai cependant fait diligence; mais il n'était pas commode de savoir ce que très-peu de gens savent encore.

— Eh bien! la marquise...?

— Plus que jamais en faveur, monseigneur.

— Comment donc le roi a-t-il pu gracier M. de Nocé, alors?

— Ce n'est pas le roi, c'est la marquise elle-même.

— Vous moquez-vous de moi? monsieur Lange.

— Nullement, monseigneur.

— Alors, expliquez-moi cette charade.

— Le terme est juste, monseigneur; c'est une charade dont le mot est le roi s'ennuie.

— Parlez, parlez... dit M. de Launay avec impatience.

— M'y voici, monseigneur. Donc le roi s'ennuie...

— Cela n'est pas nouveau.

— A Versailles, les gens bien informés, tels que la marquise, reconnaissent l'ennui du roi à trois symptômes.

— Voyons.

— D'abord, quand le roi bâille; mais on s'inquiète peu de ce symptôme. Le roi bâille par habitude; c'est chez lui un tic nerveux, et cela ne l'empêche pas de se rendre au Parc-aux-Cerfs tous les jours.

— Et le second symptôme!

— C'est lorsque le roi fait venir M. de Sartine et le prie de lui raconter des histoires graveleuses. Celui-ci est plus grave.

— Ah! vraiment?

— Néanmoins le roi va au Parc-aux-Cerfs comme à l'ordinaire, et la marquise se tient tranquille. Mais le troisième symptôme est plus grave. Quand celui-ci se manifeste, la marquise fronce le sourcil et s'aperçoit que l'heure des concessions approche.

— Et quel est-il, ce troisième symptôme?

— C'est lorsque le roi se mêle de politique, travaille avec les ministres, parle de réformer les abus, de réprimer la licence et de châtier les grands criminels du royaume.

Alors la marquise comprend qu'il faut absolument distraire le roi.

— Et le roi est dans un de ces moments-là?

— Oui, monseigneur.

— Mais quel rapport cela a-t-il avec M. de Nocé?

— Vous allez voir. Depuis trois jours, le roi n'est point allé au Parc-aux-Cerfs; il prétend qu'il n'y a plus que des laiderons.

— Fort bien.

— La marquise s'est donc mise en campagne. Mieux que personne elle connaît ce qui peut et doit plaire au roi, et Dieu sait, hélas! si c'est chose facile!

Or, il paraît que ce matin la marquise a reçu une visite. Un gentilhomme de province, cousin de M. de Nocé, est venu lui dire hardiment:

— Donnant, donnant. Mettez en liberté M. de Nocé, et je vous amène une perle.

Sur ces mots, il a tiré de sa poche une miniature devant laquelle la marquise est demeurée littéralement en extase.

Et comme elle voulait absolument savoir où se trouvait l'original, le gentilhomme lui a dit:

— Vous m'enverriez moi-même à la Bastille, que vous ne le sauriez pas. Accordez-moi la liberté de M. de Nocé, et dans trois jours, fiez-vous-en à moi, la petite sera au Parc-aux-Cerfs.

Madame de Pompadour n'a pas hésité. Comprenez-vous maintenant, monsieur le gouverneur?

— Oui, certes. Ainsi, la marquise est toujours souveraine?...

— Absolue, monseigneur.

— Et... avez-vous demandé comment je devais traiter les deux gentilshommes qu'on a amenés ce matin?

— Avec la plus grande rigueur.

— Fort bien.

La pendule de la cheminée sonna dix heures.

— Hé! hé! dit le gouverneur, voici le moment de ma ronde arrivé. Venez-vous avec moi, monsieur Lange?

M. Lange s'inclina.

M. de Launay quitta sa robe de chambre, mit son uniforme et ceignit son épée.

— Si vous le voulez, dit-il en franchissant le seuil de son cabinet, nous commencerons par eux.

— Les prisonniers de ce matin?

— Oui; où sont-ils?

— Au deuxième étage, dans la cellule n° 17.

— C'est bien, allons-y.

Et quelques minutes après, M. de Launay, suivi de son secrétaire intime, entrait dans la chambre occupée par M. de Mauroy et Hector de Pierrefeu.

Le gouverneur était un homme des plus courtois.

Il salua ses nouveaux pensionnaires avec une grâce parfaite et leur dit:

— Comment vous trouvez-vous ici, messieurs?

— Fort bien, répondit le Flamand.

— C'est-à-dire, monsieur, répondit le vicomte, que la Bastille est un vrai paradis.

— C'est beaucoup d'honneur que vous me faites, en vérité, répondit M. de Launay, flatté dans son amour-propre de gouverneur.

— D'abord on y est bien nourri...

— Ah! ah!

— Ensuite on y boit du bon vin.

Le gouverneur salua et parut oublier que le vin était aux frais des prisonniers.

— Ensuite, poursuivit le vicomte, on est fort tranquille ici.

— Comment l'entendez-vous?

— On n'entend pas tous les bruits affligeants du dehors.

M. de Launay tressaillit.

— Qu'entendez-vous par là, monsieur? dit-il.

— Hélas! monsieur le gouverneur, reprit le Flamand, on voit bien que vous ne quittez pas la Bastille et que vous ne savez rien de ce qui se passe au dehors et de ce qu'on y dit.

— Que dit-on?

— Que la France est en désarroi...

— Monsieur... monsieur, fit M. de Launay.

— Que le roi est à demi fou...

— Monsieur!

— Et qu'il se laisse gouverner par la pire des drôlesses, une catin abominable... N'est-ce pas, mon ami?

Et le vicomte se tourna vers Hector.

— En effet, balbutia le jeune homme.

— Ah! c'est votre avis aussi, monsieur? fit M. de Launay, pâle de colère et regardant Hector.

— Oui, monsieur.

— Messieurs, s'écria le gouverneur, je ne saurais tolérer un pareil langage.

— Est-ce que l'on m'aurait trompé sur votre compte, monsieur le gouverneur? demanda M. de Mauroy d'un ton railleur, et au lieu d'être un gentilhomme, seriez-vous pareillement un des esclaves de la favorite?

Cette fois M. de Launay éclata:

— Monsieur, s'écria-t-il, vous êtes un impudent, et je vais vous châtier sur l'heure.

Monsieur le gouverneur apparut. (Page 105.)

Puis, se tournant vers son secrétaire :

— Monsieur Lange, dit-il, vous allez faire mettre ces deux hommes dans une de ces cellules sans fin du rez-de-chaussée ; vous les priverez de vin et ils seront à la ration de trois livres par jour au lieu de quinze.

Et il sortit rouge comme un coq.

M. de Mauroy éclata de rire :

— En vérité, dit-il, voilà un joli commencement.

— Oui, dit tristement Hector, mais on ne nous met pas dans le trou-aux-rats.

— Nous y serons demain.

— Croyez-vous?

— Oui, si vous faites tout ce que je vous dirai de faire.

— Je le ferai, répondit Hector.

— Et bien, tenez-vous tranquille et espérez.

Il n'y avait pas un quart d'heure que le gouverneur était parti que la porte se rouvrit.

Deux guichetiers à mine rébarbative se présentèrent et dirent assez brutalement :

— Il faut sortir d'ici.

— Est-ce que vous allez nous mettre en liberté? demanda M. de Mauroy en riant.

— Vous le verrez bien, répondit l'un d'eux. Allons, suivez-nous!

Il y avait dans le corridor un piquet de soldats pour escorter les prisonniers.

On les fit descendre du second au premier étage et du premier étage au rez-de-chaussée.

Là, après leur avoir fait parcourir un sombre corridor, on les introduisit dans une étroite cellule où il y avait deux affreux grabats, en guise de lits.

Puis on les enferma, les laissant sans lumière.

— Hé! hé! dit le flegmatique vicomte, voici un joli acheminement vers le trou-aux-rats. Qu'en pensez-vous, Hector?

Et il se jeta tout vêtu sur l'un des grabats, en disant :

— Bah! une mauvaise nuit est bientôt passée!

XLI

Le lendemain matin, un filet de jour blafard descendit de troite meurtrière qui ajourait la cellule sur le lit de M. le vimte Gontran de Mauroy.

Hector dormait encore.

Le Flamand fumait tout le jour ; il bourra sa pipe, battit le briquet, se procura du feu et se mit à lancer de grosses bouffées vers le plafond.

Quand il fumait lentement, c'était une preuve qu'il avait l'esprit en repos.

Mais s'il fumait vite, c'est que son esprit était en travail.

Or, le Flamand se mit à lâcher bouffées sur bouffées, et par conséquent à chercher quelque chose que, évidemment, il n'avait pas encore trouvé.

Ce quelque chose, c'était le moyen de se faire mettre au cachot.

Tout à coup son visage s'illumina et il cria :

— Hector! Hector!

Hector s'éveilla.

— Mon ami, dit M. de Mauroy, la visite d'un guichetier quelconque ne peut tarder, et nous avons besoin auparavant de causer un brin.

— Je vous écoute, dit Hector.

— Entendons-nous bien, poursuivit le Flamand. Qu'est-ce que nous voulons? Sortir d'ici, n'est-ce pas?

— Sans doute.

— Et pour cela, il nous faut aller dans le trou-aux-rats.

— Nécessairement.

— Alors qui veut la fin veut les moyens...

— C'est incontestable.

— Par exemple, rappelez-vous que vous vous brouillerez à tout jamais avec le roi, la marquise et les courtisans.

— Les courtisans, la marquise et le roi me laisseraient certainement mourir ici, répondit Hector. Par conséquent je n'ai pas grand'chose à risquer.

— A la bonne heure! j'aime à vous voir dans ces sentiments-là.

— Mais qu'allez-vous donc faire?

— Vous verrez...

Peut-être le Flamand se fût-il expliqué plus nettement s'il en avait eu le temps ; mais le temps lui manqua.

La porte s'ouvrit et les deux guichetiers parurent.

Ils avaient l'air encore plus renfrognés que la veille.

— Allons, dit l'un d'eux, levez-vous et venez vous promener dans le préau.

— Déjà? fit le Flamand.

— Les prisonniers pour qui l'on a des égards, reprit le guichetier, se promènent quand ils veulent.

— Et les autres?

— De huit à neuf heures du matin.

Hector lui prit la main. (Page 109.)

— Alors on n'a pas d'égards pour nous?

— Certainement non. Vous avez outragé M. le gouverneur.

— Bah! dit le Flamand, il en verra bien d'autres!

Les guichetiers le regardèrent de travers.

Les deux prisonniers se levèrent et les suivirent.

Au bout de ce corridor sombre et humide lequel était leur cellule, s'ouvrait un des préaux de la prison.

C'était une petite cour étroite, bornée par de grands murs, un véritable couloir à courants d'air.

Aux deux extrémités se trouvaient deux guérites dans lesquelles grelottaient deux sentinelles.

— Brrr! fit le vicomte en entrant dans le préau, il fait un froid de loup ici.

— C'est fort salutaire, monsieur, ricana l'un des guichetiers.

— On voit bien qu'on n'a pas d'égards pour nous de nous faire sortir si matin et par un temps pareil.

— Qu'est-ce que vous diriez donc si vous étiez au cachot? dit encore le guichetier d'un ton moqueur.

— Et ces soldats, que font-ils là?

— Ils surveillent les prisonniers.

— Alors, dit froidement le Flamand, nous allons leur donner de la besogne. Hector, attention!

Et le Flamand revint vers le guichetier qui lui parlait insolemment, ni plus, ni moins qu'un sanglier revient sur le chasseur qui l'a blessé.

— Drôle, lui dit-il, je suis un gentilhomme, et tu n'es qu'un valet, et tu te permets de me parler le chapeau sur la tête.

— Je suis votre supérieur ici, répondit le guichetier.

D'un revers de main, le Flamand fit voler à terre la casquette du guichetier.

Celui-ci poussa un cri de colère qui fut bientôt suivi d'un cri de douleur. Car le colosse lui appuya ses deux larges mains sur les épaules, appuya un peu et le renversa sous lui.

Hector avait parfaitement compris la manœuvre.

Il se jeta sur l'autre guichetier, et avant que les sentinelles fussent accourues, les porte-clefs avaient reçu chacun une demi-douzaine de coups de poing.

Les sentinelles arrivèrent la baïonnette en avant ; M. de Mauroy se laissa arrêter sans résistance et Hector l'imita.

— Ah! ah! dit en se relevant tout meurtri le guichetier qui avait eu affaire au Flamand, ah! vous voulez aller au cachot! soyez tranquilles! M. le gouverneur saura vous mettre à la raison.

Les prisonniers furent reconduits dans leur cellule.

— Dans une heure, dit le Flamand à l'oreille d'Hector, nous serons dans le trou-aux-rats.

Le Flamand ne se trompait pas.

Moins d'une heure après la porte de la cellule se rouvrit, et M. le gouverneur en personne apparut plus rouge encore que la veille, et les yeux flamboyants.

M. Lange, son flegmatique secrétaire, le suivait.

— Messieurs, s'écria M. de Launay, vous vous êtes conduits de façon à combler la mesure. Je vous condamne à un mois de cachot.

— Bah! répondit le Flamand avec calme, il faut bien espérer que dans un mois la Pompadour sera morte et rongée par les vers. La pourriture du corps suivra celle de l'âme.

— C'est tout à fait mon avis, dit le docile Hector.

— Ah! vous insultez madame la marquise de Pompadour, s'écria le gouverneur, l'amie de notre bon roi !

— Votre roi est un vieil idiot, répondit le Flamand, qui savait fort bien que M. de Launay ne pouvait sévir plus durement que de le mettre au cachot.

— Monsieur Lange, dit le gouverneur, vous allez donner des ordres, n'est-ce pas ?

— Oui, monseigneur.

— Au cachot, ces deux misérables!

— Dans lequel ?

— Dans le trou-aux-rats.

Et le gouverneur sortit, disant à son secrétaire :

— Il faudra s'arranger de façon que la marquise sache cela, mon ami.

— Certes oui, dit le secrétaire.

Un quart d'heure après, M. de Mauroy et Hector étaient transférés dans le trou-aux-rats.

C'était un cachot creusé à trente pieds sous terre, dans l'angle sud-ouest de l'édifice.

Il n'y avait pas de jour; on y vivait dans une obscurité complète. Ni table, ni chaises, ni lit, mais un peu de paille fétide et moisie dans un coin et destinée à servir de couche au prisonnier.

— Enfin! dit le Flamand, croyez-vous que nous sortirons, maintenant?

— Je l'espère, répondit Hector. Mais en admettant que tout réussisse et que nous sortions, gare à nous si on nous rattrape jamais !

— Bah! nous n'y sommes pas. Sortons d'abord.

La journée leur parut longue, néanmoins. Les murs du cachot suintaient d'humidité, et plusieurs fois Hector réprima un cri et un frisson.

Il avait senti un rat passer auprès de lui ou grimper le long de ses jambes.

Au fond de cette tombe on n'entendait point la grande horloge de la Bastille qui sonnait les heures.

En lui prenant son argent, on avait pris la montre du Flamand. Cette montre était à répétition, et il eût pu savoir combien d'heures encore le séparaient du moment de sa délivrance.

Les prisonniers du trou-aux-rats ne mangeaient plus que du pain sec et ne buvaient plus que de l'eau.

Aussi le matin, en les amenant, leur avait-on laissé un pain noir et une cruche.

Par un dernier raffinement de barbarie, M. de Launay, qui voulait absolument être agréable à madame de Pompadour, avait fait ôter sa pipe au Flamand.

Vers six heures, du moins ils pensaient qu'il devait être cette heure, un petit guichet s'ouvrit dans la porte du cachot.

Une main qui tenait un rat-de-cave passa par ce guichet, et la lueur du rat-de-cave se projeta sur les deux prisonniers, qui étaient couchés côte à côte sur la paille.

En même temps, ils entendirent une voix qui disait :

— Cette fois, ils sont bien tranquilles.

Le guichet se referma.

Alors le vicomte approcha ses lèvres de l'oreille d'Hector :

— C'est la visite du soir, dit-il, maintenant on ne reviendra plus.

A mesure que le temps marchait, le doute s'emparait de l'âme d'Hector.

— Qui sait, disait-il, si le Duverger tiendra sa promesse ?

— Enfant, dit M. de Mauroy, est-ce qu'un homme de ce genre fait fi de vingt mille livres ?

Une heure s'écoula, puis deux et une troisième encore.

— Il est bien certainement plus de minuit, dit Hector, et nous n'entendons rien.

Le Flamand ne répondit pas.

Lui aussi commençait à trouver le temps long.

— Peut-être, disait Hector, s'est-on douté de nos projets, peut-être a-t-on arrêté Duverger.

— Patience! disait le Flamand.

Mais il prononçait ces mots avec un accent que le doute commençait à envahir.

Tout à coup Hector tressaillit et fit un brusque mouvement.

— Qu'avez-vous? demanda son compagnon.

— Il me semble que j'ai entendu quelque chose.

— Moi, je n'entends rien.

— Appuyez votre oreille contre le mur.

— C'est fait.

— N'entendez-vous rien ?

— Si, dit le Flamand après une minute, un bruit sourd et lointain.

— Ce sont nos libérateurs.

— Mais ce ne sont pas des coups de pioche que j'entends, dit encore M. de Mauroy.

— Qu'est-ce donc ?

— Des voix d'hommes.

— Ah!

— Elles sont au-dessous de nous... Elles se rapprochent...

Soudain les deux prisonniers firent un soubresaut sur la paille de leur cachot.

Un autre bruit s'était fait entendre et le sol avait tremblé.

— Cette fois, dit le vicomte, c'est un coup de pioche.

C'en était un, en effet, qui fut suivi d'un autre et d'un autre encore.

Puis le travail fut entrepris avec activité.

A chaque coup, le sol tremblait sous les pieds des deux prisonniers.

— Pourvu qu'on ne vienne pas de là-haut pendant ce temps-là, disait le vicomte.

Enfin, au bout d'une demi-heure, les coups étaient si près des prisonniers qu'ils comprirent que l'heure de la délivrance approchait.

On eût dit qu'un volcan bouillonnait au-dessous d'eux. Et, tout à coup, le sol s'effondra, un abîme s'ouvrit, et M. de Mauroy et Hector, qui se tenaient par la main, y furent entraînés.

— Cette fois-ci, s'écria le Flamand, nous sommes sauvés et bien sauvés !

Et il continua à rouler dans cette cavité dont il ne voyait pas le fond.

XLII

La cavité dans laquelle M. le vicomte Gontran de Mauroy et son jeune ami Hector de Pierrefeu avaient été entraînés, par suite de l'éboulement du sol de leur cachot, n'était pas très-profonde, comme on le pense bien.

Tous deux furent reçus par des bras ouverts qui amortirent leur chute.

Hector avait instinctivement fermé les yeux.

Quand il les rouvrit, il se vit dans le couloir si minutieusement décrit par le sieur Duverger de Beauverger.

Cinq hommes l'entouraient, lui et M. de Mauroy.

Quatre étaient des ouvriers terrassiers, à en juger par leur costume.

Le cinquième avait la mise d'un bourgeois aisé.

Celui-là tenait une lanterne.

— Ah! dit le Flamand en regardant ce dernier, c'est vous qui êtes le cousin de Duverger?

— Oui, monsieur.

— Notre libérateur, par conséquent.

— Je viens d'avoir cet honneur, dit le bourgeois; mais tout n'est point fini, monsieur, il faut sortir d'ici.

— Bon!

— Et nous sauver au plus vite.

— Montrez-nous le chemin, nous vous suivrons...

Le bourgeois passa le premier, sa lanterne à la main.

M. de Mauroy et Hector le suivirent, et les ouvriers fermèrent la marche.

Au bout de quelques minutes, le Flamand crut entendre un clapotement.

— Qu'est-ce que cela? fit-il.

— Monsieur, répondit le cousin de Duverger, il a plu beaucoup ces jours derniers.

— Eh bien?

— Et il y a de l'eau dans le chenal.

— Beaucoup?

— Quatre ou cinq pieds pour le moins.

— Diable! murmura le Flamand ; nous avons déjà passé une nuit glaciale; j'aimerais mieux toute autre chose qu'un bain froid.

— Rassurez-vous, monsieur, répondit le bourgeois. Nous avons une barque.

— Oh! oh! et où l'avez-vous prise?

— Elle était amarrée dans le chenal, où quelquefois les ouvriers de l'édilité descendent pour les menues réparations.

En effet, au bout du souterrain, le Flamand aperçut un grand bateau plat muni de deux perches destinées à le gouverner.

Le cousin de Duverger y monta le premier et fixa sa lanterne à la proue.

Le Flamand et Hector y prirent place ensuite, et les ouvriers s'emparèrent des perches.

Le bateau se mit en route et commença à remonter le chenal.

— Hé! dit M. de Mauroy à Hector, à cette heure-ci, M. le gouverneur de la Bastille dort sur ses deux oreilles. Il ne sera pas d'une gaieté folle à son réveil.

Le chenal était bien tel que l'avait décrit M. Duverger de Beauverger.

C'était un grand aqueduc voûté, tel qu'on en devait faire un peu plus tard sous tout Paris.

Comme il avait une certaine inclinaison, le courant de l'eau était rapide.

Mais les ouvriers étaient vigoureux, et ils manœuvraient la barque de façon à la remonter.

Au bout d'un quart d'heure, l'embarcation s'arrêta.

En même temps, l'aubergiste dirigea les rayons de sa lanterne sur une brèche faite dans le mur et qui donnait accès dans un nouveau souterrain.

— Bon! fit M. de Mauroy, c'est là l'entrée de votre cave, je présume?

— Oui, monsieur.

— Et vous allez boucher cette brèche une fois que nous serons entrés?

— Oui, certainement, dit l'aubergiste.

— Mais, mon cher monsieur, continua le Flamand, tandis que l'un des ouvriers sautant à terre assujettissait la barque afin que les passagers pussent descendre, avez-vous bien songé à ce que vous allez faire?

— Sans doute, monsieur.

— Vous allez reboucher cette brèche quand nous serons passés?

— Oui.

— Et vous dites que lorsque M. le gouverneur de la Bastille s'apercevra de notre évasion, s'il lui plaît de suivre nos traces, il remontera ou descendra vainement le chenal, sans parvenir à savoir par où nous sommes passés?

— Naturellement.

L'aubergiste se prit à sourire.

— Mais, mon cher monsieur, rien ne sera plus facile que de reconnaître la brèche fermée, grâce à la fraîcheur de la maçonnerie.

— Votre Seigneurie se trompe, dit-il.

— Oh! non.

— Comment cela?

— J'ai fait délayer du noir de fumée dans le mortier, et les ouvriers vont avoir grand soin de replacer ces pierres dans l'ordre où elles étaient. Je défie un maçon habile de s'y reconnaître ensuite.

— Ah! ah! dit le vicomte en riant, je vois que vous êtes un homme de précaution.

Les ouvriers remirent les deux perches dans la barque et laissèrent celle-ci s'en aller à la dérive.

— Mes amis, leur dit le Flamand, il y aura cent livres de gratification de plus pour vous.

Et tandis que ceux-ci se mettaient aussitôt à l'œuvre, afin de refermer la brèche dans le plus bref délai, Hector et M. de Mauroy suivirent l'aubergiste.

Celui-ci leur fit traverser successivement plusieurs caveaux dans lesquels il tenait son vin, et ils arrivèrent ainsi à un escalier qui remontait dans l'auberge.

— Je suis veuf, dit le cousin de Duverger en leur montrant le chemin, et j'ai renvoyé ce matin mon unique servante. Il n'y a donc aucune indiscrétion féminine à craindre.

— Fort bien, dit le Flamand.

— L'un de mes deux garçons est couché, l'autre est un homme sûr, en qui j'ai toute confiance ; c'est lui seul qui vous verra. Il est à son poste et tient en mains les chevaux.

— Quels chevaux?

— Mais dit l'aubergiste naïvement, je ne suppose pas qu'après vous être évadés de la Bastille...

— Nous restions à Paris, voulez-vous dire?

— Dame! la police de M. de Sartine vous aurait bientôt repris.

— Nous ne comptons pas y rester non plus, soyez tranquille, répondit le Flamand ; mais nous avons quelques petites affaires d'intérêt à traiter auparavant, et nous demeurerons cachés quelques heures.

— Où cela?

— Oh! dit le Flamand, soyez tranquille, j'ai un endroit sûr.

Le vicomte tira sa montre.

— Deux heures du matin! fit-il. Il n'est pas jour avant sept heures, il en sera huit quand on s'apercevra de notre fuite. Nous avons donc six heures devant nous.

Et se tournant vers Hector :

— Ne mourez-vous pas de faim, mon ami?

— Je ne sais pas, répondit distraitement le jeune homme.

— Ça, monsieur, continua le Flamand, puisque vous êtes aubergiste, on doit trouver à souper chez vous?

— Oh! certainement, monsieur ; j'avais même prévu que vous auriez grand faim, et j'ai fait dresser une table là, dans cette petite salle.

Et le cousin de Duverger fit passer de la grand'salle, où ils se trouvaient alors, M. de Mauroy et Hector dans une autre pièce, où il y avait effectivement une table chargée de viandes froides et de bouteilles de vin couvertes de vénérables toiles d'araignées.

— Vous êtes un brave homme, dit le Flamand, je vous proclame le roi des aubergistes. Aussi je veux me montrer le roi des prisonniers.

L'aubergiste ne comprit pas.

— Je m'explique, poursuivit M. de Mauroy. Je ne saurais accepter que les menus frais que vous venez de faire pour nous soient compris dans les cinq mille livres convenues. Quand nous aurons soupé, nous irons délivrer votre cousin M. Duverger de Beauverger, que j'ai mis en gage chez M. Bœmer, et ce dernier, après lui avoir compté son argent, lui remettra mille livres pour vous et mille livres de gratification pour les ouvriers.

L'aubergiste, ébloui, salua jusqu'à terre.

— Ma foi, monsieur, dit-il, je doute que M. de Nocé se fût montré aussi grand seigneur que vous.

Le Flamand sourit et se mit à table.

Hector l'imita. Il n'avait ni faim ni soif. Mais il but et mangea néanmoins, pour obéir au vicomte, qui lui disait :

— Nous avons besoin de forces physiques. Sortir de la Bastille n'est rien. Il faut savoir n'y pas rentrer.

Et quand il eut bu et mangé, le vicomte dit encore à l'aubergiste :

— Mon cher monsieur, vous serait-il possible, sans toutefois vous compromettre, de faire tenir un billet, que je vais écrire, à M. de Launay.

— Rien n'est plus facile, monsieur.

— Comment?

— Il y a à la porte même de la prison une boîte, dans laquelle on jette les lettres qu'on espère faire parvenir aux prisonniers, et qui, la plupart du temps, ne parviennent qu'au gouverneur.

— Alors vous jetterez ma lettre dans cette boîte?

— Je la ferai porter par un de mes garçons.

— A merveille! Donnez-moi ce qu'il faut pour écrire.

Et quand l'aubergiste lui eut apporté une plume et du papier, le Flamand traça ces lignes suivantes :

« Monsieur le gouverneur,

« Quand la présente vous parviendra, j'aurai eu la douleur de me séparer de vous.

« J'ai toujours aimé le grand air, et le régime de la prison ne ferait qu'altérer ma santé, à laquelle je tiens beaucoup.

« Seulement, avant de vous dire adieu, monsieur le gouverneur, car je crois que nous ne nous reverrons pas de longtemps, j'ai à cœur de vous faire des aveux.

« Je savais que mes amis travaillaient à ma délivrance ;

« Que cette délivrance n'était possible qu'à la condition d'être enfermé dans le cachot qu'on appelle le trou-aux-rats ;

« Pour arriver à ce but, il fallait bien vous irriter et vous mettre en colère.

« J'ai donc, pour cela, parlé devant vous en termes peu convenables de Mme la marquise de Pompadour, pour laquelle, au fond du cœur, j'ai toujours eu le plus grand respect.

« Mis à la Bastille pour avoir eu dans ma poche un numéro de la Gazette de Hollande, je dois vous dire encore, monseigneur, que j'avais trouvé ce journal sur la table de l'hôtellerie du Singe-Vert, et que je l'avais emporté dans ma chambre qu'avec l'intention de le brûler, tant j'étais révolté des infamies qu'il contenait à l'endroit de la plus spirituelle et plus vertueuse des femmes.

« Assurez donc, je vous prie, monsieur le gouverneur, la marquise de tout mon respect, et veuillez me croire moi-même,

« Votre très-obéissant,

« MAUROY. »

— Mais pourquoi donc écrivez-vous cela? demanda Hector.

— Parce que cette lettre parviendra à la marquise.

— Eh bien?

— Que sa colère tombera, et que, dès lors, on ne s'occupera plus de nous.

Sur ces mots, le vicomte se leva.

— Maintenant, dit-il, allons chez Bœmer. Je suis fort mal à l'aise de n'avoir pas d'argent en poche.

XLIII

M. Bœmer, l'excellent joaillier de la rue des Lombards, était d'origine allemande avec un peu de sang hollandais, du côté des femmes.

C'était un homme calme et froid, d'une discrétion absolue et qui ignorait le vice si fréquent dans l'humanité, la curiosité.

A vrai dire, M. Bœmer n'était un homme. C'était une caisse.

Il avait des correspondants à Dresde, Vienne, Saint-Pétersbourg et Berlin ; il en avait d'autres à Gand et à La Haye.

Ce que ces correspondants lui demandaient, il le faisait.

Le prince Trespatki était arrivé avec une lettre de crédit prise à Saint-Pétersbourg.

Bœmer payait, sur la signature du prince, tout ce qu'on lui demandait.

Il n'appartenait pas à ce monde financier moderne qui a ses habitudes réglées, qui ferme sa caisse à cinq heures et prie ceux qui ont affaire à elle de repasser le lendemain.

Comme l'avait dit le Tartare à Porion, Bœmer payait à toute heure de nuit et de jour.

Un de ses correspondants de Gand lui avait écrit deux jours auparavant :

« M. le vicomte Gontran de Mauroy va à Paris. Donnez-lui tout ce qu'il vous demandera. »

Bœmer n'en voulait pas savoir davantage.

Le matin de ce jour où le Flamand avait rencontré Hector à l'hôtellerie du Singe-Vert, il était venu à Paris, et M. Bœmer lui avait ouvert sa caisse.

Le Flamand avait pris une centaine de pistoles.

M. Bœmer ne lui avait pas demandé ce qu'il venait faire à Paris.

Le lendemain, vers quatre ou cinq heures de l'après-midi, un homme s'était présenté à la caisse de M. Bœmer.

Cet homme n'était autre que M. Duverger de Beauverger.

Il était porteur de la lettre de M. de Mauroy.

Bœmer la lut.

Il ne témoigna aucune surprise, bien que cette lettre fût étrange ; il ne demanda même pas où pouvait être le vicomte.

Il compta l'argent destiné à l'aubergiste et aux ouvriers, et dit simplement à M. Duverger de Beauverger :

— Quand reviendrez-vous?

— Ce soir, avait répondu le porte-clefs, qui, comme on le pense bien, s'était gardé de se présenter en uniforme d'employé de la Bastille.

Ce fut le même soir que Porion arriva à son tour dans le carrosse du Tartare, avec le bon des cent mille écus destinés au maréchal de Richelieu.

On sait que M. Bœmer avait payé et que Porion était parti, ne se doutant pas que le joaillier avait déjà donné une partie du prix de l'évasion des deux gentilshommes qu'il avait conduits à la Bastille.

Mais à peine Porion était-il parti, et comme M. Bœmer s'allait coucher, on avait de nouveau gratté à la porte.

C'était M. Duverger de Beauverger, qui se venait constituer prisonnier.

M. Bœmer lui dit alors avec son flegme germanique :

— Voulez-vous vos vingt mille livres tout de suite ? Dans ce cas il me faudra rouvrir ma caisse.

— Cela m'est égal, répondit le porte-clefs qui savait parfaitement maintenant à qui il avait affaire.

— Cela m'arrange aussi, dit Bœmer, sans se départir de son calme, j'en ai pour un grand quart d'heure à rouvrir ma caisse. Ensuite ma maison n'est nullement disposée pour servir de prison, ajouta le joaillier ; il n'y a pas de barreaux aux fenêtres, et si l'envie vous prenait de vous évader, rien ne vous serait plus commode. Si vous n'avez pas votre argent en poche, cette envie ne vous prendra pas.

Cette logique rigoureuse fit sourire M. Duverger de Beauverger. Le joaillier le conduisit au premier étage de sa maison, poussa une porte et lui dit :

— Voilà votre chambre. Vous pouvez vous coucher. A quelle heure déjeunez-vous ? Si M. de Mauroy n'est pas venu vous délivrer demain matin, vous me ferez l'amitié de partager mon repas.

Il dit tout cela fort simplement, laissa un flambeau sur la cheminée et souhaita le bonsoir au porte-clefs.

Mais celui-ci ne possédait pas cette vertu de discrétion qui faisait si grand honneur à M. Bœmer.

— Eh ! monsieur ? dit-il au moment où le joaillier se retirait, un mot, je vous prie.

— Parlez, dit M. Bœmer.

— Vous êtes veuf, n'est-ce pas ?

— Oui, monsieur.

— Avez-vous des enfants ?

— J'ai deux fils qui apprennent le commerce, l'un en Allemagne, l'autre en Hollande.

— Et nous sommes seuls ici ?

— Mes commis viennent à huit heures et s'en vont à six. Ma femme de ménage arrive à sept heures et ne s'en va qu'après mon dîner.

— Ce qui fait que vous couchez tout seul ici ?

— Oui, monsieur.

— Sans crainte des voleurs ?

M. Bœmer se prit à sourire :

— Ma caisse se garde toute seule.

— Elle est bien fermée.

— La serrure a des secrets que je possède seul.

— Mais enfin on pourrait la briser...

— Oui, mais il y a à l'intérieur une petite pièce de canon chargée à mitraille qui partirait et tuerait les voleurs s'ils essayaient de la fracturer.

M. Duverger de Beauverger reprit :

— Monsieur Bœmer, dit-il, vous êtes un homme prudent.

— Il le faut bien, répondit le vieillard avec sa simplicité habituelle.

Et il s'en alla.

Une heure après, cet homme, qui avait des millions chez lui, dormait aussi tranquillement que le savetier de La Fontaine avant qu'il n'eût touché ses cent écus.

Mais la Providence en voulait cette nuit-là au sommeil du joaillier.

A trois heures du matin, Bœmer qui n'avait point fini son premier somme, fut réveillé en sursaut.

On frappait à la porte de sa maison.

Il se leva en se frottant les yeux et sortit sans manifester la moindre humeur.

— C'est sans doute M. de Mauroy.

Néanmoins quand il eut allumé sa bougie et fut habillé, au lieu d'ouvrir la porte, il ouvrit sa fenêtre et regarda dans la rue.

Il y avait deux hommes devant la porte.

— Qui frappe ? demanda-t-il.

— Mauroy, répondit l'un d'eux.

M. Bœmer sortit de sa chambre et monta dans celle de Duverger.

— Hé ! monsieur, lui dit-il, je crois qu'on vient vous délivrer.

M. Duverger de Beauverger s'était couché tout vêtu.

De plus, il ne dormait pas.

Allez donc dire à un homme qui est sur le point de toucher vingt mille livres, de fermer les yeux et de ronfler comme un autre !

M. Duverger sauta donc à bas de son lit, puis il suivit M. Bœmer qui descendait.

Trois minutes après, M. de Mauroy et Hector entraient dans la boutique.

— Ah ! cher monsieur Bœmer, dit le Flamand, vous êtes peut-être un peu étonné de me voir ?

— Je ne suis jamais étonné de rien, monsieur le vicomte, répondit le joaillier.

— Vous ne savez donc pas d'où je viens ?

Et le Flamand regarda Duverger d'un air surpris.

— Non, répondit M. Bœmer, avec l'accent d'un homme qui répondrait : « Que vous veniez de l'enfer ou du ciel, cela m'est parfaitement indifférent. » .

— Je viens de la Bastille.

— Ah !

Et M. Bœmer, sans plus d'étonnement, se dirigea vers sa caisse dont il se mit à étudier les complications et les diverses serrures, tournant une vis par-ci, un bouton de cuivre par-là, affrontant une lettre avec une autre, et introduisant une petite clef dans chacune des serrures.

M. Duverger de Beauverger se pencha à l'oreille de M. de Mauroy.

— Eh bien ! dit-il, tout a réussi, n'est-ce pas ?

— Vous le voyez...

— Vos chevaux sont prêts ?

— Non, nous ne partons pas.

— Comment ! vous allez rester à Paris ?

— Parbleu !

M. Duverger ne répondit rien. Il avait pris en quelques heures un peu du caractère de M. Bœmer.

Puis, se penchant de nouveau à l'oreille du Flamand :

— Le joaillier ne sait rien, dit-il, il est inutile de lui donner des détails.

— Soit, dit M. de Mauroy.

M. Bœmer, ayant enfin ouvert sa caisse, se tourna vers Duverger :

— Voulez-vous de l'or ? dit-il.

— Comme vous voudrez, répondit le porte-clefs.

— M. Bœmer, dit le vicomte, ayez donc l'obligeance d'ajouter onze cents livres aux vingt mille.

Et il dit au porte-clefs :

— C'est une petite gratification que j'ai promise à votre cousin.

M. Bœmer compta les vingt et un mille cent livres, et M. Duverger les empocha.

Alors le Flamand tendit la main à ce dernier.

— Enchanté, mon cher monsieur, lui dit-il, d'avoir fait votre connaissance, et au plaisir de vous revoir. Prenez garde aux voleurs en vous en allant.

M. Duverger serra les mains du vicomte, salua Hector, et se sauva.

M. Bœmer ne fit pas une objection.

Seulement il se tourna vers le Flamand :

— Et vous, monsieur, dit-il, voulez-vous de l'argent ?

— Je le crois bien, répondit M. de Mauroy.

— Quelle somme vous faut-il ?

— Donnez-moi dix mille livres en bons de caisse et cinq mille en or.

— Mettez-vous à cette table, prenez cette plume et faites-moi un reçu.

M. de Mauroy donna le reçu et mit l'argent dans sa poche.

Alors M. Bœmer lui dit :

— Vous n'aurez plus besoin de moi cette nuit ?

— Certes, non.

— J'espère, en ce cas, pouvoir dormir. Je n'aurais eu qu'une visite à redouter, celle du prince Trespatki, qui me fait souvent éveiller la nuit ; mais son intendant est venu dans la soirée.

Ce nom du prince Trespatki fit pâlir Hector, et tout son sang afflua à son cœur.

— Pardon, monsieur Bœmer, dit vivement le Flamand, je connais beaucoup le prince.

— Ah !

— Il est donc revenu à Paris ?

— Depuis deux jours.

— Où loge-t-il, s'il vous plaît ! J'irai demain lui rendre mes hommages.

— A l'hôtel du comte de Clermont, rue du Pas-de-la-Mule, monsieur.

— Merci bien. Bonsoir, monsieur Bœmer.

— Bonsoir, messieurs.

— Désolé de vous avoir dérangé.

— Oh ! ça ne fait rien.

Et M. de Mauroy sortit de la boutique du joaillier, entraînant Hector et murmurant :

— Nous savons déjà où trouver le Tartare. C'est quelque chose.

Et tous deux s'éloignèrent d'un pas rapide, tandis que M. Bœmer se recouchait.

XLIV

Quand ils furent au coin de la rue des Lombards, M. de Mauroy s'arrêta sous une lanterne pour consulter sa montre :

— Il est près de quatre heures du matin, dit-il, nous n'avons plus que quatre heures à nous. Voyons donc à prendre un parti tout de suite.

Hector le regarda.

— Dans quatre heures, poursuivit le Flamand, on se sera aperçu de notre fuite, et il ne fera pas bon à nous promener le nez au vent dans les rues de Paris. Causons donc sérieusement, mon jeune ami.

— Je vous écoute, dit Hector.

— Si je n'avais à penser qu'à moi, dit le Flamand, je m'en irais à l'hôtellerie du *Lion-d'Argent*, rue Saint-Denis, j'enfourcherais un bon cheval et je galoperais vers les Flandres; mais je songe à vous... et c'est pour vous que je reste à Paris. Quel est le double but que nous nous proposions, quand nous étions à la Bastille, pour le cas où nous en sortirions : enlever Cécile et venger votre malheureux frère, n'est-ce pas?

— Oui, dit Hector.

— Cécile vous aime, et elle ne demandera pas mieux que de vous suivre.

— Je le crois, murmura le jeune homme, que le nom de Cécile plongea dans une véritable extase.

— Nous savons où trouver le Tartare, donc rien de mieux. Reste à savoir maintenant par où commencer.

— Oh! dit Hector, à l'heure qu'il est, Cécile et mes amis doivent savoir que je suis à la Bastille.

— C'est possible.

— Il faudrait donc les rassurer.

— Mon ami, dit le Flamand, un gentilhomme ne saurait ignorer la vénerie, et vous avez certainement chassé un lièvre plus d'une fois.

— Sans doute, dit Hector.

— Un lièvre chassé revient toujours à son lancer.

— Cela est vrai.

— Or, en ce moment, vous êtes un lièvre, et les gens qui vous chassent se nomment M. de Launay, Porion, les sergents de M. de Sartine. La première chose que l'on fera sera de courir rue Saint-André-des-Arts, et là on retrouvera votre trace.

— Mais ne serons partis et emmèneront Cécile.

— Il faudrait pour cela que vous pussiez entrer dans la maison sans que personne vous vit...

— C'est facile : la porte de cette maison s'ouvre, pour les locataires, en touchant un rond de fer mobile dissimulé au-dessous de la serrure.

— Fort bien.

— L'escalier n'est pas éclairé.

— Soit; mais, en vous voyant, elle jettera un cri.

— Qu'importe! le dernier étage, qu'elle habite, n'a que deux chambres, la sienne et celle de mon ami Firmin.

— Répondez-vous de la discrétion de ce dernier?

— Comme s'il était mon frère.

— Mais elle a un père...

— Je réponds de lui aussi.

— Eh bien! dit le Flamand, allons! mais dépêchons-nous... le temps marche...

Ils se mirent en route et prirent la direction du pont Neuf.

— Mais, dit Hector, quand nous aurons Cécile, où irons-nous?

— J'attendais cette question, dit le Flamand en souriant. J'ai un gîte pour nous trois à Paris.

— Ah!

— Un ancien valet de chambre à moi, un brave homme qui se ferait hacher pour mon service, loge rue Saint-Louis-au-Marais, où il est établi bonnetier. Il a une grande maison, et nous cachera cinq ou cinq jours, le temps de chercher le Tartare.

— Oh! murmura Hector, il me faut tout son sang pour celui de mon malheureux frère!

— Soyez tranquille, répondit le Flamand d'un ton mystérieux, votre frère sera vengé.

La nuit était froide et brumeuse.

L'heure des mauvaises rencontres était passée, et il n'y avait personne dans les rues.

En moins d'un quart d'heure, Hector et M. de Mauroy arrivèrent rue Saint-André-des-Arts.

Hector était parfaitement au courant des habitudes de la maison. Il poussa la rondelle de fer, et la petite porte bâtarde s'ouvrit sans bruit.

L'allée était noire et silencieuse.

— Donnez-moi la main, dit le jeune homme à M. de Mauroy.

Ils grimpèrent dans l'obscurité la plus complète, et en étouffant le plus possible le bruit de leurs pas, un escalier auquel une corde graisseuse servait de rampe, et sans laquelle il eût été impossible de monter deux de front.

Arrivé au dernier étage, Hector s'arrêta.

Il avait vu un filet de clarté passer sous la porte.

— Pauvre Cécile! murmura-t-il, elle travaille déjà.

Et il frappa doucement.

Cécile accourut ouvrir, voulut jeter un cri en voyant Hector.

Mais il lui mit une main sur la bouche :

— Tais-toi! dit-il, tu me perdrais!...

Cette menace glaça la voix de Cécile; elle ne prononça plus un mot, mais elle se rejeta au fond de la chambre en voyant qu'Hector n'était pas seul.

M. de Mauroy, ébloui par la beauté de la jeune fille, s'était arrêté sur le seuil.

Hector la prit par la main :

— Cécile, dit-il, monsieur est mon sauveur. Nous ne devions plus nous revoir, car j'étais condamné à une prison éternelle à la Bastille, et, grâce à monsieur, j'en suis sorti, et me voici.

Et, comme Cécile joignait les mains et attachait sur le Flamand un regard de reconnaissance :

— Où est votre père? demanda Hector.

La jeune fille pâlit :

— Oh! dit-elle, mon pauvre père n'est plus le même... Je crois qu'il perd la raison, Hector... Le soir, quand Mardochée est revenu de Versailles et nous a appris que vous étiez à la Bastille, mon père a eu un de ces accès de douleur farouche que vous lui connaissez, et il est parti... Nous avons vainement essayé de le retenir... Où est-il allé? Je l'ignore. Reviendra-t-il? Hélas! je l'ai attendu toute la nuit, priant et pleurant, mon Hector bien-aimé, car j'avais peur de ne plus vous revoir.

— Où est Firmin? demanda encore Hector.

— A minuit, la femme du marchand de comestibles du carrefour Buci, prise des douleurs de l'enfantement, l'a envoyé chercher en toute hâte.

— Et Mardochée?

Cécile s'approcha de la fenêtre.

De cette fenêtre, on s'en souvient, on voyait de l'autre côté de la rue celle du peintre.

C'était par là, on s'en souvient encore, que Mardochée avait aperçu Cécile pour la première fois, et que Porion, à l'aide d'une planche jetée en guise de pont entre les deux croisées, avait enlevé la jeune fille.

Il y avait de la lumière à celle de Mardochée.

Le peintre n'était pas couché non plus.

Cependant il n'était pas ivre, il n'avait même pas soupé.

Après être resté fort avant dans la nuit avec Cécile, essayant de la consoler et lui contant une foule d'évasions auxquelles il ne croyait guère, du reste, mais propres à calmer ses angoisses, il avait fini par rentrer chez lui. Mais, au lieu de se coucher, il s'était tristement assis sur la tête dans ses mains.

A travers ses vitres sans rideaux, on pouvait le voir dans cette attitude douloureuse et méditative.

— Le voilà! dit Cécile.

— Pauvre Mardochée! murmura Hector.

M. de Mauroy, silencieux jusque-là, intervint :

— Mes enfants, dit-il, ce n'est pas l'heure des confidences. Songez, Hector, qu'on s'apercevra bientôt de notre fuite, et qu'il faut que nous soyons, quand le jour viendra, en lieu de sûreté.

Puis, s'adressant à la jeune fille :

— Mademoiselle, dit-il, vous aimez Hector, et Hector vous aime?

Elle rougit et pâlit tour à tour, et baissa ses yeux rougis par les veilles et les larmes.

M. de Mauroy continua :

— Mais l'heure des épreuves est passée. Dans huit jours, Hector, aujourd'hui fugitif, sera riche et libre, car je n'ai pas d'enfant, et je l'adopte.

Hector étouffa un cri.

Le Flamand dit encore :

— De l'autre côté de la frontière, en pays flamand, je suis encore plus libre qu'en France, et nous vivrons heureux. Vous serez la femme d'Hector.

Elle étouffa un nouveau cri.

Le bon gentilhomme ajouta :

— Mais aujourd'hui il faut vous hâter. Voulez-vous suivre Hector?

— Si je le veux! dit-elle dans un premier élan.

Puis un mot monta tout à coup de son cœur à ses lèvres :

— Et mon père! murmura-t-elle.

— Votre père viendra nous rejoindre quand nous serons dans les Flandres.

— Mais... comment le prévenir?

— Attendez! fit Hector.

Il s'approcha de la croisée, l'ouvrit et se mit à siffler.

Ce bruit traversa l'espace et vint faire tressaillir Mardochée sur sa chaise.

Le peintre s'arracha à sa rêverie et courut ouvrir sa fenêtre.

Soudain il aperçut Hector, dont la clarté d'une lampe éclairait le visage.

Hector avait posé un doigt sur ses lèvres, et le cri prêt à s'échapper de la gorge du peintre rentra.

Chose bizarre! la planche qui avait servi à l'enlèvement de Cécile était toujours restée dans l'atelier du peintre.

Celui-ci s'en souvint, il la prit dans ses bras, la poussa d'un toit sur l'autre, et s'aventura hardiment sur ce pont aérien.

Une minute après, il sautait au cou d'Hector.

— Libre! libre! disait-il.

— Vite, répondit Hector; nous n'avons pas une minute. Cécile me suit, elle sera ma femme; attendez le retour de son père, ramenez-le, et dites-lui qu'aussitôt que nous serons hors de France, nous vous écrirons pour que Firmin, vous et lui veniez nous rejoindre.

— Allons, mes enfants, disait le Flamand, hâtons-nous et prenons garde à ce damné Porion.

Mais Mardochée eut un rire bruyant.

— Si vous ne craignez que lui, dit-il, vous pouvez désormais vous promener au grand soleil.

— Plaît-il? fit le vicomte.

— Il est mort, dit Mardochée.

— Mort!

— Oui, on l'a pendu ce matin.

— Où donc?

— A un réverbère de la place Royale.

Et Mardochée allait entamer un récit, mais le Flamand l'arrêta :

— Plus tard... plus tard... dit-il; voilà le jour qui va paraître...

— Partons!

Et les deux gentilshommes serrèrent la main à Mardochée et emmenèrent Cécile.

Mais Mardochée, comme on le verra plus tard, ne devait revoir ni Firmin, ni Robert Damiens.

La vengeance de Porion, qu'il croyait mort, veillait dans l'ombre et allait bientôt l'atteindre.

XLV

Retournons à présent à Versailles, où le roi avait eu fort à faire pour calmer madame de Pompadour.

Le prince de Bénavent avait encore fait cette réflexion en voyant entrer la marquise, qu'il était bien heureux que M. de Richelieu fût parti, emportant l'ordre d'élargissement concernant Hector de Pierrefeu, car, pour se débarrasser des obsessions de la favorite, le roi aurait certainement contremandé cet ordre.

Dans la soirée, on avait appris l'accident arrivé à M. le duc de Choiseul.

Le roi en avait éprouvé un vif chagrin.

Sa Majesté, parlant de son rêve de la nuit précédente, se trouvait revenu à des sentiments tout autres.

Elle voulait réformer les abus, rendre son peuple heureux et châtier ceux qui l'opprimaient.

Ce revirement dans l'esprit du roi avait tellement impressionné madame de Pompadour, qu'elle n'avait point hésité à accepter le marché que proposait le gentilhomme de province cousin de M. de Nocé.

Elle était donc revenue trouver le roi, et le roi avait signé l'élargissement.

Le roi avait passé la journée dans un véritable état d'anxiété. Il attendait avec impatience le retour du maréchal.

Mais le maréchal ne revint pas.

Il était plus de minuit quand Louis XV, lassé d'attendre, se décida à se mettre au lit.

Seulement, il recommanda bien à ses pages d'introduire le maréchal le lendemain matin, aussitôt qu'il se présenterait.

Le lendemain, à dix heures, le maréchal n'était pas encore de retour.

En revanche, madame de Pompadour entra comme une lionne en fureur dans la chambre du roi.

— Qu'avez-vous encore, ma belle amie? dit le roi stupéfait.

— Sire, dit-elle, il faut absolument que Votre Majesté fasse un exemple!

— A propos de quoi?

— A propos de deux misérables qui ont introduit à Versailles la Gazette de Hollande.

— Comment! dit le roi, vous vous occupez encore de cette affaire, ma belle amie?

— Sire, c'est une indignité!

— D'abord, il n'y en a qu'un de coupable, dit le roi, Bénavent me l'a dit bien expliqué.

— Ah! vous croyez cela, sire?

— Mais, oui...

— Mais, sire, interrompit la marquise avec violence, je vois que Votre Majesté ne sait absolument rien de ce qui se passe dans son royaume!

— C'est-à-dire, fit le roi avec calme, que j'entends tout savoir désormais.

— Eh bien! si Votre Majesté daigne m'écouter, elle en apprendra de belles.

— Plaît-il? fit le roi.

— Je lui raconterai des choses abominables...

— Voyons! dit Louis XV avec le même flegme.

— Sire, dit la marquise, M. Lange est chez moi.

— Qu'est-ce que M. Lange?

— Le secrétaire de M. de Launay.

— Ah! ah!

— Il est venu tout exprès de la Bastille ce matin pour me dire ce qui s'y passait.

— Eh bien?

— M. de Launay en est révolté.

La marquise paraissait suffoquer, et elle s'était jetée sur un siége au chevet du roi.

Le roi lui prit la main.

— De grâce, ma belle, dit-il, expliquez-vous.

— Eh bien! ces deux misérables, une fois entrés à la Bastille, ont tenu sur moi, en présence du gouverneur, des propos infâmes.

— Tous les deux?

— Oui, sire.

— Comment!... le jeune homme aussi?

— Certainement, et ce n'est pas tout encore, sire.

— Qu'y a-t-il donc de plus?

— Ils se sont révoltés contre les gardiens.

— En vérité?

— Alors M. de Launay les a fait mettre au cachot.

— Fort bien.

— Et ils se sont évadés...

Cette fois le roi fit un soubresaut.

— Comment! évadés? dit-il.

— Oui, sire.

— Du cachot?

— Par un souterrain que leurs amis ont creusé sous la Bastille.

— En une nuit?

— Oui, sire; si vous ne me croyez pas, M. Lange va vous le dire.

Et elle courut à la chambre royale, qu'elle ouvrit.

M. Lange était dans l'antichambre.

— Venez, monsieur, venez! dit la marquise hors d'elle-même, le roi vous croira peut-être, vous.

M. Lange entra.

Il était vêtu de noir et avait pris sa mine la plus austère.

— Voyons, monsieur, lui dit brusquement le roi, qu'est-il arrivé?

M. Lange raconta de point en point les événements qu'on connaît.

Puis il ajouta que le matin, à huit heures, quand on était venu ouvrir le cachot, on l'avait trouvé vide et défoncé par le sol.

Le guichetier qui avait fait cette découverte avait appelé du secours.

M. de Launay lui-même était arrivé.

On avait pris des torches et on s'était aventuré dans le souterrain qui conduisait au chenil.

Là, où avait perdu toute trace des fugitifs.

Le roi écouta gravement le récit de M. Lange.

Quand celui-ci eut fini, il lui dit froidement :

— M. de Launay veut donc perdre son emploi de gouverneur de la Bastille?

La marquise eut un nouvel accès de colère.

— Sire, dit-elle, M. de Launay est le plus fidèle serviteur de Votre Majesté.

— Mais on s'évade de la Bastille sous son gouvernement, ricana Louis XV.

Et il congédia M. Lange d'un geste.

Quand celui-ci se fut retiré, la marquise dit au roi :

— Eh bien! sire, songerez-vous encore à protéger ce jeune homme, pour lequel vous vous étiez pris d'une belle passion?

Le roi se mordit les lèvres, et, au bout de quelques minutes, il cherchait encore une réponse, lorsqu'on annonça le maréchal de Richelieu.

Cette arrivée tirait le roi d'embarras.

Il se tourna vers le maréchal, qui entra souriant et la bouche en cœur, mais qui, à la vue de la marquise, fronça tout aussitôt le sourcil.

Heureusement, celle-ci se leva et dit :

— Sire, me laisserez-vous partir sans une bonne parole?

— Mais, ma chère, dit le roi, que voulez-vous que je vous dise? Je n'ai pas le loisir ni les moyens de faire la guerre à la Hollande.

— Soit, dit la marquise. Mais Votre Majesté peut sévir contre ces deux gentilshommes...

— Je ne les ai plus en mon pouvoir, puisqu'ils se sont évadés.

— Mais vous pouvez les faire arrêter de nouveau.

— Où cela, ma mie?

— Oh! fit la marquise, si Votre Majesté m'en veut laisser carte blanche...

— Vous vous en chargeriez?

— Oui, sire, et avant huit jours ils seront réintégrés à la Bastille.

— Je le veux bien, dit le roi d'un ton de lassitude.

L'implacable marquise poursuivit :

— Mais je ne m'occuperai de cette affaire que si Votre Majesté me fait une promesse.

— Laquelle?

— La promesse de les faire châtier sévèrement quand ils seront en nos mains.

Le roi tendit la main à madame de Pompadour.

— Je vous le promets, dit-il.

La marquise baisa cette main et murmura :

— Alors, je vais mettre M. de Sartine en campagne.

Et elle sortit, ne soupçonnant pas avec quelle impatience le roi attendait M. le maréchal.

— Eh bien! duc, dit Louis XV, après le départ de la marquise, vous exécutez singulièrement mes ordres.

— Je les exécute à la lettre, sire.

— Comment cela, s'il vous plaît?

— Votre Majesté ne m'a-t-elle pas envoyé à Paris pour faire une petite enquête sur le drapier Ulysse Carnot, qui se disait être le procureur Dumas?

— Oui, certes. Eh bien! que pensez-vous de ce charlatan?

— Sire, ce n'est pas un charlatan.

— Ah! bah!

— Et, sceptique hier matin, vous me voyez crédule, aujourd'hui, sire.

— Allons donc!

— J'ai vu la jambe de cet homme, qui est grand et robuste, et très-jeune d'apparence.

— Et. . cette jambe?

— Est celle d'un vieillard, sire.

— Alors, vous ne seriez pas éloigné de croire à l'histoire du Tartare?

— Non, certainement, sire.

— Mais je suppose, maréchal, poursuivit le roi, que cette conviction ne vous a pas empêché d'arrêter ce drôle?

— Qui? le Tartare?

— Oui, dit le roi.

— Ma foi, sire, je l'aurais fait sans un événement bizarre, singulier...

— Plaît-il? fit le roi.

— Mais il m'est arrivé à moi une aventure...

— Galante?

— Oui et non, sire.

Le roi dressa l'oreille.

— Expliquez-vous donc, maréchal, dit-il.

— Sire, je suis allé chez mon procureur, maître Tavernier, pour un procès qu'on me fait, et j'ai vu chez ledit procureur une femme comme je n'en vis jamais.

— Belle!

— C'est-à-dire, fit Richelieu, que jamais peintre amoureux de l'idéal n'osa la rêver.

— Quel âge?

— Seize ou dix-sept ans.

— Et vous en êtes tombé amoureux, maréchal?

— Par procuration, sire.

Le roi tressaillit et regarda son vieux complice de débauche.

— Si j'étais le roi de France, acheva Richelieu, je la mettrais sur le trône.

— Cette petite?

— Et je voudrais que la marquise fût son humble servante.

— Ah! maréchal.

— Ma foi, sire, j'ai tellement perdu la tête que j'ai tout oublié, même le jeune homme que vous m'aviez commandé de faire sortir de la Bastille.

— Eh bien! rassurez-vous pour celui-là, maréchal, car il n'a pas attendu ma permission. Il est sorti tout seul.

Et le roi, qui déjà avait oublié le Tartare, ajouta :

— Mais contez-moi donc cette histoire, maréchal, contez-la-moi!

XLVI

Le maréchal était souriant.

— Sire, dit-il, madame la marquise de Pompadour elle-même pâlirait auprès de ma belle inconnue.

— Vraiment!

— Et je voudrais être roi de France!

— Pourquoi cela, duc?

— Parce que je ferais à cette merveille un sort digne d'elle.

Le maréchal avait préparé son petit thème pendant le trajet de Paris à Versailles et brodé l'histoire qu'il allait raconter au roi.

— Enfin, dit ce dernier dont l'œil commençait à s'émerillonner légèrement, vous avez rencontré cette beauté incomparable chez un procureur?

— Oui, sire, maître Tavernier, qui vient de me gagner un procès très-épineux.

— Qu'allait-elle donc faire dans cette galère?

— Elle a un procès elle-même.

— Ah! vraiment?

— Un procès duquel dépend toute sa fortune.

— Et le procès est-il bon?

— Excellent. Malheureusement, elle a affaire à des adversaires puissants et qui mettront tout en œuvre.

— Peut-être ne connaît-elle personne, elle?

— Absolument personne, sire.

— Pauvre petite!

— Aussi lui ai-je offert ma protection.

— Eh! eh! maréchal. Peste!

— Je songeais à mon roi, sire.

— Ah! Louis XV, vous voulez que, moi aussi, je la prenne sous ma protection?

— Le roi n'a rien à y perdre, sire.

— Nous verrons cela... ou plutôt nous verrons cette belle enfant...

M. de Richelieu soupira.

— Sire, dit-il, voilà justement où la difficulté commence.

— Plaît-il?

— À ne rien céler à Votre Majesté, mademoiselle Espérance...

— Elle se nomme Espérance?

— Oui, sire.

— Joli nom, ma foi!

— Mademoiselle Espérance est une vertu farouche autant qu'une incomparable beauté. C'est une robuste fille de province et qui ne sait les mœurs faciles de la cour, et qui, très-certainement, si on la conduisait au Parc-aux-Cerfs, se tuerait.

— Allons donc! fit le roi avec un accent d'incrédulité naïve.

— C'est comme j'ai l'honneur de l'affirmer au roi.

— Mais alors, mon cher maréchal, c'est une forteresse imprenable?

— Par la force, oui, sire.

— Et... par la ruse?

— Que Votre Majesté me daigne écouter attentivement, et j'aurai l'honneur de lui exposer le petit plan que j'ai conçu.

— Parlez, maréchal.

— J'ai promis à mademoiselle Espérance de Beaulieu, continua le maréchal, ma protection pour son procès.

— Bon!

— Que Votre Majesté daigne écrire deux lignes au président de la grand'chambre, et l'affaire, qui pourrait être remise indéfiniment, sera jugée jeudi prochain, c'est-à-dire dans trois jours. Le procès est bon, la cause de la jeune fille est juste, au dire de maître Tavernier.

— Donc, elle gagnera son procès.

— Évidemment, car toutes les intrigues de ses adversaires ne pourront rien contre la protection du roi.

— Après?

— Naturellement, dès jeudi soir, aussitôt l'arrêt rendu, mademoiselle de Beaulieu accourt chez moi pour me remercier.

— Ah!

— Mais elle ne me trouve pas, et mon intendant lui dit : « Monsieur le maréchal est à Marly, et il serait heureux d'y recevoir mademoiselle. » Dans l'élan de sa reconnaissance, mademoiselle Espérance monte dans un carrosse qui attend, tout attelé, dans la cour de mon hôtel.

— Et elle se rend à Marly?

— Naturellement, sire. Seulement, alors, je lui dis en souriant :

« — Ce n'est pas moi qu'il faut remercier, c'est un auguste personnage qui sera ici dans quelques minutes. »

— Et ce personnage, c'est moi? dit le roi.

— Oui, sire. Marly est à deux pas de Versailles. Votre Majesté y vient incognito. Et quant au reste... que Votre Majesté ne s'en préoccupe pas... cela me regarde!

— Ah! maréchal, dit le roi en souriant, vous êtes bien toujours l'aimable fripon que j'ai connu.

— Votre Majesté est trop bonne.

— Mais il faut attendre trois jours...

— Sire, dit le maréchal, l'attente est une volupté de plus.

— Cela est vrai quelquefois, mais... la marquise?...

— Ah! sire, ce serait un bon tour à lui jouer qu'elle ne sût rien de cette aventure.

— Elle n'en saura rien, je vous le promets.

Et le roi se frotta joyeusement les mains.

— Mais, mon cher maréchal, reprit-il, c'est bien long, trois jours; ne pourrais-je au moins voir son portrait?

— Voilà ce dont je ne puis répondre à Votre Majesté. Cependant rien n'est impossible.

Ma femoi elle de Beaulieu était ... ... (Page 117.)

— Ah ! vous croyez ?

— Et je vais sur-le-champ retourner à Paris.

— Allez, maréchal, allez ! et si vous me pouvez rapporter ce portrait ce soir...

— Sire, dit le maréchal, je vais me souvenir que le mot *impossible* n'est pas français.

— Que pourrais-je donc bien faire pour tuer le temps d'ici ce soir? murmura le roi, qui regarda la pendule et se mit à bâiller. Il était à peine midi.

Richelieu eut un sourire légèrement ironique :

— Votre Majesté, dit-il, pourrait s'occuper des affaires de l'Etat.

— Au fait, dit le roi, c'est un moyen comme un autre de tuer le temps... et voici trois jours que M l'abbé Terray, mon ministre de la guerre, me fait demander à travailler avec moi. Je vais le mander. A ce soir donc, maréchal.

— A ce soir, sire.

Et le maréchal quitta Louis XV en se disant :

— Le roi ne songe plus ni au procureur Dumas, ni au Tartare, ni au jeune homme dont on a égorgé le frère. Le roi n'a plus qu'une idée fixe, la belle plaideuse dont je lui ai parlé. Franchement, j'ai bien gagné les cent mille écus du Moscovite.

Néanmoins, le maréchal, avant de quitter Versailles, s'en alla déjeuner chez la duchesse de S..., qui avait ses appartements au château.

Quand il remonta dans son carrosse, il se posa non sans émotion cette question :

— Comment donc avoir le portrait de mademoiselle Espérance? Car enfin il est assez difficile de lui aller dire : « J'ai parlé de vous au roi, qui désirerait avoir votre portrait. »

Bah ! pensa le maréchal après quelques minutes de réflexion, Porion est un homme de ressources ; il me tirera d'affaire.

Le matin, en le quittant, Porion lui avait dit :

— A tout hasard, monseigneur, je me présenterai à trois heures rue de Hanovre. Votre Seigneurie aura peut-être besoin de moi.

Richelieu était donc sûr de trouver Porion chez lui, à Paris.

Il fit le trajet tranquillement , sans ordonner à son cocher de presser ses chevaux, et à trois heures moins quelques minutes il arrivait rue de Hanovre.

Porion se promenait déjà de long en large devant la porte cochère de l'hôtel.

— J'ai besoin de toi, lui cria Richelieu par la portière de son carrosse.

Porion entra dans la cour, et le maréchal mit pied à terre.

Celui-ci prit l'agent de police sous le bras et le conduisit dans son cabinet.

— Çà, lui dit-il, le roi perd la tête.

— Déjà ! fit Porion en souriant.

— Mais il voudrait avoir le portrait...

— Le portrait de la jeune fille ?

— Oui.

— Diable ! fit Porion.

— Et cela ce soir même, ajouta Richelieu.

Porion se gratta l'oreille.

Mais tout à coup son visage s'éclaira, ses petits yeux brillèrent, et il dit à Richelieu :

— La chose est difficile, mais elle n'est pas impossible si... toutefois...

— Eh bien?

— Votre Seigneurie a toute influence sur maître Tavernier.

— Je le crois, dit Richelieu.

— Monseigneur, continua Porion, afin que je vous puisse répondre, il faut que vous me permettiez quelques questions.

— Parle.

— Le roi adopte-il la combinaison de Marly ?

— Sans doute.

— Alors le roi consent à écrire au président, pour que le procès soit jugé jeudi ?

— Oui.

— Eh bien ! voici ce que je vais proposer à Votre Seigneurie.

— Voyons ?

— Vous irez, monseigneur, chez maître Tavernier. Vous le prierez d'envoyer sur-le-champ un message à mademoiselle de Beaulieu.

— Bon !

— Lequel la ramènera en toute hâte, et le procureur lui annoncera que son procès va être jugé. Alors, sous prétexte d'examiner avec elle le dossier, il la gardera chez lui environ une heure.

— Fort bien ; mais le portrait ?

— Attendez, monseigneur. Il y a dans le cabinet de maître Tavernier une porte vitrée. Cette porte donne sur une autre pièce. Il faut , monseigneur , que vous obteniez du procureur qu'il souffre que deux hommes s'introduisent dans cette pièce, tandis qu'il causera tête à tête avec la jeune fille.

— Je ne comprends pas bien encore, dit le maréchal.

— C'est pourtant facile, monseigneur. L'un de ces deux hommes, ce sera moi.

— Et l'autre ?

J'ai renvoyé tout mon monde, dit-elle d'une voix fraîche et rieuse. (Page 121)

— Un peintre que j'amènerai.
— Et une heure suffira?
— Certainement.
— Et tu garantis la ressemblance ?
— Parfaite, monseigneur.
— Alors, je cours chez Tavernier, dit Richelieu.
— Et moi chez le peintre, monseigneur.

Quel était donc ce peintre sur lequel Porion comptait ?

C'est ce que nous allons vous dire en nous reportant à quelques heures plus tôt, c'est-à-dire au moment où M. de Mauroy et Hector avaient emmené Cécile de la rue Saint-André-des-Arts, en chargeant notre ami Mardochée de Mardoche de prévenir Robert Damiens du départ de sa fille.

XLVII

Mardochée s'était donc installé dans la chambre de Cécile. Il connaissait les bizarreries et l'humeur farouche de Robert Damiens, et il se disait que le pauvre diable, après avoir sans doute erré par les rues et sur le bord de l'eau toute la nuit, vaincu par la lassitude et la faim, finirait par revenir au logis, comme le lièvre au petit jour regagne son gîte.

Lorsque Mardochée était à jeun, il était esclave de sa parole, et on pouvait compter sur lui.

Il avait promis à Cécile d'attendre le retour de son père.

Bien qu'il eût en poche l'argent de Porion, bien qu'il crût que ce dernier était mort, bien qu'il eût revu son ami Hector et n'eût plus, par conséquent, aucun sujet de tristesse, tous les marchands de vin du voisinage auraient simultanément ouvert leur boutique, que Mardochée n'aurait point songé à quitter son poste pour aller se rafraîchir.

Du reste, il était las et le sommeil le gagnait.

— Bah ! se dit-il, quand Robert reviendra, s'il me trouve endormi, il me réveillera, et je lui dirai ce qui est arrivé.

Cette réflexion faite, Mardochée se jeta sur le lit de Cécile et ne songea ni à fermer la fenêtre, ni à retirer la planche qui mettait en communication la chambre de la jeune fille avec la sienne.

Mardochée était jeune et il était pauvre.

Il n'y a que les riches et les vieux qui ont le sommeil léger. Mardochée s'endormit donc profondément, au moment où les premières lueurs de l'aube glissaient tremblotantes sur les toits et les tuyaux de cheminées.

Mais bientôt il éprouva une singulière impression, produite sans doute par le cauchemar qui est presque toujours le résultat de la fatigue.

Il lui sembla qu'on parlait à peu de distance de lui, et que des voix et des pas se faisaient entendre dans sa chambre à lui, de l'autre côté de la rue, c'est-à-dire de la planche.

Puis il lui sembla encore qu'on marchait sur cette planche, enfin qu'on s'approchait de lui et que des mains le touchaient.

Il essaya de secouer le sommeil qui l'oppressait et ne put y parvenir.

Mais, tout à coup, il lui sembla encore qu'on le saisissait rudement, que quelque chose de froid lui couvrait subitement le visage, et qu'on lui liait les pieds et les mains.

Il voulut crier, mais ce quelque chose de froid, qu'il ne pouvait définir, lui fermait la bouche, se collait à son visage et l'étouffait.

— Quel rêve affreux je fais ! se dit-il, et comme je voudrais m'éveiller !

Puis il sentit encore qu'on le prenait à bras le corps et qu'on l'emportait.

Où ? Il ne le savait pas.

Il essaya d'ouvrir les yeux, comme il avait essayé de crier ; mais il avait comme un masque de glace qui lui pesait sur toutes les parties du visage.

Il voulut se débattre. Une force invincible maîtrisa tous ses mouvements.

Et de plus en plus convaincu qu'il dormait toujours, il se dit :

— Oh ! quel vilain rêve ! quel vilain rêve !

Le bruit de pas descendant un escalier parvenait à son oreille ; les pas, sans doute, de ceux qui l'emportaient.

Puis ce bruit cessa ; il y eut un temps d'arrêt et d'autres sons arrivèrent jusqu'à lui.

8

La portière d'une voiture s'ouvrit, et, qu'il dormît ou non, Mardochée comprit qu'on le mettait dans une voiture, que deux hommes s'y installaient auprès de lui et que la voiture roulait aussitôt.

Alors Mardochée se dit que peut-être il ne dormait pas, et il se souvint que les gens de police, les voleurs et tous ceux qui avaient parfois besoin d'opérer un enlèvement appliquaient un masque de poix sur le visage de leur victime.

Il sentait que des cordes liaient ses bras et ses jambes.

— Je suis bien éveillé, se dit-il. Que veut-on donc faire de moi ?

Mardochée était brave, et, comme il n'avait rien à perdre en ce monde, peu lui importait d'en sortir d'une façon ou d'une autre.

Néanmoins il se posa cette question :

— Quel intérêt peut-on avoir à me traiter ainsi ?

Il fit un violent soubresaut, essayant de rompre ses liens.

Mais alors une voix se fit entendre à son oreille.

— Ne bougeons pas ! disait-elle, où nous ferons connaissance avec un joli poignard de six pouces de long.

S'il avait pu ouvrir la bouche, Mardochée aurait certainement jeté un cri.

Car cette voix qu'il venait d'entendre, il la connaissait.

C'était celle du père Cannelle !

Du père Cannelle qu'il avait vu la veille pendu, corps inerte au bout d'une corde !

Du père Cannelle qui certainement était mort.

Et Mardochée se dit :

— Je me trompais... je ne suis pas éveillé... puisque les morts parlent à mon oreille, c'est que je dors !...

Et, convaincu qu'il râlait toujours sous le genou du cauchemar, Mardochée se résigna et ne bougea plus.

La voiture roula environ un quart d'heure, puis elle s'arrêta.

Alors la voix du père Cannelle se fit entendre de nouveau.

— Allons, mes gaillards, disait-elle, prenez-moi ce drôle sur vos épaules et portez-le où vous savez bien.

— Oui, papa Cannelle, répondit une autre voix que Mardochée entendait pour la première fois, celle-là.

Et Mardochée se répéta ces mots :

— Puisque c'est le père Cannelle qui parle et que le père Cannelle est mort, c'est que je suis toujours en proie à un vilain rêve !

Et il ne se préoccupa point davantage de ce qu'on le prenait de nouveau à bras-le-corps et qu'on le chargeait sur des épaules.

Ceux qui le portaient entrèrent dans une maison et la voiture s'en alla.

Puis, au lieu de gravir un escalier, ils en descendirent un.

C'était facile à deviner à la pesanteur de leur pas.

Mardochée se disait :

— Heureusement que tout cela est un rêve, car il est positif qu'on me descend dans une cave. Voudrait-on m'enterrer vivant ?

Bientôt il sentit un air humide l'envelopper, pénétrer ses pores et passer au travers de ce masque de poix qu'il avait sur le visage.

Ensuite, il entendit un bruit de clefs tournant dans des serrures, de verrous grinçant sur des portes, de portes tournant sur des gonds rouillés.

Enfin la voix du père Cannelle se fit entendre de nouveau.

— Tout est en bas, n'est-ce pas ? criait-il du haut de l'escalier.

— Oui, papa, répondit une voix moqueuse.

— Les briques, le mortier, la truelle ?

— Tout.

— Alors, attendez-moi, je descends.

Mardochée sentit alors qu'on l'asseyait contre un mur sur une surface dure qui pouvait être soit un bloc de bois, soit une pierre.

En même temps aussi, on lui passait au cou une sorte de collier qui se fermait par un ressort dont il entendit le bruit sec.

Et la voix du père Cannelle retentit de nouveau, non plus dans l'éloignement, mais tout près de lui.

Porion disait :

— Maintenant, vous pouvez ôter le masque.

Soudain, Mardochée passa de l'obscurité à la lumière, et ses yeux s'ouvrirent brusquement.

Il vit alors avec stupeur Porion devant lui.

— Hé ! hé ! dit-il, hé ! mon garçon, nous avons donc cru que le père Cannelle était mort ?

Cette fois, force fut bien à Mardochée de reconnaître qu'il ne rêvait pas et qu'il était bien éveillé.

— Ah ! misérable ! dit-il, si tu n'es pas mort, tu vas mourir !

Et il voulut s'élancer sur Porion.

Mais tandis que celui-ci éclatait de rire, Mardochée jeta un cri de douleur et de rage et retomba sur le bloc de pierre où on l'avait assis.

Le collier qu'on lui avait mis au cou était un anneau de fer

fixé au mur par une chaîne, et en voulant se jeter sur Porion, il avait éprouvé la même secousse douloureuse que celle qu'éprouve un chien mis à l'attache et qui, s'élançant hors de sa niche, se trouve retenu tout à coup par sa corde.

Porion riait aux larmes.

Mardochée jeta autour de lui un regard stupide.

Il vit deux hommes dont le visage était barbouillé de suie, mais dont les vêtements couverts de plâtre accusaient la profession de maçon.

Où était-il ?

Dans un caveau large de sept ou huit pieds, voûté et sans autre issue que cette porte qui était ouverte.

La muraille dans laquelle elle était percée avait une épaisseur de plusieurs pieds.

Mardochée se prit à frissonner, quand il aperçut dans un coin du caveau une pile de briques, du mortier et une truelle ; et comme il attachait sur tout cela un regard hébété, Porion, qui continuait à rire, lui dit :

— Non, cher monsieur de Mardoche, malgré la peine que vous avez prise hier matin, je ne suis pas mort, je me porte même à ravir, grâce à une jeune fille qui m'a dépendu au moment où je commençais à trépasser. Mais, soyez tranquille, le diable n'y perdra rien.

— Misérable ! hurla de nouveau Mardochée.

— Il est bon, continua Porion, ceci devant être votre demeure désormais, que vous sachiez où vous êtes. Nous sommes dans la cave d'une maison qui m'appartient, et croyez bien que nul ne viendra vous y déranger. Allons, mes amis, ajouta le père Cannelle en s'adressant aux deux maçons, à la besogne, s'il vous plaît.

Mardochée était enchaîné par le cou, et par conséquent réduit à l'impuissance.

Mais il est des heures où la terreur s'empare des hommes les plus braves, et le peintre frissonnait de tout son corps et sentit tout à coup ses cheveux se hérisser.

Il venait de comprendre enfin ce que Porion voulait faire de ces briques et de ce mortier.

Il voulait murer la porte du caveau.

Mardochée se mit à pousser des cris.

— Oh ! dit Porion en ricanant, ne vous gênez pas, mon gentilhomme, et si cela vous soulage, donnez-vous-en à cœur joie. La maison est inhabitée, ne vous entendra pas.

Les maçons s'étaient mis à la besogne.

— Misérable ! assassin ! hurlait Mardochée, ne crains-tu pas la colère du ciel ?

— Je crains plus encore les gens qui veulent me pendre, et c'est pour cela que je m'en débarrasse !

— Mais tue-moi donc alors !

— Non, je préfère vous laisser mourir de faim.

Et Porion riait toujours.

Mardochée fit de vains efforts pour briser sa chaîne, mais il ne parvint qu'à se meurtrir le cou ; et, comme il arrive presque toujours, sa fureur dégénéra bientôt en une sorte de prostration, et il comprit que la folie du désespoir s'emparait de lui.

Quand le mur fut à hauteur d'appui, les maçons firent passer les matériaux de l'autre côté, l'enjambèrent et continuèrent leur sinistre besogne.

La bouche béante et sanglante d'écume, l'œil hors de son orbite, Mardochée voyait le mur monter, et comme la lampe qui éclairait cette œuvre de mort était de l'autre côté, le milieu d'eux se prit à contempler ce filet de lumière, qui passait entre le cintre de la porte, et le mur qui montait toujours.

Enfin la lumière s'éteignit, c'est-à-dire qu'une dernière rangée de briques avait atteint le cintre de la porte.

Et Mardochée jeta un cri d'horreur suprême, un cri qui demeura sans écho.

Il était enterré vivant !...

XLVIII

Porion s'était vanté, en disant que la maison lui appartenait et qu'elle était inhabitée.

La cave qui allait servir de tombe à l'infortuné Mardochée dépendait de la maison de ce fruitier agent de police qui avait, dans la première période de ce récit, quelques mois auparavant, coopéré à l'enlèvement de Cécile Robert.

Ce fruitier logeait, comme on sait, au carrefour Buci, et il était toujours le lieutenant fidèle du misérable père Cannelle.

De la rue Saint-André-des-Arts au carrefour Buci, il n'y a que quelques pas, et si la voiture qui avait à transporter Mardochée avait roulé si longtemps, c'est que Porion avait jugé prudent de prendre un chemin détourné, de gagner le bord de l'eau et de revenir au carrefour par une direction opposée.

Le fruitier s'était prêté aux sinistres projets de Porion avec d'autant plus de complaisance qu'il en voulait à Mardochée, lequel, depuis six mois, proclamait bien haut, dans tout le voisinage, qu'il appartenait à la police, et que, ensuite, M. de Sartine comprenant les justes ressentiments de Porion, lui avait donné carte blanche à l'égard de Mardochée.

Le fruitier était l'un des deux maçons; l'autre, un homme de police dont Porion était également sûr.

Quand leur épouvantable besogne fut terminée, ils remontèrent tous trois dans la boutique.

Il était alors sept heures et demie.

— Hé! papa Cannelle, dit le fruitier en riant, il ne fait pas bon vous jouer un vilain tour.

— Tu trouves?

— Il va avoir une mort horrible, ce pauvre diable.

— Si jamais on te hisse au bout d'une corde, répondit froidement Porion, tu verras que la pendaison non plus n'est pas si agréable.

— Mais il va mourir de faim.

— Et de soif, ajouta Porion avec simplicité.

— Quelle horrible agonie! dit l'autre maçon.

— Et longue, dit le fruitier.

— Combien de temps peut-il vivre?

— Quatre ou cinq jours.

Et Porion que cette conversation ennuyait sans doute, tira sa montre.

— Mes enfants, dit-il, j'ai affaire à l'autre bout de Paris, chez un grand personnage...

— Hein?

— Un maréchal de France, rien que cela!

— Peste! Eh bien! dit le fruitier, c'est le maréchal qui a la plus mauvaise connaissance de France.

Porion eut un accès de dignité.

— Drôle! dit-il, oublies-tu donc que je suis ton supérieur?

— Non, certes! Voulez-vous boire un coup, patron?

— Ce n'est pas de refus. Le matin, quand on a déjà peiné, un verre de vin blanc fait du bien.

— Alors, je retourne à la cave.

Le fruitier retourna par où il était venu et reparut quelques minutes après avec deux bouteilles sous le bras.

— L'entend-on crier? demanda tranquillement Porion.

— On n'entend rien du tout. Nous avons mis du reste deux rangs de briques à plat, et le mortier, qui est très-fin, a bouché hermétiquement tous les joints. Pauvre diable!

— Ah! çà, mais, dit Porion, tu plains beaucoup trop ce coquin, qui a voulu pendre ton chef, dit-il.

— Moi! fit le fruitier interdit.

— Et je me méfierai désormais de toi.

— Quelle bêtise!

— Ne va pas t'aviser du moins de songer à le délivrer, car tu perdrais ta place là-bas.

— Soyez tranquille, dit le fruitier, je vous l'ai dit, il ne fait pas bon se brouiller avec vous, et je ne m'y frotterai pas.

— C'est égal, dit Porion, la prudence est la mère de la sûreté.

— Que voulez-vous dire?

— Que, pendant quatre ou cinq jours, je viendrai soir et matin voir si le mur du cachot est intact.

Et il but un verre de vin et s'en alla.

Nous savons comment il avait employé sa matinée en s'introduisant chez mademoiselle Espérance de Beaulieu pour lui faire espérer la protection du maréchal et la prier ensuite de se mettre à la fenêtre pour que ce dernier la vît.

Nous savons encore ce qui était advenu du voyage de M. de Richelieu à Versailles et comment cinq heures après il disait à Porion : « Le roi veut avoir ce soir le portrait de la belle Espérance. »

Or, Porion était un de ces rares hommes forts qui savent au besoin sacrifier leurs passions à leur intérêt.

En sortant de chez le maréchal, Porion se dit :

— Il n'y a qu'heur et malheur dans ce monde. Je m'étais fait la douce perspective que ce coquin de Mardochée mourrait de faim dans sa tombe, et voici que j'ai besoin de lui.

Car Porion ne connaissait pas d'autre peintre que Mardochée, et il avait eu l'occasion d'apprécier la merveilleuse facilité du peintre, l'habileté qu'il possédait à saisir la ressemblance parfaite d'un modèle, et sa rapidité d'exécution, qui tenait véritablement du prodige.

En présence de cette fantaisie qu'avait le roi de posséder le soir même le portrait d'Espérance, Porion fit le sacrifice de sa haine.

Il monta dans un fiacre et se fit conduire sur-le-champ au carrefour Buci.

Il y a des hasards singuliers quelquefois.

Un de ces hasards avait voulu que maître Tavernier, le procureur, demeurât pareillement au carrefour Buci, et cela porte à porte avec le fruitier.

Celui-ci, en voyant entrer Porion se mit à rire.

— Ah! fit-il, vous venez déjà voir si le mur n'a pas eu de brèche.

— Ce n'est pas cela, dit froidement Porion.

— Qu'est-ce donc alors?

— Prends une bûche ou un marteau, peu importe!

— Pourquoi faire?

— Allume une lampe et suis-moi.

— Mais que voulez-vous faire?

— Je veux délivrer le prisonnier, parbleu!

Le fruitier fit un pas en arrière et regarda Porion avec stupeur.

— Êtes-vous fou? dit-il.

— Non, dit Porion.

— Alors...

— Alors, tu es un imbécile, voilà tout.

— Plaît-il?

— Sans doute, dit encore le père Cannelle, tu es un imbécile, puisque tu as cru que j'étais homme à condamner un de mes semblables à mourir de faim.

Le fruitier ouvrit de grands yeux.

— Pourtant, dit-il, nous l'avons enchaîné.

— Sans doute.

— Nous avons muré la porte.

— Eh bien! c'était pour lui faire peur, voilà tout!

— C'est égal, dit le fruitier en s'armant d'un marteau de maçon, vous êtes un drôle de pistolet.

Et il souleva la trappe qui masquait l'escalier des caves.

Porion le suivit.

Quand on fut arrivé à la porte murée, Porion appuya son oreille contre le mur et n'entendit rien.

— C'est égal, dit-il avec un frisson d'inquiétude, s'il criait, on l'entendrait. Est-il donc déjà mort?

Or, quelques gouttes de sueur commencèrent à perler au front du père Cannelle.

Alors le fruitier se mit à attaquer le mur.

Soudain un bruit sourd se fit de l'autre côté, et Porion respira. Mardochée vivait.

En proie à une prostration sans nom, le malheureux, dominé par la terreur et l'obscurité, avait fini par se taire.

Le bruit même de sa voix l'épouvantait.

Il y avait huit heures qu'il était enseveli tout vivant dans ces horribles ténèbres, livré au désespoir et aux premières et cruelles atteintes de la faim.

Le peintre insouciant, le bohémien vivant au jour le jour, était cependant chrétien.

Il avait compris qu'il n'avait aucune grâce à attendre de Porion.

Face à face avec la mort qui s'avançait lentement vers lui, Mardochée faisait le sacrifice de sa vie, et il avait prié, demandant à Dieu le pardon de ses fautes, lui demandant aussi le courage nécessaire pour mourir comme un homme.

Combien d'heures s'était-il écoulé?

Mardochée ne le savait pas. Mais voici que tout à coup à ce silence qui l'environnait succédait un bruit inconnu.

Ce bruit, qui alla bientôt grandissant, arracha l'infortuné aux affres de la mort.

Ce bruit, il en distingua bientôt la nature. On battait en brèche le mur qui le séparait du reste du monde. Venait-on donc le délivrer?

Et la raison revenait dans son cerveau, où déjà régnait la folie, et son cœur se mit à battre violemment, et il se mit à pousser ces cris que Porion entendit de l'autre côté du mur.

Il est plus facile de détruire que d'édifier; il avait fallu une heure pour élever le mur; le fruitier n'eut besoin que de dix minutes pour ouvrir une large brèche, et soudain un rayon de clarté pénétra dans les ténèbres opaques et frappa Mardochée au visage.

Un homme enjamba la brèche et entra dans la caverne.

Cet homme avait une lanterne à la main, et les rayons de cette lanterne se projetaient sur sa figure.

Mardochée, haletant, avait cru voir entrer un libérateur.

Il poussa un cri de rage et de déception tout à la fois, car il reconnut Porion.

Le père Cannelle avait renvoyé le fruitier.

Comme Mardochée était enchaîné par le cou, le père Cannelle ne risquait rien.

Néanmoins, il ne se contenta pas de se tenir à distance, après avoir posé sa lanterne par terre.

Il sortit de sa poche une belle paire de pistolets tout neufs, et les montrant à Mardochée :

— Ils sont chargés, dit-il, et je vous réponds qu'ils ne ratent pas.

Mardochée regarda les pistolets avec indifférence.

Qu'était-ce que mourir frappé d'une balle quand il avait eu en perspective une mort cent fois plus affreuse?

— Causons, dit Porion, vous êtes enchaîné, et si nous ne tombons pas d'accord, je vais rappeler les maçons, ils reconstruiront le mur, et tout sera dit.

Si je vous parle ainsi, cher monsieur Mardochée, continua Porion, c'est que je suis un peu pressé. Voulez-vous racheter votre vie?

Mardochée avait repris courage. Il couvrit Porion d'un regard de mépris, et lui dit :

— Quel crime vas-tu donc me proposer, misérable?

— Aucun.

— Qu'attends-tu donc de moi?

— Je voudrais, dit Porion, vous faire faire le portrait de ma nièce.

Mais un cri d'indignation sortit de la gorge de Mardochée; il se souvint de l'usage que Porion avait fait jadis du portrait au pastel de la malheureuse Cécile.

— Ah! misérable! dit-il, je te devine. La nièce dont tu parles est quelque pauvre jeune fille que tu veux jeter dans l'alcôve du roi.

— Que vous importe?

— Jamais.

Porion reprit sa lanterne.

— Alors, dit-il, n'en parlons plus.

Et il se dirigea vers la brèche, disant :

— On va reconstruire le mur.

Et cependant Mardochée avait un moment espéré la vie et la liberté!

XLIX

Mardochée eut un moment stoïque.

Il ne retint Porion ni par un cri ni par un geste.

Il entendit l'agent de police appeler le fruitier, et il demeura impassible.

Mais, quand Porion eut donné ses ordres, lorsque le prétendu maçon se fut mis tranquillement à reconstruire le mur, l'angoisse le serra à la gorge, l'épouvante de la mort arriva dans son cœur et il s'écria :

— Arrêtez! arrêtez!

— Ah! ah! fit Porion de l'autre côté du mur, il paraît que nous capitulons.

Mardochée répondit par un gémissement sourd.

Porion repassa la brèche et revint avec sa lanterne et ses pistolets.

— Cher monsieur Mardochée, lui dit-il, je vous l'ai dit déjà, le temps presse et c'est à prendre ou à laisser. Acceptez-vous?

— Oui, balbutia Mardochée.

— Alors je vais envoyer chercher votre boîte à couleurs et vos pinceaux.

Et il donna de nouveaux ordres au fruitier.

Puis, quand celui-ci fut parti :

— Il faut bien maintenant, mon jeune ami, que vous sachiez à qui vous avez affaire. Je ne suis pas méchant, et je fais honnêtement mon métier ; mais on a tout à perdre à se brouiller avec moi, comme vous l'avez vu. J'ai dans ma poche un bout de papier signé Sartine, qui peut me faciliter les moyens, soit de vous enfermer à la Bastille pour le reste de vos jours, soit de vous faire prendre demain matin en place de Grève. Mais je veux bien renoncer à tout cela, si vous êtes sage. Ah ! par exemple, si, une fois qu'on vous aura ôté ce joli collier qui vous retient au mur, vous songiez à vous jeter sur moi, avec ces jouets-là je vous casserais la tête.

Et Porion fit sonner les noix de ses pistolets.

Puis il continua :

— Par exemple aussi, dans le cas où, une fois hors d'ici, vous auriez la sotte idée d'appeler au secours pour vous débarrasser de moi et ne point exécuter nos conventions, je ferais usage du bout de papier de M. de Sartine. Ainsi, vous le voyez, je suis armé de pied en cap.

Le fruitier revint.

Il avait couru rue Saint-André-des-Arts, et personne n'avait trouvé extraordinaire qu'il entrât dans la maison, car on le connaissait dans le quartier pour un des créanciers de Mardochée.

D'un coup d'épaule, il avait fait sauter la porte du logis et il s'était emparé de tous les ustensiles que Mardochée emportait ordinairement avec lui.

— Voyons, dit Porion, pour la dernière fois, est-ce convenu ?

— Oui, dit Mardochée d'une voix étranglée.

— Vous ferez le portrait ?

— Oui.

— Et vous serez sage ?

— Oui.

Porion se tourna vers le fruitier :

— Alors, dit-il, débarrasse monsieur de son collier.

Ce collier fermait, nous l'avons déjà dit, au moyen d'un ressort,

mais ce ressort, alors même qu'il n'eût point été garrotté, Mardochée n'eût pu le faire jouer, car il avait un secret.

Tandis que le fruitier débarrassait Mardochée de ses liens, Porion se tenait toujours à distance, les pistolets à la main.

Quand le peintre fut libre, Porion passa le premier.

Le peintre chancelait en marchant, tant l'émotion qu'il éprouvait encore était violente.

Il n'y avait personne en haut, dans la boutique.

— Hé ! dit Porion au fruitier, M. Mardochée a peut-être faim.

Ce seul mot devait tenir en respect le malheureux artiste bien mieux que tous les pistolets du monde.

— Si j'ai faim ! dit-il.

— Voilà un cri du cœur, dit Porion en souriant.

Puis il tira encore sa grosse montre d'argent.

— Nous devons avoir une heure à nous, dit-il.

Et s'adressant au fruitier :

— Servez-nous un jambonneau, des œufs sur le plat et du bon vin ; je casserais volontiers une croûte, moi aussi.

Le fruitier ne comprenait rien à la conduite de Porion, mais il avait coutume de lui obéir.

Sur un signe de ce dernier, il dressa une table auprès de la croisée qui donnait sur le carrefour.

Alors Mardochée se reconnut. Il savait où il était ; mais peu lui importait, du reste.

Mardochée mourait de faim, et Mardochée respirait l'air libre, s'enivrait de bruit et de lumière, après avoir étouffé dans sa tombe anticipée.

Il ne songea plus à se ruer sur Porion pour l'étrangler.

Le jambonneau qui parut sur la table absorba toute son attention.

Il ne mangea pas, il dévora.

Il but comme un trou et il fallut que Porion l'arrêtât.

Cela dura trois quarts d'heure.

Au bout de ce temps, on entendit dans la rue le roulement d'une voiture.

Porion s'approcha de la croisée.

La voiture s'était arrêtée devant la porte voisine, c'est-à-dire celle du procureur Tavernier.

Et Porion poussa Mardochée du coude et lui dit :

— Regarde !

La portière de la voiture s'ouvrit et une jeune fille en sortit.

C'était Espérance.

Mardochée, ébloui, se rejeta vivement en arrière.

— Ah! qu'elle est belle ! dit-il.

— Ah ! tu trouves ?

— Ce n'est pas une créature humaine, c'est un ange.

— Un ange qui va te servir de modèle.

— Quoi ! c'est elle ?

— Oui, dit Porion.

En ce moment, Mardochée oublia le but infâme que se proposait Porion, et l'enthousiasme de l'artiste étouffa chez lui les scrupules de l'honnête homme.

— Çà, dit alors Porion, tu dois avoir suffisamment bu et mangé?

— Je suis prêt, dit Mardochée.

Et il avala un dernier verre de vin.

Porion se disait :

— Mes pistolets n'ont plus aucun rôle à jouer ; mon homme est un peu gris, et d'ailleurs, il trouve Espérance si belle qu'il va faire son portrait avec passion. Il ne cherchera ni à me résister ni à m'échapper.

Porion avait raison.

Mardochée ne songeait plus qu'à une chose, revoir tout à son aise ce visage angélique et en fixer les traits.

Il prit donc sa boîte, ses pinceaux et son appui-main et suivit le père Cannelle.

— Nous n'avons pas loin à aller, lui dit celui-ci.

En effet, il n'y avait guère qu'une distance de dix pas entre la porte du fruitier et celle du procureur.

La maison de ce dernier était une vieille maison où tout sentait le moisi et l'humidité, comme il convient aux antres de la chicane.

L'allée était noire, l'escalier tortueux.

Sur la dernière marche de celui-ci, Porion et Mardochée rencontrèrent une sorte de géant que le premier reconnut tout aussitôt.

C'était l'intendant du maréchal, le même qui avait accompagné Richelieu chez le drapier de la rue de l'Hirondelle.

— Suivez-moi, dit cet homme à Porion et à Mardochée.

Il leur fit gravir l'escalier en leur recommandant de ne point faire de bruit.

Puis, arrivé au premier étage, il poussa une porte et leur dit :

— Entrez là.

Mardochée et Porion se trouvèrent alors dans une petite salle au fond de laquelle on voyait une porte vitrée.

L'intendant alla soulever un rideau blanc qui recouvrait cette porte et fit signe à Mardochée de s'approcher.

Celui-ci put voir alors, à travers un carreau, de l'autre côté de la porte, le cabinet rempli de paperasses de maître Tavernier le procureur.

Ce dernier était assis devant une table, compulsant un volumineux dossier.

De l'autre côté de la table se trouvait mademoiselle Espérance de Beaulieu, en pleine lumière, car elle était auprès d'une fenêtre.

— Je l'eusse placée moi-même, murmura Mardochée enthousiasmé, qu'elle ne serait pas mieux.

Porion crut devoir se rendre utile : il posa une table auprès de la porte vitrée et se mit à disposer les couleurs et les pinceaux.

Mardochée, en extase, se gravait dans la mémoire ces traits d'une pureté idéale.

Mademoiselle de Beaulieu causait avec une animation qui donnait à sa beauté un caractère de merveilleux entrain.

Comme la porte était fermée, Mardochée ne pouvait entendre ce qu'elle disait, mais il comprenait qu'elle éprouvait une grande joie.

Enfin le peintre se mit à l'œuvre.

Porion ne l'avait jamais vu plus habile, même au cabaret de la Pomme-Verte, où, pressé par la faim, le pauvre diable faisait un portrait de bourgeois pour un déjeuner et deux écus de six livres.

Ce fut l'affaire de trois quarts d'heure.

Évidemment maître Tavernier était dans la confidence du maréchal, car plusieurs fois déjà la jeune fille avait voulu se lever et le procureur avait trouvé moyen de la retenir.

Enfin Mardochée se tourna vers Porion, qui, penché sur le chevalet, suivait la besogne avec une attention anxieuse.

— A présent, dit-il, je n'ai plus besoin d'elle.

En effet, la tête de mademoiselle Espérance se détachait lumineuse et d'une ressemblance parfaite.

La jeune fille finit par se lever et s'en aller.

Le procureur la reconduisit jusqu'à la porte, et Porion, qui avait l'oreille plus fine que Mardochée, l'entendit qui disait :

— A samedi donc, mademoiselle. L'audience est à midi précis.

— J'y serai, répondit la jeune fille.

— Et ne vous tourmentez pas d'ici là, ajouta le procureur, je considère votre procès comme gagné.

. . . .

Une heure après, Mardochée et Porion quittaient, à leur tour, la maison du procureur.

Quand ils furent à la porte, Porion posa la main sur l'épaule du peintre, qui tressaillit :

— Tu vas voir, lui dit-il, comme je suis bon prince. Je pourrais te conduire en prison, et je te rends la liberté.

— Est-ce vrai, cela ? fit Mardochée avec défiance.

— Je fais plus, ajouta Porion en ricanant, je te fais cadeau de l'argent que tu m'as volé hier matin.

Et il laissa le peintre stupéfait au milieu du carrefour et s'en alla, emportant le pastel qui reproduisait avec une ressemblance parfaite les traits angéliques de mademoiselle Espérance de Beaulieu.

L

Retournons maintenant à la place Royale, où le bon Patureau, le vieil et fidèle intendant, attendait avec impatience le retour de sa jeune maîtresse.

On se souvient que quelques minutes avant que le père Cannelle ne se présentât humblement chez elle, le matin, pour lui offrir la protection du maréchal de Richelieu, Robert Damiens, l'homme taciturne et farouche, que la veille au soir Patureau avait détourné du suicide, Robert Damiens disons-nous, avait demandé à Espérance la permission d'aller chercher sa fille et de la lui amener.

La visite de Porion, la vue du maréchal, l'espoir de voir son procès enfin jugé grâce à une si haute protection, avait un moment fait oublier Robert Damiens à mademoiselle de Beaulieu.

En effet, Patureau était revenu et Robert Damiens ne s'était pas montré.

Le vieil intendant, en apprenant la démarche de Porion, avait légèrement froncé le sourcil, car il connaissait la détestable réputation du maréchal.

Mais il n'avait pas cru devoir, néanmoins, faire part à Espérance de ses appréhensions.

Pendant toute la matinée, pendant une partie de la journée, tous deux avaient vainement attendu Robert Damiens.

Cet homme n'était pas revenu.

Vers trois heures de l'après-midi, un coup de sonnette s'était fait entendre.

C'est lui sans doute, avait dit Espérance.

Patureau était allé ouvrir.

Ce n'était pas Robert, c'était le clerc de maître Tavernier, qui apportait en toute hâte une lettre de son patron.

Le procureur écrivait :

« Mademoiselle,

« On m'avertit du Palais que votre affaire est sortie du rôle et que nous serons jugés jeudi prochain. Il n'y a pas une minute à perdre. Venez donc tout de suite conférer avec moi. Nous avons besoin de voir ensemble le dossier.

« Je vous félicite, mademoiselle, de la haute protection qui s'étend sur vous et je ne doute pas du succès.

« Votre serviteur très-humble,

« TAVERNIER. »

C'était sur ce billet que mademoiselle de Beaulieu était montée en fiacre et avait couru chez le procureur, sans soupçonner, l'innocente, que ce rendez-vous était un piège infâme.

Espérance revint donc place Royale pleine de joie et d'espoir.

— Je gagnerai ! je gagnerai ! dit-elle en embrassant Patureau, Tavernier me l'a dit, Tavernier en a la certitude.

— Eh bien ! mademoiselle, répondit le vieillard, si cela est ainsi, je vais vous donner un bon conseil.

— Parle, mon ami.

— Le procès se jugera jeudi ?

— Oui.

— Nous en connaîtrons le résultat tout de suite ?

— Sans doute.

— Eh bien ! si vous m'en croyez, nous partirons pour Blois le soir même.

— Oh ! si tu veux, dit la jeune fille.

En présence de cette soumission, Patureau n'insista pas.

A quoi bon jeter dans cette âme innocente un odieux soupçon ? D'ailleurs, le serviteur fidèle se disait :

— Ne suis-je pas là pour la protéger, moi ?

— Et Robert ? demanda Espérance.

— Je ne l'ai pas vu.

— C'est bien extraordinaire !

— C'est-à-dire que je crains que son idée de suicide ne l'ait repris.

— Oh ! tais-toi !

— Ah ! vous ne l'avez pas vu comme moi, mademoiselle, dit Patureau. Quand je l'ai trouvé sur le pont, prêt à se jeter à l'eau, il était effrayant.

— Mais qu'a donc ce malheureux ? dit Espérance.

— Je ne sais.

— Quel remords le ronge ? quel chagrin le tourmente ?

Patureau n'eut pas le temps de répondre. Un coup de sonnette se fit entendre.

— Ah ! c'est lui, dit Espérance, lui et sa fille, sans doute.

Patureau alla ouvrir.

C'était, en effet, Robert Damiens.

Mais il était seul.

Pâle, l'œil hagard, les vêtements en désordre, il se précipita plutôt qu'il n'entra dans l'appartement et vint se jeter aux genoux d'Espérance en lui disant :

— Vous qui êtes bonne, vous qui êtes sainte, sauvez-moi de moi-même, sauvez-moi !

. . . .

D'où venait donc Robert Damiens ?

Le matin il avait quitté Patureau à l'entrée de la rue Saint-André-des-Arts, et tandis que ce dernier allait chez le procureur, il était monté dans cette maison où il croyait retrouver sa fille.

Dans l'escalier, le malheureux, dont l'âme était apaisée, osa presque faire un rêve de son bonheur.

Il allait prendre sa fille par la main, la conduire à Espérance, et lui dire :

— Protégez-nous tous les deux.

Il monta.

On n'entendait aucun bruit au dernier étage.

La veille, quand il était parti, Robert avait laissé Cécile avec Firmin et Mardochée.

Il frappa, on ne lui répondit point.

Comme la clef était sur la porte, il entra.

La chambre de Cécile était vide, le lit non foulé.

Robert crut qu'elle était chez Firmin, et il alla frapper à la porte de celui-ci.

Même silence.

En s'en allant, le chirurgien avait emporté la clef.

Robert ne s'était pas aperçu, dans son trouble, que la fenêtre de la chambre de sa fille était ouverte.

Il n'avait pas vu, par conséquent, la planche posée entre sa fenêtre et celle de Mardochée.

Cependant, après tout, il n'y avait rien de bien extraordinaire à ce que Cécile fût absente.

Peut-être était-elle allée reporter son ouvrage.

Robert descendit pour demander des renseignements aux voisins.

Mais, dans l'escalier, il rencontra Firmin.

Le jeune chirurgien quittait à l'instant même la femme qu'il avait accouchée.

— Où est Cécile? demanda Robert.

— Cécile?

— Oui, elle n'est pas en haut.

Un vague pressentiment assaillit Firmin.

Il monta rapidement l'escalier, et Robert remonta derrière lui.

Firmin vit la fenêtre ouverte, puis il aperçut la planche et jeta un cri.

Robert Damiens se prit à frissonner.

Firmin s'aventura sur le pont et courut à la chambre de Mardochée.

Cette chambre était vide.

Où donc était la peintre, lui aussi?

Firmin et le père de Cécile redescendirent.

Personne, dans la maison, n'avait vu la jeune fille.

Cependant une voisine, qui demeurait au-dessous, prétendit qu'à six heures du matin, un peu avant le jour, elle avait entendu retentir sur sa tête des pas d'hommes; puis, que ces pas s'étaient fait entendre dans l'escalier, et lourds, qu'on eût dit que ces hommes, car ils étaient plusieurs, emportaient un lourd fardeau.

Le marchand de vin, qui logeait au rez-de-chaussée, se souvint parfaitement de la fenêtre ouverte et du bruit d'une voiture qui s'arrêtait à la porte, et que, au bout d'un quart d'heure environ, cette voiture était repartie.

Alors Robert Damiens et Firmin se regardèrent avec épouvante, et le premier s'écria :

— On a enlevé ma fille !

Puis, sinistre, effrayant, il se dégagea des bras du chirurgien qui essayait de le retenir, et il s'élança dans la rue, en s'écriant :

— Cette fois, je la vengerai!

Où allait-il?

Il courait droit devant lui, nu-tête, armé d'un couteau qu'il avait tiré de sa poche.

Il gagna le bord de l'eau et se mit à longer la rivière. Au bout d'un quart d'heure, il n'eut plus la force de courir, mais il se mit à marcher d'un pas rapide. Il sortit ainsi de Paris; il arriva à Bellevue, puis à Sèvres, et à mesure qu'il rencontrait des gens sur son chemin, il leur disait :

— Suis-je donc encore loin de Versailles?

— Deux lieues, lui répondait-on.

Et Robert marchait toujours.

Cependant, avec le temps, son exaltation se calmait.

Le ciel était nuageux et quelques gouttes de pluie commençaient à tomber.

Comme il entrait dans les grands bois, la pluie redoubla.

Instinctivement, le malheureux s'abrita sous un arbre.

La pluie tomba longtemps.

Quand elle cessa, Robert se leva et voulut continuer son chemin ; mais il était mouillé et Versailles était loin encore.

Et puis une réaction s'était faite dans son esprit.

Et une voix secrète s'était élevée du fond de son âme, lui criant :

— Iras-tu donc commettre un pareil forfait, misérable ?

Et tout à coup son visage perdit son expression farouche pour devenir inquiet et craintif.

Un passant qui le regarda lui fit peur.

Robert Damiens se crut deviné.

Il jeta son couteau loin de lui et se remit en chemin.

Mais au lieu de continuer sa route, il fit volte-face et revint du côté de Paris.

Et, tout en marchant, il se mit à pleurer.

Il était presque nuit quand il se retrouva sur les quais de la rive gauche.

Il eut une espérance, l'espérance que Cécile serait revenue.

Et il revint à la rue Saint-André-des-Arts.

Mais personne n'avait vu Cécile, ni Mardochée.

Alors le malheureux eut un nouvel accès de folie.

Ah! si Versailles n'avait pas été plus loin que le Louvre!

Farouche et silencieux, il revint sur le pont d'où la veille il avait voulu se précipiter dans la Seine.

Mais là encore le courage lui manqua.

Et puis, un nom vibra dans son cœur, un souvenir tendre traversa son cerveau affolé : Espérance!

Et le malheureux Robert Damiens s'élança en courant vers la place Royale.

— Elle me sauvera! pensait-il, elle me sauvera de moi-même.

Et comme, un quart d'heure après, il embrassait les genoux de la jeune fille, elle lui dit :

— Mais pourquoi donc avez-vous peur de vous?

— Ne me questionnez pas, répondit-il, j'ai voulu commettre un grand crime.

— Vous !

— Oui... oh ! sauvez-moi !... sauvez-moi !...

— Dieu ordonne le pardon des injures, quelque sanglantes qu'elles soient, murmura Espérance.

Et elle releva le malheureux, qui sanglotait.

LI

Pénétrons maintenant dans la rue du Pas-de-la-Mule et entrons dans l'hôtel que M. le comte de Clermont, prince du sang, avait mis à la disposition de son ami le Tartare.

C'était une vaste demeure située entre cour et jardin. La cour était séparée de la rue par un grand mur, au milieu duquel s'ouvrait la porte cochère.

Le jardin s'étendait jusqu'à une petite ruelle déserte, par laquelle entrait et sortait mystérieusement chaque soir un petit vieillard que le prince Trespatki appelait son médecin, et dont la vue produisait toujours un effet de terreur sur l'hôte du *Dragon-Bleu*, rue des Enfants-Rouges. On eût dit que cet hôtel avait été construit tout exprès pour un homme livré à des habitudes bizarres, comme le Tartare.

En effet, il était divisé en deux parties bien distinctes, le côté de la cour et le côté du jardin : c'est-à-dire qu'au milieu de l'édifice s'élevait un mur épais qui le séparait en deux, depuis les caves jusqu'aux combles. Du côté de la cour, c'est-à-dire sur le devant, les salons de réception, la salle à manger, les cuisines, les écuries, la vie au grand soleil et fastueuse.

Là, le visiteur trouvait de nombreux laquais aux couleurs du Tartare, et celui-ci, durant tout le jour, y menait la vie opulente d'un grand seigneur qui ignore le chiffre fabuleux de ses revenus.

Mais, à huit heures du soir, la porte mystérieuse s'ouvrait. C'était une solide porte, tout en fer et capitonnée par derrière, de telle façon que si on eût tiré le canon de l'autre côté du mur, on ne l'eût pas entendu dans la rue du Pas-de-la-Mule.

C'était par cette porte que le Tartare et son médecin disparaissaient, et on ne les revoyait pas avant minuit.

A cette heure seulement, les laquais voyaient revenir le prince en toilette de soirée, frais et rose, et si jeune qu'on eût dit qu'il n'avait que vingt ans.

Que se passait-il dans la portion de l'hôtel qui donnait sur le jardin?

C'était ce que nul ne savait, et c'est là que nous allons pénétrer.

Il était huit heures et demie.

La nuit était sombre et un épais brouillard s'étendait sur Paris, accroché aux angles des toits et aux clochers des églises, comme une gaze gigantesque déchirée en mille endroits.

Enveloppé dans son manteau, le prince se promenait dans le jardin, appuyé sur le bras du docteur Hermann.

— Sais-tu, disait-il, que nous l'avons échappé belle, mon vieil Hermann. Le roi de France avait bel et bien ordonné mon arrestation.

— Mais grâce aux cent mille écus qu'il a reçus, le duc de Richelieu a apaisé le roi, n'est-ce pas, mon vieil Hermann.

— La preuve en est, répondit le Tartare, que je suis prié à souper pour demain par la marquise de Pompadour. Aussi, tu peux me soigner, mon vieil Hermann.

— Je ferai de mon mieux, monseigneur.

— Je veux être demain plus jeune et plus beau que jamais. Qu'as-tu à me servir, ce soir?

A cette question Hermann tressaillit.

— Monseigneur, dit-il, je vous garde un vrai sang de taureau pour ce soir.

— Plaît-il? dit le prince.

— Ah! c'est toute une histoire, monseigneur.

— Voyons?

— Il y a ici près une rue qu'on appelle la rue Saint-Louis.

— Je la connais.

— Dans cette rue se trouve un mercier... ce mercier est un imbécile qui a fait depuis huit jours toutes les démarches possibles pour avoir votre clientèle.

— Et c'est lui...

— Mais attendez, monseigneur.

— J'écoute, dit le Tartare, mais parle vite.

— Ce mercier a un homme caché chez lui, un homme de province, plus grand et plus robuste que vous.

— Quel âge?

— Trente-deux à trente-cinq ans; il est de force à assommer un bœuf d'un coup de poing.

— Pourquoi se cache-t-il?

— Voilà ce que je n'ai pu savoir; mais il a eu certainement quelques démêlés assez graves avec la police, car il ne sort que le soir, enveloppé dans son manteau, pour s'aller promener un moment dans les rues désertes du voisinage.

— C'est du mercier que tu tiens tant cela ?

— Oui. Mais attendez encore, monseigneur. En dépit de ses terreurs, cet homme ne peut se défendre de s'adonner à son penchant, l'ivrognerie. Il y a dans la rue Saint-Louis une sorte de cabaret où il se glisse parfois, et c'est là que j'ai tendu mes filets.

— Comment cela ?

— Vanda s'est habillée en femme du peuple.

— Ah !

— Elle a mis un masque sur son visage et s'est introduite dans le cabaret, qui est fréquenté, du reste, par des femmes de mauvaise vie. S'il est ivrogne, notre homme est aussi un grand amateur du beau sexe, comme Vanda s'en est aperçue hier soir. Il n'a pas vu son visage, mais il a admiré ses belles épaules, sa luxuriante chevelure.

— Fort bien, dit froidement le prince.

Ce matin, on lui a remis un billet sans signature conçu en ces termes :

« Cher et colossal inconnu,

« Si vous n'êtes pas complétement ignorant des mœurs de notre temps, vous comprendrez qu'il arrive parfois qu'une femme de qualité, lasse de fades hommages, s'adresse à un homme robuste et brave comme vous.

« Je suis cette prétendue grisette masquée que vous paraissiez trouver si fort de votre goût hier soir. Si l'aventure ne vous déplaît pas, trouvez-vous ce soir au coin de la place Royale, à neuf heures précises. Mon hôtel est à deux pas.

« Je vous invite à souper. »

— Et qu'a-t-il répondu ? demanda le prince.

— Rien.

— Eh bien ?

— Par la raison toute simple que le messager était parti avant qu'il n'eût ouvert cette lettre.

— Crois-tu qu'il ira au rendez-vous ?

— J'en suis certain.

— Et alors ?...

— Alors Vanda l'amènera ici par la petite porte et le conduira à cette salle du rez-de-chaussée que vous savez et où le souper sera servi. C'est pour cela que vous me voyez ainsi vêtu.

Et Hermann ouvrit la longue houppelande qu'il portait.

Le prince reconnut alors qu'il était vêtu en laquais par-dessous.

— Ah ! c'est toi qui le serviras ?

— Oui, monseigneur.

— Mais, dit encore le prince, une chose m'inquiète.

— Quoi donc ?

— Cet homme est un colosse, dis-tu ?

— Un hercule.

— Espères-tu donc en venir à bout ?

— Ce n'est pas moi, c'est le vin que nous lui verserons.

— Oh ! oh ! fit le prince en riant.

— Si ce sang-là ne vous rajeunit pas, dit Hermann avec son petit rire sec et nerveux, et s'il ne donne pas à vos veines une puissance sans égale, vous pourrez me traiter d'imposteur et de charlatan .

Le prince tira sa montre.

— Neuf heures moins un quart, dit-il.

— Monseigneur, il est temps que vous preniez votre bain, dit Hermann.

— Soit ; viens donc, dit le prince.

Ils quittèrent le jardin et pénétrèrent dans le rez-de-chaussée.

Là, Hermann ouvrit une porte dissimulée dans une draperie, et le Tartare se trouva au seuil d'un escalier souterrain qui était éclairé par une lampe suspendue à la voûte.

Le prince descendit une trentaine de marches et se trouva dans cette salle où nous avons vu Porion pénétrer quelques jours auparavant.

Il y avait au milieu une baignoire pleine de sang, non point de sang humain, mais de sang de bœuf, et Hermann dit au prince :

— Vous avez pris hier un bain humain ; aujourd'hui ce sang suffira ; d'autant plus que nous garderons le colosse endormi deux ou trois jours et que vous pourrez lui piquer une veine ou deux en sortant du bain et en faire autant demain matin.

— Oui, dit le Tartare, dont les yeux eurent un rayonnement féroce.

Puis il se déshabilla et se mit dans le bain.

Après quoi, il tendit son poignet au petit vieillard.

Celui-ci prit une lancette et piqua légèrement une des veines, ce qui fit que le sang du Tartare coula et se confondit avec le sang qui se trouvait dans la baignoire. Alors Hermann alla prendre un flacon sur une tablette.

Ce flacon renfermait une liqueur d'un bleu d'azur, dont le vieillard versa quelques gouttes dans une cuiller à bouche qu'il présenta au Tartare.

Mais avant de boire, le prince lui dit :

— Sais-tu que j'ai peur parfois ?

— Peur, monseigneur ?

— Sans doute.

— Et pourquoi ?

— Ce que je vais boire là, ce que je bois chaque soir en me mettant au bain, m'amène une paralysie par tout le corps.

— Cette paralysie est nécessaire, monseigneur, pour amener le mélange de votre sang avec celui du bain.

— Soit ; mais si, dans une heure, tu ne me donnais pas une cuillerée d'une autre liqueur, la paralysie persisterait.

— Indéfiniment, monseigneur.

— Ce qui fait qu'on pourrait m'assassiner dans mon bain sans que j'opposasse la moindre résistance.

— Sans nul doute, monseigneur, mais je suis là.

— Supposons cependant une chose...

— Voyons, monseigneur.

— Supposons que tu viennes à mourir subitement.

— Ah ! monseigneur, dit le médecin en riant, je n'en ai nulle envie, soyez tranquille.

— Tu m'en réponds ?

— Oh ! oui !

Le Tartare prit la cuiller, et avala la liqueur bleue.

Soudain ses membres perdirent leur chaleur et leur force et la paralysie s'en empara.

Toute la vie de ce corps parut se réfugier dans son regard, car il lui devint même impossible de parler.

— Voici où mes fonctions de valet vont commencer, monseigneur, dit Hermann. Il est neuf heures, et nos amoureux vont venir.

— Va ! lui dit le prince d'un regard.

M. Hermann s'en alla.

Quand il fut en haut de l'escalier et qu'il eut refermé la porte de la salle souterraine, le docteur allemand entendit du bruit.

Il s'approcha de la croisée et vit un homme et une femme qui traversaient le jardin, appuyés au bras l'un de l'autre.

LII

L'hercule dont avait parlé Hermann, le docteur allemand, peut-être l'a-t-on deviné déjà, n'était autre que M. le vicomte Gontran de Mauroy, lequel, on s'en souvient, avait dû chercher un refuge chez son ancien valet de chambre, actuellement mercier dans la rue Saint-Louis au Marais.

C'était chez ce brave homme que le Flamand avait conduit Hector de Pierrefeu et Cécile.

C'était là qu'il avait établi de mystérieuses batteries à l'endroit de l'hôtel habité par le Tartare.

Il y avait trois jours que le mercier avait accueilli les trois proscrits.

Alors, le vicomte avait dit à Hector :

— Il est bien convenu, n'est-ce pas, que nous ne restons à Paris que pour châtier le Tartare ?

— Sans doute, avait répondu Hector, et il me faut tout son sang.

— Comment comptez-vous le prendre ?

— Mais, dit naïvement le jeune homme, tout naturellement, ce me semble.

— Ah !

— J'irai le provoquer, j'entrerai chez lui de gré ou de force, et il faudra que son épée croise la mienne.

Le Flamand haussa les épaules.

— Vous êtes un enfant, dit-il.

— Cependant...

— Tenez, admettons un moment que vous songiez à mettre sérieusement votre projet à exécution...

— Eh bien ?

— Vous parvenez jusqu'au Tartare, je veux bien, et vous le provoquez ; mais il a autour de lui une armée de domestiques qui tombent sur vous et vous assomment. C'est la moindre chose.

— Oh ! fit Hector avec colère.

— Ou bien, on appelle les soldats du guet, vous êtes reconnu pour un évadé de la Bastille et on vous y reconduit.

— Mais il faut pourtant que je tue cet homme ! dit Hector frémissant de rage.

— Ce n'est pas vous qui le tuerez...

— Qui donc ?

— La Providence, prononça le vicomte d'une voix grave.

Et, comme Hector ne comprenait pas, le Flamand répéta :

— Cet homme doit être jugé et condamné.

— Par qui ?

— Par un tribunal.

— Où trouverez-vous des juges ?

— Je m'en charge, dit le Flamand. Seulement, il faut que vous m'obéissiez aveuglément.

A partir de ce moment, les deux amoureux ne sortirent plus de leur chambre. (Page 120.)

— Je vous obéirai.

— Me le jurez-vous ?

— Foi de gentilhomme !

Et Hector tendit la main au Flamand, qui la serra en disant :

— Fiez-vous-en à moi. Le châtiment sera terrible et prompt.

Le mercier avait une maison assez vaste, et il l'occupait seul.

Suivant la volonté de M. de Mauroy, Cécile et Hector furent pour ainsi dire enfermés dans un appartement qui donnait sur la cour.

— Mes enfants, leur dit le Flamand, il est indispensable que vous demeuriez ici sans sortir pendant deux ou trois jours. S'il en était autrement, je ne répondrais plus de rien. Vous pensez bien, mon cher Hector, ajouta-t-il pour donner plus de clarté à sa pensée, que le Tartare et ses gens vous connaissent, et que lorsque la foudre doit tomber sur les gens il ne faut pas les avertir de l'orage.

— Vous avez ma parole, dit Hector.

A partir de ce moment, les deux amoureux ne sortirent plus de leur chambre.

Quant au Flamand, il se mit en campagne.

Il sortait le soir, rentrait tard, et ressortait le matin de bonne heure.

Le mercier joua habilement son rôle et sut se lier avec le docteur Hermann.

Celui-ci vint dans la boutique et vit le Flamand.

A la façon dont il le regarda, le Flamand comprit tout et se dit :

— Hé ! hé ! il paraît que je ferais un joli bain de sang, moi aussi.

Le lendemain soir, comme il était assis dans la boutique, auprès du comptoir, il vit deux visages collés aux vitres en dehors.

Un visage d'homme et un visage de femme, mais il reconnut l'homme parfaitement.

C'était Hermann.

Un quart d'heure après, il s'enveloppa dans son manteau et gagna le cabaret voisin.

Peu après, une femme entra et vint s'asseoir près de lui. Elle avait un loup sur le visage.

Mais le Flamand se souvenait du portrait que Hector lui avait fait de la prétendue sœur du Tartare, et il demeura convaincu que c'était elle.

Quand, le soir, il rentra chez le mercier, il lui dit :

— Je crois bien que nous partirons demain dans la nuit. Tu vas te procurer, avec la discrétion la plus absolue, une chaise de poste et des chevaux.

Le lendemain, il reçut le billet mystérieux dont Hermann avait parlé au Tartare.

Alors, il dit encore au mercier :

— Très-certainement, ce sera pour ce soir.

Puis, il monta chez Hector.

— Mon ami, lui dit-il, l'heure est proche.

— Ah ! fit Hector.

— J'ai acheté un des laquais du Tartare et j'ai un plan détaillé de l'hôtel.

— Vraiment ?

— Nous y souperons ce soir.

Hector paraissait stupéfait.

— Mon ami, continua le Flamand, ce soir, un peu avant neuf heures, trouvez-vous sur la place Royale.

— Je vous y rencontrerai.

— C'est-à-dire que vous me verrez. Je suis assez reconnaissable, grâce à ma stature.

— Et puis ?

— Vous ne m'aborderez pas, mais vous ne me perdrez pas de vue.

— Fort bien. J'y serai.

— Peu après, continua M. de Mauroy, vous me verrez abordé par une femme.

Tout le sang d'Hector afflua à son cœur.

— Oh ! je devine, fit-il, c'est la sœur du misérable.

— Elle aussi sera châtiée, dit le Flamand.

Puis, après un silence :

— Vous me verrez m'éloigner avec elle. Alors vous nous suivrez pas à pas.

Probablement nous entrerons dans une ruelle, et vers le milieu de cette ruelle une porte s'ouvrira devant nous. Alors, vous vous arrêterez à quelque distance et vous attendrez.

— J'attendrai que vous sortiez ?

— Non, que je vienne vous chercher.

— Et... alors ?

— Alors, dit le Flamand de sa voix lente et solennelle, l'heure de la justice ne sera pas loin.

. . . .

Et le soir, en effet, M. de Mauroy fut fidèle au rendez-vous.

Un homme se promenait sous les arcades, à cent pas de distance, un pan de son manteau jeté sur son visage.

Le Flamand reconnut Hector.

Assis sur un banc, il attendit, prenant l'attitude inquiète d'un homme qui a un rendez-vous d'amour.

...Et Mardochée s'éveilla le cœur palpitant, le front baigné de sueur... (Page 130.)

Mais la femme ne se fit pas attendre non plus.

Il n'y avait pas cinq minutes que M. de Mauroy était à son poste, qu'il la vit déboucher par l'angle nord de la place et venir droit à lui.

Il se leva et ôta son chapeau.

Elle était enveloppée dans une ample pelisse et avait la tête couverte d'un capuchon.

En outre, un loup de velours noir ne laissait voir que son front et le bas de son visage.

Elle posa sur l'épaule du Flamand une petite main gantée et lui dit :

— Vous êtes un vrai gentilhomme... j'étais sûre que vous viendriez... Votre bras?

Et elle l'entraîna dans la direction de la rue du Pas-de-la-Mule.

Mais, à l'entrée de cette rue, elle tourna à gauche et s'enfonça dans une ruelle.

C'était celle qui donnait sur les derrières de l'hôtel.

En quelques secondes, ils eurent atteint la petite porte.

Alors, tandis qu'elle introduisait une clef dans la serrure, le Flamand tourna la tête à demi et vit une ombre qui rasait le mur.

C'était Hector.

La porte s'ouvrit, le Flamand entra, donnant toujours le bras à la femme masquée.

Le jardin, planté de grands arbres, paraissait désert. Aucune lumière ne brillait aux croisées.

— J'ai renvoyé tout mon monde, dit-elle d'une voix fraîche et rieuse, je n'ai gardé pour vous servir qu'un vieil intendant, de la discrétion duquel je suis sûre.

M. de Mauroy répondit :

— Vous êtes adorable, madame.

Et il lui prit un baiser sur le cou.

Ils atteignirent le perron, et alors la femme masquée tira de sa poche un petit sifflet qu'elle approcha de ses lèvres.

Au bruit, une lumière brilla tout à coup, et le docteur Hermann, vêtu en intendant, accourut, portant à la main un flambeau à deux branches.

Le Flamand était impassible.

Il avait même su se donner l'attitude et la démarche d'un soudard en bonne fortune.

Donnant toujours le bras à la femme masquée, il traversa avec elle un vaste salon.

Puis Hermann poussa une porte.

Alors M. de Mauroy se trouva au seuil d'un ravissant boudoir, éclairé a giorno, meublé avec un luxe exquis, au milieu duquel était dressée une table étincelante d'orfèvrerie et de cristaux, et d'où s'échappaient les parfums délicats et pénétrants de plusieurs gerbes de fleurs éparpillées dans les jardinières en bois des îles.

La table n'avait que deux couverts.

On l'avait roulée auprès du feu, et de chaque mets s'envolait l'âpre et sensuelle senteur de la truffe du Périgord.

Alors la femme masquée fit un signe à Hermann, et le faux intendant sortit et referma la porte.

Le vicomte paraissait en proie à une extase stupéfiante.

Elle se mit à rire à travers son masque.

— Il faut, dit-elle, que votre bonheur soit complet, mon doux chevalier.

Et le masque tomba.

En toute autre circonstance, le Flamand se fût estimé le plus fortuné des hommes, car jamais peut-être il n'avait vu beauté plus luxuriante et plus royale.

Elle rejeta son ample pelisse et lui apparut les épaules nues, éblouissante de jeunesse et de volupté.

Le Flamand l'enlaça dans ses bras et lui prit un nouveau baiser.

Alors elle emplit un verre.

— Buvons, dit-elle, à nos amours d'une heure, car demain on nous séparera, mon bien-aimé chevalier, et nous ne nous reverrons jamais.

Elle vida son verre d'un trait et le Flamand l'imita.

Puis ils soupèrent, et elle lui dit mille folies, qu'il écouta en riant d'un gros rire.

Il était bien, en apparence, le Buridan rêvé par cette nouvelle Marguerite de Bourgogne.

Mais il vint un moment où elle lui emplit son verre d'un vin jaune comme de l'ambre.

— Rendez-moi mon toast? lui dit-elle.

— Pas avant de vous avoir pris un baiser à côté de ce joli signe noir, dit-il.

Il se pencha sur elle, et soudain elle sentit la pointe acérée d'un stylet effleurer son cou.

En même temps le Flamand lui dit tout bas :

— Ma toute belle, si vous jetez un cri, vous êtes morte!

LIII

La complice du vampire pâlit, mais elle se tint pour avertie.

M. de Mauroy était de force à l'étouffer en pressant simplement ses deux mains; que serait-ce donc s'il lui prenait fantaisie de se servir d'un stylet?

La pointe froide, acérée, fit même une légère piqûre à ce cou blanc comme l'albâtre.

— Un cri, un mot, un simple geste, répéta le Flamand, et je vous tue.

Elle attacha sur lui un regard plein de douceur.

Ce regard semblait dire :

— Mais que me voulez-vous?

Le Flamand, la tenant toujours sous son poignard, prit alors le verre qu'elle lui avait rempli.

— Buvez! dit-il.

Elle frissonna et eut un geste de dénégation.

— Je vous donne trois secondes, voleuse d'enfants, vampire femelle altéré de sang humain! dit froidement le vicomte.

Elle était devenue livide et le regardait éperdue.

— Vous pensez, ajouta-t-il, que je veux simplement me débarrasser de vous parce que vous me gênez. Choisissez donc entre ce poignard et ce verre qui contient un narcotique puissant et que vous me destiniez. A moins qu'on ne vous ouvre les veines pour faire un nouveau bain à quelque misérable, vous serez sûre de revenir à la vie.

Et comme elle hésitait encore, le poignard entra d'une ligne dans sa chair.

L'épouvante la domina ; elle prit le verre et l'avala d'un trait.

— Maintenant, dit le vicomte, je suis tranquille. C'est l'affaire de cinq minutes. Soupons donc, ma chère, et dites-moi, je vous prie, comment on entendait m'accommoder dans ce coupe-gorge.

Elle fixait sur lui des yeux de flamme, car la vie paraissait se réfugier peu à peu, chez elle, dans ses regards, tandis qu'un froid subit s'emparait de ses membres et montait lentement vers le cœur.

— M'aurait-on égorgé tout de suite et l'eût-on mis en bain, ou bien se serait-il donné le plaisir de boire un peu de mon sang chaque matin? Voyons, ma toute belle, répondez...

Mais déjà la langue de Vanda commençait à subir les effets de la narcotique.

Cette liqueur sophistiquée, dont l'effet sur Hector de Pierrefeu avait été presque instantané, eut des résultats plus foudroyants encore sur la complice du vampire.

La dose du narcotique destinée à un homme de la force et de la stature du Flamand devait briser en quelques secondes un corps de femme.

M. de Mauroy assista à cette mort momentanée. Il vit ses membres se roidir un à un, la bouche se fermer, les yeux vivre encore l'espace d'une minute environ, puis se clore à leur tour.

Alors le Flamand prit Vanda dans ses bras et la porta sur un lit qui se trouvait au fond du boudoir.

Puis il se remit tranquillement à souper.

Il y avait un timbre sur la table.

M. de Mauroy en pressa le ressort.

Au bruit, Hermann accourut.

Mais déjà le vicomte était placé derrière la porte, et au moment où le faux intendant entrait, il fut saisi, renversé, et la pointe du stylet s'appuya sur sa gorge.

Hermann jeta un cri, mais il n'en jeta qu'un.

— Mon bonhomme, lui dit le Flamand, nous sommes arrivés au terme de notre petit voyage. Tu ne prépareras plus de bain de sang à personne, car tu vas mourir toi-même.

Hermann avait eu le temps d'apercevoir Vanda immobile sur le lit, et, ne songeant point au narcotique, il crut que le Flamand l'avait tuée.

L'épouvantement de la mort le prit.

Il joignit les mains ; il demanda grâce.

— As-tu fait grâce aux autres, toi! dit M. de Mauroy.

— Mon gentilhomme, balbutiait le vieillard en se tordant les mains, je n'ai plus que quelques jours à vivre. Laissez-les-moi... et pour racheter mes crimes je vous dirai tout.

— Ah ! ah!

— Je vous dirai où est le prince et comment vous pourrez vous venger de lui, si vous avez eu quelques victimes dans votre famille ou parmi vos amis.

— Et où est-il donc, le Tartare?

— Au bain.

— Ici?

— En bas, dans une cave. Voulez-vous que je vous y conduise?

Mais M. de Mauroy continuait à appuyer son stylet sur la gorge du misérable.

Celui-ci poursuivit d'une voix suppliante :

— Oui, je suis coupable à vos yeux et aux yeux de tous, puisque j'ai versé du sang, puisque j'ai servi mon maître. Mais vous ne savez donc pas que j'étais esclave, qu'il avait droit de vie et de mort sur moi?

— Si cela me regardait seul, répondit M. de Mauroy, je te ferais grâce, mais je n'en ai pas le droit.

Le petit vieillard sanglotait comme une femme.

— Lève-toi! ordonna le Flamand.

Le misérable eut une lueur d'espoir et se remit sur ses pieds.

Alors M. de Mauroy tira de sa poche une poire d'angoisse et la lui enfonça dans la bouche.

— A présent, dit-il, je suis sûr de ton silence. Tends tes mains.

Il prit une des serviettes qui se trouvaient sur la table et la tailla en bandes étroites.

Puis, avec ces bandes, il lia les pieds et les mains d'Hermann, et l'ayant ainsi réduit à l'impuissance, il le coucha côte à côte avec Vanda endormie.

Après quoi, il s'élança dans le jardin, murmurant :

— Maintenant, allons ouvrir à Hector.

Hector était dans la ruelle ; au premier coup de sifflet du vicomte, il accourut :

— Etes-vous armé? lui dit-il.

— J'ai mes pistolets et un poignard.

— Bien ; suivez-moi...

— Que s'est-il donc passé? demanda Hector.

— Venez, vous le saurez...

Et il le conduisit à cette salle du souper où se trouvaient les deux misérables réduits à l'impuissance.

Alors il reprit Hermann dans ses bras et l'appuya contre le mur.

Puis il le débarrassa de sa poire d'angoisse.

— Parle maintenant, dit-il; où est le Tartare?

Hermann, frissonnant, regardait Hector, qu'il avait reconnu.

De son côté, Hector s'était approché du lit et il contemplait Vanda immobile.

— Oui, disait-il, c'est bien là le démon qui a causé la mort de mon malheureux frère.

— Au Tartare d'abord, dit le Flamand ; elle ne nous échappera pas.

Et, brandissant son poignard.

— Où est-il? demanda-t-il à Hermann.

— Me ferez-vous grâce de la vie.

Le Flamand ne répondit pas.

— Songez, mes bons messieurs, dit le vieillard d'un ton suppliant, que je n'étais que l'instrument de ce misérable ; que lorsque le bras a frappé, c'est la tête qui tombe... Ah! si vous me faites grâce, je vous offrirai un moyen de vengeance que vous n'auriez jamais osé rêver.

— Eh bien ! parle ; nous verrons...

Et le Flamand regarda Hector.

— Cet homme a raison, dit Hector ; il n'a été que l'instrument. La vengeance doit remonter plus haut.

Hermann comprit que s'il trahissait complètement son maître, il aurait la vie sauve.

— Le Tartare est au bain, dit-il.

— Où?

— Là-bas.

— Dans un bain de sang, n'est-ce pas? fit Hector.

— Oui, et il n'en peut sortir sans moi.

— Comment?

— Il a une veine ouverte, et il a pris une drogue qui paralyse ses membres en lui laissant l'ouïe, la vue et l'intelligence.

— Ah ! dit M. de Mauroy.

— Sans moi, il mourra dans le bain, quelque effort qu'il fasse pour en sortir.

— Eh bien ! dit froidement M. de Mauroy, je ne vois alors aucun inconvénient à l'envoyer dans l'autre monde.

Et il leva son poignard.

Mais Hector lui arrêta le bras.

— Non, dit-il, cet homme n'a parlé que parce que nous lui promettions sa grâce. Nous n'avons plus le droit de le tuer.

— Soit, dit M. de Mauroy.

Et il remit son poignard à sa ceinture.

Puis, s'adressant encore à Hector.

— Alors, dit-il, déliez-lui les pieds et qu'il nous guide.

En même temps, il prit un des flambeaux qui se trouvaient sur la table.

— Marche! ordonna-t-il au vieillard, qui commençait à respirer.

Pendant que ces événements s'accomplissaient en haut, le Tartare, réduit à une immobilité absolue dans son bain, commençait à trouver le temps long.

— Que diable fait Hermann? se disait-il. Il me semble que je perds trop de sang.

Hermann ne descendait pas.

Le Tartare essaya de calmer son inquiétude en pensant que son filleul le docteur était occupé sans doute à égorger ce géant dont les veines contenaient un sang brûlant doué d'une grande puissance.

Mais il n'y parvint pas.

Ses yeux étaient fixés sur une horloge appendue au mur en face de lui.

Cette horloge allait sonner dix heures.

Il y avait donc une heure que le docteur était parti, et jamais le prince Trespatki n'avait pris un bain si long.

Au moment où la vibration de l'horloge se fit entendre, l'épouvante du prince arrivait à son comble.

Il fit un effort si violent que sa langue paralysée se délia :

— Hermann! Hermann! cria-t-il.

Soudain il entendit un bruit de pas dans l'escalier.

Mais ce bruit, au lieu de le rassurer, augmenta ses terreurs.

Évidemment, Hermann n'était pas seul. D'autres hommes descendaient avec lui.

L'escalier était vis-à-vis de la baignoire, tout à côté de l'horloge.

Le prince, tout à coup, sentit ses cheveux se hérisser.

S'il avait eu la liberté de ses mouvements, il fût sorti précipitamment de la baignoire et eût cherché à prendre la fuite.

Il venait de voir apparaître Hermann.

Mais derrière Hermann il y avait deux hommes graves, muets, sinistres.

L'un lui était inconnu.

Seulement, à sa haute taille, il devina que c'était celui que le docteur songeait à égorger une heure auparavant.

Quant à l'autre, il le reconnut sur-le-champ.

C'était Hector;

Hector, dont il avait sucé le sang jadis, Hector, dont il avait fait égorger le frère.

Cependant il parvint à jeter un nouveau cri.

— Hermann! Hermann! dit-il, quels sont ces hommes ?

Le docteur eut le rugissement d'une bête fauve prise au piége.

— Maître, répondit-il, ce sont nos juges !

LIV

Hermann était un Allemand doublé de Tartare, c'est-à-dire qu'il était né de parents germains sur la terre moscovite et qu'il était esclave.

Il avait dit la vérité en prétendant que le prince avait sur lui droit de vie et de mort.

Son visage, en ce moment, avait une expression satanique.

— Maître, dit-il, l'heure d'expier nos crimes est venue. Nous sommes tombés dans un piége.

Le Tartare eut un rugissement.

— Maître, poursuivit Hermann, cet homme a contraint Vanda à boire le narcotique qui lui était destiné.

Et il montrait le Flamand.

— Vanda est comme morte, poursuivit Hermann, elle ne viendra pas à notre aide.

Puis cet homme s'est jeté sur moi et a voulu me poignarder, mais j'ai racheté ma vie.

Le Tartare lui lança un regard qui voulait dire :

— Misérable! tu m'as trahi!

— Écoutez donc, maître, ricana le misérable, c'est une chose précieuse que la vie, et vous le savez aussi bien que moi, vous qui rêviez d'être éternellement jeune. Quand j'ai vu un poignard levé sur moi, je me suis souvenu que j'étais esclave, que vous m'aviez battu souvent de ce même bâton, que vous m'aviez fait jadis donner le knout. Alors, comme il vient toujours une heure où l'esclave a horreur de son maître, je vous ai trahi. J'ai conduit ces deux hommes ici, et c'est avec eux maintenant que vous aurez à traiter.

Et le misérable eut un petit rire sec et cruel qui acheva d'exaspérer le prince.

Alors le Flamand s'avança :

— Monsieur, dit-il, vous avez entendu cet homme ?

Le Tartare voulut parler, mais il ne le put. Ses yeux seuls, ses yeux grands ouverts, témoignaient qu'il vivait.

— Vous avez entendu cet homme, poursuivit le Flamand. A présent, écoutez-nous.

Vous étiez riche et puissant il y a une heure encore; vous saviez acheter les consciences, fermer les bouches indécises, fouler aux pieds les lois et vous rire de la Providence. Vous étiez si haut placé qu'il semblait qu'aucune justice ne pût vous atteindre et que vos crimes dussent rester à jamais impunis.

La Providence en a décidé autrement.

Il prit Hector par la main et le poussa vers la baignoire.

— Prince Trespatki, poursuivit-il, quand il arrive que les juges sont corrompus, que les pouvoirs établis n'osent punir, Dieu permet quelquefois que des hommes se réunissent, se constituent en tribunal suprême, jugent et condamnent un criminel.

Nous nous sommes réunis, ce jeune homme et moi, et nous vous avons condamné. Prince, vous allez mourir, et mourir de cette même main qui fut si longtemps l'instrument docile de vos crimes.

Alors le Flamand fit signe à Hermann.

Celui-ci s'approcha et prit un des bras du Tartare, celui auquel il avait fait une légère piqûre et d'où coulait lentement un filet de sang.

Armé d'une lancette, le docteur élargit la piqûre et le sang jaillit à flots.

Puis il fit la même opération à l'autre bras.

Cette fois, le Tartare jeta un nouveau cri, un cri suprême de rage et d'impuissance.

Ses yeux hagards virent alors son sang couler à flots et se mélanger au sang de taureau qui remplissait la baignoire.

Sur un nouveau signe de M. de Mauroy, Hermann fit jouer un piston.

Alors la baignoire se vida presque instantanément, et le Tartare y demeura couché et grelottant.

— Ah! vous avez voulu des bains de sang humain, dit M. de Mauroy, eh bien! soyez satisfait.

En effet, la baignoire, vide un moment, ne tarda pas à se remplir.

Mais c'était maintenant le sang du Tartare qui coulait.

Il coulait à flots, et, à mesure, le monstre étreint par la paralysie, sentait la vie qui s'en allait.

Hector, pâle et frissonnant, ne pouvait détourner ses yeux de cet horrible spectacle.

Le Tartare rugissait et se confondait en efforts inutiles. Son corps avait déjà la rigidité d'un cadavre et le sang coulait toujours.

Enfin les rugissements devinrent plus sourds, s'affaiblirent par degrés, l'œil prit une teinte vitreuse et les flammes qui s'en échappaient s'éteignirent peu à peu.

Il vint un moment où la baignoire fut presque pleine. Alors les yeux se fermèrent et plus rien ne manifesta la vie dans cet homme qui avait tant abusé de la vie des autres.

— C'est fini, dit Hermann.

— Oui, pour celui-là, dit le Flamand, mais pas pour ses complices.

Et comme Hermann, épouvanté, retombait à genoux :

— Je t'ai fait grâce de la vie, dit-il, mais je ne t'ai pas dit que tu ne serais pas châtié.

Et de sa main de fer il le saisit à la gorge.

A demi étranglé, le vieillard ouvrit la bouche, et sa langue pendit bleuâtre et livide au dehors.

Ce fut plus rapide que l'éclair qui déchire un nuage et s'éteint.

Avec la lame de son poignard, le Flamand coupa cette langue, qui tomba sur le sol.

— Jamais tu ne raconteras cette histoire, dit M. de Mauroy, tandis que Hermann se roulait à terre en poussant de sourds gémissements et vomissant des flots de sang.

Puis il prit Hector par le bras :

— A Vanda, maintenant, dit-il.

Si on se souvient de la première partie de ce récit et des sensations bizarres éprouvées par Hector dans cette maison où l'avait conduit la dugène et où soupait avec Vanda, il absorba cet étrange narcotique qui, paralysant tout son corps, lui laissait l'usage de l'ouïe, et la liberté de son intelligence, on comprendra ce que dut éprouver le complice du vampire.

Elle aussi était morte en apparence et son corps avait une rigidité cadavérique.

Les battements de son cœur étaient arrêtés, ou du moins ils étaient si faibles qu'on ne pouvait les percevoir; mais elle pensait et elle entendait.

Elle entendit Hermann demander grâce devant le poignard du Flamand; elle l'entendit offrir de trahir son maître. Elle entendit ensuite le Flamand s'en aller, puis revenir accompagné d'un autre homme.

Quel était-il ?

Cet homme parla, et elle le reconnut à la voix.

C'était le jeune homme qu'elle avait séduit, c'était la victime qui lui était échappée, c'était Hector de Pierrefeu.

Alors Vanda comprit que ces hommes ne lui feraient ni grâce ni merci.

Aux dernières paroles d'Hermann et du Flamand, elle comprit encore que l'heure du châtiment était venue pour le Tartare.

Elle les entendit s'éloigner.

Mais quel serait son sort à elle ?

Hector aurait-il pitié de sa beauté, ou bien était-elle condamnée à mourir ?

Une heure s'écoula.

Une heure de terreurs et d'angoisses.

Enfin, les pas de ces hommes se firent entendre de nouveau.

Alors, Vanda comprit que son tour était venu.

En effet, le Flamand s'approcha d'elle et lui dit :

— Madame, votre complice est mort. Celui qui se baignait avec volupté dans le sang de ses semblables est mort baigné dans son propre sang !

L'instrument de vos crimes, Hermann, a pareillement expié son forfait.

Je lui ai fait grâce de la vie, mais je lui ai coupé la langue, et il ne pourra plus donner de perfides conseils.

Votre tour est venu ; vous aussi vous devez être punie.

Cependant nous ne vous tuerons point. Un homme ne doit point verser le sang d'une femme.

Mais, quand on rencontre une vipère sur son chemin, si on lui fait grâce de la vie, on la met dans l'impossibilité de nuire et on écrase son dard venimeux.

Votre dard, à vous, c'était votre beauté.

Périsse donc votre arme perfide, à l'aide de laquelle vous avez fait tant de mal !

Et Vanda, muette, Vanda immobile, Vanda pétrifiée, devina plutôt qu'elle ne sentit qu'on lui appliquait sur le visage un masque terrible, destiné à ronger ses chairs, à tuméfier ses lèvres, à ternir l'éclat de ses yeux.

— Maintenant, acheva le Flamand, nul ne vous suivra.

Et en effet, il lui avait posé sur la figure une pâte noirâtre qui contenait du vitriol, et qui brûla en quelques secondes et rendit horrible ce visage rayonnant de jeunesse et de beauté.

Et quand le masque fut enlevé, Hector jeta un cri :

— Oh ! c'est épouvantable ! dit-il.

— Vous êtes vengé, dit le Flamand. Maintenant, partons.

— Où irons-nous ?

— Nous allons chercher Cécile, dit M. de Mauroy, et dans une heure nous aurons quitté Paris.

Et tous deux s'élancèrent hors de cette maison maudite où le crime avait régné si longtemps.

Ils traversèrent le jardin en courant, gagnèrent la ruelle, et, quelques instants après, ils arrivaient rue Saint-Louis.

La chaise de poste était prête et attendait à la porte du mercier.

— Courez chercher Cécile, dit M. de Mauroy.

— Je suis prête, répondit la jeune fille, qui se montra au seuil de la boutique entr'ouverte.

— En voiture donc, dit le Flamand, et partons !

— Mais... mon père... dit Cécile d'une voix émue.

— Il nous rejoindra, dit Hector.

— Mon Dieu ! murmura la jeune fille, le reverrai-je ?

Hélas ! Cécile ne prévoyait pas alors dans quelle terrible et suprême circonstance elle reverrait pour la dernière fois François-Robert Damiens !

LV

Le lendemain du jour où M. de Mauroy, Cécile et Hector de Pierrefeu quittaient Paris, après avoir vengé la mort du malheureux André, le procès de mademoiselle Espérance de Beaulieu devait être jugé par le Parlement.

M. de Richelieu, depuis trois jours, n'avait guère pris de repos.

Le vieux courtisan avait retrouvé toute l'activité de sa jeunesse orageuse et s'était véritablement multiplié.

Il était allé chez les conseillers, chez les procureurs, muni de cette lettre du roi qui recommandait chaudement la jeune fille et, comme le procès était bon, il n'avait eu de peine à intéresser les robes rouges en faveur d'Espérance.

Or donc, le jeudi matin, M. le maréchal, levé à sept heures et demie, c'est-à-dire au petit jour, sonna son valet de chambre et lui dit :

— Porion est-il là ?

— Monseigneur, répondit le valet, Porion est arrivé de Versailles à quatre heures du matin.

— Ah ! vraiment ?

— Je voulais éveiller monseigneur, mais il s'y est opposé.

— Pourquoi ?

— Il a dit que tout était prêt ; qu'il était par conséquent inutile d'éveiller monseigneur, et que mieux valait le laisser dormir.

— Bon. Mais où est-il ?

— Il est reparti ; mais il m'a dit qu'il reviendrait entre huit et neuf heures, ce matin.

— C'est bon, dit Richelieu.

Et il acheva sa toilette.

Huit heures sonnèrent, puis neuf, puis encore neuf heures et demie.

— Ah çà ! fit le maréchal, ce drôle se permet de me faire attendre, maintenant !

En effet, Porion ne revenait pas.

— Je n'ai pourtant pas de temps à perdre, grommelait le maréchal. Je veux assister au procès, disparaître avant la fin, de façon qu'il ne puisse me remercier de l'audience, retourner à Versailles, et de là venir à Marly. Porion m'a fait dire que tout était prêt ; mais cela ne me suffit pas, et je veux savoir au juste quel est l'état d'impatience du roi.

Et le maréchal jetait pour la vingtième fois un regard inquiet sur la pendule, lorsque le bruit de la cloche d'entrée se fit entendre.

Le maréchal se mit à la fenêtre, et vit Porion qui traversait la cour en grande hâte.

— Corbleu ! comme il est pâle ! dit Richelieu.

En effet, Porion marchait d'un pas inégal, et avait quelque chose d'égaré et d'insolite dans toute sa personne.

Il fit irruption dans le cabinet du maréchal, et ne put que prononcer ces mots :

— Ah ! monseigneur, quel malheur !

— Un malheur ? fit le maréchal.

— Un crime ! monseigneur.

— Un crime ?

— Épouvantable, inouï !... Ah ! mon Dieu !...

Et Porion se laissa tomber sur un siège, tout suant et bouleversé.

— Voyons, dit Richelieu, de quoi s'agit-il ?... Espérance...

— Il ne s'agit pas d'Espérance.

Richelieu respira.

— De qui donc ? fit-il.

— Du Tartare.

— Il a donc encore assassiné quelqu'un ?

— Non ; c'est lui qu'on a assassiné !

Le maréchal fit un soubresaut.

— Hein ? fit-il.

— On l'a saigné dans un bain, et il y est encore.

— Est-ce possible ?

— C'est la vérité, monseigneur.

— Mais qui l'a assassiné ? Comment cela est-il arrivé ? Parle... explique-toi...

Porion se remettait peu à peu.

— Monseigneur, fit-il, je vais tout vous dire.

— Parle !

Porion reprit alors :

— Ce matin, comme on m'a dit que monseigneur dormait, je m'en suis allé. Il y avait trois jours que je n'avais mis les pieds chez moi, et je n'étais pas fâché de savoir ce qui s'y passait. De chez moi, je suis allé à l'hôtel de M. de Clermont.

J'étais pressé d'annoncer au prince tartare que j'avais vu hier soir madame de Pompadour, et qu'elle m'avait chargé de lui réitérer son invitation à souper, car ce soir même il devait souper à Versailles, chez la marquise.

— Après ? fit le maréchal.

— Vous savez, reprit Porion, que l'hôtel du comte de Clermont avait été approprié à l'existence mystérieuse du Tartare.

— Ah ! oui, on m'a dit cela, dit Richelieu ; il y avait un mur qui le séparait en deux et n'avait qu'une porte.

— Précisément.

— Une porte en fer.

— Que le Tartare et son médecin franchissaient seuls.

— Eh bien ?

— Les domestiques étaient en proie à une grande émotion.

Depuis la veille au soir, chose qui n'arrivait jamais, le Tartare n'avait point reparu. Ils étaient à tenir conseil entre eux.

Les uns disaient que très-certainement il était arrivé malheur, et qu'il fallait enfoncer cette porte.

Les autres rappelaient les paroles que leur avait faite ce maître terrible en prenant possession de l'hôtel : « Je punirai de mort, avait-il dit, celui qui essayera de franchir le seuil de cette porte. »

Ce fut alors que j'arrivai.

On avait vu le Tartare me recevoir avec des marques de considération.

Il n'en fallait pas davantage pour que la valetaille m'accordât toute sa confiance.

Cette longue disparition du prince m'épouvanta autant qu'eux.

— Mes amis, leur dis-je enfin, il faut enfoncer la porte; mais, si vous redoutez la colère de votre maître, j'entrerai seul.

Ce dernier moyen leur plut. Je prenais toute la responsabilité sur moi.

Mais on n'enfonce pas une porte de fer comme une simple porte.

Il fallut aller chercher un madrier dans la cour, le faire porter par plusieurs hommes et attaquer la porte avec cette singulière machine de guerre.

A chaque coup, l'hôtel résonnait comme un tambour; nous attendions d'une minute à l'autre à voir apparaître le prince menaçant. Il n'en fut rien. La porte tomba enfin, et un corridor désert nous apparut derrière.

Les domestiques n'osaient aller plus loin.

Alors je me lançai bravement en avant.

— Tu es donc brave? interrompit le maréchal d'un ton railleur.

— Il y a des jours, monseigneur. Tout homme a ses jours de bravoure et de lâcheté.

— C'est la vérité; continue.

— Au bout du corridor, il me sembla que j'entendais des gémissements. Je hâtai le pas, je poussai une porte que je vis devant moi, et j'aperçus un homme accroupi sur le sol, et qui paraissait en proie à des souffrances intolérables.

Il avait du sang sur ses vêtements et sa bouche en était couverte.

Je reconnus le vieil Hermann, le médecin du Tartare.

— Qu'est-ce que vous avez donc? lui dis-je en le forçant à se relever.

Il ne me répondit pas; mais il m'ouvrit sa bouche toute grande et je reculai frappé d'horreur. On lui avait coupé la langue.

— Le Tartare, sans doute?

— Non, monseigneur, comme vous allez voir. Ma présence parut calmer un peu sa souffrance et son désespoir; il me prit par la main et m'entraîna vers un escalier souterrain qui était éclairé par une lampe suspendue à la voûte.

Je le suivis.

Au bout de l'escalier, une nouvelle clarté frappa mes yeux, et je vis une vaste salle souterraine qui avait dû être une cave et dont on avait fait une salle de bains.

Une fraîcheur glaciale y régnait.

Au milieu était une baignoire, et dans cette baignoire, qui était pleine de sang, j'aperçus le Tartare. Le sang ne m'effraya point d'abord. Je connaissais ses habitudes; mais le médecin me força à m'approcher, et alors je reconnus la sinistre vérité.

C'était son propre sang qui remplissait la baignoire, et le Tartare était mort.

Et, comme je poussais un cri d'horreur, Hermann m'entraîna de nouveau.

Il me fit remonter l'escalier et me conduisit dans une autre salle.

Là, auprès d'une table encore chargée des débris d'un souper, il y avait un lit, et sur ce lit une femme qui paraissait morte également.

C'était celle que le Tartare faisait passer pour sa sœur.

Je la reconnus à ses vêtements, car son visage défiguré n'était plus qu'un vaste d'horreur.

— Morte aussi! m'écriai-je.

— Non, fit le vieux médecin d'un signe de tête.

Alors, il alla prendre sur un meuble voisin une petite boîte qui renfermait ses fioles de poison, d'antidotes, et ses instruments de chirurgie.

Il ouvrit cette boîte et y prit un flacon, qu'il déboucha, et qui contenait une sorte d'élixir jaunâtre.

Puis il versa quelques gouttes de cette liqueur dans une cuiller, retourna auprès de la femme, entr'ouvrit ses lèvres crispées et lui introduisit la cuiller dans la bouche.

Ce fut instantané.

La femme se redressa et ouvrit les yeux.

— Oh! le misérable! dit-elle.

Puis, s'étant élancée vers une glace, elle se regarda et se mit à pousser des cris affreux.

Son désespoir était si grand, que ce ne fut qu'au bout d'une demi-heure que je parvins, à force de questions, à savoir ce qui s'était passé.

— Voyons! dit le maréchal, dont ce récit excitait la curiosité au plus haut point.

— Monseigneur, dit Porion, vous savez, ce petit gentilhomme dont le Tartare a fait égorger le frère...

— Oui, Hector de Pierrefeu.

— Et cet autre, ce Flamand qui venait réclamer dix mille écus...

— Fort bien.

— Ils se sont évadés de la Bastille.

— Et ce sont eux qui ont commis toutes ces atrocités?

— Oui, monseigneur.

Porion fut pris d'un accès de fureur subite:

— Oh! dit-il, je vengerai le Tartare.

Mais alors M. de Richelieu eut un éclat de rire.

— Porion, dit-il, veux-tu mon sentiment?

— J'écoute, monseigneur.

— Mon sentiment est que tu es un imbécile!

Et le maréchal continua à rire de plus belle.

LVI

Porion ne put s'empêcher de regarder Richelieu avec une sorte d'hébétement.

— Je vois, reprit le maréchal, qu'il faut que je m'explique.

— Monseigneur...

— Voyons, mon bon ami, reprit Richelieu d'un ton plein de bonhomie, étais-tu le parent du Tartare?

— Non, monseigneur.

— Son ami?

— Mais, non...

— Te doit-il de l'argent?

— Dame! fit Porion, j'avais une jolie note à lui présenter pour mes pas, démarches et bons soins.

— Et à combien l'aurais-tu fait monter, cette note?

— A un millier d'écus pour le moins.

— Ma foi, dit le maréchal, comme je t'ai appelé imbécile et que je ne m'en dédis pas, j'aime autant te payer tes mille écus.

— Vraiment! monseigneur, vous auriez cette bonté?

— Oui, mais après la petite affaire de la nuit prochaine...

— Oh! c'est trop juste, dit Porion.

— Ensuite, dit le maréchal, à une condition.

— J'écoute, monseigneur...

— Tu me feras un reçu motivé.

— Comment cela?

Richelieu cligna de l'œil:

— Le Tartare est mort, dit-il, et cela nous ôte un grand souci au roi et à moi. Le roi n'aura pas à le faire pendre, et moi...

— Et vous, monsieur le maréchal, dit insolemment Porion, vous n'aurez pas à lui rendre ses cent mille écus.

— Naturellement, mais il faut toujours se défier des coquins.

Et le maréchal regarda fixement Porion.

— Des coquins comme moi, dit-il.

Porion salua et ne se fâcha point.

— Car il n'y avait que le Tartare et toi dans la confidence, n'est-ce pas?

— Absolument, monseigneur. M. Bœmer, le joaillier, en me les remettant, a cru que les cent mille écus étaient destinés à payer une dette de jeu.

— M. Bœmer a cru la vérité.

— Ah! fit Porion.

— Et, tiens, dit Richelieu, je veux bien te donner les mille écus tout de suite, si tu me veux faire le reçu que je vais te dicter.

— Avec plaisir, dit Porion, qui s'assit devant une table sur laquelle il y avait de quoi écrire.

Le maréchal dicta:

« Je reconnais avoir reçu de M. le maréchal duc de Richelieu la somme de mille écus pour les bons soins que je lui ai rendus, et grâce auxquels il a pu rentrer dans une somme considérable que le prince russe Trespatki avait perdue au jeu avec lui. »

— Signe, dit ensuite Richelieu.

Porion apposa son paraphe au bas de son reçu.

Alors le maréchal ouvrit ce tiroir dans lequel il avait serré l'argent du Tartare, et y prit pour mille écus de billets de caisse, qu'il tendit à Porion.

Celui-ci fit de nouvelles salutations, serra les billets de caisse dans son portefeuille crasseux et murmura:

— C'est égal, la mort du Tartare sera vengée.

Richelieu haussa les épaules.

— Comment! dit-il, l'argent même ne te donne pas l'esprit?

— Dame! fit naïvement Porion.

— Ecoute-moi bien, reprit Richelieu, peut-être finiras-tu par comprendre.

Porion le regarda et attendit.

— Voyons, reprit le maréchal, supposons qu'au lieu d'être prince, au lieu d'être riche, ce Tartare eût été un homme du petit monde.

— Eh bien! monseigneur...

— En ta qualité d'agent de police, tu te serais mis en quatre pour le livrer à M. de Paris, qui l'aurait roué vif en Grève.

— Cela est vrai...

— Mais il était riche, et comme il n'a pas lésiné, nous l'avons sauvé, lui et moi, de la colère du roi.

— Cela est vrai, monseigneur.

— Nous avons voulu jouer le rôle de la Providence, mais la Providence jalouse s'est emparée de la situation.

— Cependant, monseigneur, ces misérables...

— Quels misérables?
— Hector de Pierrefeu...
— Un brave gentilhomme qui a vengé son frère.
— Ce vicomte de Mauroy...
— Un ami fidèle...
— Oh! je les hais...
Richelieu éclata de rire.
— Tu n'es donc pas un homme de ton métier? fit-il
— Comment cela, monseigneur?
— Un homme de police ne doit avoir ni haines ni amitiés...
— Cela vous est commode à dire, monseigneur
— Sinon, acheva Richelieu, c'est un homme incomplet.
— Ah!
— Et je te retire le peu d'admiration que j'avais pour toi.
Là-dessus, le maréchal fit une pirouette sur le talon et continua :
— Si tu m'en crois, tu laisseras tranquilles ces gens, qui, tu le vois, sont au moins aussi forts que toi...
— Oh!
— Tu les mets à la Bastille, ils en sortent.
— C'est la faute de M. de Launay.
— Soit. Tu protéges le Tartare, ils le tuent. Est-ce encore la faute de M. de Launay?
Porion baissa la tête.
— Non, balbutia-t-il.
— Maintenant, poursuivit Richelieu, tu dois savoir à quelle heure ils ont fait prendre ce petit bain au Tartare.
— Entre neuf heures du soir et minuit; du moins c'est ce que m'a dit Vanda, la femme défigurée.
— Bon! fit le maréchal. Eh bien! de minuit à six heures du matin, on fait du chemin.
— C'est vrai.
— Tu peux te mettre à leur recherche, dit le maréchal en riant ; mais tu ne les trouveras pas à Paris.
— Peut-être...
— Tu les crois tout aussi niais que toi?
— Monseigneur, dit Porion, un homme amoureux est toujours plus ou moins niais.
— Et quel est celui qui est amoureux?
— Hector.
— De qui?
— De la petite fille... vous savez... à propos de laquelle Votre Seigneurie m'a gardé rancune.
— Peste!
— Ce qui fait qu'il pourrait bien, au lieu de détaler, être revenu rôder aux alentours de la maison de Cécile Robert.
— A moins qu'il ne l'ait emmenée avec lui...
Porion eut un cri de rage :
— Oh! si cela était... dit-il.
— Eh bien?
— Je crois que j'irais me jeter dans la Seine.
— Tu iras demain, si tel est ton bon plaisir. Mais aujourd'hui j'ai besoin de toi, car nous n'avons pas dit un mot encore de Versailles.
— Tout va bien, monseigneur.
— Mais encore?
— Le roi a envoyé M. Lebel à Marly.
— Après?
— Un petit souper sera préparé, et le roi arrivera vers onze heures du soir.
— Incognito?
— A peu près, c'est-à-dire qu'il traversera la forêt avec une escorte de mousquetaires.
— Mais dans un carrosse sans armoiries?
— Oui, monseigneur...
— Et tu es bien sûr que mademoiselle Espérance consentira à t'accompagner à Marly?
— J'en suis certain.
— Tu ne crains pas son vieil intendant?
— J'ai trouvé le moyen de m'en débarrasser ce soir.
— Comment?
— C'est maître Tavernier, avec qui je me suis entendu, qui s'en chargera.
— Que fera-t-il?
— Au moment où le jugement sera prononcé, il fera un signe au bonhomme.
— Bien.
— Le bonhomme s'approchera de son banc. Alors maître Tavernier lui dira : « Mon ami, ce n'est pas le tout d'avoir gagné son procès, il faut encore faire enregistrer le jugement et arriver aux poursuites et diligences nécessaires pour le rendre exécutoire ; j'ai besoin que vous reveniez à mon étude. »
Et il l'emmènera chez lui d'abord, puis chez un sergent et lui fera perdre une partie de sa soirée.
Pendant ce temps, je donnerai le bras à mademoiselle Espé-

rance et nous vous chercherons partout dans la salle où elle vous aura vu au commencement de l'audience.
Ne vous trouvant pas et Patureau ayant suivi maître Tavernier, je conseillerai à la demoiselle de m'accompagner ici.
— Ici, elle apprendra que je viens de partir pour ma maison de campagne, dit Richelieu en souriant.
— Et comme j'ai tout à fait l'air respectable, dit Porion en riant, elle acceptera la conduite d'un pauvre vieillard comme moi.
— Voilà qui est parfait, dit Richelieu.
La pendule rocaille de la cheminée marquait dix heures et demie.
— Pour quelle heure est le procès? demanda le maréchal.
— La cause sera appelée à onze heures; mais elle ne sera jugée qu'à deux heures, ce qui me donne trois heures de loisir, monseigneur.
Et Porion prit son chapeau et fit mine de se retirer.
— Où vas-tu? lui dit Richelieu.
— Monseigneur, répondit le père Cannelle, la vengeance est le plaisir des dieux et des agents de police.
— De qui vas-tu te venger?
— Oh! cela ne regarde.
— Tu as tort; si tu te frottes à ce Flamand, il t'arrivera malheur.
— Nous verrons bien, dit Porion.
Et il s'en alla.
— Singulier drôle! murmura le maréchal.
Et il sonna ses deux valets de chambre pour se faire habiller.
Pendant que le maréchal faisait sa toilette, Porion s'en allait d'un pas leste au pays latin, se disant :
— Voyons donc si ce beau mignon d'Hector de Pierrefeu n'a pas fait la folie de donner de ses nouvelles à la rue Saint-André-des-Arts.
Ce n'était plus Mardochée que Porion haïssait, c'était Hector et l Flamand.

LVII

Avant de suivre Porion, voyons ce qu'était devenu notre ami messire Mardochée de Mardoche, le peintre gentilhomme, que nous avons perdu de vue au moment où Porion lui faisait cadeau de l'argent qu'il lui avait pris la veille dans le cabaret de la place Royale.
Lorsqu'il s'était trouvé enfin débarrassé de la compagnie de Porion, Mardochée avait éprouvé une indéfinissable sensation de bien-être.
Il y avait sept ou huit heures qu'il ne vivait plus.
Il avait failli être enterré vif, et une pareille épreuve n'était pas de nature à colorer ses pensées en rose.
Tout le temps qu'il avait été avec Porion, même pendant qu'il faisait le portrait de la radieuse inconnue, Mardochée s'était considéré comme un condamné à mort dont on a reculé le supplice.
Il ne lui fallait donc rien moins que se retrouver au grand air, libre et seul, pour qu'il osât enfin respirer tout à son aise.
Aussi aspira-t-il à bouffées sur bouffées et coup sur coup, murmurant :
— Mardochée, mon ami, je crois que tu l'as échappé belle. Porion a eu beau me dire qu'il avait voulu plaisanter, je suis certain, moi, qu'il m'aurait laissé mourir de faim dans cette cave s'il n'avait eu besoin de moi.
Et Mardochée se mit à arpenter les rues devant lui, au hasard, ne sachant où il allait, mais continuant à respirer comme un homme qui ressuscite.
Enfin, il se calma peu à peu, et éprouva le besoin de boire.
Après une émotion quelconque, Mardochée avait soif.
Il entra dans un cabaret, et, comme il avait de l'argent dans sa poche, il demanda du meilleur vin.
Puis, buvant à petite gorgée, il se remémora à un les événements de la nuit et de la matinée.
Ceux de la nuit n'étaient pas d'une gaieté folle, mais ceux de la nuit amenèrent une véritable joie dans son cœur.
Hector s'était évadé de la Bastille, il l'avait vu, il lui avait parlé.
Hector avait emmené Cécile, et tous deux allaient être heureux.
Mardochée, si bohémien qu'il fût, avait un excellent cœur.
Le bonheur de ses amis était son propre bonheur, et comme il se réjouissait à la pensée de voir Hector et Cécile heureux, un souvenir traversa son esprit. Tous deux l'avaient chargé de prévenir Robert Damiens et de le tranquilliser sur la disparition de sa fille.
Or donc, Mardochée se leva et sortit du cabaret avec l'intention de s'en aller rue Saint-André-des-Arts. En marchant tout droit devant lui, il s'était confondu dans ses pensées, et il se trouvait à l'autre extrémité du faubourg Saint-Germain.
La nuit approchait et quelques gouttes de pluie commençaient à tomber.

Mardochée se remit donc en chemin.

Mais il n'avait pas fait vingt pas qu'il s'arrêta court et que ses cheveux se hérissèrent.

Le peintre gentilhomme avait senti un soupçon terrible l'envahir tout entier et ses cheveux se hérisser.

Ce soupçon pouvait se traduire par cette pensée :

— Porion n'est pas homme à me pardonner. Il a eu besoin de moi, et il m'a lâché ; mais il me reprendra tôt ou tard, peut-être a-t-il déjà embusqué des assassins aux alentours de ma maison. Par conséquent, je serais idiot et fou d'aller me jeter ainsi dans la gueule du loup.

Cette réflexion, on en conviendra, n'était pas absolument dépourvue de sens.

Mardochée, après s'être arrêté, rebroussa tout à coup chemin.

— Non ! non ! je n'irai pas ainsi au-devant du danger. Tant pis pour Robert Damiens !

Il descendit au bord de la Seine, et s'en alla par les berges jusqu'au pont Royal.

Puis il passa l'eau, gagna la rue qui se trouvait entre les Tuileries et le jardin, et ne s'arrêta que dans le quartier Saint-Honoré.

Mardochée avait de l'argent dans sa poche.

Avec de l'argent, on est bien reçu partout.

Il se souvint d'une hôtellerie, rue des Orties-Saint-Honoré, qui avait pour enseigne : Au Coq-qui-chante.

Il alla tout droit frapper à la porte.

L'hôte fit une légère grimace en le voyant.

Partout où Mardochée avait bu, il avait laissé un petit reliquat de compte, et il était tenu pour ce qu'on appelle une mauvaise paye.

Mais l'hôte fut bientôt rassuré.

— Mon cher monsieur Poussegrain, lui dit Mardochée, j'ai fait un petit héritage et je suis en train de payer mes dettes. Ne vous dois-je rien, par hasard ?

En même temps, il fit sonner son gousset, plein de pistoles.

Cette musique fut agréable à l'hôte.

— Oh ! monsieur Mardochée, dit-il, vous me devez une misère. Ce n'est pas la peine d'en parler.

— Combien vous dois-je ?

— Trois écus.

— Les voici.

Et Mardochée se glissa dans l'hôtellerie, où il n'y avait pour le moment que quelques gentilshommes de province.

— Çà, dit-il encore, je voudrais souper.

On s'empressa de le servir.

Mais l'hôte tenait Mardochée, et il soupa sans appétit.

Quand il eut fini, il appela l'hôte et lui dit avec un air de mystère :

— Êtes-vous un homme discret ?

— On peut se fier à moi, répondit l'hôte.

— Eh bien ! reprit Mardochée, voici mon cas : J'étais fort empêtré d'une dame qui s'est prise d'une belle passion pour moi.

— Voilà qui n'a rien d'étonnant, observa l'hôte, qui était d'autant plus poli qu'on ne lui devait plus rien, et qui trouvait qu'un homme qui a de l'or plein ses poches est forcément un joli garçon.

Mardochée salua. Puis il poursuivit :

— J'ai rompu avec elle, mais elle ne se tient pas pour battue et vent me reprendre en ses filets. C'est une femme de qualité, qui a un nombreux domestique à ses ordres ; elle me fait suivre par ses laquais. Néanmoins, je suis parvenu à les dépister, et je viens me réfugier chez vous.

L'hôte s'inclina.

— Vous plairait-il, poursuivit Mardochée, me donner une chambre en votre hôtellerie, pour sept ou huit jours, et m'y faire servir mes repas ? Je payerai volontiers une pistole par jour de pension, et d'avance même.

Sur ces mots, il tira huit pistoles de sa poche et les plaça sur la table.

L'hôte ne crut pas un mot du récit de Mardochée, mais il ne devina pas pour cela la vérité.

Il pensa que Mardochée fuyait quelque créancier impitoyable qui le voulait mettre en prison, et, comme il n'était plus créancier lui-même, il s'intéressa au débiteur.

Mardochée s'installa donc au Coq-qui-chante.

Il y passa deux jours enfermé dans sa chambre, n'osant mettre le nez à la fenêtre qu'abrité derrière les persiennes.

Quand un homme à mine rébarbative passait dans la rue, le peintre gentilhomme se mettait à trembler et croyait voir un émissaire de Porion.

Enfin, le matin du troisième jour, il se souvint encore de la promesse qu'il avait faite à Cécile.

Mais comment tenir cette promesse ?

Pour tout l'or du monde, Mardochée ne serait point retourné rue Saint-André-des-Arts.

Enfin, il lui vint une idée.

Cette idée consistait à écrire un mot à Firmin, le chirurgien, lequel, pas plus que Robert Damiens, ne devait savoir ce qu'était devenue Cécile.

— Mais à qui confier sa lettre ?

La poste existait alors comme aujourd'hui ; mais au lieu de distribuer ses lettres quatre ou cinq fois par jour, elle le faisait deux fois par semaine.

Néanmoins, Mardochée s'arrêta à ce dernier parti, et voici la lettre qu'il alla jeter lui-même à la poste quand la nuit fut venue :

A monsieur, monsieur Firmin,

Chirurgien barbier,

39, rue Saint-André-des-Arts,

Paris.

« Mon très-cher ami, je suis en danger de mort, et toute imprudence de votre part pourrait me perdre.

« Cette lettre reçue, je vous prie de venir me voir rue des Orties-Saint-Honoré, au Coq-qui-chante, et de prendre surtout bien garde d'être suivi.

« Brûlez soigneusement ladite lettre.

« Celui qui n'ose signer, mais dont vous reconnaîtrez l'écriture. »

Mardochée était tombé justement sur un jour où la poste aux lettres marchait.

Quelques heures après, en effet, Firmin arrivait.

L'hôte le conduisit au grand mystère à la chambre de messire Mardochée de Mardoche.

Celui-ci lui sauta au cou.

Firmin était triste.

— Que vous est-il donc arrivé, à vous aussi ?

— Ah ! dit Mardochée, je le vois, vous croyez à un autre malheur.

— Hélas ! Cécile...

— Cécile est en sûreté.

— Que dites-vous ?

— Avec Hector, qui s'est évadé de la Bastille.

— Ne me trompez-vous pas ?

— Assurément non.

Et Mardochée raconta comment il avait passé de sa mansarde dans celle de Cécile, l'autre nuit, en se servant de la planche en guise de pont.

— Mon Dieu ! dit Firmin, quand nous avons vu cette planche, son malheureux père et moi, nous avons cru qu'on l'avait enlevée une seconde fois. Mais pourquoi ne pas nous avoir prévenus plus tôt ?

— Vous en parlez bien à votre aise, vous, dit Mardochée. Savez-vous qu'une heure après, comme je m'étais endormi, on m'a mis un masque de poix sur le visage ?

— Et puis ?

— Qu'on m'a garrotté, emporté, jeté dans une voiture, puis dans une cave... ?

— Ah ! mon Dieu !

— Et qu'on a voulu m'y enterrer vif.

Et là-dessus Mardochée raconta son agonie souterraine.

— Mais qui donc vous a délivré ?

— Le père Cannelle.

— Il n'est donc pas mort ?

— Hélas ! non, et c'était lui qui m'avait fait enterrer vif.

— Il a donc eu pitié de vous ?

— Non, dit Mardochée, il a eu besoin d'un petit service, que je lui ai rendu. Mais il n'est pas homme à me pardonner.

— Ah !

— Et c'est pour cela que je suis ici. Vous pensez bien qu'il tâchera de me rattraper, le misérable !

— Vraiment !

— Je gage même que la rue Saint-André-des-Arts est pleine de ses estafiers.

— Je n'y ai rien vu d'extraordinaire depuis deux jours.

— C'est égal, dit Mardochée, qui avait le courage de la peur, il n'y a pas de danger que j'y retourne. Mais où est le père Robert ?

— Disparu aussi.

— Depuis quand ?

— Depuis le jour où Cécile est partie.

— Bah ! dit Mardochée, il se retrouvera. C'est un homme d'humeur bizarre : il s'en va et il revient à son idée.

Et Mardochée ayant rassuré Firmin sur le sort de Cécile sentit sa conscience tout à fait en repos et ne songea plus qu'à se mettre à l'abri des vengeances du terrible père Cannelle.

Mlle Espérance de Beaulieu.

LVII

Firmin passa la soirée avec son ami Mardochée.

Ce dernier le retint d'abord pour avoir le plaisir de souper avec lui, ensuite parce qu'il aimait autant que Firmin attendît la nuit close pour s'en aller.

Mardochée n'était pas un homme complet et irréprochable, tant s'en fallait!

Il avait ses heures de bravoure et ses heures de lâcheté, comme le sage a ses jours d'ignorance.

Mardochée était dans ses heures de lâcheté.

Et certes il était bien excusable, puisqu'il avait été enterré vif, et que, si le hasard n'avait voulu que Porion eût besoin de lui, il serait mort de faim dans cette cave où on l'avait muré.

Aussi, lorsqu'il fut sur le point de se séparer de Firmin, exigeat-il que le chirurgien prît mille précautions pour s'en aller.

— Vous regarderez dans la rue avant de sortir, lui dit-il.

— Oui, dit Firmin.

— S'il y a trop de monde, vous attendrez.

— Voilà qui n'est pas à craindre, dit Firmin en souriant, car la rue des Orties est à peu près déserte.

— Ne traversez pas la salle commune d'en bas; il y a toujours des gens de province, et vous savez si les gens de province sont curieux.

— Bon!

— Vous prendrez la petite allée étroite qui se trouve au bas de l'escalier.

— Oui, dit Firmin.

— Ensuite, si l'hôte vous reconduit jusqu'à la porte, comme il faut tout prévoir et qu'il se peut qu'il y ait dans la rue des gens qui vous connaissent, n'oubliez pas de lui dire que vous reviendrez voir votre malade cette nuit.

Firmin ne put s'empêcher de sourire, tant la peur de Mardochée semblait aller croissant.

Cependant, comme le peintre lui tendait la main, il lui dit :

— Mais vous n'allez pas rester ici indéfiniment?

— Je ne sais pas.

— Il faudra un jour ou l'autre que vous sortiez...

— Je sortirai quand je serai bien certain que le père Cannelle ne pense plus à moi.

— Mais comment acquérir cette certitude?

— Dame! je ne sais pas...

Puis, après cette réponse naïve, Mardochée se prit à réfléchir :

— Ecoutez, dit-il.

— Voyons.

— Chaque matin, chaque soir, examinez bien la rue Saint-André-des-Arts.

— Et puis?

— S'il y a des estafiers apostés là par ce misérable père Cannelle, vous les reconnaîtrez, j'en suis sûr.

— Oh! certainement.

— Alors vous vous tiendrez tranquille.

— Fort bien. Mais si je ne remarque rien de suspect?

— Eh bien! vous me viendrez délivrer... mais dans deux ou trois jours seulement.

— Adieu donc, dit Firmin; au revoir plutôt. Tâchez de ne pas mourir d'ennui.

— Je peindrai, répondit Mardoche; il y a fort longtemps que le loisir me manque pour faire un tableau.

Firmin s'en alla, et il prit toutes les précautions que lui avait si minutieusement recommandées Mardochée.

Alors celui-ci, qui, tout en ayant peur, avait bu raisonnablement, se sentit la tête un peu lourde, se jeta sur son lit, et triompha de la peur au point de dormir profondément. Mais il fit un rêve.

Dans ce rêve, Mardochée était riche.

Si riche, qu'il venait de racheter la terre de Mardoche, vendue par ses aïeux.

— Vous n'avez rien de fâcheux à m'apprendre ! (Page 131.)

Il avait restauré et meublé le château, dans les antichambres duquel se pressaient des valets en livrées éclatantes.

Il y avait trente chevaux dans les écuries, cent chiens au chenil.

Aussi loin que pouvait s'étendre la vue, il apercevait des fermes et des métairies lui appartenant, des clochers de villages qui faisaient partie de sa seigneurie.

Et Mardochée, peu fait à tout ce luxe subit, se voyait encore assis dans un grand fauteuil armorié, au coin de la vaste cheminée de la salle d'honneur de son manoir, se demandant comment, en une nuit, il avait fait une pareille fortune, et ne trouvant aucune solution à cette question qu'il se posait.

Mardochée avait conscience de s'être endormi la veille à Paris, dans la mansarde du *Coq-qui-chante*.

Et, bien qu'il y fût toujours, Mardochée croyait se réveiller dans le manoir de Mardoche, aussi riche qu'un prince des *Mille et une Nuits*.

Puis le décor changeait tout à coup.

A la salle dont les murs étaient chargés de portraits de famille, succédait tout à coup la salle à manger du manoir.

Et au milieu de cette salle, une table servie et pliant sous le poids des mets les plus exquis, des vins les plus généreux.

Mardochée s'arrêtait au seuil de cette salle.

Il regardait la table, qu'entouraient des officiers de bouche en grand costume, et il y voyait deux couverts.

— Il paraît, se dit-il alors, que j'ai un convive. Qui donc ai-je invité à souper ?

Alors la scène changeait encore.

Laquais et officiers de bouche disparaissaient comme par enchantement.

A leur place, Mardochée ne voyait plus devant lui qu'un petit vieillard, vêtu d'un habit brodé, qui lui souriait d'un air bénin et l'appelait « monseigneur » gros comme le bras.

Ce qui n'empêchait pas Mardochée de frissonner quelque peu.

Dans le petit vieillard, il avait reconnu le père Cannelle.

Cependant, en devenant riche, Mardochée redevenait brave, et, sa peur s'évanouissant, il disait au père Cannelle :

— Ah çà, drôle ! c'est donc toi que j'ai invité à souper ?

— Ah ! monseigneur, répondait Porion, jamais vous ne m'avez fait un tel honneur, et, dussiez-vous me le faire, je m'en croirais indigne.

— Mais que fais-tu donc ici ? demandait Mardochée.

— Monseigneur oublie que je suis son intendant.

— Ah ! tu es mon intendant ?

— Oui, monseigneur.

— Alors tu sais pourquoi je suis riche ?

— Sans doute : l'immense fortune qui vient d'échoir à monseigneur lui vient de sa femme.

— De ma femme ! Je suis donc marié ?

— Sans doute.

— Et des bontés du roi, ajoutait le père Cannelle.

— Qu'est-ce que le roi a donc fait pour moi ?

— Il a doté madame de Mardoche.

— Comment cela ?

Le père Cannelle souriait... et ne répondait pas.

Alors Mardochée disait encore :

— Mais qui donc va souper ici avec moi ?

— Votre femme, monseigneur.

Et soudain la porte du fond s'ouvrait à deux battants, et Mardochée, stupéfait, voyait entrer... la belle et charmante jeune fille dont il avait fait le portrait dans l'étude de maître Tavernier, le procureur.

Elle était sa femme !

C'était elle que le roi avait dotée, elle qui lui avait apporté, à lui, le gueux, assez d'or pour ressusciter l'antique splendeur de ses aïeux !

Et le sourire du père Cannelle lui disait pourquoi le roi avait doté la belle jeune fille.

Mardochée faisait donc une légère grimace d'abord.

Mais Mardochée était philosophe après tout, et puis il vivait en un siècle où l'on considérait volontiers comme un bienfait tout ce qui venait du roi.

Et il se mettait à souper joyeusement avec sa femme, lui tenait de galants propos et lui prenait d'amoureux baisers sur ses belles épaules.

Cependant la scène devait encore changer.

Tout à coup une porte s'ouvrait.

Mardochée voyait entrer alors un grand seigneur qu'il reconnaissait pour l'avoir vu déjà.

Ce grand seigneur, c'était le duc de Richelieu.

Il s'avançait vers madame de Mardoche, se penchait sur elle et lui disait quelques mots à l'oreille.

Alors Mardochée fronçait le sourcil.

Mais le maréchal duc ne paraissait pas faire la moindre attention à lui.

Madame de Mardoche rougissait légèrement, puis se levait.

Alors Mardochée, furieux, voulait se lever aussi.

Mais une force mystérieuse le clouait sur son siége.

Il voyait la jeune femme lui faire de la main un léger signe d'adieu, puis prendre le bras du maréchal.

9

Mardochée voulait parler, sa voix expirait dans sa gorge. Il essayait encore de se lever et ne le pouvait pas.

Madame de Mardoche sortait lentement au bras du maréchal, et la porte se refermait.

Puis Mardochée voyait Porion sourire.

En faisant un violent effort, il retrouvait l'usage de la parole et disait à son intendant :

— Parle, drôle ! Que signifie tout cela ?

— Comment ! répondait le père Cannelle, monseigneur me le demande ?

— Sans doute.

— Ce qui se passe aujourd'hui a lieu cependant tous les soirs.

— Plaît-il ?

— Le maréchal vient chercher madame de Mardoche à l'heure ordinaire.

— Pourquoi faire ?

— Dame !

Et Porion paraissait embarrassé.

— Mais parle donc, maraud ! s'écriait Mardochée.

— Mais... pour la conduire... chez le roi.

Cette fois, Mardochée jetait un grand cri, parvenait à s'arracher de son fauteuil et s'élançait vers la porte en criant :

— Je ne veux pas !... je ne veux pas !...

Et Mardochée s'éveilla le cœur palpitant, le front baigné de sueur, et se retrouva dans la petite chambre de l'hôtellerie du *coq-qui-chante.*

Seulement, le soleil s'abattait joyeusement sur la courtine de son lit. Son rêve avait duré toute la nuit.

Manoir restauré, laquais, chevaux, meute princière, grandes métairies et clochers traditionnels, tout cela s'était évanoui, comme s'évanouissent les rêves.

Mardochée était toujours le peintre gentilhomme, le peintre gueux, et qui se retrouverait pauvre comme avant, quand il aurait dépensé le dernier écu du père Cannelle.

Il ne lui restait qu'une chose de son rêve.

Il s'éveillait amoureux de cette figure idéale que son pinceau avait reproduite.

Mardochée était épris de cette jeune fille, destinée sans doute aux plaisirs du roi, et qu'il ne reverrait jamais.

Et le pauvre artiste se leva en soupirant, ouvrit sa boîte à couleurs, dressa son chevalet, et, d'une main fiévreuse, il se mit à refaire de mémoire le portrait de mademoiselle Espérance de Beaulieu.

. . . .

LIX

Tandis que Mardochée s'endormait et rêvait fortune, Firmin s'en retournait au pays latin.

Le pauvre chirurgien n'avait qu'une préoccupation : retrouver François-Robert Damiens, le père de Cécile, et lui apprendre que sa fille était en sûreté, que M. de Pierrefeu était libre et que tous deux étaient heureux.

Mais où était-il ?

Firmin s'enquit minutieusement auprès des voisins, depuis la fruitière d'en face jusqu'à la cabaretière qui se trouvait au rez-de-chaussée de sa propre maison.

Personne n'avait, en son absence, vu le père de Cécile.

En outre, Firmin, se souvenant des recommandations de son ami Mardochée, jeta un regard investigateur dans la rue et n'y vit rien de suspect.

Il connaissait de vue la plupart des gens qu'il aperçut et ne remarqua aucune figure sinistre.

— Je crois, pensa-t-il, que Mardochée s'exagère beaucoup les dangers qu'il court.

Chercher Robert dans Paris était chose à peu près inutile. Paris est si vaste !

Le plus simple, le plus sage, le plus raisonnable était de l'attendre.

Il était impossible que le pauvre homme ne vînt pas, à un moment donné, errer autour de la maison et s'enquérir de son enfant qu'il croyait perdue une seconde fois.

Firmin passa donc la nuit chez lui, ne dormant que d'un œil et tressaillant au moindre bruit.

La nuit s'écoula, le jour vint.

Firmin ne bougea pas de chez lui.

Cependant il descendit quatre ou cinq fois dans la rue pour tenir sa promesse à Mardochée.

La rue avait sa physionomie accoutumée.

— Mardochée est fou, se dit-il. Personne ne pense à lui, et il a bien tort de s'emprisonner volontairement dans cette maison de la rue des Orties.

Toute la journée se passa sans que Firmin entendît parler de Robert Damiens.

Il eut une nouvelle nuit d'insomnie, et quand le jour reparut, il redescendit dans la rue.

Personne n'avait vu Damiens.

En revanche, on lui dit qu'un homme qui portait les grandes bottes d'un postillon, la perruque poudrée et un habit à triple rangée de boutons jaunes, était entré dans la maison voisine et s'était enquis de messire Mardochée de Mardoche.

Firmin fronça le sourcil.

— Bien certainement, se dit-il, c'est un émissaire de ce terrible père Cannelle.

On lui dit encore que ce postillon avait annoncé qu'il reviendrait vers neuf heures.

Et, en effet, comme neuf heures sonnaient aux paroisses voisines, le postillon reparut.

Il entra dans le cabaret qui se trouvait au rez-de-chaussée de la maison de Firmin et dans lequel celui-ci était resté.

Il s'approcha du comptoir et demanda de nouveau si on n'avait pas vu messire Mardochée.

— Non, dit le cabaretier, mais il y a ici un de ses amis.

Et du doigt il désigna Firmin, assis devant une table.

Le postillon alla vers lui.

Firmin le regarda avec défiance.

— Qui êtes-vous ? lui dit-il.

— Monsieur, répondit cet homme, je m'appelle Joseph Michelin, je suis postillon de mon état, et je fais le relais de Paris à Chantilly.

— Ah ! dit Firmin, qui remarqua la naïve et franche figure de son interlocuteur.

— Hier matin, dit le postillon, j'ai conduit en chaise de poste deux gentilshommes et une jeune dame qui m'ont royalement payé.

Firmin tressaillit.

— L'un d'eux m'a remis une lettre pour M. Mardochée de Mardoche.

— Où est cette lettre ?

— La voilà. Et à la lettre il a joint une bourse que voici.

En même temps l'honnête postillon tira de sa poche la bourse, qui était pleine d'or.

Firmin jeta les yeux sur la lettre et reconnut l'écriture.

C'était celle d'Hector de Pierrefeu.

— Mon ami, dit-il au postillon, vous pouvez me confier le tout. M. Mardochée est mon ami, et lettre et bourse lui seront fidèlement remises.

Le postillon ne fit aucune difficulté.

Alors Firmin ouvrit la lettre, bien qu'elle ne lui fût pas adressée, et il lut :

« Mon cher ami,

« Nous avions si grande hâte de partir ce matin, Cécile, M. de Mauroy et moi, que nous avons oublié la chose la plus essentielle : vous laisser de l'argent pour vous, notre bon Firmin, et le père de Cécile.

« Le postillon qui nous quitte à Chantilly nous paraît un honnête homme, et nous n'hésitons pas à lui confier cette lettre d'abord et ensuite cent pistoles.

« Vous aurez très-certainement revu le père de Cécile. N'hésitez pas un moment ; mettez-vous en route tous trois, quittez Paris et prenez la route de Lille en Flandre. Vous irez loger à une hôtellerie qui a pour enseigne : *Aux Arquebusiers de Béthune,* et là, bien certainement, vous aurez de nos nouvelles le jour même de votre arrivée.

« HECTOR. »

Le postillon Joseph Michelin, que M. de Mauroy, le généreux Flamand, avait royalement payé, pour nous servir de sa propre expression, refusa la pistole que lui offrait Firmin, accepta un verre de bière et partit.

Alors Firmin se dit :

— Il est temps de tirer Mardochée de sa prison volontaire. Je vais lui porter cette lettre et l'assurer que personne ne s'occupe de lui dans la rue Saint-André-des-Arts.

Et Firmin sortit du cabaret et se mit en route.

Comme il arrivait au carrefour Buci, il avisa un petit vieillard à l'air débonnaire qui cédait le haut du pavé.

Ce vieillard, Firmin ne l'avait jamais vu, et il ne se douta guère en ce moment qu'il venait de rencontrer le père Cannelle.

Le père Cannelle qui, lui, connaissait parfaitement Firmin, continua son chemin, puis revint sur ses pas d'un air d'hésitation et finit par saluer Firmin en lui disant :

— Excusez-moi, monsieur.

Firmin s'arrêta et lui rendit son salut.

— Je suis étranger à Paris, continua le père Cannelle, qui prit pour la circonstance un fort accent normand, et je ne retrouve plus mon chemin.

— Où allez-vous? dit Firmin, à qui ce bon vieillard n'inspirait aucune défiance.

Le père Cannelle avait deviné que Firmin s'apprêtait à gagner la rive droite.

— Mon cher monsieur, dit-il, voici une heure que j'enfile les rues les unes après les autres, sans pouvoir retrouver celle de l'Arbre-Sec, où je suis descendu.

— Alors, dit Firmin, venez avec moi, je vais vous y mettre d'autant plus facilement que c'est tout à fait mon chemin.

Le bon vieillard le suivit en se confondant en excuses.

Firmin descendit au Pont-Neuf et le traversa, puis il tourna sur le quai de l'École et prit la première rue à droite.

— Voilà, dit-il.

— Oh! mille remerciements, répondit le père Cannelle. Je me reconnais à présent.

Firmin lui rendit son salut et se dirigea vers la rue Saint-Honoré.

Le père Cannelle attendit qu'il eût tourné la rue de l'Arbre-Sec.

Puis, lorsque Firmin fut hors de vue :

— Je me trompe fort, murmura-t-il, si mon homme ne va pas faire un bout de visite à nos tourtereaux.

Porion possédait au plus haut degré cet art merveilleux qu'ont les gens de police de se rendre méconnaissables en un tour de main.

Il tira de sa poche une perruque blonde et la mit sur sa tête, tenant son chapeau à la main.

Il déboutonna la longue houppelande qui le couvrait, et la mettant sur son bras, il se trouva vêtu d'un petit habit bleu.

Puis il allongea le pas, et en trois enjambées, il fut dans la rue Saint-Honoré.

Porion ne ressemblait pas plus maintenant au vieillard qui venait de demander son chemin au chirurgien Firmin, que la nuit ne ressemble au jour.

Quand il fut à son tour dans la rue Saint-Honoré, il aperçut Firmin qui continuait sa route dans la direction du palais Cardinal.

Porion doubla le pas.

Firmin passa devant le palais sans s'arrêter.

Porion le suivit toujours.

Firmin arriva ainsi jusqu'à la rue des Frondeurs.

En ce moment, Porion le dépassa.

Firmin arrêta sur lui un regard distrait, et ne le reconnut pas.

Puis, il prit la rue des Orties.

Porion le vit s'arrêter à la porte de l'hôtellerie du *Coq-qui-chante*.

— Bon! pensa-t-il, je suis fixé maintenant.

Et il s'effaça sous un porche et attendit que Firmin fût entré.

Après quoi, il redescendit à toutes jambes vers la rue Saint-Honoré, se jeta dans un pot-de-chambre, qui passait à vide, et commanda de le conduire à la rue Saint-Sauveur.

Il n'était alors guère plus de neuf heures trois quarts.

— J'ai du temps devant moi, se disait Porion, et il promit un bon pourboire au cocher, à la condition qu'il le mènerait rondement.

Dans les grandes occasions, le père Cannelle retrouvait l'activité dévorante de la jeunesse.

Moins d'une heure après que Firmin était entré dans l'hôtellerie du *Coq-qui-chante*, maître Poussegrain, le digne hôtelier, était sur sa porte, lorsqu'il vit un pot-de-chambre remonter la rue, chargé d'une grosse malle et de deux valises.

Le pot-de-chambre vint s'arrêter à la porte de l'hôtellerie et un homme, enveloppé dans une ample pelisse de voyage, en descendit.

Aussitôt maître Poussegrain s'approcha avec empressement.

Le voyageur lui dit :

— Mon cher monsieur, je m'appelle Corbon, je suis tabellion à Melun et je viens à Paris pour soutenir un procès important. Des amis m'ont conseillé de descendre chez vous, en me disant qu'on y trouvait bonne table et bon gîte.

Et Porion, car c'était lui, mais méconnaissable et de mieux en mieux grimé, entra dans l'hôtellerie, tandis que les garçons s'empressaient de décharger ses bagages.

— Désirez-vous déjeuner tout de suite? demanda l'hôtelier au prétendu voyageur.

— Quelle heure est-il?

— Dix heures et demie.

— Oh! non, répondit-il, je n'aurais pas le temps. Il faut que j'aille au Palais. Vite, conduisez-moi dans ma chambre, afin que je fasse un brin de toilette. Je déjeunerai au retour.

En ce moment, messire Mardochée de Mardoche ne se doutait guère que l'homme dont le nom seul lui donnait la chair de poule était si près de lui, et nous allons suivre Firmin dans la chambre où le peintre gentilhomme s'était volontairement emprisonné.

LX

Firmin était monté tout droit.

Mardochée se croyait si peu en sûreté, même dans sa chambre, qu'il s'enfermait à double tour et n'ouvrait jamais la porte sans demander qui frappait.

Firmin frappa donc.

Mais il n'obtint pas de réponse.

Alors il colla son œil au trou de la serrure.

Il vit Mardochée lui tournant le dos, debout devant son chevalet et travaillant avec ardeur.

Firmin frappa de nouveau.

Cette fois, Mardochée parut sortir d'une sorte de contemplation, se tourna brusquement vers la porte et demanda d'un ton de mauvaise humeur ce qu'on lui voulait.

— C'est moi, dit Firmin.

Mardochée reconnut sa voix et alla ouvrir.

Firmin entra, tandis que le peintre refermait la porte, et il fit deux pas vers le chevalet.

Il se trouva alors en présence d'un portrait de femme, et il crut que Mardochée avait créé une tête de fantaisie.

— Ah! la jolie tête! dit-il.

— Et je la crois ressemblante, dit Mardochée, qui revint vers le chevalet et se prit à contempler avec extase.

— Ressemblante?

— Oui.

— C'est donc un portrait?

— Fait de mémoire.

— Où donc est le modèle?

— Le modèle est une femme dont je suis éperdument amoureux, murmura Mardochée avec un soupir.

— Bon! fit Firmin en souriant, vous êtes souvent amoureux, mon ami.

— Oh! cette fois, c'est pour la vie.

Et Mardochée, qui avait l'œil fiévreux, les traits battus, fit alors à Firmin l'effet d'un fou.

— Mais quelle est donc cette femme dont vous êtes amoureux? demanda le chirurgien.

— Celle dont j'ai fait un premier portrait.

— Par l'entremise du père Cannelle?

Ce nom rappela Mardochée sur la terre; car, depuis qu'il ressuscitait mademoiselle Espérance sur une toile, le peintre gentilhomme vivait un peu dans les nuages.

— Ah! fit-il, le misérable! Vous venez me parler de lui, n'est-ce pas?

— Non, dit Firmin.

— Vous ne l'avez pas vu?

— Nullement.

— Mais ses estafiers me cherchent?

— Je ne le crois pas.

— Vous n'avez rien de fâcheux à m'apprendre.

— Absolument rien.

Mardochée respira.

— Au contraire, dit Firmin, je vous apporte de bonnes nouvelles.

— Plaît-il?

Firmin jeta sur la table sa bourse, qui eut un tintement joyeux.

— De l'or! exclama Mardochée, que cette musique charmait rarement.

— Et de l'or qui vient de nos amis.

En même temps Firmin lui tendit la lettre d'Hector.

Mardochée la lut.

— Je crois bien, lui dit alors le chirurgien, que lorsque nous serons dans les Flandres, vous ne tremblerez plus au seul nom du père Cannelle.

Mardochée jeta un regard de tristesse sur le portrait, qui était presque achevé.

— Et mon amour? dit-il.

— Hein? dit Firmin.

— J'aime sérieusement, soupira Mardochée.

— Une femme que vous ne reverrez jamais.

— Qui sait?

— Une femme qui est destinée...

— Oh! taisez-vous! s'écria le peintre gentilhomme en frappant du pied.

Et Firmin vit ses yeux flamboyer et tout son visage exprimer une violente colère.

— Je vous dis que je l'aime! répéta-t-il.

— Vous êtes fou.

— Si vous saviez le rêve que j'ai fait l'autre nuit...

— Qu'avez-vous rêvé?

Alors Mardochée parut se calmer un peu.

Il s'assit sur le pied de son lit et se mit à raconter à son ami ce rêve bizarre que nous connaissons.

Firmin l'écouta avec un sourire triste.

— Mon pauvre ami, dit-il, raison de plus pour partir. Vous ne reverrez jamais cette femme... et si vous la revoyiez jamais...

Mardochée prit sa tête à deux mains.

— Oh ! dit-il, je suis un misérable.

— Pourquoi ?

— Au lieu de me prêter aux désirs de cet infâme père Cannelle, de faire le portrait qu'on a dû mettre sous les yeux du roi, j'aurais dû ouvrir la porte, me jeter à ses pieds et lui dire :

« Fuyez, mademoiselle, fuyez ! »

— Il est trop tard, dit Firmin.

— Qui sait ? dit Mardochée.

— Que voulez-vous dire ?

— Peut-être le roi n'a-t-il encore vu que le portrait.

— Soit ; mais où est la jeune fille ?

— Je ne sais pas.

— Alors comment la préviendrez-vous ?

— C'est vrai, murmura Mardochée, que cette réflexion replongea dans un profond abattement.

— Mon ami, dit Firmin, oubliez tout cela, et songeons à notre prochain départ. J'ai le pressentiment que je retrouverai aujourd'hui même le père de Cécile, et que dès ce soir nous pourrons nous mettre en route.

— Pour les Flandres ?

— Oui.

Mardochée jeta un nouveau regard de tristesse sur le portrait.

— Faut-il donc renoncer à la revoir !

— Je le crois, dit Firmin.

Mais soudain Mardochée se frappa le front.

— J'ai une idée, dit-il.

— Laquelle ?

— Je sais où loge le procureur.

— Celui chez qui vous avez fait le portrait ?

— Oui. Si j'allais le voir ?

— Dans quel but ?

— Je le préviendrais du danger que court la jeune fille.

— Mais, mon ami, dit Firmin, vous oubliez que si on vous a introduit dans la maison de ce procureur, si on vous a caché dans une pièce voisine de son cabinet, si enfin le procureur s'est plu à retenir le plus longtemps possible sa jolie cliente, c'est qu'il avait un but, celui d'achever le portrait.

— Eh bien ?

— Et que, par conséquent, il savait ce qu'on en voulait faire.

Mardochée eut un soupir qui ressemblait à un gémissement.

— Le procureur ne vous dira rien, continua Firmin. Peut-être même... peut-être vous fera-t-il enfermer par ses clercs.

— Oh ! je me défendrai.

— Et préviendra-t-il le père Cannelle.

A ce nom terrible, la peur reprit Mardochée.

— Oui, dit-il, vous avez raison, Firmin. Il faut y renoncer.

— Et quitter Paris le plus tôt possible, ajouta le jeune chirurgien en se levant.

— Vous me quittez ?

— Oui ; je retourne rue Saint-André-des-Arts. Quelque chose me dit que le père de Cécile y est revenu.

— Alors nous partirons ce soir ?

— Oui. Dans tous les cas, je reviendrai ce soir ?

— Soit, dit Mardochée.

Firmin fit un pas vers la porte.

— Et l'or que vous laissez ? dit Mardochée.

— Nous en aurons besoin pour notre voyage, gardez-le.

Mardochée rouvrit la porte et le chirurgien s'en alla en disant :

— A ce soir.

— A ce soir, répéta Mardochée.

Et il referma soigneusement la porte.

Puis il vint se rasseoir devant le chevalet et retomba dans sa rêverie contemplative.

Il n'y avait pas six minutes que Firmin était parti lorsqu'on frappa de nouveau à sa porte.

Mardochée était si absorbé en ce moment, qu'il oublia sa prudence ordinaire.

D'ailleurs, il crut que c'était Firmin qui avait oublié de lui faire quelque recommandation dernière, et, au lieu de demander qui frappait, selon l'habitude qu'il avait prise depuis deux jours, il ouvrit sans défiance.

Mais soudain messire Mardoche de Mardoche recula, les cheveux hérissés, la gorge aride, les yeux hors de leur orbite.

On eût dit que la tête hideuse de Méduse venait de surgir devant lui.

Il se trouva face à face avec Porion.

Le père Cannelle, lui aussi, paraissait un peu étonné.

— Ah ! palsambleu ! dit-il, si je croyais vous trouver, vous !

Et il entra dans la chambre et ferma la porte.

Mardochée était si troublé qu'il ne songea même pas à sauter sur son épée, qui était sur la table.

Porion eut plus de présence d'esprit. Il s'en empara vivement.

— Ça fait, dit-il, que vous ne vous livrerez pas à quelque extravagance et que nous pourrons causer tranquillement.

En même temps il aperçut la bourse pleine d'or qui se trouvait sur la table.

— Oh ! oh ! dit-il, qu'est-ce que cela ?

Et l'épée à la main, il fit un pas encore vers Mardochée, qui tremblait plus que jamais.

LXI

Porion avait le coup d'œil qui fait l'agent de police ; ce que les autres hommes voient en détail, il le voyait d'un seul coup, et, chez lui, la pensée était au service du regard ; en même temps que l'œil embrassait l'ensemble, la pensée généralisait toutes choses.

Il prit la bourse, en se disant que si Firmin apportait cet argent, c'est que cet argent ne venait pas de lui, mais de ce vicomte de Mauroy, qui maniait l'or si facilement.

Donc, avant de partir, le Flamand avait été en relations avec Firmin.

Pour que le Flamand envoyât de l'or, il fallait aussi qu'il eût emmené Hector, et peut-être bien Cécile.

Quelle était la destination de cet or ?

Cela se devinait sans peine. Hector et Cécile voulaient que Mardochée et Firmin vinssent les rejoindre.

Il fit toutes ces réflexions-là dans le temps qu'il mit à faire deux pas vers Mardochée.

Mardochée était vis-à-vis de lui dans l'attitude d'un oiseau fasciné par un reptile.

Si Porion eût été maître de son temps, voici ce qu'il eût fait.

Il eût échangé quelques paroles banales avec Mardochée, l'aurait rassuré de son mieux et serait parti.

Puis il serait allé s'embusquer dans une rue voisine et aurait attendu que Firmin vînt prendre le peintre gentilhomme, et il les aurait suivis quand ils auraient détalé.

C'était le moyen le plus simple de surprendre le secret de la retraite d'Hector.

Mais Porion n'avait pas de loisirs.

Il devait être à midi au plus tard au Palais, et il ne devait en sortir que pour conduire mademoiselle Espérance chez M. de Richelieu d'abord et ensuite à Marly.

Or donc, pour obéir à la fois à ses intérêts, intimement liés à ceux de M. de Richelieu, et à son animosité contre Hector et le Flamand, il devait brusquer la situation et aller vite en besogne.

Il fallait donc que Mardochée parlât, et Porion paya d'audace.

Après avoir fermé la porte, il mit la clef dans sa poche. Puis, bien qu'il fût armé déjà de l'épée de Mardochée, il tira de cette même poche un pistolet qu'il portait depuis son aventure à l'hôtellerie du Singe-Vert, aventure qui avait si mal commencé et si bien fini pour lui.

— Mon cher monsieur de Mardoche, dit-il alors, vous voyez que je suis tout à fait en état de vous tenir en respect ; mais c'est purement de la forme, car je vous veux du bien et non du mal. Dieu m'est témoin qu'en entrant ici, je ne croyais pas vous y trouver.

Ces paroles rassurèrent un peu Mardochée.

— Comment ! dit-il, vous ne vous attendiez pas à me trouver ?

— Non.

— Qui cherchiez-vous donc ?

— Des gens que vous connaissez.

— Ah ! vraiment ? fit Mardochée. Alors ce n'était pas à moi que vous en aviez.

— Nullement.

— Eh bien ! vous le voyez, les gens que vous cherchez n'y sont pas. Rendez-moi donc mon épée, dont vous n'avez que faire... et...

Porion se prit à sourire.

— Et vous souhaitez que je m'en aille, n'est-ce pas ?

— Ma foi ! dit naïvement Mardochée, depuis le tour que vous m'avez joué...

— La peur vous tient, je le vois ; la preuve en est que vous vous êtes réfugié ici, et que vous avez conté une histoire à l'hôtelier, et que... vous ne sortez ni nuit ni jour, de peur de me rencontrer... Là, dit Porion, est-ce bien ça ?

Mardochée baissa la tête.

— Cela est d'autant plus enfantin de ta part, mon pauvre ami, reprit Porion, qui se mit à tutoyer Mardochée, que je n'ai aucune rancune contre toi.

— Vous me l'avez déjà dit... mais...

— Mais tu n'y crois pas ?

— Dame !

— Eh bien ! causons, et je vais te le prouver.

Mardochée attendit.

— Tu as voulu me faire pendre, c'est vrai, et je t'en ai voulu beaucoup, dit Porion. Conviens que j'étais un peu dans mon droit.

— Je ne dis pas... mais...

— Mais depuis il est deux personnes qui m'ont joué un bien plus vilain tour que toi.

— Et... ces deux personnes ?

— Sont un Flamand que tu ne connais pas, et un jeune homme que tu connais et qui se nomme Hector.

— Quel est donc ce tour ? fit Mardochée, qui voulait faire l'ignorant.

— Je les ai fourrés à la Bastille tous les deux.

— Ah bah !

— Et ils en sont sortis.

— Est-ce possible ?

— Mardochée, mon ami, dit le père Cannelle, je n'ai pas le temps de jaser inutilement. Ne te moque donc pas de moi, attendu que tu sais parfaitement qu'ils se sont évadés il y a trois jours...

— Mais... je vous jure...

— A preuve cette bourse qui est là et qu'ils t'ont envoyée.

— Soit, dit Mardochée. Eh bien ! quel est le tour dont vous parlez ?

— Mais c'est leur évasion, qui me déshonore et qui me fait passer, aux yeux du lieutenant de police, à l'estime duquel je tiens beaucoup, pour un maladroit.

— En vérité !

— Ce qui fait que la colère que je ressens contre eux a dominé celle que j'éprouvais contre toi, et que je suis prêt à te pardonner tout à fait...

— Ne vous moquez-vous pas de moi, papa Cannelle ?

— Si tu me rends un petit service, toutefois.

— Et quel est ce service ?

— C'est de me dire où sont mes deux drôles.

— Je ne le sais pas.

— Pourtant cet or te vient d'eux ?

— Je ne dis pas non.

— Et l'or était certainement accompagné d'une lettre.

Mardochée tressaillit, et par un geste instinctif, il porta la main à ses chausses, dans la poche desquelles il avait fourré la lettre.

— Bon ! dit Porion, je suis fixé. Maintenant, mon ami, il faut me donner cette lettre.

— Jamais, dit Mardochée.

— Alors, je vais te tuer.

— Vous me tuerez si vous voulez, dit Mardochée, qui redevint subitement courageux, mais il ne sera pas dit que j'aurai trahi mon ami.

Et il recula devant la pointe de l'épée que Porion lui portait au visage.

Mais, en reculant, il démasqua le chevalet.

Les yeux de Porion tombèrent sur le portrait, et le bonhomme jeta un cri de surprise.

— Qu'est-ce que cela ?

Mardochée, pâle tout à l'heure, ne put s'empêcher de rougir.

Alors Porion devina.

Il abaissa l'épée, cessa de marcher sur le peintre et lui dit avec compassion :

— Ah ! mon pauvre ami, tu es amoureux.

— Amoureux fou, dit naïvement Mardochée.

— Pauvre garçon !

Mardochée était retombé en extase devant le portrait et ne pensait plus ni à Hector, ni à Porion, qui tout à l'heure le menaçait de le tuer.

Celui-ci jeta l'épée sur le lit, mais il garda son pistolet dans sa main gauche.

Puis, s'approchant de Mardochée et lui appuyant la main droite sur l'épaule :

— Tu voudrais bien la revoir, n'est-ce pas ?

— Oh ! si c'était possible !...

— Tout est possible, quand je le veux !

— Et... vous... le voudriez ?...

— Cela dépend.

Mardochée tressaillit encore.

— Il y a mieux, poursuivit Porion, et si tu veux être sage, t'asseoir sur cette chaise et ne pas t'emporter, nous allons causer.

— Soit, dit Mardochée, qui obéit.

— Tu te doutes bien, n'est-ce pas, pourquoi j'ai voulu avoir un portrait de cette belle personne ?

— Oui... le roi... balbutia Mardochée.

— Eh bien ! chose extraordinaire, le roi ne la trouve que médiocrement de son goût.

— C'est impossible !

— Le roi est amoureux d'une autre femme, et il y a gros à parier qu'il se contentera de souper avec la demoiselle en question et de la renvoyer ensuite avec un portefeuille gonflé de billets de caisse.

— Le roi soupera donc avec elle ?

— Oui.

— Quand ?

— Ce soir.

— Ah ! dit Mardochée, qui eut un éclair de colère jalouse dans les yeux.

— Quoi qu'il arrive, poursuivit Porion, la petite ne sera pas trop à plaindre. Elle aura une jolie dot, et comme elle a en moi une confiance absolue, elle ne refusera pas le mari que je lui proposerai.

— Ah ! fit Mardochée, qu'un frisson parcourut tout entier. Et... ce mari...

— Ce pourrait bien être toi.

— Père Cannelle, dit Mardochée d'une voix étranglée, je crois que vous vous moquez de moi.

— Veux-tu que je te prouve le contraire ?

— Parlez.

— Tu vas venir avec moi.

— Où cela ?

— Au Palais de justice. Elle a un procès qu'on juge aujourd'hui, et tu la verras.

— Je la verrai ! s'écria Mardochée, qui perdit la tête.

— Sans doute ; mais auparavant, il faut me donner cette lettre.

— La lettre d'Hector ?

— Oui.

Mardochée hésitait encore.

Tout à coup, il fit cette réflexion que ses amis étaient loin et que, quelque diligence que pût faire Porion, il ne saurait les rattraper.

— Vrai ! répéta-t-il, je la verrai ?

— Oui, si tu me donnes la lettre...

Un nuage passa sur le front de Mardochée, il regarda le portrait, eut un éblouissement, sentit son cœur battre à outrance, et par un geste fiévreux, il tendit la lettre à Porion.

Celui-ci s'en empara vivement et la lut :

Mais tout en lisant, il recula jusqu'au lit, et poussant un cri de rage, il s'empara de nouveau de l'épée de Mardochée.

— Partis ! murmura-t-il, partis !

— Que faites-vous donc ? s'écria Mardochée, qui lui vit pour la seconde fois l'épée à la main.

— Mon garçon, dit Porion, chez qui la lettre avait produit un revirement subit, je viens de réfléchir, et comme je veux te faire part tout au long de mes réflexions, tiens-toi à distance !

Mardochée, interdit, s'était arrêté à deux pas et regardait Porion avec stupeur.

— Je t'ai promis que tu verrais la demoiselle, poursuivit Porion avec calme, et je tiendrai parole ; mais, toute réflexion faite, j'aime autant que ce ne soit pas aujourd'hui.

— Et pourquoi ? dit Mardochée, qui, le front baigné de sueur, se repentait toujours de sa trahison.

— Tu vas le comprendre. Tu es amoureux, n'est-ce pas ?

— Amoureux fou.

— Eh bien ! tu le seras demain aussi bien qu'aujourd'hui, et j'aime autant éviter que tu fasses des bêtises.

— Que voulez-vous donc ?

— Hé ! le sais-je ? voir la demoiselle, lui dire une sottise, comme par exemple, qu'en allant avec moi elle accompagne un agent de police, que le maréchal de Richelieu, qu'elle va remercier du gain de son procès, est le complice du roi... et une foule d'autres choses...

Mardochée sentit ses cheveux se hérisser.

— Par conséquent, ajouta Porion, je prends mes précautions.

Et il recula jusqu'à la porte, tenant toujours, avec l'épée, Mardochée en respect, et il ouvrit cette porte, appelant :

— Hé ! maître Poussegrain ! montez donc vite !

LXII

Il fallait que Porion comptât fort sur l'hôtelier pour l'appeler ainsi du haut de l'escalier.

La vérité était qu'avant d'entrer chez Mardochée, Porion avait pris ses petites précautions.

Tandis que les valets de l'auberge s'empressaient de monter ses bagages dans une chambre et de l'y installer, Porion s'était tenu sur le palier.

La chambre qu'on lui donnait était située au-dessus de celle de Mardochée.

Aussi quand Firmin descendit, Porion le reconnut-il ; mais toujours persuadé qu'Hector et le Flamand étaient dans l'hôtellerie, il se borna à faire au garçon qu'il désirait parler à l'hôte.

Les garçons sortirent et maître Poussegrain s'empressa de monter chez le prétendu voyageur.

Alors Porion se débarrassa de sa houppelande et de sa perruque au grand ébahissement de l'hôte.

Puis il lui dit froidement :

— Vous ne me connaissez peut-être pas ?

— J'ai l'honneur de vous voir pour la première fois, répondit Poussegrain.

— Bon ! Avez-vous entendu parler de M. de Sartine ?

A ce nom l'hôte recula.

— Je suis son lieutenant, dit tranquillement Porion.

En même temps il tira de sa poche une carte verte qu'il mit sous les yeux de maître Poussegrain.

— Un homme de police ! exclama celui-ci.

— Qui ne veut aucun mal à votre établissement, dit Porion, et qui même vous offrira ses services à l'occasion.

Maître Poussegrain, un peu rassuré, s'inclina.

— Mais qui, pour le moment, a besoin de vous, ajouta Porion. Vous avez ici des gens suspects, et il est possible que j'aie recours à vous. Descendez, tenez vous en bas de l'escalier, et si je vous appelle, montez avec des cordes et deux de vos garçons les plus robustes.

En tous les temps, les hôtels garnis, les auberges et tous les lieux publics ont eu besoin de la police.

Maître Poussegrain ne fit donc aucune objection et descendit tout ému.

Alors Porion fit, comme nous l'avons vu, irruption dans la chambre d'où sortait Firmin et qu'il croyait occupée par Hector et le Flamand.

On comprendra donc maintenant que Porion eût appelé maître Poussegrain avec tant de confiance.

Maître Poussegrain monta.

Il était accompagné de deux robustes garçons de salle qui portaient un écheveau de cordes sur leurs épaules.

— Ah ! misérable ! dit l'hôtelier en voyant Mardochée qui se tenait prudemment à longueur d'épée, pouvez-vous ainsi compromettre une maison honnête et tranquille comme la mienne ?

— Cher monsieur Poussegrain, répondit Porion en souriant, vous vous exagérez singulièrement les choses. Votre établissement n'est nullement compromis.

— Oh ! fit Poussegrain.

— Ensuite, maître Mardochée de Mardoche, que voici, poursuivit l'agent de police, est un de mes amis, et je vous prie de ne pas l'insulter.

Maître Poussegrain regarda Porion d'un air ahuri.

Pourquoi donc l'avait-on fait nionter ?

— Seulement, reprit Porion, c'est un jeune homme, il a la tête un peu légère, et comme je m'intéresse particulièrement à lui, vous allez me rendre un service, celui de le garrotter pieds et poings d'abord, et de le bâillonner ensuite.

Mardochée eut un rugissement de fureur.

Mais les deux garçons de maître Poussegrain se ruèrent sur lui et le terrassèrent aussitôt.

Il fut lié et réduit à l'impuissance en un tour de main.

— Faut-il envoyer chercher un pot-de-chambre ? demanda alors l'hôtelier, croyant que Porion allait emmener son prisonnier avec lui.

— Pas le moins du monde, répondit Porion. Mon jeune ami va rester ici.

— Ah ! dit maître Poussegrain un peu étonné.

— Et vous aurez pour lui les plus grands égards.

— En vérité ! fit l'hôte dont l'étonnement allait croissant.

Mardochée plus de liberté que le regard, car après l'avoir garrotté on l'avait bâillonné avec un mouchoir, mais il s'en dédommageait en roulant des yeux furibonds.

Porion tira sa montre.

Elle marquait midi moins un quart.

— Ecoutez-moi bien, dit-il à Poussegrain.

Celui-ci attendit.

— Vous allez garder mon ami jusqu'à six heures du soir.

— Bon ! fit l'hôtelier.

— A six heures, vous lui ôterez son bâillon, vous lui rendrez l'usage de ses membres ; s'il a faim et soif, vous lui donnerez à souper, et s'il lui plaît d'aller se promener, vous ne vous y opposerez pas.

— C'est-à-dire, fit Poussegrain, que nous lui rendrons la liberté ?

— La liberté la plus complète ; mais, d'ici là, vous m'en répondez sur votre tête.

Et Porion fit un signe d'adieu amical à Mardochée qui écumait sous son bâillon, et il sortit.

— Je vais être en retard, murmura-t-il en dégringolant l'escalier. M. le maréchal doit me chercher partout des yeux.

A l'angle de la rue des Orties et de celle des Frondeurs, Porion se jeta dans un pot-de-chambre, promit un petit écu au cocher s'il le menait rondement, et lui indiqua le Palais de justice comme but de sa destination.

Un quart d'heure après, il arrivait dans la salle où se jugeait le procès de Mlle Espérance de Beaulieu.

En route, du reste, Porion avait refait une autre toilette, c'est-à-dire qu'il avait endossé de nouveau sa houppelande, ôté sa perruque, repris son petit air de bonhomme vieux et cassé, au point que lorsqu'il sortit de voiture, le cocher, stupéfait, ne le reconnut qu'à la voix.

Le maréchal duc de Richelieu était à son poste depuis longtemps, et il promenait même un regard inquiet sur la foule qui emplissait l'enceinte du Tribunal, y cherchant Porion qui, en cette affaire, était comme son bras droit.

La cause venait d'être appelée, et l'avocat de mademoiselle Espérance exposait sa demande aux juges.

La jeune fille, vêtue de noir, dans une attitude modeste et digne, s'était placée auprès de maître Tavernier, son procureur.

Ses adversaires, qui sans doute avaient eu vent des hautes protections de mademoiselle de Beaulieu, n'avaient point paru et se faisaient représenter par leur avoué.

Les regards de la foule étaient fixés sur Espérance, dont la beauté souveraine excitait un murmure d'admiration.

La présence du maréchal avait également fait sensation.

Il fallait que mademoiselle de Beaulieu fût bien intéressante ou bien noblement apparentée pour qu'un grand seigneur comme le maréchal vînt assister aux débats de son procès.

Enfin, le maréchal aperçut Porion.

Le petit vieillard à l'air débonnaire se courbait, se rapetissait, faisait force excuses aux gens qu'il barrait le passage, et il arriva ainsi à se faufiler jusque vers M. de Richelieu. Ce qui fit que les gens qui avaient commencé à murmurer se turent, pleins de respect en le voyant en si belle compagnie.

Alors le maréchal se pencha à son oreille.

— Je craignais que tu ne vinsses pas, dit-il.

— Ah ! monseigneur...

— Et je commençais à me trouver bien embarrassé.

— J'ai été retenu, dit Porion, en s'excusant. Mademoiselle de Beaulieu a-t-elle aperçu Votre Seigneurie ?

— Pas encore.

— Je vais tâcher qu'elle se retourne, dit Porion.

Et il se glissa jusqu'auprès de maître Tavernier, qui compulsait force dossiers, tandis que l'avocat des adversaires répliquait.

— Mademoiselle, souffla Porion à l'oreille d'Espérance.

Espérance tressaillit et se retourna.

— Ah ! c'est vous, mon ami, dit-elle.

Sa voix était émue, et on devinait les angoisses qui étreignaient son âme.

— Ayez bon courage, dit Porion. Mais retournez-vous un peu plus... Espérance obéit.

Alors elle vit le maréchal et tressaillit.

— Vous le voyez, dit Porion, Son Excellence a tenu sa promesse. Vous gagnerez votre procès, mademoiselle.

— Dieu vous entende ! fit la jeune fille.

— D'abord votre cause est excellente, poursuivit Porion à voix basse ; mais la présence de M. le maréchal ici aura une influence énorme. Ordinairement, les juges dorment. Aujourd'hui, ils écoutent avec une scrupuleuse attention.

Les paroles de Porion réconfortèrent un peu la jeune fille. Elle se tourna une seconde fois vers le maréchal qui la salua de la main.

Puis, toute rougissante, elle reprit sa première attitude, écoutant attentivement la réplique de son adversaire.

L'affaire dura environ trois heures.

Il y eut répliques sur répliques, argumentations sur argumentations.

Enfin le président annonça que les débats étaient clos et la cause entendue.

Pendant que les juges délibéraient à voix basse, maître Tavernier se pencha vers l'oreau, qui se trouvait à sa gauche, comme Espérance était à sa droite.

— Je crois la cause gagnée, dit-il.

— Ah ! fit Patureau d'une voix étranglée par l'émotion.

— Mais s'il en est ainsi, poursuivit Tavernier, il faudra que vous me suiviez à l'instant.

— Où cela ?

— Au greffe.

— J'irai, dit Patureau, qui serait allé au bout du monde, pourvu que le procès fût gagné.

Une véritable agitation régnait dans l'auditoire, et tous les regards étaient plus que jamais concentrés sur Espérance.

Enfin le président agita sa sonnette et se couvrit.

Alors un silence complet s'établit.

On eût entendu le vol d'une mouche.

Et mademoiselle Espérance, à partir de ce moment, ne vit et n'entendit plus que le président.

Le jugement, longuement motivé, donna gain de cause à mademoiselle de Beaulieu.

Espérance jeta un cri.

— Venez, venez, dit Tavernier en entraînant Patureau.

Espérance était si émue qu'elle s'appuya sur Porion.

— Vous le voyez, dit celui-ci, le maréchal...

Il n'acheva pas, car Espérance lui saisit vivement le bras, et, retrouvant toute son énergie :

— Oh ! dit-elle, conduisez-moi à lui, conduisez-moi vite. . que je ne jette à ses pieds pour lui témoigner ma gratitude.

La foule, émue et joyeuse, s'ouvrait spontanément devant la jeune fille, qui avait oublié Patureau, et, donnant le bras à Porion, cherchait le maréchal à la place où il était tout à l'heure.

Mais le maréchal avait disparu.

Porion disait avec animation :

— Où est-il ? où est-il ?

— Qui donc ? lui demanda un des assistants.

— M. de Richelieu.

— Il vient de partir.

— Ah ! dit Espérance en jetant un nouveau cri.

— Il a voulu se dérober à votre reconnaissance, dit Porion, mais nous le rejoindrons peut-être à la porte du Palais... Courons, courons !...

— Courons ! répéta Espérance, qui ne s'aperçut pas que Patureau n'était plus avec elle,

Et elle se laissa entraîner par Porion.

LXIII

La jeune fille, toujours entraînée par Porion, traversa ainsi la salle des Pas-Perdus et arriva à la porte du Palais.

Le carrosse du maréchal n'y était plus.

Porion avisa un homme qu'il connaissait et qu'il avait aposté là par avance.

— Avez-vous vu le maréchal ? dit-il.

— Le maréchal vient de partir, dit cet homme. Il est monté dans son carrosse et a dit au valet de pied, je l'ai entendu : « A l'hôtel. »

Porion se tourna vers Espérance.

— Mademoiselle, dit-il, il faut absolument remercier M. de Richelieu.

— Oui, répondit Espérance, oui, certainement.

Porion fit signe à l'automédon d'un pot-de-chambre qui stationnait sur la place.

La voiture s'approcha.

Porion y fit monter Espérance.

— Mais, dit alors celle-ci, où est Patureau ?

— Patureau est avec votre procureur, qui l'a emmené au greffe. Oh ! mademoiselle, dit Porion, vous avez dix fois le temps d'aller remercier le maréchal et de retourner chez vous, place Royale, avant que Patureau ne revienne. M. Tavernier a besoin de lui pour deux grandes heures. Il ne suffit pas d'obtenir des jugements, il faut les faire exécuter.

— Allons, en ce cas, dit Espérance.

— A l'hôtel de Hanovre ! cria Porion au cocher.

Le pot-de-chambre partit avec la rapidité de l'éclair.

Si mademoiselle Espérance eût eu plus d'expérience parisienne, elle se serait étonnée qu'un cheval de fiacre marchât d'un pareil train.

En quelques minutes, il eut franchi la distance qui séparait le Palais de la rue de Hanovre, et entrait dans la cour de l'hôtel du maréchal.

— Ah ! dit l'intendant, qui accourut ouvrir la portière, vous arrivez trop tard, mon cher Porion.

— Trop tard ! dit celui-ci, qui joua si bien l'étonnement et le désappointement que mademoiselle Espérance ne douta pas une minute de sa sincérité.

— Oui, mon cher, reprit l'intendant, M. le maréchal est parti.

— Parti !

— Il y a dix minutes.

— Mais où est-il allé ?

— A Marly.

— Mais où est Marly ? demanda la jeune fille, de plus en plus désolée.

— A deux lieues de Paris.

— Eh bien ! dit Espérance, allons-y !

— Sur l'honneur du diable ! pensa Porion, dont le cœur se gonfla d'une joie infernale, on n'a même pas besoin de pousser la brebis dans la gueule du loup.

Et pour ne pas donner à Espérance le temps de réfléchir, il s'empressa d'ordonner au cocher de prendre la route de Marly.

Le pot-de-chambre reprit sa course rapide.

Il fut bientôt hors de Paris et courut sur le chemin de Courbevoie.

Il n'était pas nuit encore, mais il n'était déjà plus jour, et le soleil avait disparu de l'horizon.

Tout entière à la joie d'avoir gagné ce procès, qui assurait la splendeur de sa maison, représentée désormais par ce frère en bas âge qu'elle avait élevé et à qui elle avait servi de mère, Espérance courait sur la route de Marly sans la moindre crainte.

D'ailleurs, Porion, son compagnon de voyage, avec ses cheveux gris, son air bonhomme, ne devait-il pas lui inspirer la confiance la plus absolue ?

Bientôt le pot-de-chambre eut passé la Seine et atteint la montée de Courbevoie.

Alors, Espérance, à qui Porion n'avait cessé de raconter une foule d'histoires imaginaires sur le cœur noble et les belles actions de M. le maréchal, mit la tête à la portière. Elle vit de grands arbres et la campagne déserte.

— Sommes-nous loin encore ? dit-elle, un peu émue de cette solitude.

— A plus de la moitié du chemin, répondit Porion. Auriez-vous peur, mademoiselle ?

— Mais, dit-elle, les routes sont-elles bien sûres ?

— Oh ! très-certainement, dit-il. A chaque instant on rencontre des gens du service du roi.

Ce nom fit tressaillir Espérance.

— Le roi est donc à Marly ? dit-elle.

— Non, à Versailles.

— Alors... comment peut-on rencontrer les gens dont vous parlez ?...

— Parce que la route est la même. Seulement arrivé à Marly, on prend à gauche.

— Ah ! fit la jeune fille, qui se rassura tout à fait.

Porion reprit ses histoires, et le pot-de-chambre continua son chemin.

Il traversa le village de Courbevoie, puis celui de Nanterre et gagna Rueil.

Là il tourna à gauche et suivit une route qui montait au flanc des coteaux de Bougival, laissait La Celle-Saint-Cloud à quelque distance, et se dirigeait vers Marly.

A mi-côte on trouvait une auberge.

Cette auberge, qui était située à peu près à mi-chemin de Versailles à Paris, par Marly, était le rendez-vous de tous les véhicules et de tous les cavaliers qui passaient par là. On y buvait un coup, on faisait donner l'avoine aux chevaux.

Au moment où le pot-de-chambre atteignait cette auberge, deux mousquetaires se trouvaient à la porte.

Porion les interpella.

— Hé ! messieurs, dit-il, allez-vous à Paris ?

— Nous en venons, répondit l'un deux.

— Alors, vous allez à Versailles ?

— Oui.

— En passant par Marly ?

— Naturellement.

— Vous seriez bien aimables, en ce cas, de nous faire la conduite jusqu'à Marly, continua Porion.

— Volontiers, dirent les deux mousquetaires.

— Maintenant, dit tout bas Porion à Espérance, vous n'aurez plus peur, n'est-ce pas ? nous voyageons sous bonne escorte.

— Non, dit Espérance.

Et le pot-de-chambre repartit, ayant les deux mousquetaires à ses portières.

Bientôt on eut atteint la côte, et on entra dans la forêt, dont l'unique lanterne du pot-de-chambre avait peine à pénétrer la profonde obscurité à deux ou trois pas en avant.

Mais mademoiselle Espérance n'avait plus peur.

N'était-elle pas escortée par deux mousquetaires du roi ?

Elle entendait le fourreau d'acier de leur épée battre la croupe luisante des chevaux, et le sabot de ceux-ci retentir sur la route sonore.

On traversa la forêt, et bientôt apparut le château.

Depuis le dernier règne, Marly était bien déserté. Le roi n'y venait que souvent, et quand il y venait, c'était avec un ou deux courtisans pour y chasser dans le parc.

M. de Richelieu, qui était surintendant des petits bâtiments de la couronne, c'est-à-dire des résidences semi-royales, y venait assez souvent par contre.

Le roi l'avait même autorisé à y donner des soupers fins et des rendez-vous galants.

Il y avait, à Marly, un personnel de domestiques peu nombreux.

Un intendant, une demi-douzaine de valets de pied, deux cochers, deux écuyers, deux cuisiniers et les jardiniers, c'était tout.

Comme les ordres qu'on avait donnés le matin étaient au nom du maréchal, l'intendant avait supposé que c'était ce dernier qui donnait à souper.

Aussi le château était peu éclairé, et à la grille du parc, mademoiselle Espérance, qui venait de se séparer des mousquetaires en es remerciant de leur courtoisie, mademoiselle Espérance, disons-nous, ayant mis la tête à la portière, vit le château au bout de l'avenue et crut qu'elle arrivait chez le maréchal. Porion mit pied à terre au bout de l'avenue.

Deux domestiques étaient venus, avec des torches, à la rencontre de la voiture.

— M. le maréchal est ici ? dit Porion.

— Oui, depuis une demi-heure, lui fut-il répondu.

— Pourvu qu'il veuille bien me recevoir ? dit Espérance.

— Ici, dit le valet, qui savait son rôle, M. le maréchal reçoit toujours.

Et il conduisi, Porion et la jeune fille au perron, dont ils gravirent les degrés.

Ils traversèrent ensuite un large vestibule dont les murs étaient couverts de peintures et d'emblèmes cynégétiques.

La jeune fille se trouva au seuil d'un élégant petit salon où flambait un bon feu.

— Monsieur le maréchal va venir, dit le valet.

Espérance avait eu froid pendant le trajet. Elle s'approcha de la cheminée et exposa ses petits pieds à la flamme du foyer.

Porion, pendant ce temps, promenait autour de lui un air niais et disait :

— Il fait beau être riche et grand seigneur. Je voudrais bien être logé comme cela.

Le valet s'était retiré discrètement, et un quart d'heure s'écoula sans que le maréchal parût.

Mais si mademoiselle Espérance était impatiente de remercier son protecteur, Porion ne l'était pas moins de voir arriver le maréchal. Une fois Espérance aux mains de ce dernier, sa responsabilité cessait, et il pouvait s'en aller.

Or, Porion était pressé de retourner à Paris.

Pourquoi ?

Porion avait l'intention d'aller trouver M. de Sartine, de lui demander de l'argent, des pleins pouvoirs et des chevaux de poste et de partir à fond de train à la poursuite du Flamand et d'Hector de Pierrefeu.

Porion voulait venger la mort du Tartare.

Aussi, comme mademoiselle Espérance commençait à témoigner quelque inquiétude de ne pas voir paraître M. de Richelieu, le vieux misérable lui dit :

— Je vais voir ce qui arrive.

Et il sortit du petit salon, laissant Espérance toute seule.

Dans le vestibule, Porion rencontra le maréchal.

— Allez vite, monseigneur, lui dit-il tout bas, la petite s'impatiente.

— Oh ! dit Richelieu avec un sourire, je lui ferai bien prendre patience. Le roi n'arrive qu'à dix heures.

— Et il en est huit à peine, observa Porion.

— L'essentiel est qu'elle soit ici.

— Sans doute, mais...

— Mais quoi ?

— Comment la garderez-vous deux heures, monseigneur ?

— J'ai une idée, fit le maréchal.

— Voyons ?

— Le roi est nerveux, il est impressionnable, poursuivit M. de Richelieu, et si cette belle farouche allait jeter des cris, verser des larmes, à une première entrevue, le roi serait capable de s'en aller de fort méchante humeur.

— Alors ?

— Que penses-tu d'un narcotique ?

— Hé ! hé, dit Porion, ceci est votre affaire, monseigneur, et non la mienne. Peut-être cela vaut-il mieux. Adieu, monseigneur.

— Comment ! tu t'en vas ?

— Oui, vous n'avez plus besoin de moi. D'ailleurs, il faut que tout le mérite de l'aventure vous revienne.

Et tandis que le maréchal se dirigeait vers la porte du petit salon, Porion gagna la cour, où le pot-de-chambre était resté tout attelé, et il montant, il dit au cocher :

— A Paris, maintenant, et rondement, tu auras un bon pourboire, et si tu crèves ton cheval, on t'en donnera un autre. C'est le roi qui paye !

LXIV

Quand il servait son roi, le maréchal de Richelieu était plein d'abnégation personnelle et il savait renoncer à ses avantages.

Il était arrivé une heure avant le pot-de-chambre d'Espérance, et cette heure lui avait suffi pour préparer sa petite comédie.

Richelieu avait un appartement au château, et il s'y trouvait un valet de chambre spécialement attaché à sa personne.

Ce valet de chambre, qui avait conduit le maréchal à la garderobe où il faisait d'ordinaire sa toilette du soir, s'était empressé, tandis que Richelieu se dépouillait de ses habits de voyage, d'étaler des pommades, des cosmétiques et des parfums.

Mais le maréchal s'était pris à sourire.

— Mon pauvre Lafleur, avait-il dit, j'ai mes cinquante-neuf ans aujourd'hui.

Et Lafleur, qui ne comprenait pas, avait regardé le maréchal.

— C'est-à-dire, avait continué Richelieu, que je veux être aussi respectable que possible.

Alors le maréchal avait fait une toilette simple et sévère, gardé ses cheveux grisonnants sans poudre, négligé de cirer et de teindre sa moustache, et il s'était donné une allure de vieux seigneur bien respectable qui a renoncé aux plaisirs de la jeunesse.

Lafleur était ébahi.

— Va me chercher madame Canizou, avait poursuivi le maréchal.

Madame Canizou était une dame de cinquante ans qui dirigeait la lingerie du château, avait de grands airs et une conscience des plus élastiques.

Elle avait joué plus d'un rôle dans les soupers du maréchal et dans les amours du roi.

Fille sans dot d'un petit gentillâtre, elle avait épousé, par la protection du maréchal, quelque trente années auparavant, un certain M. Canizou, valet de chambre du feu roi, qui était mort peu après, en lui laissant ce vilain nom et quelque acquis.

M. de Richelieu avait placé madame Canizou à Marly, et il n'avait eu qu'à se louer des services de toute nature qu'il lui demandait.

Cependant madame Canizou n'était pas complétement satisfaite.

Elle avait une ambition secrète qui la rongeait, ambition devinée, du reste, par le maréchal.

Elle aurait voulu être surintendante de la maison royale du Parc-aux-Cerfs.

Lafleur alla donc chercher madame Canizou, qui s'empressa d'accourir.

— Ma chère belle, lui dit le maréchal, il est probable que dans quelques minutes nous verrons arriver la plus jolie créature du monde.

— Ah ! fit madame Canizou, qui jeta un regard railleur au maréchal.

— Une petite fille de province, un lis, fière et farouche.

— Fort bien, dit madame Canizou.

— Il s'agit d'apprivoiser ce bel oiseau, poursuivit le maréchal, d'autant mieux que la petite, en venant ici, croit arriver dans un château qui m'appartient, et qu'elle n'a d'autre but que de me remercier. La petite croit même aujourd'hui gagner un procès duquel dépend toute sa fortune.

— Ah ! la chère enfant ! fit madame Canizou, dont le sourire était toujours moqueur.

— Donc, pour l'apprivoiser, il est nécessaire qu'elle trouve ici quelqu'un de respectable.

Madame Canizou fit une légère grimace. Elle cachait soigneusement son âge et avait encore quelques prétentions.

— Comme elle est de province, poursuivit le maréchal, qu'elle ne connaît personne à la Cour, elle vous prendra pour la maréchale.

Madame Canizou tressaillit d'orgueil.

— Allez vous rajuster, ma chère belle, continua Richelieu ; mettez vos diamants et donnez-vous un air vénérable.

— Mais, dit madame Canizou en regardant Richelieu, est-ce que votre Seigneurie ne va pas faire, elle aussi, un peu de toilette ?

— Non. Je veux qu'elle me prenne pour un patriarche.

— Alors, dit la duègne, je ne comprends plus.

Le maréchal se prit à sourire.

— Ce beau fruit est trop vert pour moi, dit-il.

— Ah !

— Et nous attendons de Versailles...

— Le roi ! exclama madame Canizou.

— Et si nous sommes content de vous, ma chère belle, ajouta le maréchal, il est probable que vos vœux seront accomplis.

Madame Canizou devint rouge de plaisir.

— Vous changerez de résidence et vous irez au Parc-aux-Cerfs.

La duègne ne voulut pas en entendre davantage. Elle courut toute palpitante à son appartement et fit une toilette extravagante de luxe et de mauvais goût.

Pendant ce temps, le pot-de-chambre d'Espérance était venu s'arrêter devant le perron.

Puis on sait que la jeune fille avait attendu un grand quart d'heure, alors que duquel Porion l'avait laissée seule.

Enfin la porte du salon s'ouvrit, et M. de Richelieu entra.

Alors Espérance se leva tout émue et voulut se jeter à ses genoux.

Robert Damiens avait passé trois jours chez Espérance. (Page 138.)

Mais le maréchal l'en empêcha et la conduisit au fauteuil qu'elle venait de quitter.

— Ma belle enfant, lui dit-il, je suis tout heureux que vous ayez eu la bonne pensée de venir jusqu'ici. Madame la maréchale sera charmée de vous voir.

Et presque aussitôt la porte s'ouvrit une seconde fois, et madame Canizou entra.

Elle courut à Espérance et la prit dans ses bras.

— Chère belle, dit-elle, que je suis donc aise que les juges vous aient donné gain de cause!

— Ah! madame, balbutia Espérance, qui prit madame Canizou pour la maréchale, je sais tout ce que je dois à monseigneur le maréchal.

— Remerciez aussi la maréchale, ma chère enfant, dit Richelieu; elle s'est beaucoup intéressée à vous.

— Sans me connaître? fit Espérance en rougissant.

— Je vous avais devinée, mon enfant; et puis ce bon Porion nous avait tant parlé de vous! ... Mais... où est-il.

Et la prétendue maréchale feignit de chercher Porion du regard.

— A l'office, dit Richelieu, le pauvre diable mourait de faim.

— Ma belle enfant, dit alors la prétendue maréchale de Richelieu, vous allez souper avec nous, n'est-ce pas? et vous nous resterez jusqu'à demain. Je vais du reste à Paris, et je vous reconduirai dans mon carrosse.

— Oh! madame, dit Espérance, c'est tout à fait impossible.

— Et pourquoi cela, ma mie?

— Mais, madame, reprit la jeune fille, j'ai un vieux serviteur, un ami plutôt, un pauvre vieillard qui m'a servi de père, et qui, s'il ne me voyait pas revenir, serait en proie à une inquiétude mortelle.

— Qu'à cela ne tienne, dit la fausse maréchale, nous allons envoyer un domestique à cheval et le faire prévenir.

Le duc avait un air si paternel, la prétendue duchesse était si respectable à première vue et ils insistaient tous les deux avec tant de bonhomie, que la pauvre Espérance ne crut pas devoir refuser.

D'ailleurs, le pouvait-elle, en songeant à tout ce qu'elle devait au maréchal?

Madame Canizou la fit asseoir devant un petit bonheur-du-jour qui se trouvait dans le salon. Espérance écrivit une longue lettre à Patureau, dans laquelle elle lui annonçait son retour pour le lendemain.

A peine cette lettre était-elle écrite qu'une porte s'ouvrit dans le fond et que l'intendant en livrée de gala annonça bruyamment que madame la maréchale était servie.

Le maréchal offrit sa main à la jeune fille, et tous trois passèrent dans la salle à manger, où le souper était servi.

— Mon Dieu! se disait Espérance, j'avais raison d'avoir foi en vous; vous avez eu pitié de l'orpheline et vous avez placé des protecteurs sur sa route!

La pauvre enfant avait maintenant, dans ce bon maréchal et dans la prétendue duchesse de Richelieu, une foi aveugle.

Ils lui firent raconter son histoire.

Elle leur dit naïvement comme elle était restée orpheline avec un tout jeune frère; comment on l'avait dépouillée de cette fortune que, grâce à eux, elle venait de reconquérir, et madame Canizou, continuant son rôle, l'interrompait pour l'embrasser.

Puis, la prétendue maréchale, s'adressant à Richelieu:

— J'espère, mon ami, dit-elle, que nous ne nous arrêterons pas en si beau chemin. Vous ferez admettre le frère de mademoiselle à l'école des Cadets, et nous en ferons un bel officier.

— Oh! madame, dit Espérance, c'est trop de bonté à la fois... Comment pourrai-je jamais m'acquitter?

— En nous aimant, dit la prétendue maréchale.

Espérance mangea peu; elle trempa à peine ses lèvres dans un verre rempli de vieux vin de Bordeaux.

Cependant, vers la fin du souper, sa tête s'alourdit tout à coup et une pesanteur excessive s'empara de tout son corps.

Elle avait passé tant de nuits sans sommeil depuis quelque temps, elle avait éprouvé de si grandes émotions, que cette lassitude subite lui parut être le résultat des agitations auxquelles elle avait été livrée.

Elle essaya de se lever, mais ses jambes étaient engourdies.

La prétendue maréchale continuait à lui sourire. Richelieu avait élargi son sourire, et on eût put croire, à première vue, qu'Espérance était entre son père et sa mère.

L'engourdissement montait des jambes au cœur et descendait de la tête au reste du corps.

Les paupières d'Espérance s'alourdissaient de plus en plus; ses yeux se fermèrent. Elle parvint à les rouvrir, mais ce dernier effort fut le dernier acte de volonté qu'elle manifesta.

Sa tête retomba sur son épaule, et bientôt tout son corps allongé s'affaissa dans le fauteuil où elle était assise.

Alors madame Canizou et le maréchal échangèrent un regard.

— Aidez-moi à la porter sur cette chaise-longue, dit ce dernier.

Et madame Canizou obéit.

Et mademoiselle Espérance, à demi couchée, sa belle tête reposant sur une pile de coussins, parut dormir de ce sommeil paisible qui est celui des anges à qui Dieu permet le repos.

— Qu'elle est belle! murmura le maréchal.

La pendule de la cheminée sonna neuf heures et demie.

— Là! là! fit-il; dans vingt minutes le roi sera ici. Je vous rends votre liberté, chère belle. Vous n'êtes plus maréchale.

Madame Canizou s'inclina et sortit.

Alors Richelieu jeta un dernier regard sur la jeune fille endormie, regard de regret sans doute.

Puis il sortit à son tour...

Espérance dormait d'un profond sommeil; le narcotique avait produit son effet.

Et tandis qu'elle dormait, un bruit de pas se fit dans le jardin, deux ombres apparurent derrière les rideaux des croisées.

Puis une vitre vola en éclats, une des croisées s'ouvrit violemment, les deux ombres prirent un corps et deux hommes sautèrent dans la salle.

L'un était armé d'un poignard...

L'autre brandissait une longue épée.

Le premier était Firmin le chirurgien.

Le second, messire Mardochée de Mardoche, peintre et gentilhomme.

— Ah! s'écria celui-ci, nous arrivons à temps pour la sauver.

Que s'était-il donc passé, et comment ce secours inespéré arrivait-il à la jeune fille?

C'est ce que nous allons vous dire.

LXV

Si Mardochée et Firmin arrivaient au secours de mademoiselle Espérance, c'était le père de Cécile qui en était cause, et voici comment:

Robert Damiens avait passé trois jours chez Espérance sans sortir.

Toujours en proie aux funestes pensées qui l'assaillaient, le malheureux n'osait se retrouver dans la rue, passer sur un pont, se remettre enfin aux prises avec ces tentations de suicide auxquelles le bon Patureau l'avait arraché.

Cependant, au bout de trois jours, comme il était plus calme, et que d'ailleurs ce jour-là mademoiselle Espérance allait quitter son logis pour se rendre au Palais, Robert Damiens se reprit à songer à sa fille, et il retourna au pays latin.

Peut-être Cécile était-elle revenue.

A mesure qu'il approchait de la rue Saint-André-des-Arts, une émotion croissante le dominait, et peut-être n'eût-il pas eu la force de gravir l'escalier de la maison, où sa fille avait vécu tant d'années heureuses, si Firmin ne s'était montré tout à coup.

Le jeune chirurgien, qui passait ses journées à la fenêtre, avait aperçu le père de Cécile débouchant dans la rue.

Alors il s'était mis à dégringoler l'escalier et avait couru à sa rencontre.

Il lui sauta au cou en lui disant:

— Mais d'où venez-vous donc?

Son accent était joyeux, Robert Damiens sentit ses genoux fléchir.

— Ma fille! dit-il, où est ma fille?

Les explications de Firmin ne furent pas longues. Il apprit en quelques minutes à François-Robert Damiens qu'Hector de Pierrefeu s'était évadé de la Bastille et qu'il était parti pour les Flandres avec Cécile.

— Elle nous attend tous les trois, ajouta-t-il.

— Tous les trois?

— Oui, moi, vous et Mardochée.

— Mais où est-il celui-là? demanda Robert, qui pleurait de joie.

— Nous irons le prendre à la nuit tombante, car il a grand'peur du père Cannelle.

Ce nom ne fit point tressaillir Robert.

Le père de Cécile avait rencontré plusieurs fois Porion depuis qu'il fréquentait la maison d'Espérance, mais il n'avait jamais soupçonné que ce vieillard d'apparence inoffensive fût le ravisseur de sa fille, l'homme qui l'avait jetée dans les bras du roi.

En songeant à Espérance, qui lui avait rendu le calme, qui l'avait arraché au suicide, François-Robert Damiens dit à Firmin:

— Il ne faut pas que je sois ingrat. Une femme, un ange plutôt, m'a sauvé. A cette heure, de grands intérêts se débattent pour elle, et toute sa fortune est en jeu. Laissez-moi la rejoindre. Où trouverons-nous Mardochée?

— Voulez-vous être à six heures au coin des rues Saint-Honoré et des Frondeurs? demanda Firmin.

— J'y serai, répondit le père de Cécile.

Et, sans donner d'autres explications au chirurgien, Robert, tout joyeux de savoir sa fille en sûreté, mais plein d'angoisses relativement au procès d'Espérance, repassa la Seine et gagna le Palais.

Comme il arrivait à la porte, il vit une foule immense, bruyante, et qui battait des mains.

Cette foule faisait escorte à mademoiselle Espérance de Beaulieu, qui donnait la main au vieux Porion.

Robert essaya de parvenir jusqu'à elle; mais la foule était compacte et la jeune fille était déjà montée dans une voiture, en compagnie de Porion, que Robert était encore loin; seulement il entendit dire que le procès était gagné, grâce à M. de Richelieu, et que mademoiselle Espérance courait à l'hôtel de ce dernier pour le remercier.

Alors il prit bravement son parti.

— J'irai l'attendre à la porte, se dit-il.

Et se dégageant peu à peu du milieu de la foule, il se mit à marcher rapidement et prit le chemin de la rue de Hanovre, où il arriva une grande demi-heure après le véhicule qui avait emporté Espérance.

Les deux battants de la porte cochère étaient ouverts et la rue était veuve de toute voiture.

Au milieu, cet intendant gigantesque que le maréchal avait emmené avec lui lorsqu'il était allé voir le drapier qui disait être le procureur Dumas ressuscité, cet intendant, disons-nous, se promenait gravement de long en large.

François Robert n'hésita pas à l'aborder, à lui dire qu'il était au service de mademoiselle de Beaulieu et à demander si elle n'était pas venue.

L'intendant lui répondit:

— Mademoiselle de Beaulieu est sur la route de Marly, où se trouve M. le maréchal.

François Robert s'en alla.

Qu'irait-il faire à Marly, d'où la jeune fille ne pouvait, du reste, tarder à revenir?

On avait tant parlé depuis trois jours, à la place Royale, de la haute protection du maréchal, que le père de Cécile trouvait tout naturel que mademoiselle Espérance l'allât remercier.

Il songea donc au rendez-vous que lui avait donné Firmin et il reprit le chemin de la rue Saint-Honoré.

Firmin était déjà au coin de la rue des Frondeurs, et six heures sonnaient à Saint-Roch.

Tous deux se dirigèrent vers la rue des Orties et se présentèrent à la porte du Coq-qui-chante.

L'hôte, maître Poussegrain, reconnut Firmin.

— Ah! dit-il, vous venez voir votre ami?

— Oui. Serait-il sorti?

— Non; il est là haut, mais vous le trouverez dans un singulier état. Comme cinq heures viennent de sonner, nous l'allons délivrer.

— Que voulez-vous dire?

— Il est garrotté et bâillonné, et j'avais ordre de le tenir en cet état jusqu'à six heures. A présent, vous pouvez monter et lui rendre la liberté.

— Mais qui donc vous avait donné cet ordre? demanda Firmin.

— Un homme envoyé par le lieutenant de police.

Firmin devina que le père Cannelle avait passé par là.

Il monta rapidement, suivi de François-Robert et de l'hôte lui-même.

Mardochée, réduit à la plus complète impuissance, son bâillon couvert d'écume, faisait des sauts de carpe sur son lit.

Firmin s'empressa de couper ses liens et de lui arracher le bâillon; mais, tandis que Mardochée se relevait furieux, sautait sur son épée et jurait qu'il allait tuer le misérable hôtelier, François-Robert jetait un cri de surprise.

Il avait aperçu le chevalet, et sur le chevalet, le portrait de mademoiselle Espérance.

L'hôte, menacé par la longue colichemarde de Mardochée, avait prudemment gagné la porte.

Mardochée voulut s'élancer après lui, mais le père de Cécile le prit par le bras et l'arrêta, lui disant:

— Quelle est cette femme?

Et il montrait le portrait.

On devine la scène qui suivit.

Mardochée ignorait le nom d'Espérance, mais il savait que ce jour-là même on devait conduire la jeune fille au roi.

Au portrait que François-Robert fit de Porion, qui avait amené la jeune fille à Marly, Mardochée reconnut le père Cannelle.

Alors François-Robert Damiens s'écria d'une voix inspirée et fatale:

— Le temps des grandes expiations est venu!...

Une heure après, trois hommes, montés dans une voiture, couraient sur la route de Marly.

Mardochée donnait de l'or au cocher, qui rouait son cheval de coups et montait au grand trot cette côte rapide au milieu de laquelle il y avait une auberge.

Tandis que la voiture de Mardochée montait d'un côté, celle de Porion qui revenait de Marly, descendait de l'autre.

L'aubergiste était sorti sur le pas de sa porte, une lanterne à la main.

A la lueur de cette lanterne, Mardochée reconnut Porion, qui mettait pied à terre, car il avait permis au cocher du pot-de-chambre de faire donner un brin d'avoine à son cheval.

Porion ne fit aucune attention à cette autre voiture qui montait la côte et il entra dans l'auberge.

Mais à peine était-il assis à une table, en présence d'une bouteille de vin et d'un morceau de pain, que trois hommes lui apparurent.

Mardochée, Firmin et François-Robert Damiens.

L'hôte, après avoir servi Porion, était allé s'occuper des chevaux.

Il y avait dans la salle basse de l'auberge qu'une servante qui, voyant l'épée de Mardochée, prit la fuite en poussant des cris.

Alors Firmin ferma la porte au verrou, laissant au dehors les deux cochers et l'aubergiste.

Quant à Porion, il comprit pourquoi ces trois hommes étaient là.

Mardochée lui porta la pointe de son épée au visage en lui disant :

— Cette fois, misérable, personne ne viendra à ton aide. Si tu sais une prière, dis-la, car tu vas mourir.

En même temps, Firmin et Damiens s'étaient jetés sur lui et l'avaient terrassé.

Mais au moment où l'épée de Mardochée allait s'enfoncer dans la poitrine, le misérable eut une présence d'esprit infernale.

— Si vous me tuez, dit-il, vous ne saurez rien.

Et l'épée de Mardochée demeura suspendue sur sa poitrine, mais elle ne frappa point.

Porion comprit que les minutes étaient des siècles.

— Je sais après qui vous courez, dit-il.

— Après la jeune fille qui t'a sauvé et que tu as trahie, infâme! s'écria Robert Damiens.

— Et qui sera déshonorée d'une heure si vous me tuez, dit Porion. Maintenant faites ce que vous voudrez.

Firmin avait conservé plus de sang-froid que ses deux compagnons.

— Si tu nous aides à sauver mademoiselle Espérance, dit-il, tu auras la vie sauve.

Et il retint le bras de Mardochée prêt à frapper.

L'hôtelier était revenu à la porte, et, la trouvant fermée, il n'avait point frappé. Il avait même fait taire la servante, qui s'était élancée au dehors en poussant des cris.

— Ne nous mêlons jamais des querelles des gens d'épée, lui avait-il dit ; c'est le moyen de vivre tranquille et de faire fortune.

Alors Porion, qui sentait bien qu'il n'avait pas de grâce à attendre s'il ne livrait son secret tout entier, se décida à trahir le maréchal et le roi.

Il dit à ces trois hommes qui voulaient sauver Espérance que la jeune fille était à Marly, aux mains de M. de Richelieu; que le roi quitterait Versailles entre neuf et dix heures, dans un carrosse sans armoiries, et qu'il viendrait à Marly.

Il avoua tout, il donna les plus minutieux détails.

Et ces trois hommes l'écoutaient.

Et quand il eut fini sa confession, Mardochée lui dit :

— Tu vas venir avec nous, et si nous arrivons trop tard, tu mourras.

Porion avait montré à Mardochée comment on se débarrassait d'un homme en le bâillonnant en le garrottant.

On ne le bâillonna point, car on n'avait besoin de ses renseignements, mais on lui lia les pieds et les mains. Puis on le porta dans la voiture.

Firmin s'assit à côté de lui et lui mit un poignard sur la gorge, lui déclarant qu'au moindre cri poussé par lui, il le tuerait.

Fidèle à sa maxime de ne jamais se mêler des affaires des gens d'épée, l'hôtelier assista impassible au départ, et la voiture roula vers Marly.

Porion comprenait maintenant que sa vie dépendait du salut d'Espérance.

Il connaissait à merveille le château de Marly. Il indiqua une petite porte du parc où l'on fit arrêter la voiture, et le chemin qu'il fallait suivre pour pénétrer dans les jardins.

Firmin et Mardochée lui mirent alors le bâillon et le laissèrent dans la voiture.

Puis ils franchirent la petite porte qui était ouverte.

Alors Mardochée se retourna et vit François-Robert Damiens qui restait près de la voiture.

Il crut que celui-ci gardait Porion.

Mais lorsque les trois hommes eurent disparu sous les grands arbres du parc, François-Robert Damiens monta sur le siège, à côté du cocher, et lui dit d'un ton impérieux :

— Mène-moi à Versailles!

Et sa main fiévreuse caressa le manche d'un couteau à deux lames qu'il portait toujours dans sa poche.

Et comme le cocher obéissait et fouettait ses chevaux, François-Robert Damiens murmura d'une voix sourde :

— Les temps sont proches... et voici l'heure des grandes expiations !...

LXVI

Un certain mystère régnait ce soir-là au château de Versailles.

Le roi n'était pas sorti depuis deux jours, contre son habitude.

Il n'était pas allé au Parc-aux-Cerfs, et la marquise de Pompadour s'était montrée soucieuse.

La veille au soir, disait-on dans les antichambres, le roi avait demandé dix fois M. le maréchal de Richelieu, qui était à Paris et n'en était pas revenu.

Enfin, on avait appris que le roi avait commandé un carrosse sans armoiries et une escorte de huit mousquetaires.

Où donc le roi allait-il en si mince équipage?

Au temps de Cotillon Ier, la duchesse de Châteauroux, le roi, qui était jeune, faisait souvent de ces équipées.

Il s'en allait à ses rendez-vous galants, que la duchesse, en femme d'esprit qu'elle était, feignait d'ignorer.

Mais madame de Pompadour, qui tolérait le Parc-aux-Cerfs, se montrait plus jalouse que madame de Châteauroux, et le roi n'avait pas d'intrigue qu'elle ne sût par cœur.

Il y avait donc bien longtemps que le fameux carrosse sans armoiries n'était sorti, et bien que le roi eût donné les ordres avec grand mystère, deux heures après tout le château savait de quoi il était question.

La marquise était allée chez le roi.

Le roi ne lui avait rien dit.

Elle avait questionné son auguste amant, et l'auguste amant avait eu un visage de sphinx.

Alors, ivre de dépit, la marquise était rentrée chez elle, s'y était enfermée, et avait paru bouder.

Mais du fond de son appartement, elle avait échafaudé tout un plan de trahison, dont le roi, selon elle, devait être la victime.

Du moment que le roi allait à un rendez-vous galant et n'en soufflait mot à la marquise, c'est que la femme dont il s'agissait était une rivale dangereuse.

La marquise voulait bien que le roi eût des amours de passage, mais à la condition qu'elle sût par avance quelles étaient ses rivales.

On se préoccupait certes beaucoup, à Versailles, de plaire au roi, mais on se préoccupait plus encore de plaire à la marquise.

Aussi, ce soir-là, le secret du roi fut aussi mal gardé que possible.

Le roi avait voulu quitter le château incognito, et une heure d'avance tout le château savait que le roi sortirait.

Lebel était seul dans la confidence absolue du monarque et savait où il allait.

Mais Lebel était le seul homme que madame de Pompadour ne pouvait gagner.

Lebel garda son secret.

Alors les gens dévoués à la marquise parcoururent les hôtelleries, les quartiers les plus fréquentés de la ville, et, par ses ordres, répandirent la nouvelle que le carrosse sans armoiries sortirait par la grande grille à neuf heures.

Le peuple de tous les pays et de tous les temps se pressera toujours et s'est toujours pressé sur le passage des souverains.

A huit heures du soir, les abords du palais étaient remplis d'une foule compacte, avide de voir le roi.

Abritée derrière ses jalousies, madame de Pompadour voyait cette foule grossir de minute en minute, et se disait :

— Le roi sera furieux, mais quand il verra tout ce monde, il ne sortira pas et remettra son équipée à demain. Mais d'ici à demain je saurai ce que je veux savoir.

La marquise se trompait.

Le roi fit sa toilette, sans même demander la cause de ces vagues murmures qui retentissaient au dehors.

Il revêtit un habit de couleur sombre, orné d'un simple ruban de l'ordre de Saint-Louis, et se donna, grâce aux soins de Lebel, qui devait l'accompagner, du reste, la tournure d'un courtisan ordinaire.

Puis, les jambes croisées devant lui, il attendit que neuf heures vinssent à sonner.

Et, en dépit de son impatience, il sourit et disait à Lebel :

— Cette pauvre marquise... elle enrage, j'en suis sûr.

— Oh! Votre Majesté peut le croire, répondit Lebel, et si Votre Majesté ne me couvre de sa protection, je suis un homme perdu.

— Pourquoi cela? fit le roi.

— Mais parce que la marquise m'a questionné, sire.

— Et tu as été muet?

— Naturellement.

— Eh bien! sois tranquille, la marquise ne te fera perdre ni ton emploi, ni mes bonnes grâces. Va voir si le carrosse est prêt.

Le roi eut un moment d'hésitation ; un moment il songea à

Lebel sortit et revint quelques minutes après.

— Sire, dit-il, il y a trahison.

— Trahison! exclama le roi.

— Il y a deux mille personnes aux abords du château...

— Oh! oh!

— Qui attendent l'apparition de Votre Majesté, qui voulait sortir incognito.

— Bon!

— Et qui crieront à tue-tête : « Vive le roi! »

— C'est un tour de la marquise! Je la reconnais là!

— Votre Majesté sortira seule?

— Mais sans doute.

— Et... elle ira à Marly?

— Ventre à terre. Tu recommanderas au cocher de mettre ses chevaux au grand trot et à l'escouade de galoper.

— Oui, sire.

Et le roi, hautain, le sourcil froncé, demanda son manteau et sortit de ses appartements la tête haute.

La cour était encombrée de monde.

On avait ouvert les grilles, et la foule, repoussant les gardes, les avait refoulés au delà, de telle façon qu'elle était entrée en flots tumultueux.

— Vive le roi! vive le roi! criait-elle,

rentrer et à donner l'ordre à ses mousquetaires de charger tout ce peuple et de le repousser au dehors.

Mais alors il songea que la marquise triompherait, et obéissant à un mouvement de dépit, il marcha droit sur le carrosse, s'appuyant sur Lebel.

Mais comme le marchepied s'abaissait et que le roi s'apprêtait à monter en voiture, un homme sortit de la foule, s'approcha vivement de lui et le frappa.

Le roi jeta un cri, porta la main à sa poitrine et la retira ensanglantée.

L'homme n'avait pas bougé, et il tenait toujours son couteau.

Les deux gardes qui étaient à la portière se jetèrent sur lui, en même temps qu'une immense clameur se faisait entendre.

— Quel est cet homme? dit le roi pâle et frémissant.

— Je me nomme François-Robert Damiens, et je n'ai pas de complices, répondit-il avec calme.

Le roi n'était que légèrement blessé.

— Qu'on arrête cet homme, dit Louis XV, mais qu'on ne lui fasse pas de mal.

Et les gardes du roi s'interposèrent entre l'assassin et la foule, qui le voulait mettre en pièces.

— Mademoiselle Espérance est sauvée! murmura François-Robert Damiens, qui n'opposa aucune résistance.

FIN

Paris. — Typ. Walder, rue de l'Abbaye, 22.